株式会社論と経営者支配

中田常男

八朔社

凡　　例

1. 『金融資本論』は，原則として，*Das Finanzkapital, Eine Studie über die Jüngste Entwicklung des Kapitalismus*, Dietz Berlin, 1955 を用いる。邦訳については，林要訳『金融資本論』大月書店文庫版 1.2，岡崎次郎訳『金融資本論』岩波書店文庫版，上下を用いる。『金融資本論』からの引用の際には原則として上記原典を用い，岡崎訳の頁数を㊤㊦，林訳の頁数を①②で示す。たとえば，*Das Finanzkapital*, S.85. 訳，㊤ 274 頁① 261 頁と表示する。
2. 引用の訳文は，行論の都合上，岡崎訳・林訳のいずれかを用いている。
3. 『資本論』(K.Marx, *Das Kapital*, Bd.1.2.3.) は，*Marx-Engels* werke, Bd.23.24.25. Dietz Verlag Berlin, 1962-1964. 邦訳『マルクス=エンゲルス全集』第 23-25 巻を用いる。邦訳の頁は，たとえば *Das Kapital*,1, S.194. 訳，176 頁。
4. *Marx-Engels* werke, Bd.12 について，邦訳の頁は，例えば *Marx-Engels*,12. S.33. 訳，176 頁。
5. 原著者の強調は原則として省略する。引用文中の傍点は引用者の強調である。
6. 引用文中の〔　〕は引用者による補足を，……は途中省略を示す。

まえがき

　本書の目的は株式会社論と経営者支配に関する体系的な理論的分析である。その直接の対象は「会社それ自体」論と経営者支配の論理を分析的に検討し，その理論的特質を解明することにある。「会社それ自体」論は「経営者支配」論であるが，従来の「経営者支配」論ではない。現代版「経営者支配」論である。前者は所有から分離・解放された経営者支配であり，後者は所有に基づく経営者支配である。しかしそれは従来の「経営者支配」論がそうであるように，根本的な問題を孕んでいる。「会社それ自体」論の代表的な論者である北原勇氏によれば，現代の経済社会を支配する巨大企業には自然人「資本家」は存在しない。資本家にあたる存在は「会社それ自体」の他にはありえない。だが「会社それ自体」は「所有―支配」主体であるが，経営者の代行を必要とする。だから巨大企業の普及は「社会階級にいかなる変化を及ぼすかという問題が生じてくる」。巨大企業の構造分析が求められる。巨大企業は株式会社形態をとっているので，その分析のためには何よりもまず，株式会社を一般的にどう把握するかが問われる。北原氏の場合，それが「近代資本主義を特徴づける産業資本の一形態としての株式会社」を一般的に考察することである。この「株式会社一般」の理論こそは，北原勇『現代資本主義における所有と決定』（岩波書店，1984年）の核心をなす部分であり，「会社それ自体」論の展開軸となっているものである。

　株式会社一般：しかし「近代資本主義を特徴づける産業資本の一形態としての株式会社一般」の理論は株式会社の一般理論として正当化できるだろうか。この理論はマルクス・エンゲルスの株式会社論を如何に継承し，発展させたか。それとも，似てはいるが非なるものか。本書において批判的に検討されるが，株式会社が支配集中機構であるという側面を否定し放逐し去れば，株式会社は単なる資本の調達機構である。それは産業への株式会社の進出以降，とくに19世紀から20世紀，20世紀から現在にいたる株式会社の基本的性格を否定することになる。株式会社が「支配集中」の機構であるとする従来の見解は，資本主義の歴史的発展諸段階に対応して，その形態を展開せしめてきた株式会

社に関する理論的・実証的分析である。その内容は一様ではないが，資本主義の歴史的発展段階を貫く株式会社の基本的特質が，資本の集中と支配集中の機構であるという点である。それが従来の諸見解の中で通説的見解であり，19世紀から現在にいたる株式会社の現実の存在形態に基礎をおいてきたものといえる。そのことは北原氏も共有されるところである。

資本の支配集中機構としての株式会社は，資本主義発展の諸段階における株式会社の存在形態に基礎をおく株式会社を貫く基本的性格である。19世紀の自由競争資本主義段階における個別的存在形態としての株式会社，19世紀最後の4半世紀を過渡期として自由競争段階から独占段階へ移行するその過程において普及し一般化する近代株式会社，また近代独占および金融資本の段階における圧倒的多数の巨大株式会社，さらに現代における巨大株式会社を貫く共通性である。かかる歴史的な現実の存在形態に基礎をおいて論理的に展開されてきたのが，資本の集中と支配集中機構としての株式会社の理論である。

しかし現代を代表するような巨大企業の一部に支配株主または支配株主集団の存在を検出できない状況が生じているのではないか。このように述べたうえで，北原氏は，そこから直ちに，従来の支配集中機構としての株式会社論は現代巨大企業を分析する基準とはなりえない，と論断される。その分析の基準たるべき「株式会社一般」の理論として提起されたのが，「産業資本の一形態としての株式会社一般」の理論である。しかし北原氏の「株式会社一般」・「会社それ自体」論が，従来の支配集中機能と資本集中機能とを併せもつ株式会社の理論に取って代わりうる一般理論となりうるだろうか。

北原氏は株式会社を一般的に考察し，株式会社における所有と決定を解明することによって「株式会社を基礎にした近代的独占や金融資本の問題を正しく把握できる」と主張されている。しかし，その分析対象は，一方で「独占との関連を捨象」し，他方では「金融資本とは関連のない」という独占段階の特殊な株式会社から「産業資本の一形態としての株式会社一般」を析出するといわれるのである。そうだとすれば，それ自体議論の余地を残すものであり，そうした株式会社把握からは「近代資本主義を特徴づける産業資本の一形態としての株式会社一般」を正しく把握できるであろうか。したがってまた，それを基礎に「近代的独占や金融資本の問題を正しく把握できる」であろうか。北原氏

は「近代資本主義を特徴づける産業資本の一形態としての株式会社を一般的に問題とする」といわれるが，その意味するところは必ずしもはっきりしない。それは何故か。株式会社一般を考察されるにあたって，北原氏の場合，問題となる「一般性」が極めて曖昧だからである。ことにその曖昧さは，株式会社一般という場合の，その論理段階の規定性に関わる事柄，その肝心要の論点がはっきりしてないからである。

　近代資本主義は近代独占資本主義との関係でいえば，自由競争資本主義であり，歴史的には19世紀に典型的な発達を示したが，この自由競争資本主義の発展段階に支配的な企業形態はむしろ個人企業形態の産業資本である。株式会社は個別的な存在であり，それが普及・一般化するのは19世紀最後の4半世紀を過渡期として自由競争段階から独占段階へ移行するその過程においてである。「近代資本主義を特徴づける産業資本」とは，しかしこの場合，個人企業形態の産業資本ではありえない。個別的な存在にすぎない株式会社でもないだろう。なぜなら，分析対象となる株式会社は証券制度のもとで所有と機能とが制度的に分離しており，それが株式会社の基本的特質をなすものでなければならないからである。しかし，だからといって，分析対象が自由競争から独占への転化過程に普及し一般化した株式会社であるともいえない。そう確定するには疑問が残るからである。

　なぜなら，北原氏の場合，分析対象の株式会社は，一方では「独占との関連を捨象」し，他方では「金融資本と関連のない……」といわれているからである。しかしこの場合は，北原氏の言葉に沿っていえば，「独占資本の一形態としての株式会社を一般的に問題する」ことはできるが，「近代資本主義を特徴づける産業資本の一形態としての株式会社を一般的に問題にする」ことはできない。なぜなら，後者の場合，その分析対象は実在的には独占資本主義段階における株式会社ではなく，近代資本主義＝自由競争資本主義段階における株式会社でなければならないからである。だから，その分析にあたっては「独占との関連を捨象」する必要は全くないのである。したがって，分析対象となる独占資本主義段階において近代資本主義段階における歴史的諸条件を少しも含まない「近代資本主義を特徴づける産業資本の一形態としての株式会社を一般的に問題にする」とすれば，それは歴史的定在とはまったく無縁な単なる抽象的

構想物以外の何物でもないということになろう。
　「会社それ自体」の株主からの独立：「法人としての会社」である「会社それ自体」は法的構成による法形式であり，擬制である。それは，結合資本＝現実資本の人格化されたものであるが，会社そのものを生きた個人に擬制して付与されたものであり，法人資本家のことである。つまり擬制的・架空的存在である。この「会社それ自体」が単なる法形式，つまり擬制にとどまらず，実質的所有主体となり，それに基づく支配主体となり，経営主体・行動主体となり，株主から自立する，といわれる。しかし，それは転倒した現象形態に囚われて生じた観念的な現象形態である。また「会社それ自体」は意思と意識をもっていないので，代行として経営者を必要とする。この論理段階ではじめて経営者が登場し，経営者もまた株主から自立する。経営者は「会社それ自体」と一体化しその大脳中枢部分を形成することによって「会社それ自体」の支配力を代行して行使していく，といわれる。しかし経営者はそうした諸条件・諸契機のもとではじめて登場するものではない。それは株式会社に固有の必然的な形態であり，株式会社の発展に伴って一般化するものである。
　「会社それ自体」論の主要な柱として，法形式としての所有の実質化の論理がある。それは株主所有の実質の喪失化，その喪失分の「会社それ自体」への移転による法形式としての所有の実質化である。すなわち，実体・実質としての所有と法形式・擬制としての所有とが，本来ありえない同一平面上で〈実質をめぐる綱引き競争〉を行い，一方的に前者＝株主所有の実質の喪失→後者＝法形式の実質化……という構図が描かれていることである。しかも重要なのは前者の論理系譜上に株主の無機能化―株主総会の形骸化・有名無実化が，後者の論理系譜上に株主からの「会社それ自体」―経営者の自立・独立が措定されていることである。だが，北原氏によれば，経営者は機能資本家ではない。非所有の単なる機能者である。この観点は「機能資本家→機能者→賃金労働者」の論理展開と同一方向に位置づけるものである。「会社それ自体」論の主要な論点である。
　機能を分離した所有としての資本＝株式資本は貨幣資本へ転化し，その人格化としての株主は貨幣資本家との形態的同一性を付与される。それは擬制であり，現実には擬制資本以外には何一つ存在するものはないのであるが，それは

客観的な事実に基づく必然性なのである。この擬制化による株主の貨幣資本家化に対応して所有から分離・解放された機能資本の機能は単なる機能に，その人格化としての機能資本家は単なる機能者に，単なる管理人・支配人に，そして労働者に転化し賃金労働者となる。こうした現象形態は主観的なものではなく客観的な事実に基づく必然性なのである。が，それは事実関係の転倒であり，実体―本質の逆立ちした現象形態である。留意すべきことは，この転倒した現象形態に囚われて，この現象形態をそのまま「真なるもの」として受け入れてしまうことである。それは逆に，客観的事実に基づかないで，そのまま「転倒した現象形態」を「真なるもの」とする観念的な認識であり，一つの幻想，一つの錯覚以外の何ものでもない。こうした認識に立つ限り，現象から本質，本質から現象へという科学的分析の過程は閉ざされることになる。

　かくして次のような物神性に囚われた観念形態が必然化する。すなわち，株式会社においては自然人「資本家」は存在しない。所有から分離・解放された機能資本の機能は単なる機能となり，その機能過程は単なる労働過程となる。機能資本家は「質料的担い手」として単なる機能者となり，単なる管理者・支配人となり，労働者となる。賃金労働者として資本家→機能者の労働も労働者の労働も同じものである。かくして株式会社では資本機能，管理労働は賃金労働者によって担われる……，といわれる。しかしこのような認識は正当化できるだろうか。それは客観的事実に基づいて必然的に成立する逆立ちした現象形態をそのまま「真なるもの」として受け入れることによって生ずる観念的な見方であり，かかる現象形態に囚われた幻想であり，錯覚以外の何ものでもない。

　とはいえ，マルクスは，この逆立ちした現象形態は主観的な見方ではなく客観的な事実に基づく必然性であると述べている。が，そうだからといってマルクスは，「会社自体」論の論者が主張されるように，生産過程において機能資本の存在意義が消え去り，その人格化としての機能資本家が消えてなくなると述べているわけではない。こうした逆立ちした現象形態が客観的な事実に基づくものであるからといって，この現象形態に基づいて成立する観念形態の必然性とを同等視してはならない。両者は全く別のことがらである。前者はそれがいかに本質を歪曲し隠蔽するものであるとしても，それ自体は主観的な見方ではなく客観的な事実に基づく必然性であり，人間の意識から独立した客観的な

事実に基づいて成立した逆立ちした現象形態である。それに対して後者はかかる現象形態に囚われた見方であり，それによって生ずる観念的な現象形態であり，錯覚・幻想以外の何ものでもないのである。

「会社それ自体」と株主と経営者：巨大企業では個人「資本家」は存在しない。自然人としての所有者＝支配者，所有に基づく支配者＝資本家は巨大企業から姿を消してしまった，つまり自然人たる支配的な資本家は存在しなくなった，といわれる。そうだとすれば，巨大企業の支配下では，資本家＝企業者は中小・零細企業者として被支配的にのみ存在するだけであるということになろう。他方では自然人「資本家」に代わって「会社それ自体」が資本家であり，経営者・管理者を雇用する。また労働者を雇用し，支配し剰余労働を行わせ，労働の成果を取得し蓄積していく主体である。さらに独占的価格の設定を通じて非独占諸階層から超過利潤を収奪していく主体である。それゆえ，労働者が労働条件改善や解雇反対などに交渉し闘争する相手も「会社それ自体」である，といわれる。それもまた，転倒した現象形態に囚われて生じた観念的な現象形態である。

留意すべきことは，①この論理系譜上からは，完全に会社資本＝結合資本＝現実資本の出資者である株主は会社に関係のない部外者と同様の存在として疎外され，株主の所有実体である企業の所有は完全に欠落し，共同所有意思＝株主総会も形骸化し有名無実化されてしまっていることである。むしろ「所有の実体－所有の実質」を代表する「株主－株主総会」から「『会社それ自体』－経営者」は，自立・独立した存在であるということである。しかし，②「会社それ自体」は経営者の代行を不可欠の条件とする。経営者は資本家ではなく経営専門家である。が，いまや「経営者は他の誰からも指揮・命令されることなく」，その意味ではまったく自律的に自らの意思と意識とをもって「巨大な『会社それ自体』の支配力を代行できる存在である」と述べている。すなわち，経営者は誰からもいかなる干渉を受けることなく自立した独立の存在となり，自己の意思と意識をもってそれを「会社それ自体」の意思と意識としてその意思と意識を自らが実行する，というわけである。経営者は，いわば「絶対的存在」，「絶対的権力」となる。現代版経営者支配論なる所以である。

「会社それ自体」は客観的事実に基づいた必然的な現象形態であるが，それ

自体は法形式であり，擬制である。つまり逆倒的な現象形態なのである。重要なのは，この現象形態に囚われ，この形態をそのまま「真なるもの」として受け入れてしまった，ということである。まさにそれは，観念的な見方であり，物神性に囚われた観念的な現象形態としての「経営者権力」の成立である。こうした諸論点を北原氏の大著『現代資本主義における所有と決定』第一篇第3章「株式会社における所有と決定」を中心に，以下の論理構成に沿って分析的に検討していく。

  第1篇 株式会社の一般理論
 第1章 株式会社論の展開方法(1)
 第2章 株式会社論の展開方法(2)
 第3章 株式会社における資本所有の形式と実質
 第4章 株主による所有と「会社それ自体」による法的形式
 第5章 「会社それ自体」と資本の動員・結合
 第6章 「会社それ自体」と経営者支配
  第2篇 株式会社制度
 第7章 株式会社の論理構造
 第8章 資本所有と資本機能の分離
 第9章 株式会社における資本支配の論理(1)
 第10章 株式会社における資本支配の論理(2)
  第3篇 株式会社論の史的展開
 第11章 『資本論』と株式会社
 第12章 『金融資本論』と株式会社(1)
 第13章 『金融資本論』と株式会社(2)
 第14章 『金融資本論』と証券市場

 本書の既発表論文との関連については，第12章「『金融資本論』と株式会社(1)」，第13章「『金融資本論』と株式会社(2)」，第14章「『金融資本論』と証券市場」は，拙著『擬制資本論の理論的展開』（未来社，1993年）をベースにしているが，いずれも加筆・修正を加え見直したものである。それ以外の序

章, 第1篇「株式会社の一般理論」第1章, 第2章, 第3章, 第4章, 第5章, 第6章, 第2篇「株式会社制度」第7章, 第8章, 第9章, 第10章, 第3篇「株式会社論の史的展開」第11章はすべて書き下ろしである。それゆえ第12章「『金融資本論』と株式会社(1)」, 第13章「『金融資本論』と株式会社(2)」, 第14章「『金融資本論』と証券市場」に関しては参考文献の掲示は割愛させていただいた。

　「『金融資本論』と株式会社」(1)(2)は『金融資本論』第7章「株式会社」を対象とした研究である。この分野の研究は比較的多く一様ではない。複雑多岐にわたるが, その中にあって,〈新たな地平を切り拓いた〉力作として後藤泰二『株式会社の経済理論』(ミネルヴァ書房, 1970年)がある。私見はその系譜上に位置するものである。詳細は拙著『前掲書』を参照されたい。なお,「まえがき」では引用箇所の出典を記していないが, それらはすべて, 本文の中で出典および必要事項を記したものに含まれており, その点を考慮した扱いである。

　最後になったが, 本書の出版は多くの方々のご協力に負うところであり, 深く感謝を申し上げる。またとくに, 専門書の出版のとりわけきびしい現在の事情のもとで, 前著『金融資本論と恐慌・産業循環』(八朔社, 2011年)に続き, 本書の出版を快くお引き受け下さった八朔社の片倉和夫社長に心から敬意と感謝の気持ちを表したい。さらに出版・編集・印刷等にあたってたいへん世話になった方々に厚くお礼を申し上げたい。

目　次

凡　例
まえがき

序　章　分析の基礎視角 …………………………………………………19
　　　　──問題の所在と課題──

Ⅰ　問題の所在 ……………………………………………………………19
　　1　巨大企業における経営者支配現象　19
　　2　株式会社と証券制度　21
　　3　「会社それ自体」論について　24

Ⅱ　課　題 …………………………………………………………………30

第1篇　株式会社の一般理論

第1章　株式会社論の展開方法(1) ……………………………………34
　　　　──北原勇氏の所説の検討──

Ⅰ　株式会社の理論的位置づけ …………………………………………34
　　1　産業資本の一形態としての株式会社一般　34
　　2　株式会社の一般理論──基本的視角　40

Ⅱ　総括的見解 ……………………………………………………………47

第2章　株式会社論の展開方法(2) ……………………………………53
　　　　──北原勇氏の所説の検討──

Ⅰ　株式会社の論理的必然性と必要資本量の増大 ……………………53
　　1　生産規模の拡大→必要資本量の増大　53
　　2　必要資本量の増大→資本所有の私的・個人的制限　59
　　3　必要資本量の増大→信用形態の展開　64

Ⅱ　株式会社の論理的必然性と継続的活動 ……………………………69
　　1　資本の論理と企業活動の継続性一般　69
　　2　企業活動の継続性と株式会社の論理的必然性　70

           3　企業活動の継続性と資本および所有の二重構造化　73
           4　企業活動の継続性と「出資払戻し」　76

 第3章　株式会社における資本所有の形式と実質……………………81
 　　　　──北原勇氏の所説の検討──

   Ⅰ　株主の「実質的所有の喪失」→「会社それ自体」の「所有の実質化」……81
           1　実質的所有の喪失と法形式としての所有の実質化　81
           2　出資払戻の可否と実質的所有⑴　84
           3　出資払戻の可否と実質的所有⑵──結合資本の所有問題①　87
           4　出資払戻の可否と実質的所有⑶──結合資本の所有問題②　90
   Ⅱ　株主総会と株主の経営参加→株主の実質的所有(権)の喪失 …………93
   Ⅲ　企業利益の分配と株主の実質的所有の喪失 ……………………………96
           1　企業利益と株主の実質的所有の喪失　96
           2　残余財産の分配権と株主の実質的所有　98
   Ⅳ　法形式としての所有の実質化と独立性 …………………………………99
           1　法形式の「絶対性」と擬制性　99
           2　法形式と実質の一体化および独立性　103
   附論：株式会社と残余財産の分配・処分権について ……………………107

 第4章　株主による所有と「会社それ自体」による法形式 …………111
 　　　　──北原勇氏の所説の検討──

   Ⅰ　中心権力の所在の多様性と「会社それ自体」の法形式……………… 111
 　　　　──株主所有と法形式──
           1　支配的大株主所有と法形式　111
           2　「中核的大株主」・「複数強力株主」所有と法形式　117
           3　多数の分散的小株主の実質的所有と法形式　121
   Ⅱ　直接的所有と間接的所有の一体化→「完全な資本所有」の形成 … 126
           1　多数の分散的小株主の所有といわゆる「残り火」　126
           2　多数の所有集合・合体による現実的支配力への転化の可能性
 　　　　　──「制約力」概念　129
           3　直接的所有と間接的所有の合体→「完全な資本所有」　132

第5章 「会社それ自体」と資本の動員・結合 ……………………… 138
───北原勇氏の所説の検討───

Ⅰ 資本の集中および支配集中機構 ……………………………………… 138
　1 支配集中機構としての株式会社　138
　2 株式会社の設立様式と支配集中機構　143
　3 「会社それ自体」論と経営者支配　147

Ⅱ 「会社それ自体」論と所有に基づく支配 …………………………… 149
　1 「会社それ自体」の直接的所有と支配　149
　2 間接的所有主体＝株主と制約(1)　152
　3 間接的所有主体＝株主と制約(2)
　　　───総体としての株主の意思と集中メカニズム　155

Ⅲ 資本と所有の二重構造および所有と機能の分離と統一……………… 158
　1 所有と機能＝経営の分離と統一　158
　2 株式会社の所有構造と株主の所有→取締役＝経営者
　　　───株式会社における支配集中機能の展開　159
　3 「会社それ自体」と経営者の概念規定　163

第6章 「会社それ自体」と経営者支配 ………………………………… 168
───北原勇氏の所説の検討───

Ⅰ 「会社それ自体」によるコントロールと取締役・経営者 ………… 168
　1 株主による所有の実質の喪失
　　　───株主の無機能化・株主総会の形骸化→株主からの経営者の独立　168
　2 「実質的所有の喪失」→「法形式としての所有の実質化」の論理の破綻　170
　3 経営者＝「会社それ自体」→経営者，経営者→「会社それ自体」　172

Ⅱ 「会社それ自体」＝単一所有・支配主体と経営者および労働者 … 174
　1 経営者→「会社それ自体」と経営者の絶対的な存在・支配権力　174
　2 「会社それ自体」と労働者支配　177
　3 株主総会─〈会社それ自体〉─経営者および労働者　180

附論：「所有の証券化」──「所有と支配」→「株式所有と支配」 ………… 185
───ライブドアとフジテレビの「株取り合戦」───

第2篇　株式会社制度

第7章　株式会社の論理構造 …………………………………………… 190

  I　資本と所有の二重構造 ……………………………………………… 190
  　1　株式会社の資本構造　190
  　2　所有と機能の分離→自立化　198
  　3　株式会社の結合資本と出資者　200

  II　資本の流動化→資本の動員と結合 ………………………………… 206
  　1　資本所有の株式資本所有への転化──所有の証券化──と自己資本の結合　206
  　2　資本所有の株式資本所有への転化──所有の証券化──と株主　207
  　3　資本と所有の二重化と株式資本・擬制資本の流通運動
  　　──株式会社の資本の二重構造図式　211

  III　株式資本の形成，株式資本の擬制資本への転化の基礎・前提諸条件と証券市場 ……………………………………………………… 215
  　1　資本所有の株式資本所有への転化──所有の証券化──と擬制資本の流通運動　215
  　2　株式会社・証券市場と所有の証券化→配当の利子化　217

第8章　資本所有と資本機能の分離 …………………………………… 227

  I　機能資本家の規定性 ………………………………………………… 227
  　1　資本主義的生産過程と機能資本家　227
  　2　資本所有と資本機能の分離(1)──機能資本家の規定性①　232
  　3　資本所有と資本機能の分離(2)──機能資本家の規定性②　236
  　4　機能資本家の規定性と企業者・経営者の位置づけ　240

  II　所有としての資本＝利子生み資本の一般化 ……………………… 243
  　　──貨幣資本の集積と銀行準備金の変容──
  　1　所有としての資本の集積と銀行「準備金」の規定性　243
  　2　「過剰な準備金」の形成と新領域の開拓　245

  III　擬制資本と株式会社の資本(1) …………………………………… 247
  　　──資本の二重構造化と資本所有の証券化①──
  　1　擬制資本とは何か　247
  　2　擬制資本＝株式の証券化(1)　250

3　擬制資本＝株式の証券化(2)　254

IV　擬制資本と株式会社の資本(2) ………………………………… 257
　　──資本の二重構造化と資本所有の証券化②──
　　1　所有と機能の自立化と継続性　257
　　2　資本の再生産過程と証券市場　259

第9章　株式会社における資本支配の論理(1) ……………………… 265
　　　　──北原勇氏の所説の検討（II・III）──
I　株式会社の設立様式の変遷と機能資本家規定 ………………… 265
　　1　募集設立と機能資本家規定　265
　　2　発起設立と機能資本家規定　270

II　「共同」所有→「共同」支配→経営者支配 …………………… 277
　　1　結合資本の所有と「共同」所有・支配
　　　　──「共同所有」と管理・運用形式　277
　　2　「共同」所有と管理運用の多元性の止揚　279

III　法人格・「会社それ自体」と「単一的」所有・支配(1) ……… 281
　　　──結合資本と会社法人──
　　1　「企業資産の運用」の法的形式　281
　　2　所有構造の経済理論的分析と管理・運用の法的形式　282

附論：「支配＝従属」に関する若干の論点 ………………………… 286

第10章　株式会社における資本支配の論理(2) ……………………… 290
　　　　──北原勇氏の所説の検討──
I　法人格・「会社それ自体」と「単一的」所有・支配(2) ……… 290
　　1　「会社それ自体」→「法形式の実質化」の論理　290
　　2　「会社それ自体」の独立性とは何か　292
　　3　「会社それ自体」の擬制的性格とは何か　295

II　「会社それ自体」論と所有概念 …………………………………… 297
　　1　「会社それ自体」論と所有概念の変容(1)　297
　　2　「会社それ自体」論と所有概念の変容(2)　300

III　株式会社における資本の所有・支配構造の変容 …………… 305
　　　──総括的見解──
　　1　「会社それ自体」と株主一般(1)　305

2　「会社それ自体」と株主一般(2)　308
　　3　「会社それ自体」と株主一般(3)　309
　附論：現代巨大企業と経営者支配に関する若干の問題 …………… 314
　　　──北原勇氏の所説の検討──
　Ⅰ　現代巨大企業と経営者支配 ………………………………………… 314
　　1　「会社それ自体」と経営者支配(1)　314
　　2　「会社それ自体」と経営者支配(2)　317
　　3　「会社それ自体」と経営者支配(3)──内部留保と経営者支配　323
　Ⅱ　巨大企業支配下の経済諸現象と階級意識 ………………………… 328

第3篇　株式会社論の史的展開

第11章　『資本論』と株式会社 …………………………………… 336
　Ⅰ　「クレディ・モビリエ」と株式会社 ……………………………… 336
　　1　株式会社の資本と産業王の権力　336
　　2　株式会社と証券取引利得　339
　Ⅱ　『資本論』と株式会社 ……………………………………………… 341
　　1　株式会社の形成──Ⅲ「株式会社の形成」を中心として　341
　　2　株式会社の二乗・三乗化，新たな産業経営形態の発展　346
　　3　株式制度──Ⅳ「株式制度」を中心として　信用制度・株式制度─利子生み資本→株式擬制資本。資本の集中と支配集中＝収奪機構。　348
　Ⅲ　マルクス・エンゲルス株式会社論の基本的特徴──総合的見解 …… 351
　　1　信用制度と結合資本の形成　351
　　2　所有と機能の分離と分離に基づく統一
　　　　──寡頭的な取締役会・産業王の支配　353
　　3　信用制度・株式制度の発展→集積・集中の発展→独占的結合
　　　　──新たな金融貴族・寄生虫の再生産，思惑と詐欺の全制度の再生産　国家の干渉と「過度点」(「通過点」)　357
　附論：新たな生産様式への《通過点》に関連する若干の論点
　　　──所有と機能の分離─機能資本家─機能者─賃金労働者── …………… 364

第12章　『金融資本論』と株式会社(1) ………………………… 371
　Ⅰ　問題の所在 ………………………………………………………… 371

Ⅱ　株式会社論の展開方法 …………………………………………… 376
　　1　株式会社の論理構成の概要――所有の株式所有への転化，資本の流動化。株式資本の貨幣資本化・株主の貨幣資本家化　376
　　2　『資本論』の理論の継承と発展　378
　　3　株式会社の三機能（資本の流動化・動員・結合）　379
　Ⅲ　株式会社の基本論理 ……………………………………………… 380
　　1　産業資本家の機能変化　380
　　2　資本と所有の二重構造化→利潤分配構造の変容
　　　　――産業利潤と「収益の利子化」=「配当の利子化」　385
　　3　「配当の利子化」と資本の二重構造化　387
　Ⅳ　株式会社の資本蓄積様式 ………………………………………… 391
　　1　創業者利得と利潤生み資本の利子生み資本への転化　391
　　2　配当利回りの利子率化と資本の平等性　392
　　3　株式会社の資本構造と創業者利得　394
　　4　創業者利得と株式資本の「水増し」　396
　附論：ヒルファデイングの創業者利得の「説例」について ………… 401

第13章　『金融資本論』と株式会社(2) ……………………………… 407
　Ⅰ　株式会社における所有構造の変化と支配の論理 ……………… 407
　　1　株主の平等性と多数株議決制　407
　　2　株式会社における所有構造の変化と会社法人格　409
　　3　所有の証券化→所有の意思と会社法人格――所有に基づく支配集中　410
　Ⅱ　株式会社における所有構造の変化と資本機能の展開 ………… 416
　　1　所有構造の変化と資本機能の展開　416
　　2　取締役会=経営者支配と資本機能の展開　419
　Ⅲ　株式会社の優越性――個人企業との根本的差異性―― ……… 421
　　1　資本の調達と蓄積の優越性――「創業の容易さ」と「大きな膨張力」　421
　　2　信用利用における優越性　424
　　3　経営・管理における優越性　425
　補論1　銀行資本の産業資本への転化――株式会社と銀行の関係―― …… 428
　補論2　産業的集積・集中運動の所有集積・集中運動からの分離 …… 429

Ⅳ　株式会社と銀行資本論の展開……………………………………………430
　　　1　産業資本と銀行資本との緊密化(1)──株式会社と信用・銀行制度の構造的
　　　　　変化　430
　　　2　産業資本と銀行資本との緊密化(2)──銀行の産業支配について　431

第14章　『金融資本論』と証券市場 ………………………………………436
　　　　　──証券市場を中心として──
　　Ⅰ　証券市場の位置づけ ………………………………………………436
　　Ⅱ　証券市場の基本論理 ………………………………………………438
　　　1　証券市場＝取引所証券とその特徴──有価証券の種類とその特徴　438
　　　2　証券市場＝取引所取引の構造的変化　439
　　Ⅲ　証券市場と投機取引 ………………………………………………442
　　　1　擬制資本の流通運動と投機取引
　　　　　──証券取引所特有の機能としての投機取引　442
　　　2　株式価格の変動とその不確実性──投機取引の「賭博的」性格　451
　　　3　投機取引と擬制資本の流通運動──擬制資本の流通運動の再規定　455
　　Ⅳ　証券市場の発展と所有概念および所有形態の展開 ………………458
　　　1　所有運動の再生産過程＝生産過程からの分離・独立(1)
　　　　　──所有運動の再生産過程からの解放①　458
　　　2　所有運動の再生産過程＝生産過程からの分離・独立(2)
　　　　　──所有運動の再生産過程からの解放②　462
　　Ⅴ　証券市場と銀行……………………………………………………464
　　　1　証券取引（取引方法）の特殊性と投機信用
　　　　　──投機証券の利子生み証券化　464
　　　2　大投機者と大銀行との関係の緊密化(1)
　　　　　──担保貸付に基づく両者の関係の緊密化　469
　　　3　大投機者と大銀行との緊密化(2)
　　　　　──投機取引＝繰延取引に基づく銀行と投機者との関係の緊密化　470
　　　4　証券市場の構造的変化
　　　　　──大銀行による取引所諸機能の代位と取引所の収奪機構化　475
　　　5　証券市場と所有概念の再規定──〈逆立ちした狂った世界〉　477

装幀：髙須賀優

序章　分析の基礎視角
　　　——問題の所在と課題——

I　問題の所在

1　巨大企業における経営者支配現象

　経営者支配現象：巨大企業における経営者支配の現象は，現代経済社会における資本所有と資本支配の在り方を特徴づけるものであり，資本主義社会の基本的な経済関係に根本的な変化を生ぜしめる経済現象であるかのように思われる。事実，そのような主張はこれまでにも絶えず繰り返されてきた。周知の通り，経営者支配の問題が所有に基づく支配権力の否定，資本支配そのものからの解放を意味するか否かを問う一大関心事として経済諸科学の本格的な研究対象となったのは1920年代中葉からである。経営者支配が新たな経済現象として資本主義経済の史的展開のなかに，どのように位置づけられうるか。その過程分析を介して経営者支配の基本的特質をいかに把握できるか。そうした諸論点に関わる理論的分析，実証的・事例的研究といった諸作業は，専門分野を異にする多くの研究者によって多面的かつ継続的に行われてきた。多種多様ではあるが，その研究の諸成果もそのつど世に問われてきた。[1]

　ところで，そのような意味において経営者支配が重要な経済現象となるその歴史的起点は，資本主義経済がいわゆる自由競争から制限的競争・独占へ転化する過程，すなわち，自由な競争を媒介とする資本と生産の集積・集中，そのさらなる展開が逆に自由な競争の「制限的」・「否定的」な構造的諸条件へと転化していくその過程に求めることができよう。

　また同時に，その過程は信用・銀行制度の発展を基礎・前提とする株式会社制度の展開を通じて大企業における経営者支配現象の経済的な形成基盤となる資本主義の枠内での「資本の社会化」，「所有と経営の分離」が構造的・制度的

に確立・展開していく過程でもある。経営者支配現象の問題を考察するうえで,その理論的前提となる,かかる資本主義の枠内での「社会化」あるいは「所有と経営の分離」現象については,一般的には,すでにマルクスが『資本論』においてふれており,20世紀に入ってからは周知のようにヒルファディング『金融資本論』(1910年),レーニン『帝国主義論』(1916年)等によって分析されている。[(2)] とくに前者＝『金融資本論』においては独占の形成という新たな歴史的段階を分析対象とする貨幣と信用→株式会社・証券市場→信用・銀行制度の構造的変化,および集積の発展→競争制限＝独占の形成と金融資本の支配──金融資本の蓄積様式──に関する理論的分析を通じて資本主義的生産様式の枠内での「社会化」・「所有と経営の分離」現象に関する理論的展開が試みられている。その後,巨大株式会社における「所有と経営の分離」現象がますます注目を集めるようになり,経済諸科学にとって20世紀以降,資本主義経済の主要な研究対象となったのである。

　経営者支配論の史的展開：1920年以降,とくにアメリカにおいては次のような研究が見られる。A.N.Carver, *The Present Economic Revolution in the United States*, 1926, R.J.Lanner, *Ownership and Control in the 200 Largest Non financial Corporations*, 1929, A.A.Berle and G.C.Means, *The Modern Corporation and Private Property*, 1932.（北島忠男訳『近代株式会社と私有財産』文雅堂, 1953年）, TNSC, *Monograph No.29, The Distribution of Ownership in the 200 Largest Non-financial Corporations*, Temporary National Economic Committee, 1940.（『第29集』「最大非金融200社における所有の分布」）, J.Burnham, *The Managerial Revolution, What is Happening in the World*, New York., 1941.（武山泰雄訳『経営者革命』東洋経済新報社, 1960年）, R.A.Gordon, *Business Leadership in the Large Corporation*, 1945.（平井泰太郎・森昭夫訳『ビジネス・リーダーシップ』東洋経済新報社, 1954年）等が登場してきた。

　こうした先駆的な研究動向のなかにあって,わが国においても巨大企業の支配をめぐる論議には,次のような研究が見られる。西野嘉一郎『近代株式会社論』（森山書店, 1935年）, 増地庸一郎『わが国に於ける株式の分散と支配』（同文舘, 1936年）, 高宮晋『企業集中論』（有斐閣, 1943年）, 松田二郎『株式会社の基礎理論』（岩波書店, 1943年）等が現れ, 以後, 経営学, 会計学を

中心に展開されるが，1950年代に入ると岡村正人『株式会社金融の研究』（有斐閣，1950年）古賀英正『支配集中論－米国金融資本の研究』（有斐閣，1952年），大塚久雄『株式会社発生史論』（中央公論社，1954年），上林貞次郎『現代企業における資本・経営・技術』（森山書店，1958年），鎌田正三『アメリカの独占企業』（時潮社，1956年），続いて，馬場克三『株式会社金融論』（森山書店，1965年），三戸公『アメリカ経営思想批判』（未来社，1966年）……等がみられる。また，それに対応して会社法学の分野でもその展開がみられる。川島武宣『所有権法の理論』（岩波書店，1951年），大隅健一郎『株式会社法変遷論』（有斐閣，1953年），中村一彦『経営者支配の法的研究』（評論社，1960年），八木弘『株式会社財団論』（有斐閣，1963年），富山康雄『現代資本主義と法の理論』（法律文化社，1969年）……等である。このように法学，経済学など諸科学の広い分野にまで及ぶ活発な研究が展開されるようになった。1970年代に入ってからの研究動向については本文中の議論の中で言及する。

　1970年代後半から80年代にかけて新たな研究動向として「会社自体」論が現れ，「新たな流れ」を形成する。この「新たな流れ」が当面の分析対象である。そこで留意すべき事柄は次の点であろう。現代巨大企業の支配下では，支配的な企業形態は株式会社である。その特徴は株式証券制に基づく企業形態である。現代企業における所有と支配の問題は，この論理段階の株式会社一般が理論的な基礎・前提とならなければならない。『資本論』の論理段階における株式会社を媒介項なしに直接的に援用し現代株式会社論を展開することは論理的飛躍以外のなにものでもない。では株式証券制を不可欠の構成要素とする株式会社とはどのようなものとして理解すべきか。

2　株式会社と証券制度

　資本集中機構：株式証券制の確立段階における株式会社は，基本的には資本の二重化とそれに対応する所有の二重化───資本の流動化→所有と機能との分離───を基礎にして資本を社会的に流動化→動員・結合し，会社資本の形成を可能にするが，この結合資本それ自体が直接会社資本を現すわけではない。この結合資本は一方では所有としての資本＝株式資本に転成すると同時に，他方では機能としての資本＝現実資本に転化する。本来資本に内包・合一されて

いる所有と機能とが切り離され，所有としての資本と機能としての資本とに制度的に分離され，自立化した独自の存在様式——資本の運動態様——を獲得するのである。後述するが，それは合資・合名会社の結合資本とは本質的に異なる点である。自己資本の結合体としての，株式会社の資本は，結合資本の株式資本化，したがって，結合資本所有の株式資本所有への転化——「所有の証券化」——を媒介して擬制資本化される。株式会社の資本は所有としての資本＝株式資本と機能としての資本＝現実資本とに制度的に分離され，資本は二重化して現れる。それに対応して所有も株式資本の所有と現実資本の所有とに，つまり実質的・間接的所有と形式的・直接的所有とに二重化して現れる。

　本来資本それ自体に内包・合一されている「所有としての資本」と「機能としての資本」が株式会社の場合には，切り離され，制度的に分離し自立した独自の存在様式を確立するというわけである。が，一方では「所有としての資本」＝株式資本→擬制資本として，他方では「機能としての資本」＝現実資本→機能資本として，前者は後者から解放され，後者も前者から切り離されて各々独自の運動態様を獲得するのである。前者＝結合資本→「所有としての資本」＝株式資本は持分に分割・証券化され，証券市場において擬制資本化した株式資本の流通運動 $A-G_2-A$ を循環的に展開していく。この場合，各個の株式所有者＝株主にとっては利子生み資本の運動 $G-A-G'$ として現れる。後者＝結合資本→「機能としての資本」＝現実資本は再生産過程において機能資本の価値増殖運動 $G-W<^{Pm}_{A}\cdots P\cdots W'-G'$ を形成し継続的に展開していく。

　こうして株式会社の資本は，一方では証券市場において株式資本の擬制資本化→擬制資本としての株式資本の継続的な循環的な流通過程を介して創業者利得の創出と配当（利子化した配当）をめぐる資本の競争，所有の集積・集中運動が展開していく。他方では再生産過程において機能資本としての最大限の剰余価値・利潤の生産と取得をめぐる資本の競争を介して産業的集積・集中運動が展開していく。しかし前者＝株式資本の擬制資本化による擬制資本の循環的な流通運動の形成は，純粋に擬制的である。擬制資本は現実には資本ではなく「ある収益の価格」にすぎない。現実に存在するものは現実資本＝機能資本とその利潤だけである。しかしこの「ある収益」は再生産過程において産出される利潤を源泉とする。つまり擬制資本としての価格形成は現実に分配される配

当＝収益を基準とするが，この配当は産業利潤を源泉とする。ここに株式会社における所有と機能の制度的分離に基づく両者の本質的な関連性の第一の論点がある。とりあえずは指摘にとどめておく。株式会社はかかる二側面を内包した結合資本の運動体，すなわち，「総合的」企業形態である。

またこの論理段階――資本所有の株式資本所有への転化，株式資本の擬制資本への転化の過程を介する株式資本の流通運動の確立――では，証券市場＝証券取引所は投機取引をその主要な機能・業務の一つとして付与され，投機取引を特質とする証券市場として内容規定される。その投機性は証券市場の未成熟段階の投機性とは論理段階を異にするものである。すなわち，未成熟段階の投機取引についていえば，それは，一方では株式会社が再生産過程との関連において，いわば外部装置として，いまだ平均利潤率の形成に参加しておらず，特殊な形態であるということ，他方，信用制度との関連においては一般的利子率の未確立段階であり，したがって一般的利子率の確立を形成基盤とする株式資本の擬制資本化とその流通運動とがなお未成熟段階にあり，したがって配当の利子化と創業者利得の形成も，またそれを形成基盤とする投機取引の展開も析出できない「存在」形態であるということ，である。株式会社・証券市場の一般化した投機取引はこのような19世紀初期の証券取引・証券投機とは明らかに論理段階を異にするものである。「近代」の証券市場＝証券取引所における投機取引の特徴は，産業資本の株式資本化，株式資本の擬制資本化，擬制資本化した株式資本の自立的な流通運動の展開のもとに，信用・銀行制度の発展を基礎・前提として擬制資本化した株式資本の流通過程に吸着・寄生しながら，しかも自己の自立的存在とその運動態様を獲得しているという点である。

この論理段階では証券市場における擬制資本化した株式資本の循環的流通運動の持続性が投機取引との関連で新たな内容を付与されると同時に，証券市場の「寄生的」「賭博的」性格，したがって，証券市場における所有集中運動の「寄生的」「賭博的」性格が特徴的な傾向を有するものとなる。[3]こうしてこの論理段階では資本所有は株式資本所有に転化し，所有の証券化，擬制資本化が一般化し，逆にまた，自立化して独自の運動態様を獲得した投機取引を媒介とする最高度の成熟段階――寄生性・賭博性および腐朽性を一般的特徴とする――に達する。

支配集中機構：この論理段階では，上述の如く所有形態は資本所有の株式資本所有への転化——所有の証券化——が支配的・一般的形態となる。しかも産業的集積・集中に伴う株式会社の二乗・三乗……といった巨大企業の展開過程において所有は，一方では圧倒的な多数株主への「個人的」所有の株式分散化が進みながらも，他方ではごく少数の大株主＝機関大株主への「機関的」所有の株式集中——所有集中——が展開するという，二側面の過程進行が一般的傾向となる。こうした過程的展開のなかで，個人株主による株式所有の比重低下に対する「機関」株主による株式所有の比重増加の傾向が強まり，巨大企業の所有構造にも形態的変化をもたらすことになる。そしてまた，この所有構造の変化に対応して巨大企業における資本支配の在り方，その形態にも構造的な変化を余儀なくされるようになる。

3　「会社それ自体」論について

「会社それ自体」論の問題性①：現代巨大企業における「所有－支配」構造の変容に対する研究としては，1970年代後半から80年代にかけて台頭し新たな流れを形成した「会社自体」論がある[4]。その理論的特徴は，株式会社の結合資本＝現実資本の法的所有主体たる「会社自体」が単なる法形式上の存在にとどまらず，実質的な所有主体であり，所有に基づく支配主体であること，その支配権力を代行し行使していくものとして経営者が登場するということである[5]。その代表的なものに北原勇『現代資本主義における所有と決定』（岩波書店，1984）がある。その中で北原氏は次のように述べている。

「……本書で提起した新しい概念が『会社それ自体』である。すなわち，個人的所有者兼支配者の存在しない現代の独占的巨大企業においては，自然人ではなく，『会社それ自体』が現実資本の直接的所有主体であり，その所有にもとづく支配力をもつ経済主体であり，それゆえにまた行動主体でもある[6]。」この『会社それ自体』の支配力を代行・行使し，かつ一部横奪する」のが経営者である。そしてこの『会社それ自体』と株主と経営者の三者相互の関係と位置づけを正確に認識することによってはじめて，現代における『所有と支配力』の真の所在およびそのあり方も，また株主および経営者の階級的性格も解明できるのである[7]。」

北原氏によれば，現代の独占的巨大企業においては人格化された資本としての自然人ではない，「会社それ自体」が支配者であり，経営主体であり，行動主体である。にもかかわらず，その支配権力をもち，経済主体，行動主体である「会社それ自体」は，自身の代行者を不可欠のものとする。それが経営者である。なぜなら，資本の人格化でありながら「会社それ自体」は意思と意識を持ち合わせる自然人ではないから，代行者＝会社意思の体現者，つまり自然人である経営者を必要とする，というわけである。[8]
　ここでまず，指摘されるべきことは，北原氏は現代の独占的巨大企業においては個人所有者兼支配者は存在しないという前提に立っている点である。そしてこの前提のうえに「会社それ自体」論が展開されていることである。そうした見解を一般化し，立論の出発点にされることは，基本的な分析視角においてすでに問題があるといわざるをえない。それは理論的にも実際的にも一面的であり，誤りであるからである。ここで直接の疑問はまず，会社は法人格を付与されてはいるが，自然人ではない。したがって，自然人とは異なり，「意思と意識」を持ち合わせてはいない。にもかかわらず，経営者を会社自身の代行者として位置づける場合，会社意思の体現者であるというわけである。そうだとすれば，体現さるべき「会社の意思と意識」とは何か，ということになる。しかし「会社それ自体」は「意思と意識」を持ち合わせていないはずである。自然人ではない会社法人の「意思と意識」とは一体何か，が問われなければならない。
　問題となるのはこうした諸概念である。とりわけ株式会社における資本——出資形式による結合資本，結合資本の株式資本化，株式資本の擬制資本化——について，したがってまた，結合資本の株式資本化，擬制資本化に基づく資本の二重化およびそれに対応した所有の二重化に関する法的・経済的な関係概念の内容について，北原氏の理解に問題がないであろうか。その肝心要の論点が理論的に十分検証されていないのではないかと思われる。そのことが全体を通して基礎的な概念把握なり，本質的な内容把握の弱点・混乱の要因となっているのではないだろうか。より具体的にいえば，自然人でない会社自体の意思と意識とは何か，その代行者＝体現者としての経営者とは何か，いかなる経済的範疇なのか。その経営者の意思と意識とは何か。はじめに「会社それ自体」あ

りきではなく，一体誰が何故に資本の人格化としての自然人資本家に擬して社団としての会社に法人格を付与せざるを得なかったのか，その必然性とは何か。この「会社法人」が如何にして「会社それ自体」として自立化し，法形式上だけでなく実質的な所有主体として支配権を確立しうるのか。それに対応した株主の実質的所有の喪失とは何か。全株主所有＝共同所有，つまり株主総会所有の実質の喪失を意味するのか。それは多数株議決制による合意形成メカニズム，したがってまた，その支配集中機能自体をも喪失することを意味するのか。北原氏の所説は内容的には「緻密」であり，目配りの行き届いた構成になってはいるが，論理的には整合性に欠けるものとなっているように思われる。資本の人格化として法人格の付与とその経済的意義とをどう捉えるべきなのかといった根本的な問題を含む叙上の諸論点の理論的分析・整理が十分ではないように思われる。

　いずれにせよ，問題は，株式所有の概念規定を十分に吟味することなく，物心崇拝に影響されて経営者支配現象の根拠となる資本所有の株式資本所有への転化，株式資本の擬制資本化，擬制資本化した株式資本による所有と機能との制度的分離の本質的関係・その展開形態についても，率直にいって，北原氏の見解は皮相的・一面的把握に止まり，それゆえに多くの疑問が残るものとなっている。差し当たり，ここでは，そうした基礎的な概念把握に関わる諸論点は行論のなかで，その都度言及するとして，まず「問題の所在」を提示する観点から先取りして「会社自体」論に関する若干の問題点を指摘しておきたい。

　「会社それ自体」論の問題性②：「会社自体」論は現代版経営者支配論である。しかし，それは従来の経営者支配論の単純な「継承」・「再版」ではなく，むしろ「所有に基づく支配の終焉」「所有に基づく支配からの解放」として，経営者支配を説く従来の経営者支配論に対置して，逆に，「所有に基づく支配」の論理から「会社それ自体→会社意思の体現者・代行者→経営者」として経営者支配を捉えるという，新たな経営者支配論である。この新理論を対置することによって，従来の経営者支配論を批判するという立場から，その理論的展開を試みたものである。その批判の特徴は，従来の経営者支配論批判の如く経営者支配それ自体を否定することによって，批判されるのではなく，経営者支配現象を是認したうえで，その本質的理解を対置するという批判の仕方である。す

なわち，株式会社における支配は，所有に基づく支配であるが，その支配権力は「会社それ自体」に属するものであり，「会社それ自体」の所有に基づく支配でなければならないというものである。しかし自然人でない「会社それ自体」の支配権力は，自然人である経営者によって代行されざるをえない。すなわち，経営者の肉体を借りて形成された「会社それ自体」の意思と意識＝支配力が，あるいは経営者が「会社それ自体」と一体化しその大脳中枢部分を形成することによって付与された「会社それ自体」の意思と意識＝支配力が，経営者によって代行されるということである。それが従来の経営者支配論に対置される批判的内容の核心であり，その本質的理解である(11)，ということができる。それゆえにまた，その「本質的理解」そのものに「会社それ自体」論の本質的問題があるということができる。

　「会社それ自体」論の基本的特徴は，経営者支配現象を従来の経営者支配論と全く同様に所有者の支配権力からの全面的な解放として理解されているということ，つまり所有者の支配権力の全面的否定として把握されているという点である。現代資本主義経済のもとでは巨大企業は株式会社形態による大規模結合資本である。その結合資本の形成は，一方において金融市場の発展を基礎・前提とする。社会に散在・遊休するすべての貨幣および貨幣資本が利子生み預金への転化を媒介して信用・銀行制度のもとに集合・集積され，銀行資本・利子生み資本に転成するが，他方，一般的利子率の決定機構の制度的確立，所有としての資本＝貨幣資本と機能としての資本＝現実資本とへの制度的分離および国債等の利子生み証券化市場の展開を基礎・前提とする。かかる二側面の総体的関係の展開をふまえて近代証券市場＝証券取引所が導き出される。が，信用・銀行制度のもとに集合・集積された膨大な貨幣および貨幣資本が資本の流動化→株式の証券化・擬制資本化を媒介して自己資本として社会的に動員され，産業企業の結合資本を形成することを可能ならしめる。

　この過程の全面的な展開を通じてさらなる株式の分散化と集中化，それに伴う個人大株主の比重低下と機関大株主への株式の集中化が進行するが，そのことによって，巨大企業にあっては，かつてのような大資産家的な個人大株主支配が減退し，その結果，かかる大株主支配者を見出すことは容易ではなくなったというわけである。そうした問題状況を所有者権力からの解放，所有者権力

の終焉とみなす見解が，従来の経営者支配論の基本的立場である。が，それと同様に「会社それ自体」論もまた，かかる問題状況を所有者の支配権力からの全面的な解放，その支配権力の完全な否定であると理解し，経営者支配論の見解を当然のことのように見なしているのである。むしろ，それを理論的出発点としている点に特徴がある。しかし，そうした分析視角に伴う論理の展開からは，法人格化された「会社自体」の擬制性・架空性は分析的に解明されず，したがって，その分析的解明を通じてはじめて可能となるはずの経営者支配論の本質的批判もまた，曖昧のまま残されることになったのである。批判すべき「経営者支配」論と北原「会社それ自体」論とは，一体どこがどう異なるのか。両者の異質性・差別性は一体どこにあるのか，が問われることになるだろう。[12]

　しかし他方，「会社それ自体」論のいま一つの特徴は，経営者支配現象を従来の経営者支配論の如く所有からの解放であると見なすのではなく，あくまでも所有に基づく支配であると捉え，そのことを基軸論理として強調する点にある。それはしかし，所有者の支配権力を全面的に否定したうえで，措定される「所有に基づく支配」の論理である。この論理は，株式会社制度のもとでの，資本の二重化とそれに対応する所有の二重化に伴う，一方における支配権力なき所有者と他方における所有者なき所有の支配という二側面の矛盾・対立関係を現すものであり，その矛盾・対立の解決・止揚として提起されたものである。それが「会社それ自体」論であるが，その特徴は所有を自然人から会社に移すということ，資本の人格化としての自然人から自然人ならざる会社自体に移すということである。が，しかし問題は，そのことが株主の所有の実質を喪失させ，その喪失部分を「会社それ自体」の法形式としての所有の実質化に転化させるという点である。

　所有を人格上の個々人から法人としての会社に移すことによって所有は二重化して現れる。すなわち，それは，一方では株主による実質的所有であり，資本所有の株式資本所有への転化による間接的・実質的所有への転化であり，他方，それに対応した「会社それ自体」による法形式としての所有であり，直接的・擬制的所有である。しかし北原氏は，資本の人格化としての生きた人間である資本家に擬してそうでない会社そのものに法人格を付与するということ，つまり会社を生きた人間資本家に擬して法人資本家と規定したことが，法人と

しての会社の自立化＝会社自体の所有の実質化であると主張され，それによって，株主から独立した「会社それ自体」の所有に基づく支配を説くのである。[13]

「所有に基づく支配」が資本の人格化としての生きた人間資本家から法人格化としての「会社それ自体」に移り，それに伴って所有者の支配権力もまた「会社それ自体」に取って代わられることになる。かくして，自然人でない「会社それ自体」が現実資本の直接的所有主体となり，その所有に基づく支配権力を持つ主体であり，経営主体であり，行動主体であるというわけである。だが「会社それ自体」は自然人と異なり，「意思と意識」とを持ち合わせてはいない。自身の代行者を不可欠のものとする。それが経営者であると主張されるのである。

しかし北原氏によれば，「会社それ自体」は支配権力者であるとはいえ，生きた人格としての自然人資本家ではない。「意思と意識」を持ち合わせてはいないのであるから，その支配権力は代行者である経営者に全的に委ねる以外にない，といわれる。だとすれば，「会社それ自体」の「意思と意識」とは，経営者の「意思と意識」そのものとなり，その支配権力は経営者の「意思と意識」とにおいて終始実行され，貫徹されるものとなるであろう。所有に基づく支配権力を持つ経営主体にして，また行動主体にしても，経営者の「意思と意識」において実行され，その主体性も経営者自身の主体性の発揮として貫徹されることになるであろう。経営者による支配権力の確立以外のなにものでもない。それは経営者支配の全面的展開を意味する，文字通りの現代版経営者支配論である。しかし経営者とは何か。北原氏は「経営者は，他の誰からも指揮・命令されることなくその意味では全く自律的に自らの意思と意識とをもって……『会社自体』の支配力を代行できる存在である」[14]と述べている。経営者は自立した絶対的権力者であるというわけである。だがそうだろうか。

経営者は所有から切り離された資本機能の担い手である。非所有者としての経営管理者である。経営者は株主総会＝所有の議を経て選任され，業務執行を委任された任期制を旨とする存在であり，所有から自立化した，独立的存在ではけっしてない。その支配権力はかかるものとして経営者に付与された条件付きのものである。それは「会社それ自体」の本来的機能ではないし，また経営者の肉体を借りて形成されたものでもないし，あるいは経営者が「会社それ自

体」と一体化し，その大脳中枢部分を形成して導出されたものでもない。経営者の支配権力は株式会社制度固有の資本と所有の二重構造に基づいてはじめて可能となる「所有－支配」→「非所有－支配」を基礎に成立する期限付きの制約された性質のものであり，株主所有から自立し安定した持続的な性質のものではない。だとすれば，株式会社における「所有－支配」を包括した会社機関＝内部機構は一体何に求められうるか。それは株主総会以外にはありえない。

　株主総会それ自体は全構成員の資本所有，全株式所有であり，所有意思の唯一の決定機関である。しかし株主総会は資本の運動体ではない。というのは株主総会は機能から分離した所有そのものであり，経済活動において会社組織を代表できるような能動的な結合資本の運動体ではないからである。しかもそれは各個の株主を構成員とする株式会社の内部機構であるが故に，その意思は合意の形成を必要とするし，その形態規定上，一個の独立した所有主体＝責任主体とはなりえないものである。しかし後述の如く所有意思が意思行為として実行されうるには機能と結合する以外にはない。なぜなら，それは機能と結合することによってはじめて実行＝実現されうるからである。以上のような問題視角から北原氏の株式会社の法人格化→株主所有の実質の喪失→法形式の実質化→「会社それ自体」の自立化の論理が分析的に解明されなければならないであろう。

II　課　題

　「会社それ自体」論の論者はどうしてこのような問題把握に止まらざるを得なかったのであろうか。問題点を明らかにするうえで，まず何よりも次の諸点に言及しておかなければならないであろう。

　(1)「会社それ自体」とは何か。(2)資本所有の株式資本所有への転化，所有の証券化とは何か。(3)株式証券制度の論理段階における，①「所有資本（家）→株式資本（家）」と「機能資本（家）→取締役・経営者」との分離・自立化，および②両者の関連性について，③所有資本（家）と貨幣資本（家）と株式資本（家）との形態規定性，④内部組織としての「所有－株主総会」と「機能－取締役会」の形態規定性，および所有と機能・経営の関連性について。そして

さらに(4)株式会社論の展開方法について，①産業資本の一形態としての株式会社一般とは何か。②株式会社の必然性としての，必要資本量の増大および継続性とは何か。必要資本量の増大と継続性が何故に「必然性の要因」でありうるのか。最後に(5)近代株式会社の一般理論について，である。これら(1)(2)(3)(4)(5)に関する北原氏の所説には容易に賛同できない根本的な疑義がある。いうまでもなく，これら5点は北原勇『現代資本主義における所有と決定』（岩波書店，1984年）の理論的内容を規定する基礎概念であり，かつ基本論理を構成する主要な諸要素でもある。したがって，これらの問題がいかに把握され，体系構成の基礎概念，基本論理の構成諸要素としてどのように組み込まれ，位置づけられているかは，北原氏の所説の特質と問題点を明らかにするうえで，まず問われるべき重要な基礎的作業である，と考えられる。行論の都合上，(3)株式会社論の展開方法——それはまた経営者支配論の展開方法に関わるものである——について北原氏の所説を検討することから始めよう。

（1） こうした研究の成果に関しては，序章Ⅰ-1「巨大企業における経営者支配現象」の「経営者支配論の史的展開」において簡単な紹介を行っている。

（2） 藤田勇『近代の所有観と現代の所有問題』日本評論社，1989年，99頁。「資本主義の枠内での『社会化』あるいは『所有と経営の分離』現象については，一般的にはすでにマルクスが『資本論』においてふれており，20世紀に入ってからはヒルファーディング『金融資本論』（1910年），レーニン『帝国主義論』（1916年）によって分析されてきたのであるが，その後巨大株式会社における『所有と経営の分離』現象がますます注目を集め，1920年移行反トラスト法がトラスト強化法として機能しつつあったアメリカにおいて『合衆国における現在の経営者革命』（A.N. Carver, *The Present Economic Revolution in the United States*, 1926.）が説かれ，さらに30年代入ってバーリ＝ミーンズの『経営者支配』論が登場してきたことは周知のとおりである。」

（3） 管見の限りでは，投機取引を本格的に経済学の理論的な分析対象として位置づけたのは，ヒルファディング『金融資本論』第二篇「資本の可動化。擬制資本」第7章「株式会社」，第8章「証券取引所」，第9章「商品取引所」，第10章「銀行資本と銀行利得」が最初である，と考えられる。

（4） その代表的なものとして北原勇『現代資本主義における所有と決定』（岩

波書店，1984 年）をあげることができよう。
（ 5 ） 同上，52 頁。
　　　この点に関説した批判論文としては，勝部伸夫「『会社それ自体』論批判」（『経済評論』1985 年 12 月号），稲村勲「経営者支配論批判の基本視角──『会社自体』論批判──」（大阪市大『経営研究』第 37 巻第 5・6 合併号，1987 年 1 月），後藤泰二「経営者支配」（後藤泰二編著『現代日本の株式会社』ミネルヴァ書房，2001 年）等がある。
（ 6 ） 北原勇『前掲書』17 頁。
（ 7 ） 同上。
（ 8 ） 同上。
（ 9 ） 同上，第 5 章「現代巨大企業における所有と決定 I ──『会社それ自体』による実質的所有の成熟──」における分析方法の特徴を参照されたい。
（10） 同上，120-121 頁，237-239 頁。
（11） 同上。
　　　稲村勲「前掲論文」67-68 頁を参照されたい。
（12） 北原勇『前掲書』232-233 頁
（13） 同上，237-238 頁。
（14） 同上，234 頁。

第 1 篇

株式会社の一般理論

第1章　株式会社論の展開方法 (1)
――北原勇氏の所説の検討――

I　株式会社の理論的位置づけ

1　産業資本の一形態としての株式会社一般

　株式会社の一般性と意義：北原氏は現代巨大企業における「所有」と「決定」を解明するためには，なによりもまず株式会社一般について考察する必要があると次のように述べている。

　「本書の最終的課題は現代巨大企業形態をとっている企業における『所有』と『決定』の解明であるが，現代巨大企業のほとんどすべてが株式会社形態をとっている以上，その解明のための基礎として本章の考察〔第3章「株式会社における所有と決定」（－中田）〕が必要なことは自明であろう。しかも，後に明らかにするように，現代巨大企業における『所有』と『決定』の特徴は，株式会社一般に形式的に備わっている特徴が実質化したもの，さらには株式会社の形式に潜んでいる実質の拡大・成熟したものにほかならないから，前もって株式会社一般について考察する必要は大きい。」

　ここでの課題の設定は体系的であり，意欲的であるが，しかしその展開方法には疑問を禁じ得ない。北原氏の分析視角からは，結局「現代巨大企業における所有と決定の特徴」の解明は，株式会社の分析・解明がすべてであるということになるのではなかろうか。また個別具体的にはここで指摘されている「形式」と「実質」とは何か。ことに両者の関係性が問題になるのではないか。しかしこうした諸論点については行論の中でその都度言及することにしよう。続いて北原氏は株式会社を一般的に問題にするうえで注意すべき論点――その一般性および意義――を次のように述べている

　「ここで株式会社一般というばあい，近代資本主義を特徴づける産業資本の

一形態としての株式会社を一般的に問題とするのであって，前期的商人資本による特権的・独占的巨大会社を含むものではない点，注意しておく。第二に，近代的独占との関連も捨象している。現実の歴史において，株式会社は独占資本形成に大きな役割を演じるのであるが，独占であると否とにかかわりなく株式会社は存在するものであるし，理論的にはまず独占との関連を捨象して株式会社それ自体を考察することが必要かつ有効である。第三に，同様の理由から，ここでは，金融資本の一構成要素として位置づけられた株式会社ではなく，金融資本と関連のないものとして，株式会社それ自体を取り上げる。こうした考察によって，はじめてこの株式会社を基礎にした近代的独占や金融資本の問題を正しく把握できることとなろう。」[(2)]

叙上の如く北原氏は現代巨大企業における所有と決定を解明する理論的基礎として株式会社における所有と決定の考察が必要であり，この点は自明であろうといわれる。かかる理由づけに基づいて問題設定・分析視角が提示される。その手順自体に，とくに異論を差し挟むつもりはないが，その理由づけと問題設定の仕方には同意しかねる点がある。北原氏は，現代巨大企業における所有と決定の特徴は，株式会社一般に形式的に備わっている特徴が実質化したもの，さらには株式会社の形式に潜んでいる実質の拡大・成熟したものにほかならないから，前もって株式会社一般について考察する必要は大きいといわれる。が，しかし問題設定にあたって，それのみが主たる理由づけであるとすれば，結局，「現代巨大企業における所有と決定の解明」は株式会社それ自体の解明であり，株式会社における所有と決定の解明そのものであるということになろう。したがって，その中心論点は株式会社の「形式に潜んでいる実質の拡大・成就」を如何に実証・論証するか，というこの一点に集約されることになるであろう。が，むしろ，それはかかる問題設定それ自体が不当に特化・限定され，新たな理論的展開を制約することになるのではないか。なによりも新たな経済的諸現象の理論的・本質的把握を妨げることにもなるのではないか。一言でいえば，そこには「独占概念」が欠落しているからである。次に基本的な事柄であるが，論証の仕方・論理の展開方法も問われなければならないであろう。そしてなによりも「形式と実質」の区別標識そのものの可否が問題になる。こうした諸論点の理解如何によっては分析視角・問題設定それ自体が根本的見直しを問われ

ることになるであろう。

　むろん株式会社おける所有の法形式にせよ，その実質（化）にせよ，それ自体の理解に問題があれば肝心要の形式の実質化も内容の伴わない形式的・皮相的な把握に止まってしまうであろう。北原氏の場合，「会社それ自体」の所有に基づく支配の問題において株主による所有の実質の喪失，その反面，法形式としての所有の実質化という場合，その理論的作業が，当然批判の対象であるべき従来の経営者支配論をめぐる論争上の分析方法を批判するのではなく，むしろそれを無批判に援用し，もっぱら，その延長線上で「所有の実質の形骸化」，「法形式の実質化」の論理を説いている点である。それゆえに，従来の経営者支配論や経営者支配否定論がいずれも経営者支配現象の本質的理解に欠けており，とくに後者の論理は経営者支配論に対する理論的批判とはなっていないという，北原氏自身の強い問題意識にも拘わらず，該書第3章「株式会社における所有と決定」での理論の展開は，その展開方法の混乱と便宜性の強い形式的把握とによって皮相性を免れえないものとなっている。

　ここでは，北原氏の分析方法に則してみても，実質と形式，実質の形骸化と法形式の実質化……といった事柄が問題になるが，そうした主要な論点の内容把握が概念的にも実体的分析においても理論的に整理され，分析的に解明されているか，というと必ずしもそうではないように思われる。むしろそこに理論的な混乱や整合性に欠ける決定的な弱点が看取できるのである。そもそも，「株式会社一般に形式的に備わっている特徴が実質化したもの」といわれるが，北原氏にあっては，肝心の「株式会社一般」の理解そのものに難点があり，したがって，その理論的分析と展開方向にも多くの問題を残すことになったといわざるをえない。

　株式会社における所有と決定の問題，換言すれば株式会社における経営者支配の問題をどう捉えるか。その事柄を資本主義経済の史的展開の中にどう位置づけるか。より具体的には株式会社制度の史的発展をふまえて株式会社における所有と機能・経営の分離現象を理論的・分析的にどう把握するか。そうした問題視角から株式会社の一般的性格をどう抽出できるかということになるが，北原氏の場合，その理論的な手続き上の整理が十分ではないように思われる。一見「産業資本の一形態としての株式会社一般」の論理も，上記の正当な問題視

点をふまえて提示されているかのように思われるが，そこには根本的な難点がある。

資本主義の発展と株式会社一般：北原氏は株式会社を一般的に考察し，株式会社における所有と決定を解明することによって「株式会社を基礎にした近代的独占や金融資本の問題を正しく把握できる」と主張されている。しかし一方で「独占との関連を捨象」し，他方では「金融資本とは関連のない」という独占段階の特殊な株式会社から「産業資本の一形態としての株式会社一般」を析出するといわれるのである。そうだとすれば，それ自体議論の余地を残すものであり，そうした株式会社把握からは産業資本の一形態としての株式会社一般を正しく把握できるであろうか。したがってまた，それを基礎に「近代的独占や金融資本の問題を正しく把握できる」であろうか。

まず，株式会社一般とは何か。つまり，いかなる論理段階のどんな一般性を指すのであろうか。そしてさらに，この株式会社一般を理論的基礎に据えて，そこからいかにして上向的な論理の展開方向が開示され，その論理系譜上に現代巨大企業における所有と決定の論理が導き出されうるのであろうか。

北原氏は「近代資本主義を特徴づける産業資本の一形態としての株式会社を一般的に問題とする」といわれるが，その意味するところは必ずしもはっきりしない。それは何故か。株式会社一般を考察されるにあたって，北原氏の場合，問題となる「一般性」が極めて曖昧だからである。ことにその曖昧さは，株式会社一般という場合の，その論理段階の規定性に関わる事柄，その肝心要の論点がはっきりしてないからである。そこでまず指摘しておきたいことは，「産業資本の一形態としての株式会社」という場合の，「産業資本の一形態」とはどんな意味内容のものであるのか。「近代資本主義を特徴づける産業資本」というわけであるから，その抽象的・一般的な規定内容は「所有が機能を包含している元来の産業資本」ということであろうか。それとも「産業資本の一形態としての株式会社」ということであるから，株式会社の普及・一般化を前提として，それを自己の一形態として包摂するものとして産業資本を位置づけ，そこからその一形態としての株式会社一般を抽出するということであろうか。

近代資本主義は近代独占資本主義との関係でいえば，自由競争資本主義であり，歴史的には19世紀に典型的な発達を示したが，この自由競争資本主義の

発展段階に支配的な企業形態はむしろ個人企業形態の産業資本であった。株式会社は個別的な存在であり，それが普及・一般化するのは19世紀最後の4半世紀を過渡期として自由競争段階から独占段階へ移行するその過程においてである。「近代資本主義を特徴づける産業資本」とは，しかしこの場合，前者＝個別的な存在の株式会社ではあり得ないだろう。なぜなら，分析対象となる株式会社は証券制度のもとで所有と機能とが制度的に分離しており，それが株式会社の基本的特質をなすものでなければならないからである。しかしだからといって，後者＝株式会社形態の産業資本であるともいえない。そう確定するには疑問が残るからである。問題は「近代資本主義を特徴づける産業資本の一形態としての株式会社」が一般理論としてどのように規定されているかということである。が，その点は後述するとして，ここでは「疑問が残る」ということだけ指摘しておきたい。

　近代株式会社が一般理論的に問題にされる場合，株式会社は資本の流動化機構を媒介とする資本の調達機能と支配集中機能とを併せ持つ総合的企業形態である。が，肝要なのは，そこでの所有の株式所有への転化にしても，株式の擬制資本への転化にしても，さらに株式会社資本の二重構造化にしても近代株式会社の存在様式の基本的諸条件であるということである。この論理段階における株式会社にあっては，その資本は結合資本であるが，それが株式資本への転化，株式資本の擬制資本への転化過程を介して「所有としての資本」＝株式資本と「機能としての資本」＝現実資本とに制度的に分離し，下記の流通図の如く株式資本＝擬制資本と現実資本＝機能資本とに二重化して現れ，それに応じて所有もまた二重に分離して現れているとみなければならない。株式会社においては結合資本の株式資本化——所有の株式証券化——によって「所有としての資本」と「機能としての資本」の産業資本それ自体における直接的統一は崩壊し，制度的に廃棄されており，各々は自立した独自の存在様式を定立せしめているのである。[7]

$$\text{擬制資本の運動}\begin{cases} \overbrace{A-G_1-W{<}{Pm \atop A}\cdots P\cdots W'-G'(G_1+g)}^{\text{産業資本（現実資本）の運動}} \\ G_2\cdots G_2 \text{マイナス} G_1 = \text{創業者利得} \\ A \end{cases}$$

上掲図は株式会社資本の一般的な運動様式である。株式（A）が発行され，それと引き換えに貨幣（G_1）が払い込まれる。この貨幣は生産資本（W〔生産手段 pm と労働力 A〕）に転化され，産業資本（現実資本）の循環・回転を描く[8]。この側面が再生産過程であり，機能としての資本＝現実資本の価値増殖過程である。他方，所有の株式資本所有への転化によって名目価値としての株式資本は持分に分割・証券化され，証券市場において流通に必要な追加貨幣（G_2）が投下されることによって，株式資本は擬制資本へ転化し，擬制資本化した株式資本として自立的な流通運動 $A-G_2-A$，$A-G_3-A$，……，――各個の株主にとっては，利子生み資本の運動として現れる――を形成・展開せしめている。この側面が証券市場＝証券取引所であり，再生産過程から分離・自立した所有としての資本＝擬制資本化した株式資本の循環的流通運動であり，株主にとって貨幣資本家との形態的同一性が付与されているのである。ただしここでは「発起人」は前提されている。

　この論理段階における産業資本は所有が機能を包含している元来の産業資本ではなく，所有と機能とが分裂しており，産業資本自身における所有と機能との両契機の直接的統一は廃棄され，制度的に分離されているのである。では北原氏は「産業資本の一形態としての株式会社一般」をどのように把握されているのだろうか。北原氏も株式会社の資本が所有と機能とに分離し，擬制資本化した株式資本と現実資本とに二重化して現れるものとして捉えているかのように思われる。しかしそれは本質的な理解に欠けた形式的なものにとどまっている。この点は行論のなかで述べることにしよう。そこでまず北原氏のいう株式会社一般とは，どのような論理段階の株式会社であり，どのように抽象化された「産業資本の一形態としての株式会社一般」であろうか。

　該書第3章「株式会社における所有と決定」のはじめの10数行は，該書の最終的課題である「現代巨大企業における『所有』と『決定』」に関する分析

視角の核心にふれた部分であるが,その後段8行は「産業資本の一形態としての株式会社一般」について述べている決定的な部分である。このわずか数行のなかで上記の「近代資本主義を特徴づける産業資本の一形態としての株式会社を一般的に問題にする」にあたって,それは,「前期的独占商人資本における特権的・独占的巨大会社を含むものでない」ということ,「近代的独占との関連を捨象している」ということ,そしてまた同様の理由から「金融資本との関連のないもの〔である〕」ということ,そうしたものとして「株式会社それ自体を取り上げる」と述べている。しかしその分析的視点それ自体が根本的な問題を孕んでいるように思われる。何故か。以下詳述するが,それは論理的に不整合であり,内容的に混乱したものとなっているからである。

2 株式会社の一般理論──基本的視角

近代資本主義──自由競争資本主義──と株式会社一般①：株式会社一般についていえば,北原氏の場合,その理論的抽象化の筋道は,いわば「前期的・特権的独占→近代資本主義→近代的独占」という史的発展過程において,その展開基盤を近代資本主義に求め,それを特徴づける産業資本の一形態として検討するものである。近代資本主義は,前期的・特権的独占であれ,近代的独占に対してであれ,独占との関連では自由競争であり,分析対象となる近代的独占との関連でいえば,自由競争資本主義である。つまり,近代資本主義は資本間の基本的関係でいえば,自由競争資本主義である。したがって,「近代資本主義を特徴づける産業資本」および「〔その〕産業資本の一形態としての株式会社一般」とは,自由競争資本主義を特徴づける産業資本のことであり,また,その一形態としての株式会社一般ということになる。だからこそ,それは「前期的商人資本による特権的・独占的巨大会社を含むものではない。」「理論的には,まず独占との関連を捨象して株式会社それ自体を考察することが必要かつ有効である」し,「独占であると否とにかかわりなく株式会社は存在するものである」し,また同様の理由から「金融資本の一構成要素として位置づけられた株式会社ではなく,金融資本と関連のないものとして,株式会社それ自体を取り上げる」というわけである。つまり,株式会社を一般的に問題にするにあたって,その分析対象となる株式会社は,歴史的には自由競争を資本相互の基本的

関係とする近代資本主義――自由競争資本主義――を特徴づける産業資本の一形態としての株式会社である。それが，北原氏の分析対象である「株式会社一般」ということになるであろう（第一論点とする――筆者）。

しかし，北原氏の所説をこのように理解してよいだろうか。いや，そう単純には断定できないのではないか。なぜなら，北原氏の見解には，このような理解を拒む叙述が同じ文脈の中にいくつもみられるからである。北原氏は「理論的にはまず独占との関連を捨象して株式会社それ自体を考察することが必要かつ有効である」と述べている。この場合，独占は近代的独占を指す。「独占との関連を捨象して……」ということであるから，当然捨象の対象である独占との関連のある株式会社が分析対象でなければならない。つまり，実在的には独占段階における株式会社を対象としているが，論理的には独占との関連を捨象して一般的に問題にするということになろう（第二論点とする――中田）。株式会社一般というからには，独占資本主義段階における株式会社の有する特殊性・個別性を分析的に捨象するということ，つまり「独占―株式会社の特殊性・個別性」→「独占との関連」を捨象するということでなければならない。そうだとすれば，この理解は上記の如く「分析対象となる株式会社は歴史的には自由競争を資本相互の基本的関係とする近代資本主義――自由競争資本主義――を特徴づける産業資本の一形態としての株式会社である」という見方（第一論点）とは，基本的に相容れないものとなるであろう。

北原氏の場合，ここでは上記の視点（第一論点）――独占以前の近代資本主義段階における株式会社――とは異なり，その分析対象・捨象対象が独占である。だから当然，株式会社を考察するに当たって，差し当たり，この独占的特殊性・個別性との関連を問題とせずに考えのうちから捨て去るということであり，捨て去った後に残るもの――如何なる発展諸段階にも妥当する「共通性」・「普遍性」――それが論理的・抽象的に析出される一般性であり，そのようなものとしての自由競争資本主義の一般理論であり，この資本主義の一般理論こそは，北原氏の「前期的・特権的独占→近代資本主義→近代独占」という図式における近代資本主義であり，独占との関係でいえば，自由競争資本主義であるということになる。この近代資本主義＝自由競争資本主義を特徴づける産業資本であり，かつその一形態として直接，論理的・抽象的把握の対象とな

る株式会社一般であるということでなければならない。つまり分析対象は独占段階における株式会社であり，分析的にそこから独占的な特殊的・個別的諸要素，つまり独占との諸関連を捨象し，自由競争資本主義を析出し，そこから分析的に近代資本主義を特徴づける「産業資本の一形態としての株式会社一般」を解明するということでなければならない。

　もしそうだとすれば，この資本主義一般の理論は，自由競争の支配する歴史的諸条件を少しも含まない一般理論ということになるし，また同時に，それは独占資本主義の成立以前の，したがって独占資本主義成立の歴史的発展段階に固有の諸条件・諸関係を何ら含まない「非歴史的」定在としての「近代資本主義を特徴づける産業資本」であり，「産業資本の一形態としての株式会社」であり，かつ「株式会社一般」であるということになろう。そうだとすれば，この株式会社一般は如何なる発展段階にも妥当する「共通性」・「普遍性」として構成されるわけではないはずである。なぜなら，それは歴史的定在とは無縁な抽象的構想の産物にすぎないからである。したがって「現代巨大企業における『所有と決定』の特徴は，株式会社一般に形式的に備わっている特徴が実質化したもの，さらには株式会社の形式に潜んでいる実質の拡大・成熟したものにほかならないのであるから，前もって株式会社一般について考察する必要性は大きい」といわれる場合，株式会社の一般性は如何なる論理段階の一般性であり，またそれは，独占資本主義の歴史的発展段階における株式会社一般とどのような関連性をもっているのかということになる。

　だが北原氏の所説をそのような論旨で理解し，分析対象・批判対象として確定してよいだろうか。しかしそのように理解するには，いま指摘した問題点以外にもなお多くの疑問が残る。さらに検討を試みてみよう。

　もう一度確認することからはじめよう。近代資本主義とは近代独占資本主義とは異なり，自由競争資本主義のことである。自由競争資本主義は，それ自身一つの抽象であるが，それは独占資本主義段階以前の発展段階にある資本主義を一般理論的に捉える際の規定にほかならない。独占の成立以前であれば，そこで与えられる資本主義一般の規定は資本主義そのものであるから，自由競争という制限性が付与されないので，それは資本主義そのものについての一般的規定であるということになる。したがって自由競争資本主義とはあくまでも独

占資本主義との関係において与えられる規定性である。したがって，「近代資本主義を特徴づける産業資本の一形態としての株式会社」という場合の株式会社は，近代独占段階のそれではなく近代資本主義＝自由競争段階の株式会社でなければならない。だから，北原氏は「独占であると否とにかかわらず株式会社は存在するものである」という歴史的叙述と関連させて「近代資本主義を特徴づける産業資本の一形態としての株式会社」（第一論点）といわれているのである。つまり，前述の実在的には独占段階における株式会社を対象としているが，論理的には独占との関連を捨象して一般的に問題にする，という第二論点の見方とは基本的に相容れないことになるだろう。

　近代資本主義が自由競争資本主義と同義であるならば，それはもともと近代的独占を含まないわけであるから，歴史的にも論理的にも，この段階の株式会社にあっては，独占との関連ははじめから問題にならないはずである。だからこの場合，「独占との関連を捨象」する必要はまったくないのである。もともと独占それ自体が存在していないからである。しかし他方では，北原氏は「理論的には，まず独占との関連を捨象して株式会社それ自体を考察することが必要かつ有効である」(16)といわれている。つまり，分析の対象は独占資本主義であり，独占と関連のある株式会社である。したがって，いわゆる段階規定をすれば，それは，歴史的には独占資本主義であり，論理的・分析的にはその独占的特殊性・個別性などの諸要因を取り除くこと，つまり独占そのものを捨象することによって析出された如何なる発展諸段階にも妥当する「共通性」・「普遍性」として構成される資本主義一般の理論，つまり自由競争資本主義であり，それを特徴づける産業資本であり，その一形態としての株式会社一般ということになるのではないか。そうだとすれば，前段の論理（第一論点），すなわち，分析対象は近代独占段階の株式会社ではなく近代資本主義＝自由競争段階のそれであるという見方とは根本的に矛盾することになるであろう。それは明らかに論理の展開に混乱があり，無理があるということであり，論理それ自体の破綻を意味する。

　近代資本主義──自由競争資本主義──と株式会社一般②：いまひとつの問題は，ここでは株式会社一般という場合，「同様の理由から，金融資本の一構成要素として位置づけられた株式会社ではなく，金融資本と関連のないものとして，

株式会社それ自体を取り上げる」(17)といわれる点である。「同様の理由から」とされながら，一方は「近代的独占との関連を捨象して株式会社それ自体を考察する」といわれ，他方では，「金融資本と関連のないものとしての株式会社……を取り上げる」というわけである。このことは近代的独占段階の株式会社が分析対象でありながら，一方では独占と関連のある株式会社はその関連を一切捨象するとされ，他方では金融資本とは関連のない株式会社といわれ，そういうものとしての株式会社を，株式会社一般の分析対象として取り上げると理解すべきであろう。なぜなら，近代資本主義，つまり自由競争資本主義段階における株式会社であれば，そのような分析的整理を必要としないからである。したがって，ここでは予め第一論点に入れていた「金融資本との関連のない株式会社」は第一論点から除かねばならないであろう。近代的独占は近代資本主義＝自由競争資本主義と対立する概念であるし，近代的独占の産物である金融資本は元来この論理段階──近代資本主義＝自由競争資本主義──では存在していないし，この次元では株式会社とのどんな関連性も問われる対象ではないからである。ではこの場合，北原氏の分析対象は独占資本主義段階の株式会社であるが，金融資本との関連性を捨象した株式会社を取り上げるということであろうか。それとも独占段階において金融資本とははじめからまったく関連のない株式会社を取り上げるということであろうか。分析対象とするのは歴史的・実在的には近代的独占段階における株式会社であり，そこから論理的に析出された自由競争資本主義（＝近代資本主義）を特徴づける産業資本の一形態としての株式会社一般ということになるはずである。だが，北原氏の課題設定はそのいずれにも解釈できそうであり，また，いずれにも解釈できそうでないのである。

　このように錯綜し矛盾した内容になっているが，全体の文脈を通して，とりあえずいえることは，北原氏の所説において主要な側面は独占段階における株式会社が分析の対象ではあるが，その分析方法・分析手続として，理論的にまず，独占との関連を捨象して株式会社一般を問題にするということであろう。それが北原氏の問題設定であろうと考えられる。その場合，株式会社一般とは，歴史的には独占と関連する株式会社から独占そのものを論理的・分析的に捨象すれば，そこには近代資本主義＝自由競争資本主義が現れ，株式会社も自由競

争との関連のもとに据えられることになるだろう。つまり，理論的，分析的に析出された近代資本主義とそれを特徴づける産業資本の一形態としての株式会社一般であり，まずこの株式会社一般が検討の対象にされるということでなければならない。

　しかしもちろんのことであるが，歴史的定在としては独占と関連のある株式会社と独占以前の自由競争と関連のある株式会社とでは株式会社一般の原理的特質はともかく，その形式も内容も異なるものであり，両者を単純に同一視することはできない。資本主義の歴史的発展段階，つまり，それぞれの発展段階に固有の歴史的諸条件があり，その異なった歴史的諸条件に規定され制約されて存在する特殊歴史的定在であるからである。当然のことながら，各々その論理段階を異にしている。北原氏が対象とした株式会社は歴史的実在としては独占資本主義段階の株式会社であり，近代資本主義を特徴づける産業資本の一形態としての株式会社ではありえない。これが第二論点の分析方法であろう。

　独占資本主義と株式会社一般：第二論点からすれば，北原氏は近代独占との関連を捨象しているといわれるが，金融資本とは関連のない株式会社といわれる。しかし，独占との関連を捨象しているということは，同時に独占的特殊性を表示する独占段階の資本範疇である金融資本をも捨象するということでなければならない。なぜなら，金融資本も独占に固有の産物，つまり，独占資本そのものであるからである。だから，「金融資本とは関連のない株式会社」というのは，まったくの同義反復である。そうでなければ，近代的独占＝独占資本主義を特徴づける金融資本とは関連のない株式会社ということになるのではないだろうか。しかし金融資本と関連のない株式会社とは独占資本と関連のない株式会社ということになるのではないか。そうすると，それはまた，「独占との関連を捨象」する必要のない株式会社であるということになるのではないか。しかしこの点には，異論を挟む論者もいるであろう。独占資本とは金融資本そのものではない，金融資本型ではない，単なる産業資本型独占資本もある，と。なるほど，しかしすでに，北原氏は独占資本をも含む近代独占との関連を捨象されているのである。そのうえで，金融資本とは関連のない株式会社を分析対象に取り上げるといわれるのである。あるいは，さらに念のために，かかる視点を加えられているのか，そのいずれかであろう。しかしいずれも不要といわ

ざるをえない。このように北原氏は，なぜ，「独占との関連を捨象」したうえに，さらにまったく，不要と思われる「金融資本とは関連のない株式会社」なる問題をあえて提起されなければならないのか。北原氏にあっては，しかしそのことは決して不要な問題ではなく，むしろ当然，提起すべき事柄なのかもしれない。それはなぜか。

　北原氏の場合，金融資本は独占資本主義を特徴づける支配資本範疇として位置づけられていない。独占的企業は企業集団を形成しその一環として存在するが，それには金融資本型企業集団もあれば，そうでない産業資本型企業集団もあり，また現代の巨大企業のうち企業集団から独立して存在するものもあると理解されている[18]。ここでの北原氏の分析視点はその産業資本型企業集団における株式会社が対象ではないのか。だからこそ「独占との関連を捨象」し，さらに「金融資本とは関連のない株式会社」を取り上げるといわれるのであろう。独占段階における支配資本範疇析出の論理展開のなかで，このような形式的「類型」把握は，近代独占段階における独占的結合資本の基本的な存在様式，その一般的傾向を曖昧にするものであり，それ自体，異論のあるところであるが[19]，いずれにせよ，近代独占における企業形態・経営様式の基本的・一般的なものであれ，特殊的・個別的なものであれ，それらが概念的・範疇的に整理されることなく混在したままで前提とされ，その中から，いわば類型的に分別された，金融資本とは関連のない特殊個別的な株式会社企業を取り上げ，そこから独占的諸要素を捨象することによって析出された，「産業資本の一形態としての株式会社一般」を問題にすると解する以外にないであろう。

　しかし，分析対象となる，そのような独占段階の株式会社企業が独占との関連を捨象した「産業資本の一形態としての株式会社一般」といえるだろうか。また，元来「金融資本と関連のない株式会社」から独占を捨象して析出された，「産業資本の一形態としての株式会社」に「形式的に備わっている特徴が実質化」すれば，「現代巨大企業における『所有』と『決定』の特徴が解明されることになる」といえるだろうか。あるいはまた，こうした考察によってはじめて，この「株式会社を基礎にした近代的独占や金融資本の問題を正しく把握すること」[20]になるといえるだろうか。

　そもそも，金融資本とはまったく関連がないのだから，そのような株式会社

をいくら弄り回しても金融資本との関連は出てこないだろうし，こうした分析視角からは金融資本そのものが視野に入ることも決してないだろう，と思われる。したがって，「現代巨大企業における所有と決定の特徴」も，そのような「株式会社一般に形式的に備わっている特徴が実質化したもの，さらには株式会社の形式に潜んでいる実質の拡大・成熟したものにほかならない」というわけにはいかないであろう。このことは次のことを再確認させる。すなわち，このような分析によって把握された株式会社一般なるものは，先述の歴史的・実在的存在である近代資本主義＝自由競争段階の株式会社を一般的に規定したものとは本質的に異なるものである。近代資本主義における株式会社は独占資本主義が成立する以前の発展段階にある自由競争資本主義に固有の特殊な規定性を伴うものであり，またその限りにおいて特殊理論として制約されたものであるからである。しかし北原氏の「理論的にはまず，独占との関連を捨象して株式会社それ自体を考察にする」という分析視点には自由競争の支配する資本主義の発展段階に固有の歴史的諸条件が完全に欠落しているし，自由競争資本主義そのものが完全に放逐されてしまったものとなっている。したがってそれは独占資本主義成立の歴史的諸条件を少しも含まない，観念的な抽象的構想物以外の何物でもないのである。

Ⅱ　総括的見解

　「本書の最終的課題は現代巨大企業における『所有』と『決定』の解明であるが，現代巨大企業のほとんどすべてが株式会社形態をとっている以上，その解明のための基礎として本章の考察〔第3章『株式会社における所有と決定』（――中田）〕が必要なことは自明であろう。しかも，後に明らかにするように，現代巨大企業における『所有』と『決定』の特徴は，株式会社一般に形式的に備わっている特徴が実質化したもの，さらには株式会社の形式に潜んでいる実質の拡大・成熟したものにほかならないから，前もって株式会社一般について考察する必要は大きい。」

　「ここで株式会社一般というばあい，近代資本主義を特徴づける産業資本の一形態としての株式会社を一般的に問題とするものであって，前期的商人資本

による特権的・独占的巨大会社を含むものではない点，注意しておく。第二に，近代的独占との関連も捨象している。現実の歴史において，株式会社は独占資本形成に大きな役割を演じるのであるが，独占であると否とにかかわりなく株式会社は存在するものであるし，理論的にはまず独占との関連を捨象して株式会社それ自体を考察することが必要かつ有効である。第三に，同様の理由から，ここでは，金融資本の一構成要素として位置づけられた株式会社ではなく，金融資本と関連のないものとして，株式会社それ自体を取り上げる。こうした考察によって，はじめてこの株式会社を基礎にした近代的独占や金融資本の問題を正しく把握できることとなろう。」[24]

ここでいう「株式会社一般」とは「近代資本主義を特徴づける産業資本の一形態としての株式会社を一般的に問題にするもの」である。ここでの「株式会社」とは産業資本の一形態としての株式会社であり，株式会社一般とはそれを一般的に問題にするもの，つまり株式会社の一般理論である。「産業資本の一形態」という場合の，「産業資本」とは「近代資本主義を特徴づける産業資本」である。「近代資本主義」とは「19世紀の競争段階の資本主義」であり，それは，「諸生産部門における多数の諸企業による部門内外にわたる自由な競争＝『競争の全面的支配』によって特徴づけられる。」したがって「近代資本主義を特徴づける産業資本」とは，「19世紀に典型的な発達を示した資本主義の自由競争段階に支配的な企業形態」であるということになろう。だが北原氏の場合，その一形態としての株式会社を一般的に問題にする場合，それは，第一に「前期的商人資本による特権的・独占的巨大会社を含むものではない」こと，第二に「近代的独占との関連をも捨象している」こと，第三に「金融資本と関連のないもの」であるといわれる。前期的独占→近代資本主義→近代独占資本主義という歴史的発展段階において「株式会社一般」の分析対象となる発展段階は近代資本主義である。近代資本主義は，前期的独占であれ，近代的独占であれ，独占との関係でいえば，自由競争資本主義である。自由競争資本主義は歴史的存在であり，それを特徴づける産業資本，その一形態としての株式会社も歴史的存在である。とはいえ，それは一つの抽象であって，近代独占以前の発展段階にある資本主義を一般理論的に捉える際の規定にほかならない。したがってそれは，近代独占が成立し現実的存在となる以前の発展段階におい

ては資本主義そのものであり，資本主義一般であった。この規定に「自由競争」という制限性は存在しない。「自由競争」は「近代独占」との関係概念であり，その一般規定である。

　近代資本主義＝自由競争資本主義，それを特徴づける産業資本，その一形態としての株式会社の分析によって得られる一般理論は，如何なる発展諸段階にも妥当する「共通性」ないし抽象的普遍として構成されるのではなく，近代資本主義＝自由競争資本主義の段階を自ら特殊化する具体的普遍として構成されている。産業資本，その一形態としての株式会社もそうした制限性によって段階固有の特殊な規定性を伴わざるをえないし，同時にそうしたものとして近代資本主義＝自由競争段階に限定される特殊理論として制限されているのである。[25]
このように考えれば，「近代資本主義を特徴づける産業資本の一形態としての株式会社を一般的に問題にするもの」という・北原氏の「株式会社一般」も如何なる発展諸段階にも妥当する「共通性」・「普遍性」として構成される一般理論ではありえないであろう。しかし北原氏はかかる株式会社の一般理論は「自由競争資本主義」の段階にのみ限定される理論ではなく，「独占資本主義」段階をも含む資本主義の全発展段階に妥当する「共通性」・「普遍性」として構成されるものであると理解されているようである。繰り返すが，北原氏は次のように述べている。

　「現代巨大企業のほとんどすべてが株式会社形態をとっている以上，そこにおける『所有と決定』の解明の基礎として，株式会社一般の考察が必要なことはいうまでもない。……現代巨大企業における『所有と決定』の特徴は，すでに株式会社一般に備わっている特徴が実質化したもの，さらには株式会社の形式に潜んでいる実質の拡大・成熟したものにほかならないのであるから，前もって株式会社一般について考察する必要性は大きい。」[26]

　現代巨大企業における「所有と決定」の解明の基礎としての株式会社一般とは何か。現代巨大企業における「所有と決定」の特徴は株式会社一般に備わっている特徴が実質化し成熟したものである。だから，株式会社一般の考察の重要性は大きいというわけである。

　しかし近代資本主義＝自由競争資本主義は19世紀に典型的な発達を示した自由競争の支配する資本主義の発展段階のことであり，そこでは資本制個人企

業が支配的な企業形態であった。近代株式会社は産業資本主義段階に成立し，産業企業の構造的変化，信用・銀行制度の発展，証券市場＝株式市場の展開に伴って19世紀最後の4半世紀を過渡期とする自由競争の独占への移行過程に普及し独占形成期に体制的に確立した。したがって産業資本主義＝自由競争資本主義段階における株式会社という場合，それは歴史的には19世紀の競争段階の資本主義であり，諸生産部門における多数の諸企業による部門内外にわたる自由な競争＝「競争の全面的支配」によって特徴づけられる資本主義段階であるが，しかし株式会社が個別的存在から普及し一般化していくのは資本主義が19世紀最後の4半世紀を過渡期として，自由競争段階から独占段階へ移行する過程とみるべきであろう。この過程こそが「近代資本主義を特徴づける産業資本の一形態としての株式会社を一般的に問題にする」という場合，その分析対象となる資本主義の歴史的過程＝歴史的発展段階であるということになろう。

　上述の如く「近代資本主義を特徴づける産業資本の一形態としての株式会社を一般的に問題にするもの」という株式会社の一般理論が上述の自由競争資本主義段階における株式会社の歴史的諸条件を少しも含まない一般的規定であるとすれば，それは歴史的定在とは無縁な単なる抽象的構想物以外の何物でもないということになるだろうし，それは現代巨大企業との何らの連関も有しない無力な抽象に他ならない。したがって，それは当然，巨大企業における「所有と決定」の解明の基礎としての株式会社一般ではありえないし，また現代巨大企業における「所有と決定」の特徴がかかる株式会社一般に備わっている特徴が実質化し成熟したものであるというのでもない。

　こうした論理的特徴は，北原氏が近代独占資本主義を近代資本主義＝自由競争資本主義の上に立つ上部構造であると見なされ，その上部構造＝近代的独占を捨象すれば，「土台」としての近代資本主義＝自由競争資本主義が現れるということであろう。北原氏は『独占資本主義の理論』（有斐閣，1977年）の中で次のように述べている。「資本主義における独占は……競争をその本質的属性とする資本主義的商品生産のいわば上部構造として形成される……。」いわゆる「上部構造」論である。近代独占資本主義は資本主義の独占段階にほかならない。つまり，資本主義一般の特殊的な発展段階の資本主義であるといえる。

したがって，当然，それは資本主義一般の基本的特質が貫徹しているものである。その意味では，論理的に「上部構造」論が成立するであろう。しかしそれは，独占との関連を捨象すれば近代資本主義が析出されるということではないし，またそこから近代資本主義を特徴づける産業資本の一形態としての株式会社一般を分析できるというわけでもない。このように理解できるとすれば，北原氏の所説には根本的な問題が残ることになる。

独占資本主義の歴史的発展段階においては，自由競争資本主義と独占資本主義とが実在しており，前者を土台として後者がその上に立つ上部構造であるという二重構造の資本主義が存在するわけではない。自由競争の独占への転化としての資本主義の発展形態が独占資本主義であり，かかる形態＝独占資本主義の形態という資本主義の成立を意味するのである。

「独占資本主義の分析によって『独占段階』の資本主義に固有の諸側面＝諸関係が『独占資本主義』の諸範疇として反映され，しかもそれらが『自由競争資本主義』の分析によって与えられるかぎりでの『資本主義一般の理論』によって根拠づけられることによって，『独占資本主義』は資本主義一般との同一性を確証され，その『発展段階』として位置づけられる。逆に『資本主義一般の理論』は独占資本主義の諸範疇をも含む範疇体系として具体化され，その結果，資本主義一般の理論は単に，『自由競争資本主義』の段階にのみ限定される理論ではなく『独占資本主義』段階をも含む資本主義の全発展段階におよぶ外延をもつ理論体系として具体化されることになる。」[29]

(1)　北原勇『前掲書』83頁。
(2)　同上，83-84頁。
(3)　同上，17-18頁。
(4)　同上，83-84頁。
(5)　同上。
(6)　同上，83頁。
(7)　稲村勲「前掲論文」60頁。
(8)　*Das Finanzkapital*, SS.147-148. 訳，㊤219-221頁㊦216-218頁。擬制資本＝株式資本の流通図の基本図に当たるものである。
(9)　北原勇『前掲書』83-84頁。

(10) 鈴木健『独占資本主義の研究』文眞堂，1992年を参照されたい。
(11) 北原勇『前掲書』83頁。
(12) 同上，83-84頁。
(13) 同上，84頁。
(14) 同上。
(15) 同上。
(16) 同上。
(17) 同上。
(18) 同上，18頁。
(19) 同上，⑴産業資本型企業集団（247頁），⑵金融資本型企業集団（275頁）……が独占段階の主要な企業集団として位置づけられている。
(20) 北原勇，同上。
(21) 同上，83-84頁。
(22) 同上。
(23) 同上，83頁。
(24) 同上，83-84頁。
(25) 鈴木健『前掲書』26-27頁。
　　鈴木健氏は，資本主義一般の理論と特殊な規定性について次のように述べている。
　　「『自由競争資本主義』の分析によって得られる資本主義一般の理論は，しかしながら，『自由競争資本主義それ自体』の制限性すなわち当該発展段階によって規定される制限性によって『自由競争段階』に固有の特殊な規定性を伴わざるをえず，かかる特殊性を身に帯びるかぎりで，同時に『自由競争段階』に限定される特殊理論として制限されてもいる。かくて，資本主義一般の理論は，如何なる発展諸段階にも妥当する『共通性』ないし抽象的普遍として構成されるのではなく，各発展段階を自ら特殊化する具体的普遍として構成されているのであり，そうであるがゆえに『段階』に固有の特殊的な諸規定によって制限されるものとして構成されてもいるのである。」
(26) 北原勇『前掲書』83頁。
(27) 同上，83-84頁。
(28) 北原勇『独占資本主義の理論』有斐閣，1977年，6頁。
(29) 鈴木健『前掲書』27-28頁を参照されたい。

第2章　株式会社論の展開方法 (2)
──北原勇氏の所説の検討──

I　株式会社の論理的必然性と必要資本量の増大

1　生産規模の拡大→必要資本量の増大

　北原氏によれば，株式会社の理論的構成は①株式会社の論理的必然性，②株式会社における資本所有の形式と実質，③株式会社の私的資本制的性格の3点から成るものといわれる[1]。しかし，近代資本主義を特徴づける産業資本の一形態としての株式会社を一般的に解明するという場合，その「共通性」・「一般性」をいかに析出・認識するかという問題視角からみて，北原氏の論理展開のあり方には根本的な疑問をもたざるをえない。が，その主要な問題点はすでに上述した限りでも明白である。ここでは，現代巨大企業における所有と決定を解明するうえで基礎とされる，北原氏の株式会社論──近代資本主義を特徴づける産業資本の一形態としての株式会社一般──をより具体的に正しく理解するという観点から，上記三点に関する北原氏の所説を取り上げ，その論点を明らかにすることにある。差し当たり，その三点のうち，まず「株式会社の論理的必然性」に焦点を向けることにしよう。

　北原氏はまず，「株式会社は複数の共同出資にもとづく結合資本がとる企業形態の一つであり，その制度的特徴は，譲渡自由な等額株券の購入という形での出資，出資者全員の有限責任制，企業財団の『会社それ自体』による直接的所有と出資者による間接的所有ということである」[2]と述べたうえで，ここでは，「株式会社における所有の特質を明らかにする一環として，株式会社の必然性を取り上げ，株式会社の必然性が資本主義の特質と運動法則そのものにあることを明らかにしたい」[3]と述べている。

　上述の如く独占段階における巨大企業を分析対象に据え，あらかじめその理論的基礎として近代資本主義を特徴づける産業資本の一形態としての株式会社

一般を考察するという分析視角からいえば，つまり，「株式会社一般」の把握を課題とするのであれば，北原氏のように株式会社の論理的必然性を主要な柱の一つとして論じることの是非は，当然議論の余地を残す点である[(4)]。しかし，それもまた，北原氏の株式会社理解――ことに「株式会社における所有の特質を明らかにする一環として株式会社の必然性……」であるということ――を示すものと指摘されていることから，「議論の余地を残す点」はさておくとして，株式会社の必然性について北原氏の所説を検討することにしよう。氏は株式会社の必然性をどのように把握されているだろうか。

「株式会社を必然化させる第一の要因は，必要資本量の増大化傾向である[(5)]。」
「株式会社を必然化する第二の要因は，無休の継続的自己増殖を要求する資本の本性そのものである[(6)]。」

これら二つの要因についていえば，株式会社の必然性のための一般的な条件ないし契機の一つではあるが，必要資本量の増大化傾向や継続的自己増殖を要求する資本の本性をいかに強調したからといって，それだけでは「株式会社の必然性」の一般的原因は指摘できても資本主義的生産の特定の歴史的発展段階における株式会社固有の内的必然性を論じたことにはならないのではないか。北原氏はこれら二つの要因から株式会社の必然性をどのように導き出しているであろうか。まず「株式会社の必然性と必要資本量の増大」に関する北原氏の所説について検討することにしよう。北原氏は次のように述べている。

「必要資本量の増大傾向がさらにすすむと，ある生産部門の個人企業家の大部分が，程度の差はあれ，自分の所有する資本と剰余価値＝利潤の蓄積だけではとうてい必要資本量の増大に対応できないという問題が生じてくるし，かかる生産部門の数が増大していく。他方，資本主義における生産力の発展は新しい生産諸部門を生みだしていくが，その中には，最初から必要資本量が厖大で個人企業家の所有する資本だけではとうてい参入できない生産部門も出現してくる[(7)]。」このような「必要資本量の増大と個人的所有との矛盾を打開する方法としてまず追求されるのは，他人の所有する貨幣（資本）の借り入れである[(8)]。」「しかし，この他人の貨幣（資本）の借り入れには大きな限界がある[(9)]。」「この限界を乗りこえるには，複数人の共同出資による結合資本の成立によるほかはない[(10)]。」

これが北原氏のいう，株式会社の必然性の論理的な道筋であり，必要資本量の増大傾向がその必然性の要因であるという決定的な内容である。しかしそれは歴史的過程の単なる一般的把握に過ぎないであろう。

必要資本量の増大傾向は競争の外的強制圧力を媒介する各個の企業の利潤追求＝資本蓄積の過程にあっては，その過程全体を貫く一般的傾向である。より大きな利潤の取得は，一般により大きな資本の前貸しによって実現する。だから利潤追求は機能資本家に資本蓄積を強制して資本規模を増大させる。つまり必要資本量の増大は競争の強制圧力を介して絶えず増大することを求められる。しかし資本規模が一般的に増大すると，一つの企業を標準的な条件で営むのに最低必要な資本額が増大することになる。このように「必要資本量の増大傾向」は資本の蓄積過程全体を貫く一般的傾向である。したがってこの論理的側面——かかる一般的傾向——からだけで「株式会社の必然性」を説くことは不可能である。肝要なのはこの必要資本量の増大化が固定資本の増大に伴って増大する必要資本量の増大であること，固定資本の増大→巨大化を規定的な要因とする必要資本量の増大であるからこそ，それはそれ以前の如何なる発展段階の必要資本量の増大と異なって個人企業の株式会社への転化の規定的契機となりうるのである。それは生産力の発展→生産規模の飛躍的拡大→固定資本の急速な増大に伴うものであり，それは必然的に資本の有機的構成を高度化せしめ，総資本中の不変資本部分の比率を，不変資本中の固定資本部分の比率を飛躍的に上昇せしめるということ，同時にかかる固定資本の増大化が資本の回転期間を長期化せしめるという点である。必要資本量の増大が，この論理系譜上に位置づけられることによってはじめて資本所有の私的・個人的制限の粉砕・止揚に関わる問題として顕在化し，株式会社の必然性の契機となるのである。

生産力の発展に伴う投下資本量の増大は総資本中の不変資本の比率を，不変資本中の固定資本の比率を飛躍的に高め，その独特の回転様式によって資本の回転期間を著しく長期化し，資本の循環・回転を構造的に変容せしめる。従来の蓄積様式を構造的に変化させるのである。こうした過程の展開に対して，一方では剰余価値・利潤の資本への転化による自己資本の拡大，他方それを基軸にそれと結合した他人資本＝銀行信用（＝短期性）の利用……といった従来の蓄積様式では対応できなく，その桎梏化を余儀なくされる。かかる桎梏化を克

服・止揚し，叙上の「構造的変化」を促進し実現する新たな蓄積様式が産業への株式会社の導入である。かくして産業への株式会社の導入による産業構造の量的発展と質的高度化が全面的に展開され，他方での貨幣市場と証券市場との連結と交流，および信用・銀行制度の構造的変化が全面的に実現するのである。株式会社の必然性の一契機をなす必要資本量の増大は叙上の如く「量的」側面と「質的」側面の二側面，ことに「質的」側面を規定的要因として位置づけなければならない。

　こうした分析視角からはじめて，この過程が，一方における生産の飛躍的拡大＝産業構造の量的発展と質的高度化の過程――生産の社会的性格――であり，他方における資本所有の私的・個人的制限・拘束化の過程――所有の私的・個人的性格――であるという，いわばこの二側面の内的諸矛盾の展開→私的・個人的所有の桎梏化の過程であるとして把握できるのであり，この論理系譜上に株式会社の論理的必然性が措定されるのでなければならない。

　株式会社の必然性を考えるうえで，必要資本量の増大傾向それ自体はその基礎的・一般的要因ではあっても，そこから直ちに必然性を解明することはできない。それは論理の飛躍以外のなにものでもない。必要資本量の増大傾向は所有の私的・個人的制限と矛盾するが，それは過程の進行に対応して資本の諸結合形態の展開によって対応し，その都度，その矛盾は「緩和」「止揚」されてきた。とりわけ労働生産力の発展，革新的な技術進歩に伴う生産規模の飛躍的拡大→資本の有機的構成の高度化は，一方では生産・経営規模の量的拡張を，他方では技術革新の継続的追求，固定資本の増大化等に対応する生産・流通・経営の質的展開――産業構造の量的発展と質的高度化――を促すという，二側面からなる所与の投下資本量の増大要求――必要資本量の増大，回転期間の長期化に伴う多額で長期または無期限に前貸し可能な資本の調達の要請――を強制されることになる。この新たな生産力段階の要請に応えるものとして他人の資本――自己資本――の社会的動員が株式会社形態による結合資本の形成に導くのである。

　この過程進行の中に企業形態論的に株式会社を位置づけるとすれば，「個人企業→合名・合資会社→株式会社」という上向的な企業形態の一般的な展開傾向が指摘されうるだろう。が，しかし，その論理の特徴は「必要資本量の増大

→私的・個人的所有の量的制限の矛盾→結合資本の形成」という論理一般に解消されるものではない。北原氏のように，結合資本の形成という論理一般では，合名・合資会社から何故に，また如何に株式会社へと転化するのか，その必然性を論証することはできない。なぜなら，これだけでは結合資本一般の形成という無内容な指摘にとどまらざるをえないからである。したがって，そこでは結合資本として合名，合資会社だけでなく，何故に株式会社でなければならないのか，が問われることなく一括され，結合資本一般に解消されてしまっている。肝要なことは同じ結合資本でありながら，両者はその必然性において次元を異にしており，企業形態として本質的に異なる独自の内容と形態的特質をもつ存在でなければならない。そうした分析視点を欠くことになれば，合名，合資会社と株式会社との本質的な差異性はまったく明確にはできないだろう。この文脈ではともかく，他のところでは，むろん北原氏は合名・合資会社と株式会社とを対比しそれぞれの特質について論及されていることを付言しておきたい。

　合名，合資形態の結合資本は単純な外的結合である。それは，いわゆる地縁・血縁による出資者の個人的・人格的信頼関係を基礎にした，ごく狭い範囲に限定されたものである。つまり，個人的信頼関係と資本の結合関係とは一体的な表裏の関係にあり，前者を基礎にして，したがって，前者に規定されて資本の結合が可能になるという性質のものである。だからこそ，その結合は本来必然的に「ごく狭い範囲に限定」されざるをえないのである。信用・銀行制度がいまだ十分な発展をとげておらず，したがって，この論理段階ではいまだ社会的な貨幣資本の形成も不十分であるといわざるをえない。こうした資本形成の未成熟な基盤のうえに，この結合形態が成立し，それに対応した，未成熟な結合資本の構成原理の狭隘な基礎に制約された経営——合名・合資会社——の意志決定のあり方が規定される，と考えるべきであろう。[11]株式会社はそうではない。そうした制限・拘束を打破し，それから解放された異質の存在である。

　近代株式会社は社会的な貨幣および貨幣資本の形成を基礎・前提とする。そのことが株式会社は信用制度の発展——利子生み資本範疇の確立——を基礎・前提とするといわれる所以の一つである。合名・合資会社はそれ自体，生産諸力の発展——技術進歩・生産規模の拡張・資本の有機的構成の高度化・総資本

中に占める不変資本部分の比重の上昇，不変資本のうち固定資本部分の増大——に伴う「資本所有の私的・個人的制限」の緩和・止揚要請という論理段階に措定される資本の結合形態ではない。この論理段階においては，それは結合資本形態としては再生産過程における産業資本の持続的な価値増殖のための循環・回転運動の推進主体としては不適応・不十分かつ未成熟な結合資本の形態であり，したがって，固定資本の増大・巨大化の論理段階における大企業の資本の一般的な結合形態とはなりえないのである。

　必要資本量の増大が株式会社の必然性との関連で取り上げられる場合，その内容規定を明確にすべきだという上記の問題提起は，まさにそうした点にある。それは必要資本量の増大と資本の運動様式（資本の循環・回転態様）を基本的に規定するのは，無際限の蓄積衝動——資本の連続性——を前提とすれば，生産力の所与の発展段階，すなわち，所与の再生産過程の量的拡大と質的高度化の程度にあるからである。生産力の発展は生産技術の進歩・革新に伴って，一方では，産業企業の資本規模の量的拡大をもたらす。すなわち，機械・設備の単位当たり規模を拡大し，その機能的構成の組織体の規模を拡大することによって必要最低資本量の規模を増大させ，企業の社会的，標準的規模を引き上げることになる。他方では，再生産過程における現実資本＝機能資本の運動様式の質的変化を引き起こす。すなわち，生産力の質的発展は資本の技術的構成を上昇させ，資本の有機的構成を高度化させる。この論理系譜上に資本の有機的構成高度化→一般的利潤率の低下傾向の内的諸矛盾の展開→資本と生産の集積・集中→資本の部門間流出入の困難・制限→産業循環の変容→競争制限・独占……という論理の展開方向が措定される。が，ここではその指摘にとどめる。この過程は総資本中に占める不変資本比率の上昇，不変資本中の固定資本部分の増大をもたらす。特に固定資本の増大，固定資本比率の上昇は再生産過程における現実資本＝機能資本の運動を長期化・複雑化させる。資本の回転（率）を鈍化させ，投下資本を再生産過程に長期に拘束・固定化させる傾向を強め，資本の循環態様にも変化を生ぜしめると同時に，生産・経営・流通構造の複雑・多岐化によって，資本の回転様式が複合し錯綜することになる。こうした理論的な分析手続を経てはじめて必要最低資本量の増大要求が，合名・合資会社形態の資本結合ではなく，株式会社形態における資本の二重化とそれに対応

した所有の二重化を機構的・制度的特質とする社会的な貨幣資本の動員と結合でなければならないことが明らかになるのである。

　北原氏の場合，諸資本の競争過程における「資本所有の私的・個人的制限」に対応した，その制限の緩和・止揚のより高次の展開形態として「個人企業→合名・合資会社→信用→株式会社→信用の展開」ではなく「個人企業→信用→共同出資・結合資本」という論理系譜を措定し，信用および結合資本を各々この系譜上に一括して位置づけて把握され，固定的に捉えるという誤りを犯されたのである。つまり，信用が，重化学工業を基軸とする生産諸力の発展に伴う再生産過程の量的発展と質的高度化という新たな論理段階に対応して，その形態・内容を展開せしめていくということ，および結合資本もまた，かかる過程的展開の基礎のもとで信用との関連を通じて，その在り方を変革すると同時にその形成基盤を獲得・拡大するということでなければならない。すなわち，生産力の発展→生産規模の拡大→資本の有機的構成の高度化に伴う固定資本比率の上昇を特徴的傾向とする必要最低資本規模の増大化の論理段階においては，信用もまた信用一般で事足りるのではなく，「資本所有の私的・個人的制限」の論理系譜上にいかに措定されうるのか，それが如何なる信用形態の展開要請として現れ，それに如何に対応していくのかというこの論理段階固有の信用形態の展開方向が求められているのである。

2　必要資本量の増大→資本所有の私的・個人的制限

　北原氏は「個人資本→信用→共同出資・結合資本」というシェーマにおいて諸企業形態の資本形成を捉えているが，株式会社の必然性把握の観点からいえば，ここでの問題は信用把握の仕方，結合資本の結合の在り方，さらにその位置づけにおいて根本的な難点がある。まず，信用については，一体，どんな論理段階の再生産と信用の問題が措定されうるだろうか。北原氏の場合，必要資本量の増大と資本所有の私的・個人的制限との矛盾を打開する方法として，まず追求されるのは他人の所有する貨幣（資本）の借り入れであるといわれる。が，再生産の展開過程を基礎にして，再生産と信用がどのような相互規定関係にあり，どのような信用形態を発展させてきたか，その論理的位置づけと展開がまったくみられないことである。北原氏は次のように述べている。

「このような，必要資本量の増大と個人的所有との矛盾を打開する方法としてまず追求されるのは，他人の所有する貨幣（資本）の借入である。それは……企業家が企業活動への支配権を完全に掌握しつつ資本規模を拡大しうる方法であるから，個人企業家にとってもっとも好ましい方法である。[13]」

ここでは「必要資本量の増大と個人的所有との矛盾を打開する方法」として，まず「他人の所有する貨幣（資本）の借入」が追求される，といわれる。それは「企業家が支配権を掌握しつつ資本規模を拡大しうる方法」であるから，「個人企業家にとってはもっとも好ましい方法」である，といわれる。したがって，それは「信用→資本規模の増大」ということであり，資本所有の私的・個人的制限の止揚の論理系譜上に信用を位置づけているかにみえるが，しかしその信用はまったく論理段階を無視した，無概念かつ無内容なものである。正確さを期すために長文であるが，煩雑を厭わずに引用することにしよう。

「しかし，この他人の貨幣（資本）の借入には大きな限界がある。それは，負債比率の上昇が貸し手・借り手双方にとって危険の増大を意味するからであるが，この危険は，競争場裡でつねに不安定な収益を余儀なくされる個人企業においてはとくに大きい。まず貸し手にとって，貸付先企業の負債比率の上昇は，その貸付金をカバーする資産の比例的減少を意味し，企業業績の不測の悪化が生じたばあいに貸付金回収不能となる危険の比例的増大を意味する。それゆえ，貸し手は貸付先の負債比率が一定率以上となるような貸付けは回避しようとする。他方，借り手にとっての危険の増大は，確定利子の支払いと期限つきの元本返済義務とから生ずる。経営業績のいかんにかかわらず確定利子を支払わねばならないという負担は，負債比率が高くなればなるだけ重く企業財務にのしかかり，ある程度の経営業績の悪化が債務不履行・倒産へと発展する可能性は強まる。また，期限つきの元本返済においては，返済の時点で従来と同じ条件で借換ができる保証はないので，借り手は借換不能のため企業活動に支障をきたす危険性を考慮するが，この危険性は負債比率の高さに比例して増大する。以上の貸し手借り手双方にとっての危険の増大は，借り入れた資本が資本価値の回収に長期を要する設備投資に充当されるばあいにはいっそう強まることはいうまでもない。

以上で明らかなごとく，借入によって，必要資本量の増大，とくに固定資本

部分の必要量の増大に対処するには越えられない限界があるのである。この限界を乗りこえるには，複数人の共同出資による結合資本の成立によるほかはない。」
(14)

　しかし，このような北原氏の見解では「信用→株式会社」の論理，つまり信用と株式会社の必然性との関連性はもっぱら信用利用の「負債比率の上昇→危険性の増大」から信用の利用を避け，それに代わって，自己資本の結合を図るという方向が追求されるということになろう。それでは信用が〈競争戦における恐るべき武器〉であるとは何か，あるいは信用が再生産の連続性の維持・継続性の不可欠の要因であるとは何か，が改めて問われざるをえないであろう。が，その点はさておくとして，株式会社の必然性にとって信用が問われる肝要な点は「負債比率の上昇→危険性の増大」から信用の利用を避けるために，それに代わって自己資本の結合を図るということではないのではないか。北原氏によれば，ここではすでに，短期性＝流動資本信用であれ，長期性信用＝固定資本信用であれ，負債比率が借換不能となるほどの危険水準にまで過度に利用されているというわけである。そこから信用利用の回避→自己資本の結合体としての株式会社が求められる，と北原氏は主張されるのである。だがそうだろうか。それはそうではなく信用の利用に限ったとしても転倒した議論である。ここでは，如何にして信用の利用を回避するかではなく，むしろ逆に，如何にして信用を利用できるかである。それが主たる契機であり目的である。この論理段階では，社会的な貨幣資本を如何にして，長期にわたって大量に利用できるかでなければならない。

　北原氏の見解では，〈競争戦における恐るべき武器〉である信用把握の分析視点がまったくみられない。北原氏の見解はもっぱら信用利用が負債比率の上昇によって危険を伴うから，なんとかそれを避けなければならないといわれる。しかし信用の利用は，①企業にとって資本規模の増大と生産の拡大→より一層の剰余価値・利潤の生産・取得を継続的に可能にすること，②他企業に先んじた信用の利用→革新的技術の導入→特別剰余価値・超過利潤の取得を可能にすること，さらに③市況が悪化すれば，信用の利用は当該企業に「別の仕方」で利益を供与することになる。ヒルファディングは次のように述べている。

　「ある程度の信用の発展が与えられていれば，信用の利用は，資本主義的企

業にとっては競争戦がそれに押しつける必然性となる。なぜならば，個別資本家にとっては，信用の利用は彼の個別的利潤率を高めることを意味するからである。平均利潤率が30％で利子率が5％ならば，100万の資本は30万の利潤をあげるであろう（資本家の計算では，この利潤のうちから25万は企業者利得，5万は彼の資本に対する利子として記帳される）。この資本家が第二の100万の借入に成功すれば，いまや彼は60万の利潤から第二の100万に対する利子として支払うべき5万を差し引いて55万の利得をあげるであろう。彼の企業者利得は今度は50万で，それは前と同様に100万の自己資本に対して計算すれば，以前の25％に対していまや50％の企業者利得率をもたらす。より大きな資本が同時に生産の拡張によってより安く生産することを許すとすれば，彼の利得はさらに高められたであろう。他の資本家たちが同じ程度に信用を利用できないか，またはより不利な条件でしか可能でないならば，この恵まれた資本家は特別利潤をあげうるであろう。」[15]

「市況が不利であれば，信用の利用の利益は別の仕方であらわれる。他人の資本を利用する資本家には，その価格を彼が他人の資本を利用する範囲内では，生産価格（費用価格＋平均利潤）以下に，KプラスZ（費用価格＋利子）にまで下げることができる。したがって彼は，彼の自己資本に対する利潤を減らすことなしに彼の商品の総量を生産価格以下で売ることができる。彼が犠牲にするのは，他人資本に対する企業者利得だけであって自己資本に対する利潤ではない。かように信用の利用は，不況時には価格戦における優越性を与える。この優越性は信用利用の大きさとともに増大する。かくして，生産的資本家たちの利用する自己資本は，彼らにとっては他人資本の助けによって自己資本の限界をはるかに超えて拡張される企業の基礎であるにすぎない。信用の利用による企業者利得の上昇は個別資本および彼の自己資本にとってのそれである。それはさし当たり社会的平均的利潤率の高さには影響しない。しかし同時に，当然利潤が増大し，したがって蓄積の速度が増大する。かような企業者利得の上昇は，生産の規模を拡張し労働の生産性を高めることによって，当初は信用を最初に利用しうる資本家または他者よりも大きな範囲で利用しうる資本家に特別利潤を与えるが，さらに発展が進行するにしたがって，たいていの場合に，生産の拡張と結びついている資本構成の高度化の進展によって，利潤率を低下さ

せることになる。個別資本の企業者利得の上昇はますます強く信用を要求させる。」
(16)

　信用が資本蓄積の〈恐るべき武器〉となるこの理論的側面の理解が北原氏の所説にはまったく見られない。このように「信用→株式会社」の論理的位置づけにおいて，北原氏の場合，信用利用の負荷の側面のみが強調され，信用の過度の利用を前提とした「負債比率の上昇→信用の危険性」から肝心の論理が展開されていることである。まったく逆立ちした論理といわざるをえない。

　しかし既述の如く必要資本量の増大傾向は，生産力の発展→生産規模の拡大と私的・個人的所有の制限との矛盾・対立の問題であるが，この論理段階の生産力の発展→生産規模の拡大は資本の有機的構成を高度化せしめる。必要資本量の増大は必然的に総資本に占める不変資本部分の比重を，不変資本に占める固定資本部分の比重を飛躍的に高めることに，つまり固定資本の増大を促し，再生産過程における投下資本の長期にわたる拘束・固定化を余儀なくさせることに結果する。かかる再生産過程の構造的変化に対応すべき信用の利用こそが問われているのである。したがって，それは「資本所有の私的・個人的制限」の緩和・止揚の論理系譜上に措定される再生産と信用の問題でなければならない。しかし北原氏の場合，ただちに「負債比率の上昇→危険性の増大」が取り上げられ，そのことがなんと，信用を避け，信用に代わる主要な原因として株式会社の必然性の基本的な契機，直接的動機として位置づけられているのである。それはしかし，いま一つの問題を提起している。肝要な事柄であるが，基本的諸要因と常在的変動的諸要因との混同であり，概念把握の混乱を示す以外のなにものでもないという点である。

　ここでは，「負債比率の上昇」との関連で「他人の所有する貨幣（資本）の借入」をいかに制限・回避するかではなく，生産規模の飛躍的拡大→最低必要資本量の厖大化に伴う資本所有の私的・個人的制限の顕在化にいかに対応するか，資本の有機的構成の高度化→固定資本比率の飛躍的上昇→投下資本の再生産過程への長期拘束・固定化に対応していかに信用の量的拡大と質的展開を可能ならしめるかという信用の積極的利用，新たな信用の展開の問題でなければならない。それは単に信用の量的側面つまり短期性信用の利用の問題だけではなく，いかに長期的・継続的に利用できるかという信用の質的展開の側面が問

われているのである。むしろ長期信用の実現可能性の如何によって，量的拡大もまた規定されるという，この論理段階固有の再生産と信用の問題でなければならない。だからこそ，この論理段階の信用需要の核心は急速に増大する固定資本に対応した長期信用の要請にあるということになるのである。

しかし，ここでの北原説の特徴は資本所有の私的・個人的制限を，この論理段階に固有の貸付資本と現実資本の関係における一般理論次元の基本的特質・基本的傾向として捉えるのではなく，論理段階をまったく無視して，「負債比率の上昇→危険の増大」等の特定局面の常在的，変動諸要因を直接的契機として無媒介的，かつ無原則的に取り込むことによって，貸付先企業の業績悪化・負債比率の一定率以上の上昇を説き，それが，一方では貸し手にとっての「貸付金回収不能となる危険性の増大－貸付けの回避」となり，他方では借り手にとっては「債務不履行・倒産へと発展する可能性－借換不能のため企業活動の支障」となり，「借入によって，必要資本量の増大に対処するには越えられない限界」になる，という・皮相的な景気変動論的把握になってしまわれた。さらに「以上の貸し手借り手双方にとっての危険の増大は，借り入れた資本が資本価値の回収に長期を要する設備投資に充当するばあいにはいっそう強まる……」というように，すでに与えられた固定資本信用を含む信用の利用が議論の対称軸となっているのである。したがって論理の道筋は「複数の共同出資による結合資本（合名会社・合資会社および株式会社）の成立まえに何らの留保条件も考慮されることなく銀行信用＝資本信用が説かれ，その限界が「負債比率の上昇→危険の増大→その回避」を直接的契機として結合資本＝株式会社の成立を説くという，転倒した論理展開となっているのである。それは論理の飛躍であり，混乱である。

3　必要資本量の増大→信用形態の展開

なによりもまず，信用に関する北原氏の見解には信用の基本的論理＝一般的規定に関する考察がまったくみられないことである。したがって，ここでの信用把握は信用の基本的規定の二系列，すなわち，①「流通空費の縮減」の論理系譜上に措定される信用と，②「資本所有の私的・個人的制限の止揚の論理系譜上に措定される信用」という，信用論の基本理解を欠くだけでなく，信用の

変動規定および変動規定と基本規定との関連についても言及することなく，資本規模の増大との関連でその必然性が問われるべき信用がすでに混同され，それが「負債比率の上昇→危険の増大→信用利用の回避」を直接的契機として株式会社の必然性が説かれている。つまり「信用→結合資本」として一括されているのである。

　上記の「負債比率の上昇→危険の増大」という景気変動要因は，通例，常在的な景気変動の特定局面における一時的な諸現象であり，一般理論的にみて，「借り入れによって必要資本量の増大に対処するには超えられない限界」があるという，この論理段階における資本所有の私的・個人的制限の基本的，規定的要因とは論理段階を異にするものであろう。上述の常在的な，景気変動諸要因を景気循環局面に置き換えてみても事態は本質的に変わるものではないであろう。むしろこの場合，それは借り入れそれ自体が全面的な問題になる特定段階の一局面であり，そこでは短期性であろうと長期性の信用であろうと，信用の流通基盤が揺らぐ容赦のない不安定な異常局面である。こうした局面の打開にあたっては，短期性信用＝支払手段需要の急騰に対する信用の動向こそが注目されるべきであろう。なぜなら，設備投資の減退・縮小，販路の梗塞，貨幣資本の還流停滞による価格形成の攪乱・困難，生産の縮小による商品の過剰……という状況下で投資需要の急落による長期信用の抑制作用が強まるからである。だからこそ，株式会社の論理的必然性を把握するに当たって，北原氏は「債務不履行・倒産へと発展する可能性－借換不能のため企業活動の支障となり……」[17]といわれるが，それは資本主義経済の常在的な景気変動の経済現象であり，けっして株式会社成立の基本的契機として内容規定されるものではない。株式会社の成立は「債務不履行・倒産へと発展する可能性――借入不能のための企業活動の支障」という景気変動の特定局面における信用流通の困難化からただちに「借入によって，必要資本量の増大に対処するには越えられない限界」が生じ，その限界の克服として株式会社が必然化する[18]というものではない。それだけでは株式会社の史的展開の論理的必然性は把握されえないであろう。北原氏の株式会社の必然性論はその基本論理の点でまったく理解し難い。もちろん，株式会社の論理的必然性との関連では，上述の基本的諸条件の展開がそのなかに如何に景気変動要因を取り込むか，重要な論点であることはいうまで

もない。

　株式会社の論理的必然性との関連において「他人の所有する貨幣（資本）の借り入れによっては，必要資本量の増大要求に対処するには超えられない限界が生じるという場合，この論理段階での他人の所有する貨幣（資本）の借り入れは，単なる信用一般の利用ではもちろんないが，しかしとくに，ここでは，北原氏のように常在的な景気変動要因から直接基本的な論理的諸関係を説きうるものではない。株式会社成立との関連で問われる信用は「商業信用→銀行信用（手形割引）」の論理系譜上に措定されるものではなく，資本所有の私的・個人的制限の止揚の論理系譜上に位置づけられることによってはじめて，この論理段階の信用を銀行信用→資本信用，つまり流動資本信用→固定資本信用という形態変化において把握することができるのである。そうした信用形態の上向的展開の基本的諸傾向を既述の如く産業構造の変化としての再生産過程の量的発展と質的高度化に関連・対応させて把握するのでなければならない。この論理段階における再生産と信用の核心的問題である。

　ここでの信用は，商業信用代位による銀行信用ではもちろんない。一般的にいえば商業信用を基礎として貨幣（貨幣資本）の移転がない銀行信用とは本質的内容を異にする信用でなければならない。それは株式会社の論理的必然性との関係で措定されうる信用形態──新たな信用の展開──でなければならない。したがって，そうした問題視角から，ここでの信用が信用論体系のうえにいかに位置づけられるかということである。この問題に応えるには，資本所有の私的・個人的制限の止揚の論理系譜上に措定される信用をどう把握するか，つまりこの論理段階の再生産と信用の関連をどう理解するかという問題であり，そこからこの論理段階に措定されうる信用を新たな展開形態としてどう把握するかということになる。

　資本所有の私的・個人的制限の止揚の要請に応える一契機としての信用形態は，商業信用代位による銀行信用＝手形割引ではない。手形割引形態としての銀行信用は流通費としての貨幣を節約するが，産業資本家への追加資本を供給するわけではないからである。換言すれば，資本所有の私的・個人的制限の止揚に関わる信用は，手形割引としての銀行信用のように私的支払約束から銀行の支払約束への，貨幣の形態変化による貨幣節約を社会的に拡張することを主

目的としているわけではない。だからそれは商業信用を基礎として貨幣（貨幣資本）の移転がない銀行信用とは本質的内容を異にするものでなければならない。新たな信用の展開がもとめられるのである。

銀行業、銀行信用から上向した信用論体系の次元は、金融市場であった。金融市場は手形割引市場やコール市場からなる短期貨幣市場と利子付き証券の売買＝流通の行われる証券市場から構成される。前者＝貨幣市場は論理系譜からいうと「資本の流通時間の止揚」にかかわる上部機構である。後者＝証券市場は論理系譜としては「資本所有の量的制限の止揚」にかかわり、再生産過程からもっとも疎外された機構である。投下資本中に占める固定資本の増大、資本の有機的構成の高度化は、再生産に充用する最低必要資本量の増加、そして投下資本の回転の緩慢化、したがって価値回収の長期化を必然ならしめる。これに対応する資本結合の企業形態が株式会社である。[19] つまり、本来の銀行信用とは区別される、新たな信用の展開形態として資本信用が措定されるというわけである。

この信用の必然性は資本主義的生産は貨幣資本を同様に増やさないで自分の力をいっそう発揮しようとする傾向にある。信用・銀行制度のもとに商業信用代位に必要な銀行準備金を超える過剰の準備金が形成され、それが資本信用導出の契機となる。この商業信用→銀行信用の上向系列では、社会的総生産物価値（C＋V＋M）を賃金基金と資本家用消費基金の合計（V＋M）で実現したことである。銀行システムの側からみると現金準備（V＋M）があれば、それを基礎に社会的生産物の価値（C＋V＋M）の信用創造を行ったわけである。かくてこの信用の上向系列は、資本節約の要請に発し、もっとも基底的な再生産過程での実現部面に信用形態の成立の根拠をもっているのである。[20]

「ところで、銀行業を利子生み資本の制度というその本質規定に即してみるばあい、銀行システムの形成する貸付可能な貨幣資本・現金準備はさきの賃金基金と資本家用消費基金の合計（V＋M）という蓄蔵貨幣の第一形態をこえて、再生産過程における資本の循環・回転にともなってその過程外に遊離・析出されてくる蓄蔵貨幣の第二形態をも含んだものと考えなければならない。まず減価償却資金、拡大再生産を想定すると、剰余価値＝利潤の控除・積立てからなる蓄積基金、また産業循環・変動を視野に入れると原材料価格の低落、あるい

は再生産の規模の縮小にともなう遊離・失業資本の存在形態たる貨幣資本などが当然含まれるとしなければならない。こうした部分は，過剰な信用創造の基礎となりうるし，また先の商業信用代位のばあいの再生産の結果への事後的な介入とは区別される，事前的な追加資本信用の原資ともなりうるものである。……個別資本の『資本所有の量的制限』の止揚要請は，右の利子生み資本の制度としての銀行業を中核とする信用制度の展開のうえに実現されていくものとして位置づけられねばならない。先に指摘しておいた証券市場，株式会社，固定資本信用を供し証券業務を営む，商業銀行業務とは区別される銀行業の新たな態様──金融機関としての業務──などは，まさにこの上向系列のうえに展開されてくるものなのである。(21)」

さらに，この過剰な準備金→貸付可能貨幣資本の形成源泉は，生産資本家階級のすべての予備資本だけでなく非生産的諸階級の所得貨幣をも預金としての利子生み資本化を通じて銀行の手元に集合・集積される点に求められる。

こうしてこの論理段階においては資本所有の私的・個人的制限の止揚という論理の展開方向として，①流動資本信用→固定資本信用，および②擬制資本化した株式資本の流通運動の継続性－株式流通に必要な追加資本の形成，そしてさらに③株式への投資と投機，これら三つの展開方向が指定される。②（③はもちろんのこと）は本来の「信用論の領域」を越えるものであるから，その展開は株式会社・証券市場──擬制資本化した株式資本と現実資本とへの資本の二重化に伴う擬制資本の流通運動の形成，つまり，資本の流動化メカニズム──を媒介せざるをえない。

このように考えてみると，北原氏の信用の位置づけには多くの難点があるといわざるをえない。株式会社を一般理論的に問題にするに当たって，株式会社の論理的必然性を論述するには重化学工業の発展に伴う生産力の発展→生産規模の拡張→総投下資本中に占める不変資本比率の増大，不変資本中に占める固定資本比率の増大→資本の有機的構成の高度化……をふまえて，この発展傾向が再生産過程に充用される最低必要資本量を増大させる一方で，投下資本の価値回収の緩慢化，長期化を必然化させるという論理段階の規定性にかかわる問題視角を明確にしておかなければならない。「株式会社と信用制度」という場合，肝要なのはそうした点である。

この論理段階の信用は，そうした産業構造の量的発展と質的高度化に伴う資本所有の私的・個人的制限からの解放の一契機としての信用であり，この論理段階における再生産と信用の問題である。それは，この論理段階における再生産の展開方向＝再生産過程の資本の要請に信用の側がいかに対応するか，そしてまた，かような要請に対応して措定される信用が逆に再生産過程にいかに影響を及ぼし，その過程の展開を加速せしめるか，であり，そうした論点こそ，問われるべき争点でなければならない。つまり肝要なのは新たな論理段階における再生産と信用，および両者の関連の問題でなければならない。北原氏の場合，そうした視点がみられず，基本的諸傾向を論ずべきところで，もっぱら常在的な，一時的な，景気変動的な諸要因を無媒介的に，直接的に取り込み，信用の形態規定性を無視し混同してしまうことになったのである。

II　株式会社の論理的必然性と継続的活動

1　資本の論理と企業活動の継続性一般

　北原氏の場合，株式会社の論理的必然性については，必要資本量の増大化要求が第一の必然性であり，第二の必然性が継続的活動の要求であるとされ，両者はそれぞれ異なる別項の必然性の要因として挙げられている。しかし，北原氏のような捉え方では，「継続的活動の要求」は，それが機械制大工業においていかに「倍加」されるとしても，株式会社の論理的必然性の規定的要因とはなりえないであろう。北原氏は必然性の要因として「資本は本来無限に自己増殖を繰り返す価値の運動体である。しかもそれは『特別剰余価値＝利潤』をめぐる諸資本相互の競争によってたえず自己の規模増大＝蓄積を強制されている。それゆえ，個別資本は蓄積をすすめるためにも無休の価値増殖（剰余価値の生産と実現）を繰り返さなければならない」(22)といわれるが，それはしかし，個人企業の場合にも，合名・合資会社，および株式会社，さらには独占企業の場合にも等しく貫徹する資本の「共通性」であり，資本の本性に根ざす「一般的傾向」である。

　株式会社の論理的必然性を論ずるに当たって，企業の「継続的活動」の要求が結合資本の形成に導くという場合，問題となるのは，資本の「継続的活動一

般」ではなく，何故にこの論理段階固有の問題として企業の「継続性」が株式会社の必然性の決定的契機となるのか，ということでなければならない。したがってそれは，企業の「継続性」を制限し困難化せしめる否定的諸要因として，一体何がどう顕在化するのか。何よりもまず，そのことが問われなければならないだろう。なぜなら，その具体的諸要因の「潜在的累積→顕在化」こそは，この論理段階特有の，株式会社の必然性に関わる資本の継続性の特殊的性格を規定するものであり，それによってはじめて，この論理段階の資本の継続性が合資・合名会社成立の必然性ではなく株式会社成立の必然性の決定的，規定的契機の一つをなすものとして位置づけられうるからである。

そのことに関連した叙述が北原氏の所説にも散見できないわけではないが，しかし氏にあっては，それは株式会社の必然性把握のうえで肝要な論点をなすものとしては主要な位置を与えられておらず，むしろ軽視されるか，仮定的，補足的ないし便宜的にしか扱われていないのである。

それゆえに，北原氏の場合，「必要資本量の増大と個人所有との矛盾」の打開方法として，先述の信用の利用が「負債比率の上昇→危険性の増大→信用の回避→株式会社の必然性」をもたらすという転倒した捉え方になったと同様に，ここでも逆に，一般的傾向としての生産過程の「不断の継続性」要求が，直接，無媒介的に株式会社の必然性に結びつけられてしまったのである。したがって，そこでは，この論理段階特有の「不断の継続性」を制限・否定する主要な要因が「潜在的・累積的に進行し成熟・顕在化」するという特定段階の「継続性」の要求として分析的に解明されえないのである。したがってこの論理段階での制限・否定諸要因を如何に克服・止揚すべきかについての分析的・理論的把握はほとんどみられず，一般論にとどまってしまっているのである。それだから，株式会社における「継続的活動」の「継続性」がいかに株式会社特有のものとして内容規定されるのか，その肝要な論点が一向に明らかにされないままで，いくら「継続性」一般を強調し，株式会社の必然性を力説しても説得力に欠けることになる。

2 企業活動の継続性と株式会社の論理的必然性

株式会社の必然性の第二の要因といわれる「継続性」とは一体何か。それは

どのように把握すべきか。北原氏はこの第二の要因としての「継続性」を「無休の継続的自己増殖を要求する資本の本性そのもの」といわれるが，かかる第二の要因＝「継続性」から北原氏は如何にして株式会社の必然性を論証されているであろうか。

　この論理段階は，主要産業部門においては機械制大工業が支配的となり，そこでは「投下総資本のうち，この耐久的な機械に投下される固定資本の比重が高くなる。この固定資本では，耐久的な機械を設置するさい一挙に資本が投下され，機械の価値は漸次的に生産物に移転し実現されて（資本価値は漸次的に実現され貨幣形態をとって）いくが，機械そのものは長い耐用期間のあいだ中機能しつづけ，機械の価値のすべてが生産物に移転し実現され，投下された資本価値すべてが貨幣形態をとるようになるのは，長い耐用期間の終わったときである。固定資本はこうした特殊な回転をするので，生産過程を中断することなく行うことを通じて資本価値の漸次的・部分的実現を中断なくすすめることと同時に，かかる生産過程の不断の継続によって，資本価値のすべてを実現していくことが，強く要求されていく。」[23] しかも「機械制大工業形態の企業では，複数の機械体系が設置され，それぞれの設置時期の違いによってそれぞれの年齢が異なるばあいが少なくないので，そこではある機械体系が耐用期間を終え，それに投下されていた固定資本価値のすべてが実現され終わったとしても，その他の機械体系はなお残存価値をもち，その時点で生産を中止することはこの残存価値の実現を著しく困難にする。こうして，厖大で耐久的な機械体系からなりたつ機械制大工業では，いわば無限に生産活動を継続させていくことが，資本の運動にとって不可欠なものとして要求されているのである。」[24]

　上述の如く機械制大工業が支配的となる産業部門においては，生産規模の拡張と資本の有機的構成の高度化に伴い投下総資本中に占める不変資本比率の上昇，不変資本のうちの固定資本部分の増大→資本の回転の緩慢化，価値回収の長期化を惹起せしめるが，そこから北原氏は「固定資本の特殊な回転のため生産過程の不断の継続性→資本の価値回収」という論理を設定され，「生産過程の不断の継続」，「生産活動の無限の継続」が「資本の運動にとって不可欠なもの」として要求されると説くのである。なお後段の，「機械体系の設置時期の相違→耐用期間の不一致」という条件の組み入れも，上述の「不断の継続性」

把握に包括されうるものと考えてよいであろう。そのことが「株式会社を必然化させる第二の要因」であり，この第二の要因としての，「不断の継続性」が「資本運動にとっての不可欠のもの」として要求されるというわけである。しかし，それは株式会社の必然性という特定の論理段階にのみ固有のものではない。重化学工業の発展過程全体——したがって資本主義的諸企業の展開過程全体——を貫く一般的傾向であり，その意味では「厖大で耐久的な機械体系からなりたつ機械制大工業」の成立以降，すべての論理段階における資本の運動にとって不可欠のものとして要求されるはずである。つまり，それは，資本の運動にとって資本の本性に根ざす一般的な傾向であるといえる。もちろん，それは資本の運動の展開過程に基礎を置き，その過程の資本の運動様式それ自体に規定されるものであり，したがって，「不断の継続性」を規定し，その直接的契機となる諸条件・要因も異なって現れるのはいうまでもない。

　しかしここで肝要なのは「不断の継続性」をいかに論じても直接そこからは株式会社の必然性は析出されないし，視界からすら見えてこないであろうということである。問題は，株式会社の必然性が問われる，この論理段階における企業活動の継続性＝「不断の継続性」が，それ自体を決定的に制約する直接的契機・規定的要因と直接関連づけられたそのときにはじめて，この論理段階の「継続性」が内容規定され，「継続性」の問題が，継続性の限界とその限界の克服・止揚の問題として顕在化し，株式会社の論理的必然性の決定的契機・要因として明らかになってくるのである。

　さらに問題は，北原氏の場合，上記の引用文で示されているように，企業はすでに固定資本の巨大化を実現しているのである。それはまた同時に，必要資本規模の厖大化を実現していることになる。そうだとすれば，「継続性」の問題は固定資本の巨大化と必要資本規模の厖大化を実現した企業との関係であるということになろう。いうまでもなく，ここでの問題は，資本所有の私的・個人的制限のもとで，生産力の発展→生産規模の拡大→資本構成の高度化に伴う固定資本の増大・最低必要資本量の増大要求に如何に対応すべきかということであった。このような資本の増大要求を如何に実現するのか。そのためには如何なる資本を如何にして調達するかということであった。継続性の問題もそうした論理系譜上に措定されるのであり，かかる観点から株式会社の必然性が問

われるのでなければならない。だからこそ，問題はともかく，北原氏も株式会社の形成を「信用→合名・合資会社→株式会社」という論理的道筋において把握されていたはずである。しかし北原氏の上記の論理はこの株式会社の形成の論理，つまり必然性の論理とは論理段階をまったく異にしたものとなっている。すなわち「複数の機械体系」,「厖大で耐久的機械体系」の「機械制大工業形態の企業」が，株式会社の必然性の第二要因である「継続性」の検討対象となっているのである。巨大化した固定資本の特殊な回転が取り上げられ，そこから「耐用期間の不一致」「価値回収の長期化」→「生産過程の不断の継続性」「生産過程の無限の継続性」が惹起され，それが主要な契機＝第二の要因となって株式会社の成立――株式会社の必然性――に導くと主張されているのである。しかしそれは事実関係を転倒させた議論である。

3　企業活動の継続性と資本および所有の二重構造化

　この論理段階における「企業活動の継続性」を制約する直接的諸契機・規定的諸要因とは一体何か。一言でいえば，それは生産力の発展→生産規模の拡大→資本の有機的構成の高度化→固定資本量・必要資本量の増大と資本所有の私的・個人的制限との矛盾が累積・顕在化するに至ったこと，すなわち資本の私的・個人的所有制限が資本構成の高度化に伴う固定資本の増大に規定された企業資本の最低必要規模の拡張を制限し企業の「継続性」の維持を制限し困難化せしめる否定的要因に転化したという，その意味における資本所有の私的・個人的制限の問題でなければならない。この論理段階における資本所有の私的・個人的制限の拘束からの解放の核心をなすものとは何か。それは，上記の如く重化学工業化の過程的展開において既存の資本調達・結合様式――地縁・血縁による出資者の個人的・人格的信頼関係を基礎としたもの――が桎梏化したこと，他方，それに対応的に従来の短期性を原則とする信用の制約・限界が顕在化したこと，つまり私的・個人的所有の桎梏からの解放を主要契機とするものである。それゆえに生産力の発展→生産規模の拡大をそれ自身の手に蓄積された富みの大きさから独立させること，したがって，資本・財産集積の既存の程度を考慮することなく社会に現存し新たな価値増殖のために解放されているすべての貨幣および貨幣資本――にもかかわらず既存の資本蓄積様式に制約され

て資本の再生産過程から遊離・遊休化を余儀なくされ，社会に散在している自由な貨幣および貨幣資本——を動員し結合すること，この貨幣および貨幣資本の社会的動員とその結合の要請に応えるべく新機軸が株式会社・証券市場を構成諸要素とする株式会社制度である。ここでは直接に，私的資本に対立する社会的資本（直接に統合した諸個人の資本）の形態をとり，私的諸企業に対立する社会的諸企業として登場する。それは資本主義的生産様式そのものの限界内での，私的所有としての資本の止揚である。(25)

　北原氏の所説すなわち株式会社の必然性の第一要因である「必要資本量の増大要求」も第二要因である「不断の継続性」も，個人企業にとっては資本所有の私的・個人的制限と矛盾・対立の関係であり，第一要因による私的・個人的所有の制限・拘束→所有の桎梏化が同時に「必要資本量の増大」の制限・困難化，「不断の継続性」の制限・否定を惹き起こすという関係にある。それは，株式会社以前の個人企業や結合資本とそれを基礎に調達した他人資本との二側面において構成される企業資本の存在様式では「固定資本の増大→資本の回転の緩慢化・価値回収の長期化」が要求する必要資本規模の増大要求には対応できなくなったということである。つまり，私的・個人的所有としての資本所有の制限・拘束に対する矛盾の累積→顕在化である。この論理段階における資本所有の私的・個人的制限・拘束からの解放要請が，その制限要因に転化——桎梏化——したところの従来の「結合資本の在り方」と「資本の調達様式」の構造転換，その変革を余儀なくされたのである。それが株式会社の必然性の主要な契機であり，規定的要因である。株式会社は，資本所有の私的・個人的制限の止揚を実現し，従来の結合資本の在り方と資本の調達様式の二つの制限要因を克服・止揚するのである。資本と所有の二重構造化に基づく資本の流動化によって，証券市場と連結・一体化した株式会社はこれらの制限要因を，一方では社会に現存しているすべての遊休化した貨幣および貨幣資本の動員と結合を可能にすることによって，他方では出資・証券化を基礎・前提あるいは媒介として他人資本の長期的利用を実現することによって制度的・機構的に解決するのである。

　しかし北原氏のように，株式会社の成立を説いただけでは資本所有の私的・個人的制限の止揚を論証したことにはならないし，擬制資本の成立を指摘する

だけでは資本の流動化を契機とする，産業資本の株式資本化，株式資本の擬制資本化，および擬制資本化した株式資本の自立的運動形態としての循環的な流通運動の論理を解明したことにはならない。したがってまた，北原氏の指摘だけでは株式資本が再生産過程の外部（＝証券市場）に在って自立した擬制資本の循環的流通運動を形成する，その擬制資本の運動と連結してはじめて可能となる再生産過程における現実資本＝機能資本の循環・回転運動，その「不断の継続性」による再生産過程の永続的運動を論述したことにはならない。

　個人企業の株式会社への転化，産業への株式会社の導入は資本所有の株式資本所有への転化によって資本と所有とが二重化して現れる。株式会社の資本は出資形式による結合資本であり，結合資本の株式資本への転化によって資本は二重化して現れる。それに対応して資本の所有も二重に分離・分裂して現れるのである。株式会社に投下された資本は，自己資本であるが，自己資本の結合体，つまり結合資本である。しかし結合資本が直接株式会社の資本を現すわけではない。それは資本と所有の証券化によって資本と所有が二重化して現れるのである。その二重化とは，一方では所有から解放され，機能としての資本＝現実資本に転化されて再生産過程において価値増殖を目的とする機能資本の循環的運動を展開することであり，他方では機能から分離されて所有としての資本＝株式資本に転化し，持分に分割・証券化されることである。そしてそれは再生産過程から分離し自立化した証券市場において擬制資本化した株式資本の流通運動を形成するのである。この資本と所有の二重構造化の論理を統一的に把握することによってはじめて，この論理段階における資本運動の不断の継続性の論理を明らかにすることができるであろう。

　「株式会社制度は本来持分証券である株式の証券流通市場での代位・肩代わりによって，一方では資本拠出者によって投下資本の再生産過程への固定的充用からくる長期的拘束を回避させ，他方ではそうした再生産過程での機能資本運動の継続性を可能ならしめることにもとづいて，短期にしか運用できない貨幣資本をも集中し，『資本所有の量的制限』を打開しえたのである(26)。」

　こうした過程的展開こそが「譲渡自由な等額株券制」，「全出資者の有限責任制」，株主総会＝一株一票の多数株議決制の株式民主主義，重役・取締役会制等を法的意思関係として表現する経済過程であり，この過程の進行に対応的に

形成されるその意思関係としての株式会社法制度の確立過程であり，この法制度こそはかかる経済過程・経済関係，すなわち，株式会社資本の「永続的運動」とその推進主体である企業・経営組織の展開にとって最高度の法的・制度的保障となるのである。

4　企業活動の継続性と「出資払戻し」

さて北原氏は株式会社を必然化させる第二の要因として，上述の如く「企業活動の継続性」を強調されたうえで，次章での検討課題である「出資払戻し」との関連性を次のように述べている。

「株式会社の出資者たる株主は，出資した貨幣（資本）について直接の所有権を失い，それは会社自体に属するものとなる。この会社自体の資本を，出資払戻し請求の可能性を廃絶して，自由に維持していくためには，出資者に対して出資払戻しに代わる出資金の回収の途を開く必要があるが，これが株式の自由譲渡であり，この譲渡を容易にするのが出資者全員の有限責任原則である。譲渡自由な等額株券制と出資者全員の有限責任制とは相互に補足しつつ，会社自体による所有の成立――会社財産の出資者財産からの分離・独立――の前提をなすものであるが，同時に他面では，会社自体の所有が成立するがゆえに，出資者は株式を，会社の現実資本とは無関係に，容易に売買しうる関係になるのである。かくして，株式会社はかかる制度的特徴によってはじめて，結合資本の永続的運動を最高度に保証するものとなりえたのであり，ここにおいて大規模の企業活動の継続性のために必要な継続的な経営組織の確立もまた十分可能となっていったのである。」[27]

「会社自体に属する……」とは法人格化した「会社自体」が前提となっているが，肝要なのは，そのまえに社団たる会社に法人格を付与し，現実資本の所有を個々の出資者からその会社に移すのであり，したがってそれは出資者全員の意思行為に基づくものであり，会社の法人格化によって法形式上「それは会社自体に属する」ものとなるのでなければならないであろう。したがって「会社それ自体」による所有の成立，つまり会社財産の出資者財産からの分離・独立は法形式であり，擬制である。資本所有の株式資本所有への転化によって所有は証券化されるので，会社資本に対する出資者たる株主の所有は株式資本所

有に，間接的所有に転化されるが，所有の本質には何らの変化も生じえないのである。この点に関しては後述する。さらに北原氏は次のように述べている。

「以上のように，株式会社を必然化させたものは，必要資本の厖大化と，大規模な資本の継続的運動の必要性とである。従来の株式会社論の大部分は，株式会社を『資本集中』機構あるいは『資本動員』機構として性格づけているし，それゆえ，その必然性を『資本調達』の側面からのみ説く傾向が強かった。そこでは，『必要資本の厖大』要因だけが重視され，『企業活動の継続性の要求』という要因はほとんど無視され，あるいは株式会社形成の一結果として軽く言及されるにとどまっていた。この後者の要因の内容解明も正しい位置づけもほとんど行われてこなかったと言えよう。[28]」

北原氏は株式会社の論理的必然性を上記二つの要因から説明されたが，これまでに明らかにしてきたように，この二つの要因のいずれも，あるときは単なる「変動要因」を，またあるときは単なる「一般的傾向」を株式会社の必然性に直接結びつけて論述されているという難点があり，それゆえにまた，この二つの要因をいくら強調されても，それだけでは株式会社の必然性を論述したことにはならないということも明白になった。さらに北原氏は株式会社の必然性の論証にあたって，資本主義の特質と運動法則の分析を強調されながらも，その経済内的分析から株式会社の必然性およびその諸特質を析出されるのではなく，その「秘密」＝特質を，直ちに法形式である「譲渡自由な等額株券制」と「全出資者の有限責任制」に求め，もっぱらそこから株式会社の制度的諸特質を提示されているのである。

しかし，この「譲渡自由な等額株券制」や「全出資者の有限責任制」は，後述するが，近代株式会社成立の指標をなすものであるとはいえ，それ自体は株式会社法制である。ここで肝要なのはその法制の成立過程にはそれをそのようなものとして表現し，かつ規定する経済過程，経済諸関係の展開があるはずである。換言すれば，「譲渡自由な等額株券制」や「全出資者の有限責任制」等の成立という株式会社法制史の展開は「経済的諸関係がそこに反映している一つの意志関係」を示すものであり，「株式会社特有の経済的内容」の法的・一般的表現であるということができる。つまり，そこには法的意志関係として表現する経済過程，換言すれば法的意思関係の形成基盤があるはずである。した

がってまず，ここでは株式会社特有の「経済的内容」が問われなければならないであろう。

「譲渡自由な等額株券制」の成立や「全出資者の有限責任制」の確立は，資本流動化の展開過程に対応し，その過程を形成基盤とする法的意思関係として表現されるものである。そこでまず取り上げるべきことは，現実資本＝機能資本の価値増殖のための運動部面＝再生産過程の側面については，差し当たり取り上げるべき必要はないので除くことにする。もちろんそこにおける「結合」資本の内的矛盾の展開から資本の流動化が生じ拡大していく論理を指摘することは重要である。しかし，ここでは主として結合資本→株式資本→擬制資本の論理系譜上に措定される証券市場＝証券取引所に焦点を向けることにしよう。証券市場における資本の流動化の進展を基礎とするからである。これらの法的諸関係は資本の流動化に伴う資本の動員と結合の展開過程に対応して出資形式による結合資本→株式資本化→擬制資本化，所有と機能の制度的分離に基づく産業資本の株式資本への転化，株式資本の擬制資本への転化，擬制資本化した株式資本の流通運動の市場メカニズムの確立，資本の動員と結合様式の質的転換という，株式会社の経済過程の展開に関わる法的意識関係として表現されるものである。過程の進行において株式会社の経済関係の展開があり，したがって，それに対応したものとして一定の時間的経過を踏まえながら法的関係が措定されなければならないであろう。この両者の相互規定，相互依存関係の中に株式会社の機構的諸特質が分析的に追究されなければならない。

生産力の発展→生産規模の拡大→資本構成の高度化→固定資本の増大・必要最低資本量の増大要求に対して，従来の人的・個人的信頼関係に基礎を置く資本の結合形態では対応できなくなる。一方では，結合の内的諸矛盾の激化であり，顕在化である。追加資本に対する構成メンバーの対応の変化，格差・離脱・脱落の発生……に伴う資本流動化の内的契機による結合形態の維持の困難化である。他方では社会に散在している遊休貨幣及び貨幣資本の動員，信用の長期利用に対応すべき主体的諸条件の未確立による結合形態の桎梏化である。資本の社会的動員と結合要求に対する，従来の結合形態の抱えるすべての限界性を一挙に解決したのが，株式会社制度である。株式会社制度は資本の流動化を実現して社会的な貨幣資本を自己資本として，社会的に動員し結合すること

を可能にすると同時に，あらゆる信用の利用可能性を獲得するのである。

（１） 北原勇『前掲書』83-122 頁。
　　　第3章「株式会社における所有と決定」は，1「株式会社の論理的必然性」，2「株式会社における資本所有の形式と実質」，3「株式会社の私的資本制的性格」で構成されている。北原氏は第3章では「近代資本主義を特徴づける産業資本の一形態としての株式会社を一般的に解明する」といわれる。が，株式会社の一般理論的解明にあたって，その分析視角・展開方法には若干問題があるように思われる。
（２） 同上，84 頁。
（３） 同上，84-85 頁。
（４） 有井行夫「『所有に基づく支配』と『資本の人格化』——北原勇著『現代資本主義における所有と決定』を読んで——」(『政経研究』No48 号，政治経済研究所，1985 年 8 月）
（５） 北原勇『前掲書』85 頁。
（６） 同上，88 頁。
（７） 同上，85 頁。
（８） 同上。
（９） 同上。
（10） 同上，86 頁。
（11） ①「企業形態すなわち出資資本の結合様式は，14～15 世紀には個人企業から合名会社，合資会社へと展開し，さらに 17 世紀になると早くも前期的性格を引きずりながら株式会社が登場している。そして，18 世紀～19 世紀の産業資本主義時代にいたって，株式会社も近代的制度として整備されていく。しかし，株主は当時まだすべて『企業資本家』範疇のもとに同質対等のものとして一括され，出資資本内部における質的分裂・対立はさほどみられなかった。」(片山伍一・後藤泰二編著『経営財務論』（改訂版）ミネルヴァ書房，1992 年，4-5 頁）
　　　②「17 世紀初頭に発生した株式会社は，近代的資本とは性格を異にする前期的資本の集中体であった。したがって，それは，所有者の自由と平等という資本制社会の原理に基づかないものであったがゆえに，そこでは株主総会を欠除し，一団の特権的な前期的資本家団が取締役団として支配を独占した。やがて，市民革命によって絶対王権およびこれと結合していた前期的資本の市場独占が打ち破られてから，新たに産業資本の集中体としての近代株式会社の古典的形態が成立した。この古典型近代株式会社において，株主総会が会社の最高機関として形成され，株式の均一，一株一個

の議決権その他株式の内容の平等という原理，さらにそれを基礎とする株主平等の原則などが形成された。このように，近代株式会社は，所有者の自由・平等という産業資本の原理に基づく。そして，所有が自由かつ形式上平等であるがゆえに，株主総会では持ち株数に比例した多数決という，いわゆる株主総会の民主主義がとられるのである。」(富山康吉『現代資本主義と法の理論』法律文化社，1971年，147-148頁)

(12) 片山伍一・後藤泰二編著『前掲書』参照されたい。
(13) 北原勇『前掲書』85頁。
(14) 同上，85-86頁。
(15) *Das Finanzkapital*, S.113. 訳，㊤ 173-174頁① 179-180頁。
(16) a.a.O., SS.113-114. 訳，㊤ 174-175頁① 180-181頁。
(17) 北原勇『前掲書』86頁。
(18) 同上。
(19) 深町郁弥「管理通貨制と貨幣資本蓄積の現段階」(『金融経済』197号，1982年12月)，同「管理通貨と金融資本」川合一郎編『現代信用論(下)』有斐閣，1978年，145-147頁。
(20) 同上，145-146頁。
(21) 同上，147頁。
(22) 北原勇『前掲書』88頁。
(23) 同上。
(24) 同上，88-89頁。
(25) *Das Kapital*, Ⅲ, S.452. 訳，556-557頁。
(26) 深町郁弥「管理通貨制度論と信用論(Ⅱ)」(『経済学研究』第40巻第4・5・6号，109頁)
(27) 北原勇『前掲書』91頁。
(28) 同上，91頁。

第3章　株式会社における資本所有の形式と実質
　　　　　——北原勇氏の所説の検討——

I　株主の「実質的所有の喪失」→「会社それ自体」の「所有の実質化」

1　実質的所有の喪失と法形式としての所有の実質化

　北原氏は「会社それ自体」の「法形式」と「法形式としての所有の実質化」について次のように問題を提起されている。

　「『法人』たる会社自体による所有という法形式も，それはさしあたり複数人からなる団体ないし組織体の権利・義務関係を単純化し明確化するための『法技術』あるいは『法的構成』の産物でしかない。……『法的構成は，現実事実の或側面を抽象して概念化するものであるから，直接に現実事実を指示するものではないし，また現実事実が直接に法的構成に反射するものではない。』……それゆえ……法的な形式が，実質的内容・関係をふくむものであるかどうか，ふくむとすればいかなるものとしてか，が問題となる。[1]」

　このように法人たる会社自体による法形式についての基本的見解を提示されたうえで，法形式は「法技術」の産物にすぎないので，現実事実が直接反射するものではないと指摘されるが，すぐその後で「法形式が実質的内容をふくむものであるかどうか……」を問いながら，「ふくむものである」といわれる。すなわち，法形式そのものが一定の実質を含んでおり，しかもさまざまな実質的関係の成立を可能にする作用を果すのである，といわれる。「法形式→さまざまな実質的関係の成立の可能性」こそは，北原氏の「株主の実質的所有の喪失」→「法形式としての所有の実質化」に関する論理展開の基本的立場である。

　北原氏は，法形式の実質化との関連においてまず「株主の実質的所有の喪失」を主張されることによって，「株主こそが実質的所有者である」という従来の見解は「事実上会社による所有を単なる形式としてその実質を否定する見解に通ずる[2]」と主張されたうえで，次のように指摘されている。

「第一に，株式会社による所有という法的形式を必然化した現実を考えると，この法的形式自体のなかに，すでに株主の所有権の実質の一部が失われ，その反面，『会社それ自体』による所有が一定の実質をそなえていることがふくまれているのである。」「第二に，株式会社における所有の法的形式が，さまざまな実質的関係の成立を可能にしていく作用をはたすのであって，株主による実質的所有の内実のほとんどが失われ会社それ自体にそれが帰属するようになることをも可能とするのである。」

何よりもまず，所有における「株主の実質的所有」と「法形式としての所有」とは，単なる「実質」と「形式」の問題ではなく，概念的にも内容的にも明確に区別されねばならないはずである。たしかに「法人」概念の中にははじめからそこは独立の財産法的権利・義務という法人の積極財産・消極財産が想定されているのであって，法人の独立の財産が何らかの程度で予定されているが，それは直ちに「法形式のなかに，すでに株主の所有権の実質の一部が失われ，その反面，『会社それ自体』による所有が一定の実質をそなえていることがふくまれている」ということではない。

北原氏の見解は「株主の実質的所有」と「会社自体の法形式としての所有」とを同一平面上に落として，一方のマイナスが他方のプラスになるという，いわば立体関係にある両者を「所有の実質」をめぐる「綱引き競争」の当事者同士として対立的に等置するのである。この両者の関係から，一方における「株主の実質的所有の喪失」は，その反面，他方における「法的形式としての所有の実質化」をもたらすというものである。つまり失われた実質部分が法形式としての所有の実質にそのまま転化するという点に特徴がある。しかしそうした見方は次の点で根本的な難点がある。すなわち，所有については株式会社における資本所有が本来の所有者による直接的な資本所有ではなく，株式資本の所有に転化していること，株式資本の人格化としての株主の株式所有に転化していること，換言すれば，株式会社における結合資本＝現実資本に対する所有関係は，機能から分離した，その名目価値を表す所有としての資本＝株式資本に対する関係に転化して現れるということ，だからこそ，その所有の実体は実質的・間接的なものとなり，本来的な所有関係は潜在化されるということである。この肝心要の事柄が十分理解されているかが問題になるのである。それゆえに，

そのことが以後の所有関係の分析に根本的な問題を残すだけでなく，また個別具体的な諸事象の分析に当たっても疑念を生まざるをえないことになるであろう。

　さてそこで，株主による所有の実質の喪失とその反面として「会社それ自体」による法形式としての所有の実質化について北原氏はどのように主張されているのか。まず第一の点から考えてみよう。そこでは併せて「所有という法形式を必然化した現実」も問われなければならないであろう。株主の実質的所有と「会社それ自体」による法形式としての所有の関係とは，株主の所有を基礎・前提として，つまり，形成基盤として法形式としての所有が措定されるという関係のことである。株式資本（株式）の実体は企業所有権であり，株式資本の所有者である株主の所有は企業所有権の所有である。それが株主の所有の実体をなすものであるが，この株主の所有は法形式的に個々の株主から「法人としての会社」に移され，法人の直接的・形式的所有となり，法人の個人的所有形態をとって現れる。と同時に株主の所有は間接的・実質的所有として潜在化するのである。このように，前者の所有は直接的・形式的であり，擬制的であるが，単一主体＝法人の所有として現象化しているのである。しかしそれは擬制的所有であり，現実に存在するものは何一つない。あるのは法形式という擬制のみである。後者の所有は間接的・実質的であるが，法形式としての所有の逆立ちした現象形態のもとで潜在化し貫徹していく。肝要なことは所有の実体には何ら本質的変化はないということである。しかし北原氏はそのようには理解されていない。氏は次のように述べている。

　「結合資本における出資者の所有（権）の実質を問うばあい，問題の核心となるのは，①出資払戻の可否であり，次に②会社の意思決定や企業管理に対する出資者各人の意思の反映可能性であり，さらには③企業利益の取得可能性である。これこそが，同じ結合資本の企業形態である合名会社や合資会社と株式会社とを，共同所有の質において決定的に異なるものとする根拠にほかならない」(5)（但し符号①②③――引用者）。共同所有の「質」的側面において株式会社と他の諸企業との相違点は何か。そしてそれが何故に，また如何にして「株主の所有権の一部喪失→会社それ自体への所有権の形式的移譲・その一部実質化→さらなる株主所有の喪失→会社それ自体の所有のさらなる実質化……」を導き

出すのか。

　北原氏は, ①出資払戻の可否, ②会社の意思決定に対する出資者の反映可能性, ③企業収益の取得可能性の三つの側面から「共同所有の質」について株式会社と他の企業との差異性を明らかにされながら, 株主の実質的所有（権）の喪失→会社法人の所有の実質化を主張されるのである。こうした問題の設定自体に根本的な難点があるが, それはさておくとしても, そのことが同時に, 氏の論述のなかで明らかにされるであろう。まず出資払戻の可否について検討することにしよう。

2　出資払戻の可否と実質的所有(1)

　「各出資者の出資した資金を結合した企業資産が『法人』たる会社の所有するところとなるという法的形式は, 株式会社のばあいには, 合名会社や合資会社のばあいにおいて同じく成立しうるような単なる形式にとどまるものではなく, 各出資者がその意思によって出資分の払戻を請求したり実行したりすることができないという事実関係をふくむものである。この事実はそれ自体, 株式会社における株主の所有（権）の実質が一部損なわれていることを意味している。この点, 個人企業や合名会社・合資会社における所有と比較すれば明確に理解できよう。[6]」

　別言すれば,「「……事実関係」, この「事実」が「会社それ自体」による所有が一定の実質をそなえていることがふくまれている」という「現実」のことを指すのであろう。が, それは正鵠を射たものであろうか。

　北原氏の所説の如く, それは株主所有権が一部喪失したとみるか, そしてその喪失分がその反面として直ちに「会社それ自体」に移り, 会社所有権の実質化となるとみるか。それとも, その一部喪失なるものは「会社所有権の実質化」なるものではなく, 企業内部＝株主総会における株主間の競争による支配と被支配を通じて一般株主の所有権の実質の形骸化・喪失, その形骸化・喪失分の支配株主による支配集中の実現であると見るか, つまり支配株主による支配の集中→所有の実質の拡大であり, 全株主の共同所有自体の喪失を惹起せしめるものではない, とみるか, 株式会社の理論的把握に根本的相違が生ずるであろう。北原氏にあっては, 以下同様の分析視角から次のような論理が展開さ

れている。

「個人企業のばあいには，資本家たる企業家は企業資産に対する占有・使用・処分権を完全にわがものとしている。かれは一たびある分野に投下した資本を引上げ，他の分野へ投下することも自由である。合名会社や合資会社では，出資者達はこのような完全な所有権を基本的に保持したうえで，相互に結合している。……彼らは個々人の意思によって出資払戻しを請求し出資引き上げを行うこともできるのである。また個人企業において利潤が実現できなかった時に企業家は従来資本として運用していた企業資産の一部を自らの消費のために転用することができたのと同じく，合名会社や合資会社でも全社員の合意の上で，利益がないばあいに企業資産の分配・とりくずし→私的用途への転用ができるのである。」[7]

こうした論理の組み立てには大いに異論のあるところであるが，それはさておき，北原氏の所説には次のような根本的な難点がある。

資本の概念規定を踏まえない，あるいは資本の概念の展開を無視した強引な議論である。それは文字通り単なる貨幣所有者の個人的な私的致富欲の視角であり，価値増殖を目的とする資本の人格化としての資本家の視点をまったく欠くものといわざるをえない。ここで肝要なことは何か。一般的に個々の出資者＝株主についていえば，それは本来，種々の事情により，事業資本として運用できずに，遊休している，したがって死重化している貨幣あるいは貨幣資本が，投資可能性と随時回収可能性とを付与され，結合資本の一構成要素となることを可能ならしめたという点である。そしてそのことによって，一方では遊休貨幣および貨幣資本が価値増殖する資本としての機能を回復・発揮できるようになったということ，他方では個人企業の資本調達方式はもちろん，合資・合名会社の資本調達方式＝結合方式もその桎梏化からの解放を，生産力の発展→生産規模の拡大→資本の有機的構成の高度化→固定資本量・必要資本量の増大に伴う資本所有の私的・個人的制限の粉砕を，可能ならしめたということ，すなわち，資本の流動化によって社会的な貨幣および貨幣資本の動員と結合——資本の集中と支配集中——を実現できたという点である。また，それは同時に複数の出資者を一構成要素とする結合資本の所有の在り方を二つの面から提起することになる。が，その前提条件＝基本原則はもちろん，資本の論理が如何に

貫徹されるかという価値増殖の視点がふまえられていなければならない。そこで，価値増殖の視点とは何か。まずこの点の確認からはじめることにしよう。

「資本が再生産過程で機能しているかぎり，――その資本が産業資本家自身のものであり，したがって彼がそれを貸手に返す必要はないものであると前提しても――，彼が個人として自由に処分できるのは，この資本そのものではなく，ただ彼が収入として支出することのできる利潤だけである。彼の資本が資本として機能しているかぎり，それは再生産過程に属しており，そこに固定されている。彼はその資本の所有者であるが，しかしこの所有は彼がそれを資本として労働の搾取に利用しているかぎり，別の仕方で彼がそれを処分することを許さないのである。貨幣資本家の場合もまったく同じことである。彼の資本が貸し出されており，したがって貨幣資本として働いている間は，それは彼の手に利子を，つまり利潤の一部分をもってくるが，しかし彼は元本を自由に処分することはできない。こういうことは彼が資本をたとえば一年または数年の間貸し付けて，ある期間ごとに利子を受け取るが資本の返済は受けないという場合に現れる。」[8]

ここでの問題は資本の所有者としての資本家，つまり資本の人格化としての資本家の所有の本質→実質に関わる事柄でなければならない。「個人企業において利潤が実現できなかった時に企業家は従来資本として運用していた企業資産の一部を自らの消費のために転用することができたのと同じく，合名会社や合資会社でも全社員の合意の上で，利益がないばあいに企業資産の分配・とりくずし→私的用途への転用ができるのである」[9]「これに対して株式会社では各出資者は自己の出資による企業資産・現実資本の一部に対して，それを自分の意思によって引上げ，他の用途にむけるという自由は全くない」[9]といわれ，そうしたこと――この「事実」・「事実関係」，つまり，この「現実なるもの」――が株式会社における株主の所有の実質の喪失であり，それに対比して個人企業における企業家や合名会社・合資会社における出資者の，所有の実質を主張され，「所有の質」の違い＝実質と形式を強調されるが，そうした対比それ自体，資本の概念規定からみても，議論の対象にすらなりえないであろう。それは企業者の資本所有と単なる個人の貨幣所有との混同であり，両者の所有の「実質と喪失」の完全な「はきちがえ」である。

3　出資払戻の可否と実質的所有 (2)——結合資本の所有問題①

　ここでは結合資本の在り方・存在様式が，その一構成要素＝その人格化としての出資者＝株主の在り方・存在形式を規定する。結合の契機がどうであれ，構成メンバーの出自がどうであれ，結合資本の規定的目的は価値増殖である。結合資本は資本機能を発揮するためには継続的・安定的でなければならない。株主にとってもそうである。彼は休息を求めているのでも，利子を求めているのでもない。配当を期待する株主にとっては，結合資本が価値増殖のための再生産活動を継続的・安定的に遂行できることが絶対不可欠の条件でなければならない。株主は投資資金の安全性と継続性とを確保できることによって，資本機能——価値増殖機能——を保証され，そのことによって資本所有＝所有権の実現と維持が可能となるし，継続的に安定した配当が約束されるのである。資本の所有と機能概念の展開であり，それを可能にしたのが株式会社制度である。

　株式会社の場合，その結合資本の所有は出資者全員であり，したがって出資者全員の共同所有ということになる。各個の出資者の所有は結合資本の所有の一構成要素に過ぎないが，資本所有の株式資本所有への転化によって出資額に応じた持分に分割・証券化された株式資本（株式証券）の所有者，つまり株主となる。各個の株主はその持分に相応しい大きさの人格化した株主として位置づけられ，株主総会の構成メンバーとなる。したがって株主総会は全所有を表すが，それは各個の株主所有を構成要素とする共同所有であり，その所有意思（＝所有→支配）は合意の形成によって実現する。合意形成の方式こそが一株一票の多数株議決制を原則とするものである。多数株所有による全所有支配，つまり多数株所有者による会社全体の支配集中が必然的に導き出されることになる。しかし実際にはこの過程的展開において結合資本＝現実資本の所有はその一構成要素である各個の出資者＝人格上の個々人から法形式上の会社に移されている。この会社は出資者の社団であるが，生きた自然人に擬制して法人格を付与されており，法形式上出資者から自立し結合資本＝現実資本の直接的な単一所有主体となっている。そこでは出資者は会社財産に対する直接的所有権を持たずに，ただ収益に対する請求権を有する者となるが，他面においてはこの収益請求権としての株式証券は所有権でもある。[10]

　この株式証券に表示される所有権こそは株式の平等性という経済民主主義を

介して新たな所有の展開形態として内容規定されている。すなわち，株式証券は，一方では「収益請求権」として擬制資本化され，証券市場＝証券取引所において擬制資本化した株式資本の所有運動＝流通運動を循環的に展開するが，他方では所有権として株主はその持分に相応しい大きさの人格化された株主＝所有権者として株主総会の構成メンバーであり，株主総会所有＝共同所有の一構成要素である。したがって各個の株主の所有意思は上述の如く合意形成による全体意思＝共同意思形成において実現されることになる。この株主総会の所有意思＝全体意思＝共同意思が資本所有の株式資本所有への転化を媒介して間接的・実質的所有として，他方それを形成基盤とする会社法人による法形式としての所有が直接的・擬制的所有として株式会社における所有の二重構造を形成している。それによって株式会社における所有と支配をめぐる資本の論理が最高次元に発揮されうることになるのである。しかし北原氏の場合は，どうだろうか。既述の如く次のように述べている。

「これに対し，株式会社では，各出資者は自己の出資による企業資産・現実資本の一部に対して，それを自分の意志によって引上げ，他の用途にむけるという自由はまったくもっていない。また全出資者の意思がかりに一致したと仮定しても，利益のあがらない時に企業資産の一部を配当として分配（いわゆる蛸配当）することは法によって禁止されている。すなわち，企業資産・現実資本の自由な占有・使用・処分は，個々の出資者の手から永久的に離れ，別の主体である会社に移っているのである。」[11]

「もちろん，株主は株券の譲渡・売却および会社の意思決定への参加の権利をもっているが，これらは右の株主の所有（権）の実質的破損を完全に補い代位するものではない。なぜなら，株券の譲渡は，出資持分に量的にのみ相当する資金の回収であって，出資された企業資産＝現実資本の一部そのものに対する引上げを封殺されたうえでの参加である以上，それは一般的に——持株の多少にかかわらず——かかる引上げ権を背景とする強い発言権とは質を異にしているのである。この点，合名会社・合資会社において，出資者各人が，出資引上げ権を背景にして強い発言権をもっているのとは区別されるべきである。」[12]

所有権の実質について北原氏は，「企業資産・現実資本の自由な占有・使用・処分は，個々の出資者の手から永久的に離れ，別の主体である会社に移っ

ている」として，それは「株主の所有（権）の実質的破損」であり，こうした「実質的破損」は株主の「株券の譲渡・売却および会社の意思決定への参加の権利」などをもってしても「完全に補い代位するものではない」と，いとも簡単に断定されている。法形式の「絶対化」である。かくして所有権の実質については「〔合資・合名会社の〕出資者各人が，出資引上げ権を背景にして強い発言権をもっているのとは区別されるべきである」として，両者の「所有権の質の違い」つまり株式会社における「所有権の実質の喪失」を強調されているのである。が，合資・合名会社における，そうした「強力的」な資本関係を評価基準とする所有権の「質」如何の判断は株式会社には適用できないであろう。株式会社の場合，そうした所有と機能の未分離・一体化した結合による所有の問題ではなく，それを止揚した分離に基づく結合による所有に関わる「質」の問題でなければならない。簡単にいえば，合資・合名会社の場合，出資者各人の出資の引上げは直接現実資本の引上げを意味するが，株式会社はそうした関係は止揚されており，出資者各人の出資の引上げは直接現実資本には何ら影響しない。出資者各人＝株主の所有権はその実体において本質的には何ら変わっていないのであり，また投下資本も株式市場で「株式の売却可能性」が付与されており，実質的には随時回収が可能となっているのである。株主の所有（権）の形骸化の問題は叙上の如く全株式所有内部の競争を媒介とする多数株所有者＝支配株主による会社資本の支配，株主間の支配と被支配の問題である。株主の実質的所有の喪失→「会社それ自体」による法形式としての所有の実質化の問題ではない。以上の北原氏の主張も，先に指摘したと同様に，資本の所有と機能の概念把握に根本的難点をもつものであり，首肯し難い。肝要なのは資本の論理であり，株式会社における資本と所有の二重構造化に基づく資本の機能から分離した資本の所有の問題である。この論点は後述の 4「出資払戻の可否と実質的所有(3)──結合資本の所有問題②」で取り上げている。

　資本が産業資本家自身のものであるとしても，その資本が機能する限り，彼が個人として自由に処分できるのは，この資本そのものではなく，利潤である。彼の資本が資本として機能している限り，つまり彼が資本の人格化としての資本家である限り，それは〔彼の資本は〕再生産過程に属しており，そこに固定されているのである。彼はその資本の所有者ではあるが，しかしこの所有は，

彼がそれを資本として労働の搾取に利用している限り，別の仕方で彼がそれを処分することは許されないのである。貨幣資本家の場合もまったく同じことである。彼の資本が貸し出されており，したがって，貨幣資本として働いている間は……彼は元本を自由に処分することはできない。[13]

なぜなら，彼が資本を投資するのは，それ以上の価値，つまり価値の増殖を目的としているからである。それを可能にするのは，所有資本を絶えず機能させることである。それは再生産過程においてはじめて可能であり，固定化し継続することによってはじめて所有資本を絶えず機能させることができ，価値増殖を可能ならしめるからである。理由の如何を問わず，遊休化は不妊の貨幣，死重を意味するからである。いまや彼は一般市民としての個人ではなく，その欲望は個人的な致富欲ではないのである。彼は資本人格の株主であり，彼の魂は資本そのものの魂である。彼の所有する資本＝投下資本は他の用途に使用することは許されないのである。だが，株式会社は価値増殖のための，結合資本の資本機能を何ら損なうことなく，各々の株主の「個人的致富欲」さえをも同時に解決したのである。

4 出資払戻の可否と実質的所有(3)——結合資本の所有問題②

さらに，資本の本質規定からいえば，出資者の投資した資本は，元来，自己資本である。つまり，貸付資本とは本質的に異なり，回収を前提として投資が行われるわけではない。それは回収を前提としないものであり，企業と運命を共にする性質のものである。各々の事情によって，差し当たり，遊離・遊休化を余儀なくされている貨幣および貨幣資本だったのである。彼ら自身の投資目的のためには，事情はともかく，その多くはいまだ「小額」ゆえにか，動員・投資条件を充たし得ておらず，一時的遊休・休息状態に在るものである。そうである限り，彼らの所有する貨幣は資本としては機能しておらず，不妊の貨幣であり，資本家たる彼の欲望をまったく充たしえていないのである。株式会社における資本の動員はそれらの遊休貨幣および貨幣資本が直接的・間接的な対象となる。つまり，遊離・遊休状態にある貨幣および貨幣資本を自己資本として事業資金化するということであり，その実現は同時に資本所有・資本機能の復権・回復でなければならない。それは，結合資本の一構成要素となるいま一

つの条件であるし，結合資本化——共同作業——を通じてはじめて可能となるものである。

　資本の流動化メカニズム——資本所有の株式資本所有への転化——の確立段階では，株式会社の結合資本は株式資本に転化し，擬制資本化される。所有と機能とは制度的に分離し自立化する。一方では結合資本＝株式資本として，他方ではそれを介して結合資本＝現実資本として現れる。株式資本は機能を切り離した所有としての資本であり，現実資本は所有から解放された機能としての資本である。この両者はいずれも結合・共同形態を特徴とする。前者は結合所有，共同所有であり，その所有は株主総会を形成する。共同所有＝株主総会所有であり，その所有意思すなわち企業の経営・管理・組織に関する基本方針の実現のためには，出資者がつくった社団としての会社に法人格を付与し，人格上の個々人から会社法人に所有を法形式上，移し，単一の所有主体としたうえで，機能との結合を実現し統一的に運用することを可能にしたのである。それが生きた自然人に擬して法人格を付与された「会社それ自体」であり，それを媒介環として所有（株主総会）は機能（重役・取締役）との統一を可能にするのである。かくして，所有と機能との制度上の分離は株式会社においては株主総会＝所有と重役・取締役会＝機能とを内部機構として統一し，一体的運用を可能にしたのである。所有と機能との分離に基づく再統一であり，所有による機能の支配であり，株式資本による現実資本の支配である。資本制的生産における私的所有＝資本所有の貫徹である。かかる「総合的」な結合企業形態が株式会社である。つまり株式会社の制度的確立である。

　ところで，上記の如く社会的に散在している遊離・遊休貨幣および貨幣資本は信用・銀行制度の一定の発展段階では，そのすべてが利子生み資本化による銀行預金の形態で信用・銀行制度のもとに集合・集積されている。各個人は利子生み預金者として貨幣および貨幣資本の所有者である。預金者と銀行との関係→債権・債務関係→所有と機能の分離である。債権者としての預金者の位置づけである。預金者である貨幣および貨幣資本の所有者と株主とは本質的に異なる。結合資本の一構成要素＝その人格化としての株主は資本所有の株式証券化によって資本所有（機能を包摂）を株式所有＝株主権という形式に転化したのであり，貨幣資本の多寡に拘わらず，その所有者としては自己資本としての

資本の投下可能性を付与されており，株主としては配当収益を得ながら，しかも同時に，投下資本は証券化し随時回収可能性を付与されているという存在である。株主は必要に応じて随時に証券市場で株式を売却して投下資本（の一部）を回収し併せて売買差益を手に入れることができる。しかし元来株主の一般的動機は配当の取得にある。配当の継続的・安定的取得であり，そのより大なる配当への期待である。そのためには，なによりも，株主の地位を継続的・安定的に確保することであり，出来れば増資にも積極的に対応できることが望ましいであろう（もちろんそうはいかない株主も多数存在するだろうが……）。

　産業資本の株式資本への転化，株式資本の擬制資本への転化を媒介する投下資本の随時回収可能性の付与は，資本所有の最高次元の形態であり，自己資本概念の理論的展開である。北原氏の所説にはこうした資本の論理——資本の株式資本への転化の論理——がほとんどみられない。資本所有の株式資本所有への転化——所有の証券化——の論理段階での，所有としての資本の株式資本への転化とその人格化としての株主の所有が結合資本＝現実資本には直接関わりを持たない性質のものであること，それは所有としての資本＝株式資本との関係に転化すること，結合・共同所有との関係においては株主はその構成メンバーとして出資額に応じた持株数に相応しい大きさの人格で参加すると同時に，各個の自立した運動主体としては証券市場における所有運動 $A-G_2-A$ に，配当 $G-A-G'$ を目的として直接的に関わることである。それが所有としての個々の資本の運動であり，そういう意味での利潤＝配当の追求であり，したがってそれは継続的・循環的でなければならない。しかしこの所有運動は株式資本の擬制資本化であり，擬制資本化した株式資本の循環的な流通運動である。それは純粋に擬制的であるが，この擬制資本形成の基準は現実に分配される配当であり，その源泉は再生産過程における現実資本の機能過程を通じて産出される剰余価値・利潤である。現実資本に対する株主の所有関係が本質的にはなんら変わっていないことを示している。北原氏の見解は現象形態に囚われた逆立ちした観念であるといわざるをえない。

　株式会社においては予め予測利潤が算定され，それを一般的利子率（配当率の利子率化）で資本化して擬制資本が設定されることになる。結合資本の株式資本への転化，その擬制資本化であり，したがって名目価値である株式資本

(額面総額)とその擬制化である「株式」資本(株価総額)とは一致しない。その差額が創業者利得を形成するが,株式資本が名目価値から乖離して擬制資本＝株価総額に等しく設定されると,株式資本(額面総額)と擬制資本(株価総額)とははじめから等しい関係にあるということになる。株式会社・証券市場の確立段階では後者の資本関係が支配的・一般的な形態をとって現れているのである。続いて北原氏は,②「会社の意思決定や企業管理に対する出資者の反映可能性」,つまり株主総会と株主の経営参加について次のように述べている。

II　株主総会と株主の経営参加→株主の実質的所有(権)の喪失

「さらにまた,会社の意思決定への参加については,……次の点をも考慮すべきである。株主には,配当取得を目的とするもの,経営参加を目的とするもの,投機利得の取得を目的とするものなど,種々の株主があり,すべての株主が会社の意思決定・業務担当の意欲をもっているわけではない。……大多数の株主はこのように会社の意思決定への間接的参加にさえ無関心となり,配当の取得や株価の変動による利得の取得を目的とする存在となる。従来の通説では,このような多数小株主の『無機能資本家化』を,過半数の株式所有やある程度の株式所有にもとづいて株主総会の議決権の過半数を制することのできる支配株主の存在から説明している。しかし,たとえそのような存在がないとしても,たとえば株式の分散が極度に進んだ状況下では,あまりにも低率の株式しかもっていない株主は一般的に,会社の意思決定への参加意欲を失うのである。もちろん,このような株主も,委任状合戦によって支配権争奪戦が熾烈なばあい,あるいは無法経営担当者の追放のための結束が生じるばあいなどには,株主総会への参加意欲を強めることは認められるが,しかし,これらは特殊の条件のもとであって,一般的には,株主総会の議決を通じて会社の意思決定へ参加しようという意欲をほとんどもっていないといえる。」(14)

北原氏は「株式の分散が極度に進んだ状況下では,……株主は一般的に,会社の意思決定への参加意欲を失うのである」と述べている。が,その一方では「このような株主も,委任状合戦によって支配権争奪戦が熾烈なばあい,あるいは無法経営担当者の追放のための結束が生じるばあいなどには,株主総会へ

の参加意欲を強めることは認められる」と述べている。それは株式の極度に分散化した巨大企業における支配をめぐる株主間の競争を意味するものであり，支配集中機能の展開である。ここでは支配集団の形成・存在が前提とされている。しかし，北原勇氏は「これらは特殊の条件のもとであって，一般的には……意欲をほとんどもっていない」と主張されている。特殊な条件下である，といわれるが，むしろ平時には一般的に個々の株主の意思行為は顕在化しない。全所有の共同行為に包摂され潜在化しているからである。我が身に火の粉が降り懸かるときには，潜在化した所有の意思行為は顕在化することになる。所有の実体－実質には本質的な変化はないからである。

　しかしこの北原氏の見解は「会社それ自体」の株主からの独立とは相容れないであろう。株主が「会社の意思決定への参加意欲を失う」ということは，株主の所有の実質の喪失であり，その反面「会社それ自体」の所有の実質化であり，株主からの自立・独立を意味する。つまり株主は無機能化し，株主総会は形骸化し，会社とは外部の第三者とまったく同様の存在になる。北原説である[15]。ところが，「委任状合戦による支配権争奪戦」や「無法経営担当者の追放」などのばあいには，「株主総会への参加意欲を強める」といわれる。つまり，無機能化した株主は所有の実質を回復し，形骸化した株主総会は共同所有の実質を取り戻すというわけである。

　しかし株主の喪失した所有の実質はすべて「会社それ自体」の所有の実質に転化し，その「所有－支配」主体の実質的基礎となっており，取り戻すことはできないはずである。いまや「株主－株主総会」は外部の第三者とまったく同様の存在になっており，会社内の支配権争奪戦や無法経営担当者の追放などに主体的に関わりをもつ存在ではないはずである。にもかかわらず，「参加意欲を強める」とは何故か。それは株主の実質的所有の喪失がその反面「会社それ自体」の所有の実質に転化するのではないことを意味する。つまり，所有の実質の喪失は株主と「会社それ自体」の「実質」をめぐる争奪戦の結果ではなく，会社支配をめぐる株主間の競争，支配＝被支配関係の結果するものである。したがって，この関係においては全株主による「共同所有自体」の「実質の喪失」は生じえないのである。

　株式会社にあっては，結合資本＝株式資本は所有資本として出資額に応じた

持分に分割・証券化され，株式市場において擬制資本に転化──株式資本の擬制資本への転化──されており，各個の株主はその持株数にふさわしい大きさの人格として株主総会の構成メンバーである。株主総会は個々の所有主体を構成要素とする全構成員所有＝共同所有である。その所有意思は全株主の所有意思，したがって会社意思である。それが株主総会の所有意思の決定原理であり，会社意思の基本原理である。各個の所有意思は所有の多寡にかかわらず，この原理・原則を媒介してはじめて自己の所有意思を「反映」できるのである。それは株式の平等性＝一株一票の多数株議決制に基づく完全な株式民主主義であり，個別所有それ自体に異存はない。全構成員意思＝共同所有意思は元来個別分散的集合であり，競争的である。だからこそ，単一的な共同所有意思は合意に基づく統一意思を不可避なものとする。株主総会の所有意思の形成はその要請に応えるものである。

　株式民主主義は一株一票の多数株議決制による合意の形成である。したがって，それは多数株所有者＝大株主の所有意思の反映を必然化せしめる。むしろそれを予定した制度である。一般株主は圧倒的多数であり，多数株所有者＝大株主はごく少数である。したがって，多数株所有者の意思の反映はごく少数の大株主の意思の反映，つまり支配のことである。株主総会の所有意思の決定においてはその支配は必然的である。肝要なのはその所有意思が会社の経営・管理・組織に関する基本方針であり，それが株主総会を構成する個々の所有意思を止揚した全体意思であり，会社それ自体の所有意思であるということである。それが株主による所有の実質的内容である。会社法人は株主総会の所有意思＝全体意思を自己の意思として体現し，それを形式的に表現する。その意思＝基本方針に基づいて重役・取締役会の機能意思が決定される。すなわち，株主総会の所有意思（会社の基本方針，取締役の任免，その他の重要事項）→〈会社意思〉の形成である。この〈会社意思〉に基づき，それを具体化するための機能意思（基本方針・重要戦略）が決定され，企業の全活動・全行程が取締役の指揮・管理・統制において実行されていくのである。これが論理的な筋道である。肝要なことは重役・取締役会の機能意思は全株主の所有意思＝株主総会の意思から「完全に自立した独自的なもの」ではありえないということである。

Ⅲ　企業利益の分配と株主の実質的所有の喪失

1　企業利益と株主の実質的所有の喪失

　北原氏は企業利益の取得形式の面からみても株主の所有（権）が実質を喪失している，と次のように述べている。

　「最後に，企業利益の取得の面からみても，株主の所有（権）は十分なる実質をそなえていない。個人企業における資本家は利潤の全額をわがものとして取得し，合名会社・合資会社の出資者は企業利益全額を出資比率に応じて配分し自分達のものとする。これに対し，株式会社の企業利益は法的形式上は，まず企業資産の直接的な所有者たる会社のものとなった上で株主総会の議決に従って配分されることとなっているが，この形式のなかにはすでに企業利益の全部が配当として株主に配分されない可能性――その一部が内部留保その他へ回される可能性――が含まれている点，注意しなければならない。前述したように，配当は株式の数に比例して平等に配分される原則となってはいるが，しかしここでは企業利益すべてが出資＝株式割合に比例して自動的に株主のものとなるのではないという点が肝要である。」[16]

　北原氏は「ここでは企業利益はすべてが出資＝株式割合に比例して自動的に株主のものとなるのではないという点が肝要である」といわれる。すなわち「企業利益の一部が内部留保，その他へ回され，したがってその全部が配当として株主に配当されない可能性がある」というわけである。北原氏は，そのことが直ちに株主所有の実質の喪失に当たり，その喪失部分が「会社それ自体」の法形式の実質化を意味するものである，と把握されている。しかしそうだろうか。まず前提として肝要なことは「株主総会の議決に従って配分される」という株主の所有意思＝株主総会の所有意思に基づくものであるという点である。したがってそこに支配的大株主または支配的株主集団が存在すれば，北原氏自身の指摘されるように，支配的大株主は「会社資産・現実資本の全体を，株主総会・取締役会の支配を通じて，事実上占有・使用することができる」であろう。

　「この『支配的大株主』が……会社の意思決定，企業活動の支配を完全に自

己の意思のもとにおき，会社資産・現実資本の100%の占有・使用の権利を行使している」ということになる。すなわち「他の諸株主の出資金も，自己の出資金もともに，会社資産＝現実資本として株主から独立した存在」となっているが，しかし「かかる存在となった会社資産・現実資本の全体を，株主総会・取締役会の支配を通じて，事実上占有・使用することができるのである。」すなわち，北原氏の所説に従ってみても，それは所有による機能の支配であり，株主による会社資産の支配である。株主の所有（権）の本質には何ら変化はないのである。さてここでは，利益配当についてその一部が企業内部への蓄積に向けられるとして，それが株主の実質的所有の一部喪失を意味するといわれるが，しかし，それが直ちに株主の実質的所有の喪失→「会社それ自体」の法形式の実質化という，いわば一方のマイナスが他方のプラスとなり，差し引きゼロとなるといった関係の成立に導くものではない。その場合でも，支配大株主あるいは支配株主集団の支配のもとでの蓄積を意味するものであること，したがって彼らは株主総会→〈会社それ自体〉→取締役会を通じてその蓄積部分を含めて「会社それ自体」の全資産・現実資本を完全に支配下におき，それを事実上，否，合法的に占有・使用することが可能になるのである。また同時に，そのことは会社の経営・管理・組織等の基盤維持・強化を促すと共に，一般投資家・貨幣資本家からの資本集中の安定した基盤整備としても重要である。それもまた同時に支配大株主あるいは支配株主集団の支配に組み込まれ，その基盤を強化するものとなるであろう。

　株式会社が永続的運動体であることの条件は，株式会社が他の諸企業形態と根本的に異なるという点にある。「法形式の所有の実質化」の論理も株式会社ではない，それとは資本形態を異にする他企業との単純な比較は共通の評価基準を無視した論理の飛躍以外のなにものでもないであろう。株式会社は個人企業，合資・合名会社には不可能な価値増殖諸条件——株式会社の基本的性格——を具備しており，それらを特質とする結合企業形態であるからである。その基本的なものが資本の二重化とそれに対応した所有の二重化であり，それに基づく等額株券制，有限責任制であり，株主総会（所有）と重役・取締役会（機能）等の法制度であり，それらを構成諸要素とする総合的な社会的・経済的機構である。しかし北原氏にはこうした観点からの分析的把握は見られない。

続いて氏は次のように述べている。上述の「注意すべき論点」を指摘されたうえで,「法的形式としての所有とその実質化」において株主の実質的所有の喪失・形骸化を次のように主張される。

2 残余財産の分配権と株主の実質的所有

「『会社事業から生ずる利益が窮極において社員に分配される仕組みになっているのでなければならない』という会社一般の法的理念が株式会社で必ず実現されるという保証はむしろない。この面からみても，株主の所有（権）は完全な実質をそなえているとはいいがたいのである。なお会社の内部留保は企業資産を形成するので，株主が残余財産分配請求権をもつ以上株主の所有と同義だという見解もあるが，株式会社が永続的運動体であることを原則とする点からすれば，会社の解散時において問題となるような残余財産分配に対する請求権は有名無実であり，この方こそが形式以外の何ものでもない(20)。」

なんとも強引な主張である。「永続的運動体」→「株主の残余財産分配請求権」は，解散時の残余財産分配のことであるから，そのようなものは有名無実であり，したがって，形式以外のなにものでもないといわれる。これでは議論の余地を認めない一方的結論である。北原氏はその理由として「株式会社が永続的企業体を原則とする」からだ，といわれる。つまり，そのような株式会社の破産や解散は考えられえないから，「解散時の残余財産の分配は有名無実であり，この方こそが形式以外の何ものでもない」と主張されたのである。しかしそれは論理的にも飛躍しており，歴史的現実からも完全に破綻していることが証明されるであろう。論理的には，では何故に株主に「残余財産分配権」が付与されているか，説明できないであろう。また，とくに歴史的には1973年のIMF体制崩壊後の現代資本主義に限ってみてもあらゆる産業・金融諸部面においてどれだけ多くの巨大企業――いわゆるゴーイング・コンサーン＝永続的企業体――が解散・破綻，吸収・合併，統合等に追い込まれ，そのたびごとに残余財産の整理・処分を余儀なくされてきたか。厳然たる事実である。残余財産の処分権の把握は株主所有権の実体が企業の所有であるという・その本質に変化のないことの証である。北原氏が「永続的（不滅的）」故に残余財産の処分権は「有名無実であり，……形式以外の何ものでもない」という，ゴーイ

ング・コンサーンを代表する巨大株式会社企業の破綻の事例について，第3章附論「株式会社と残余財産の分配・処分権」を参照されたい。肝要なのは内部留保の蓄積部分はもちろんのこと，会社財産＝企業資産は最終的には株主の所有物であるという点である。

「所有」の本質は，資本の所有であり，資本所有の証券化によって資本の所有は株式証券の所有に転化した。株式証券の所有の実体は価値増殖体としての企業の所有である。その所有の実質性は「会社資産」が株主の出資＝所有に基づくものであり，加えて内部留保による資産の形成も株主総会＝株主の全体意思の承認を得て実現したものであり，また「窮極における利益の分配」＝「会社の解散」・「残余財産の配分」に関する一切の権利も株主の所有（権）に属するものである，という点である。この所有の形式と実体―実質こそは，永続的運動体としての資本の所有内容の実質性を基本的に規定するものといわざるをえない。繰り返すが，先の北原氏の見解は論理性を否定する強引な議論である。残余財産の処分権の存在意義そのものを否定するものである。所有の確認にとって財産の最終処理権＝会社の解散・残余財産の処分が誰に帰属するかは所有の実質性を規定する所有権の実体とその本質そのものに関わる事柄であり，決定的な重要性をもつ。しかしこの理論的立場を容認すれば，これまでの北原氏の所説は破綻せざるをえないだけでなく，次の北原氏の見解：「Ⅳ 法形式としての所有の実質化と独立性」もまた成立しなくなるであろう。

Ⅳ 法形式としての所有の実質化と独立性

1 法形式の「絶対性」と擬制性

「まず何よりも，株式会社における企業資産が，株主の意思による出資引揚げ，他の用途への転用を完全に封殺することによって，一つの独立した資産となり，そのかぎりで株主の意思の完全支配下からはなれたものとなっているという点が肝要である。そしてこの株主の所有から欠落した実質は，他の誰にでもなく，法形式上の企業資産の直接的所有者たる会社自体に移る以外にない。他の共同所有企業とは違って，株式会社においてのみ，会社自体が，外部の第三者に対しても内部構成員たる株主に対しても，強い独立性をもった一個の主

体的存在たりうるのは，法形式によって所有主体として認められているにとどまらず，その形式に今述べたような一定の実質がふくまれているからにほかならない。」[21]

　北原氏の所説である。が，ここでは法形式の「絶対性」が強調され，そのうえに「一定の実質化」が加えられ，所有主体としての「会社それ自体」が株主に対し外部の第三者に対してとまったく同様に強い独立性をもった存在となると主張されているのである。株式会社の資本構造に関する北原氏の理解には根本的な難点があるように思われる。既述の如く株式会社における資本の所有が株式資本の所有に転化するということ，資本所有者として株主はその人格化として株式資本＝株式の所有者であるということである。つまり株式会社における資本の所有者＝所有資本家は会社資本の出資者であるが，資本の株式資本への転化によって株式資本の所有者，つまり株主であるということである。しかし株式資本は所有としての資本であり，機能としての資本＝現実資本から切り離され，制度的に分離し自立した独自の存在様式＝独自の運動態様を獲得している。株主の所有はかかる「所有の証券化」に基づいて直接的には機能としての資本＝現実資本から切り離されて所有としての資本＝株式資本との関係に転化されている。他方，機能は所有から切り離され，解放されることによって，所有－支配とは直接関係しない単なる機能としての資本＝現実資本に転化し，その人格化としての機能資本家も単なる機能者に転化した形態で現れる。

　株式会社における所有と機能との制度的分離の外化は，証券市場における所有としての資本＝株式資本の擬制資本化，擬制資本としての株式資本の循環的な流通運動の展開――各個の株主には利子生み資本の運動として現れる――に対応したものである。この関係に基づいて株式会社における所有＝株主総会と機能＝重役・取締役会との内的結合による統一的運用が確立する。

　既述の如く，株式会社の資本＝結合資本は株式資本に転化され，出資者の社団である会社には法人格を付与され，会社法人が成立するが，法形式上，所有は個々人から法人としての会社に移され，会社法人＝「会社それ自体」が単一所有主体となり，会社資産＝現実資本の直接的・形式的所有者となる。「会社それ自体」は自立化し，株主から独立した形態として現象する。この現象形態は客観的な事実関係に基づく必然性であるが，それはあくまでも法形式であり，

擬制であり，逆立ちした現象形態である。

　結合資本が株式資本に転化したからといって，結合資本それ自体が消えてなくなったわけではない。それは，一方では名目価値としての株式資本に転化されたということであり，また同時に，他方では，その実体をなす現実資本に転化されているということである。だからこそ，株式会社においては資本は二重化し，それに対応して所有も二重化して現れているのである。所有としての資本＝株式資本と機能としての資本＝現実資本とへの分離である。つまり「所有と機能との分離」である。機能から分離された所有は現実資本から分離した株式資本の所有を表す。つまり「資本所有の株式資本所有への転化」である。この株式資本は株式会社の総資本を表すが，それは拠出資本家＝出資者の自己資本からなる結合資本の転化したものであり，等額額面制・有限責任制の下での額面総額を表し，それに応じて各個の出資者＝拠出者は出資額に応じて持分に分割・証券化された株式資本の所有者となり，株主となる。その株式の人格化としての株主は持株数に相応しい大きさの人格として現れるのである。かかる所有＝株主所有のすべてを構成要素とするのが株主総会であり，したがって，その所有意思は合意の形成を通じてはじめて可能となる。その所有意思は機能と結合してはじめて実践的・具体的なものとなる。かくして資本機能の過程が措定される。しかしこの機能は所有とは切り離され，分離された存在様式を構築している。資本機能の全運動が $G-W<^{Pm}_{A} \cdots P-W'-G'$ であり，この全機能過程の担い手として重役・取締役（会）が任命されているのである。しかしこの両者は媒介環なしに直接結合することはできない。

　以前（元来）は所有と機能とは合一・合体し所有それ自体のうちに包含されていたものであるが，株式会社にあっては，所有は機能を分離し機能は所有から解放されることによって，各々は自立化し独自の運動態様を定立せしめ，資本と所有の二重構造化に基づく株式会社の蓄積様式の永続的展開を可能にしているのである。しかしそれは結合資本に対する出資者＝株主の所有を既述の如く会社法人＝「会社それ自体」に法形式上，移し，「会社自体」を単一の所有主体としてみなすという，擬制を媒介環として成立するものである。この法形式としての「会社それ自体」を媒介することによって所有と機能との結合＝再統一が可能となるのである。この法形式上の結合＝統一のもとに株主の所有権

の展開形態として会社機関，すなわち所有の意思決定の機関として株主総会が，機能意思の決定・執行機関として取締役会がが設けられているというわけである。株主の所有意思→株主総会意思（全所有意思）→〈会社意思〉→取締役会（全機能意思）となるのである。ここではこの点の指摘にとどめておく。が，こうした観点からでさえ，次の北原氏の見解には根本的な面で難点がある。

「株主による出資払戻し＝会社資産・現実資本の引上げを廃絶することによって，株式会社の企業資産は，株主の意向のいかんにかかわらず，また出資者の交替がどう行われようとも一切の影響をうけない。独立の，そして分裂したり一部脱落したりすることのない完全に一つに融合した資産のかたまりとなるし，会社はかかる資産を永久に自己のものとし，資本として占有・止揚する一つの独立した所有主体となっているのである。会社資産は各株主の出資によって形成されたものではあるが，株主の完全所有下からはなれて一定の独立性を獲得し，この関係を基盤として，会社自体も株主からの一定の独立性を獲得するのである。」(22)

ここでは「法形式の絶対性」が強調され，そのうえにその「実質の重要性」が指摘されている。この論理段階では「株主の実質的所有の喪失」と，その反面としての「会社それ自体」による「法形式としての所有の実質化」が直接的な対応関係——綱引き——において説かれてはいない。法形式そのものから会社資本が株主から一定の独立性を獲得すると主張されているのであるが，むしろ内容的には「一定の独立性」ではなく，「完全な独立性」を獲得していると主張されているように思われる。すなわち「株式会社の企業資産は，株主の意向のいかんにかかわらず……一切の影響をうけない。独立の……完全に一つに融合した資産のかたまりとなるし，会社はかかる資産を永久に自己のものとし，資本として占有・止揚する一つの独立した所有主体となっている」(23)と述べているからである。その内容はまさに株主からの「完全な独立」である。しかしここでは「一定の独立性」というところに意味があるのである。なぜなら会社資本の株主からの独立を説明するのは法形式だけでは十分ではない。北原氏にあっては株主の実質的所有の喪失，その反面としての法形式としての所有の実質化こそが，主要な観点として重点的に説く必要があるからである。この点は第4章第2節で取り上げる。

2　法形式と実質の一体化および独立性

「企業資産がこのように株主の完全支配下からはなれ，そのかぎりで実質的にも会社自体の支配下に入るということは，一つには，資本分裂を阻止すること，二つには資産の資本以外の用途への転用を阻むこと，をふくんでいた。このことは，株式会社という企業形態が，固定資本の厖大化した生産力段階にふさわしい大規模かつ継続的な生産活動を遂行する結合資本をつくりだしたことを意味すると同時に，この結合資本の所有主体たる株式会社が，個人企業家や合名会社・合資会社よりも，資本家としてより完成度の高いものとなることを意味する。資産を私的消費にあてる可能性をまったく閉ざし，ただひたすらに価値増殖のために資産を資本として運動させることに専念する，あるいは専念せざるを得ない株式会社は，そのかぎりにおいてまず，『資本の人格化としての資本家』らしい資本家であるといえよう[24]。」

北原氏の所説である。が，ここでは，資本の人格化としての生きた自然人は完全に消え去っており，法形式上，自然人に擬制し法人格を付与された会社法人がいまや法形式的存在であるだけでなく完全な実質的存在として「個人企業家や合名・合資会社よりも資本家としてより完成度の高いもの」，「資本の人格化としての資本家らしい『資本家』」という新たな形態規定を付与されることになる。

ここで問われているのは何だろうか。それは一言でいって資本の論理であり，産業資本の株式資本への転化——資本所有の株式資本所有への転化——としての株式資本の人格化，肉体に精神を宿す個人としてではなく株式資本の人格化——出資額に応じた持分に相応しい大きさの人格化——としての株主，そうした資本の人格で株主総会に出席し全所有・共同所有の意思決定に加わるものとしての株主……の問題である。またそれは，産業資本＝結合資本の株式資本への転化に伴う所有の株式証券化によって結合資本に対する出資者＝株主の所有＝共同所有がその構成メンバーたる各個の出資者から，法形式上，会社法人に移され，法人が単一の所有主体となるという，資本の所有と支配をめぐる法形式上の擬制的所有と結合資本＝現実資本の出資者たる株主の実質的所有との関係性についてである。そこでまず確認されるべき事柄の一つとして資本（株式）の人格化としての，株主相互間の競争である。それは，各株主が所有資本

額＝所有株式数に応じて議決に参加する権利を行使し，それをもって展開される株式会社支配をめぐる競争，権力闘争についてである。留意すべきことであるが，それは，各個の株主の私的・個人的致富欲で株主心理の有様が問題視され，そこから会社の意思決定への参加の意義が論じられるべき性質のものではないという点である。

　資本の論理こそが資本所有者の意思と意識であり，その行動原理であり，決定原理である。各個の株主は結合資本の所有者ではない。部分的所有者であり，株式所有額＝所有株数に応じて議決に参加する権利を持つにすぎない。それは一人一票ではなく一株一票である。この株式の平等性＝同等性を原則とする資本所有の民主主義つまり株式民主主義こそは，多数株議決制を必然的形式たらしめるものである。多数の個人資本の出資・結合によって成立する資本の所有形態としては最高次元の形態であり，どの一株も他の一株と対等・平等であることを原則とする。資本の論理の最高次元における貫徹形態である。したがって，株主は肉体に精神を宿す個人としてではなく資本所有を逆立ちして体現する株式の人格化として，しかも所有株式にふさわしい大きさの人格で株主総会に出席し議決に加わるのである[25]。いわゆる株主の共同組織体における徹底した民主主義の制度であり，競争原理である。多数株議決制という資本所有の民主主義は，しかし株主総会の議決で多数を占めることのできる株式数の所有者，つまり総会を支配することのできる株主……の出現を許す。というよりは，むしろ，多数株議決制＝資本所有の民主主義は，全構成員所有の合意形成に基づく全所有＝全株主の意思決定，つまり全体意思の形成であり，それが部分的所有者にすぎない支配的株主の所有意思になることを予定しているというべきであろう。

　結合資本の所有者は全出資者＝全株主であり，その所有意思の過程は各個の株主所有→株主総会＝全所有構成，株主総会→資本所有の民主主義＝株式民主主義・多数株議決制→部分的所有者である支配的株主の意思→株主総会の議決・全所有・共同所有者の意思の決定→〈会社意思〉……→取締役（機能）ということになるだろう。したがって，その意思決定（支配的株主の意思）は資本所有者の全体意思＝会社の意思になる。北原氏の所説すなわち「会社はかかる資産〔会社資産＝現実資本〕を永久に自己のものとし，資本として占有・使

用する一つの独立した所有主体となっている」ということ，また「会社それ自体」は「強い独立性をもった一個の主体的存在たりうる」ということ，あるいは「『会社それ自体』は企業資産の形式上の直接的支配者たるに止まらず……実質的な所有主体であり，企業活動にたいする支配主体でもある」ということ，が，いかに逆立ちしたものであるか，容易に理解できるであろう。

（1）　北原勇『前掲書』95頁。
（2）　同上，96頁。
（3）　同上。
（4）　富山康吉『前掲書』116頁。
（5）　北原勇『前掲書』96-97頁（但し符号①②③——引用者）
（6）　同上，97頁。
（7）　同上。
（8）　Das Kapital, Ⅲ, S.384. 訳, 464頁。
（9）　北原勇『前掲書』97頁。
（10）　同上。
（11）　同上，97-98頁。
（12）　同上，98頁。
（13）　Das Kapital, Ⅲ, S.384. 訳, 464頁。

『資本論』第1巻第22章第3節においてマルクスは，資本家は人格化された資本である限りにおいてのみ一つの歴史的価値を有する」と次のように論じている。

「資本家は，ただ人格化された資本である限りでのみ，一つの歴史的な価値と歴史的な存在権……を有する。……ただその限りでのみ，彼自身の一時的な必然性は資本主義的生産様式の一時的な必然性のうちに含まれている。しかしまたその限りでは，使用価値と享楽ではなく，交換価値とその増殖とが彼の推進的動機である。価値増殖の狂信者として，彼は容赦なく人類に生産のための生産を強制し，したがってまた社会的生産諸力の発展を強制し，各個人の自由な発展を根本原理とするより高度な社会形態の唯一の現実的基礎となりうる物質的生産諸条件の創造を強制する。ただ資本の人格化としてのみ，資本家は尊重される。彼は貨幣蓄蔵者と同様に絶対的致富欲を持っている。だが貨幣蓄蔵者の場合に個人的狂気として現れるものは，資本家の場合には社会的機構の作用であって，この機構のなかでは彼は一個の動輪でしかないのである。そのうえに，資本主義的生産の発展は一つの産業企業に投ぜられる資本の不断の増大を必然化せしめ，競争

は各個の資本家に資本主義的生産様式の内在的な諸法則を外的な強制法則として押しつける。競争は資本家に自分の資本を維持するために絶えずそれを拡大することを強制するのであり，彼はただ累進的蓄積によってのみそれを拡大することができるのである。したがって，彼のあらゆる行動が彼において意志と意識とを付与された資本の機能にすぎない限り，彼自身の私的消費は，彼にとって彼の資本の蓄積からの盗掠を意味する……。」
（*Das Kapital*, I, S.618-619. 訳, 771-772頁。）

(14) 北原勇『前掲書』98-99頁。

　　北原氏は概ね次のように述べている。すなわち，株式の分散が極度に進んだ状況下では，株主は一般的に，会社の意思決定への参加意欲を失うのである。株主総会は形骸化する。株主の所有の実質は失われ，その失われた実質は大株主ではなく会社それ自体の手に移る。「会社それ自体」による所有の実質化であり，株主からの独立である（同，98-107頁）。巨大企業からは所有に基づく支配者は姿を消し，それに当たる存在は「会社それ自体」である（同，232頁）。「会社それ自体」は実質的所有主体であり，所有に基づく支配主体であり，その代行として経営者が登場する。北原説である。だが一方では，このような株主も，委任状合戦によって支配権争奪戦が熾烈なばあい，あるいは無法経営担当者の追放のための結束が生じるばあいなどには，株主総会への参加意欲を強める（同，98-99頁），と述べている。

　　そうだとすれば，株主から独立し解放された存在であって，文字通り，単一の「所有―支配」主体である「会社それ自体」において，会社の支配権をめぐる争奪戦が株主間で展開されうるだろうか。「会社それ自体」の論理に従えば，ありえないことである。あるとすれば，せいぜい「会社それ自体」の支配を代行する経営管理組織内部おける経営管理者相互の利害の対立にすぎないであろう。論理の破綻は明白である。

(15) 同上，107頁。
(16) 同上，99頁。
(17) 同上，104頁。
(18) 同上，104頁。
(19) 同上，104-105頁。
(20) 同上，99頁。
(21) 同上，100頁。
(22) 同上。
(23) 同上。
(24) 同上，101頁。

(25) 荒井正夫『金融論』中央大学生協出版局，1995年，136頁。
(26) 北原勇『前掲書』100頁（および17-18，118-122頁）
(27) 同上。
(28) 同上，121頁。

附論：株式会社と残余財産の分配・処分権について

　上述の「ゴーイング・コンサーン」である巨大企業と株主の所有権の一つである残余財産の処分権に関する北原氏の見解，すなわち，「株式会社は永続的運動体であることを原則とする」から，「株主の残余財産分配に対する請求権は有名無実であり，この方こそが形式以外の何ものでもない」は，議論の対象にさえなりえない「強引な主張」である，と述べたが，その根拠となるごく最近の具体的事例を2，3あげてみよう。

　1990年代後半以降，銀行・金融諸分野の大企業体制と産業諸分野の大規模な再編が進行した。前者は六大都市銀行が三メガバンクに統合され，信託・生保・損保・証券の各分野において大勢として三メガバンクへの統合の流れに沿った再編が進展し，結果として三メガバンクを中核とする三つのフィナンシャルグループにまとめ上げられることになった（鈴木健「2000年代，日本の大企業体制の変容」『経済』No.178. 2010.7を参照されたい）。ここでは，金融諸分野の事例は除くが，この破綻あるいは再編に至る過程においては，いずれもゴーイング・コンサーンといわれる巨大金融諸企業をめぐる破綻・崩壊，吸収合併・統合または合同，さらには政府管理下での再生等々……があり，それに伴う破綻処理・残余財産の処分等々が強制的に執行された過程である。ここでは産業諸分野の大企業体制の崩壊・再編の進展過程の事例をあげることにしよう。

　(1) 米国の自動車産業：2009年5月，米国のGM，クライスラー，フォードのビッグスリーの崩壊。三者のうちGM，クライスラーは08年12月の政府の緊急融資を受けたが，両者は09年2月に再び政府に緊急融資（GM166億ドル，クライスラー50億ドル）を要請した。クライスラーは09年4月ついに破産を申請し政府の管理の下に再建を進めることになった。GMもクライスラー同様，破産を申請し政府の国有化の下に再建を進めることになった。また，

GMの再建計画を附論「株式会社と残余財産の分配・処分権について」の最後に記して若干の見解を述べておこう。続いて日本の産業企業の事例を取り上げてみよう。

(2) 日本の自動車産業：1980年代後半以降の「長期不況期」における企業の再編や企業間提携が進展する。「長期不況」下において日産自動車，三菱自動車は経営危機に陥り，単独による企業再建を断念し，外国資本との提携や援助によって生き残りを図った。日産自動車は1999年ルノーからの36.8％の出資を受け入れる。ルノーは筆頭株主となり，事実上の経営権を取得する。02年44.4％に増加。三菱自動車は2000年ダイムラー・クライスラーから34％の出資を受け入れる。ダイムラー・クライスラーによる事実上の経営権の獲得である。日野自動車，ダイハツはトヨタの傘下に入り完全に子会社化された。日野自動車に対するトヨタの持株比率は2000年33.8％，06年50.2％であり，ダイハツに対しては98年51.2％である（鈴木健『六大企業集団の崩壊』新日本出版社，2008年。吉田三千雄『戦後日本重化学工業の構造分析』大月書店，2011年を参考にした）。

(3) 日本工作機械工業：1990年代後半にかけて昌運工作所，丸福鉄工所，滝澤鉄工所など……中規模製造企業の破綻が頻発したし，2000年に突入してからは大規模企業の破綻も顕著となったのである。代表的な例は，日本工作機械工業の歴史そのものであった池貝（鉄工）破綻である。「長期不況」下，受注の減少に抗しきれず，旧日本興業銀行の不良債権処理の一環として結局破綻し，01年2月民事再生法を申請することになった。……肝要なことは70年代後半から必ずしも機械製造について知識をもたない経営者が金融機関から送り込まれ，短期的な経費削減に特化し現場労働者や技術者を尊重しない企業運営がなされたことであろう。また日立精機は「高度成長期」にはタレット旋盤・専用機などにおいて高技術を誇り，財務体質も優良な企業であったが，70年代後半からのNC工作機械への移行にやや乗り遅れ，その後の受注の減少に抗しきれず，主力銀行の意向もあって，02年8月民事再生法を申請し，森精機に事業を譲渡するかたちで破綻した（吉田三千雄『前掲書』103-104頁を参照されたい）。

(4) その他の事例について：

・2006年　ソフトバンクは英ボーダフォン日本法人を買収。
・2006年　阪急と阪神が経営統合，事実上阪急による吸収統合。
・2008年　パナソニックは三洋電機を買収，国内最大の電気メーカー誕生。
・2010年1月　日本航空は会社更生法を申請，会社破綻，銀行団による総額3585億の債権放棄を要請，政府の管理下に再建を図る。

　以上の事例は，いわゆるゴーイング・コンサーンとしての巨大企業または超巨大企業の破綻・倒産または吸収・合併，あるいは再生の事例である。ゴーイング・コンサーンだからといって巨大企業が永久的であるわけではない。その際には，株式所有―支配が顕在化する（以上，鈴木健『前掲書』および吉田三千雄『前掲書』を参考にした）。

表1　GMの再建計画

債権者・株主	債権者	272億ドル	90％削減（240億ドル）し，新株10％（追加買い増権15％）を支払う
	UAW	医療基金の債権 200億ドル	半減し残額100億ドルを新株17.5％（追加買い増権25％で支払う（経営陣に一名）
	米政府	緊急融資 200億ドル	追加融資301億ドル，総額約500億ドルの支援資金に新株60.8％（経営陣任命権）
	カナダ政府 オンタリオ州		支援資金95億ドルに新株11.7％（経営陣選択権）
	資産	不採算事業を継承 不良資産処分	優良資産を継承

　　　　　　　　　↓　　　　　　　　　　↓
　　　　　　　売却・精算　　　　　再上場（10年目標）

表2　GMのリストラ策

05年11月	従業員の9％にあたる約3万人の削減と北米9工場の閉鎖を発表
08年 5月	国内の工場従業員1万9千人の削減を発表
10月	米国の事務系職員5千人をめどに早期退職希望を募る
11月	北米の10組み立て工場で3600人，部品工場などで約1900人の削減を発表

出典：丸山惠也「ビッグスリーの崩壊とトヨタ」（『経済』No.168. 2009.9.）：表2・表3より抜粋。

　北原勇氏は「株式会社が永続的運動体であることを原則とする点からすれば，

会社の解散時において問題となるような残余財産分配に対する請求権は有名無実であり，この方こそが形式以外の何ものでもない」(北原『前掲書』99 頁)と述べている。この見解は「会社の内部留保が企業資産を形成するので，株主が残余財産分配請求権をもつ以上株主の所有と同義だ」という見解を批判したものである。が，いずれにせよ，残余資産の分配・処分に関する株主の権利を有名無実である，と事実上否定したものである。この氏の見解が如何に皮相的であり，誤りであるか，を上記の日本企業の場合はもとより，上掲の事例でも明白であろう。

①「永続的運動体」であるから永久的に不滅である，というわけではないということ，経営破綻・企業崩壊および企業統合・合併は絶えず生じており，そのたびに残余財産の配分・処分が行われているということ，②「株主の所有の実質が完全に空洞化」し，「その失われた実質・力がすべて『会社それ自体』に移転（北原『前掲書』191 頁）し「会社それ自体」の実質的所有になるということはありえないということ，③上掲の事例——超巨大企業の場合——では債権，追加融資の株式証券化による株式取得＝株式所有→所有に基づく大株主（機関株主等）の支配→経営陣の刷新・再編成が計画されているということ，④大株主支配による企業資産の処分として不良資産の売却・精算，優良資産の継承が計画されているということ，この時期には「会社それ自体」の擬制的存在・その転倒性が顕在化するということ，である。

ここでの検討対象ではないが，⑤ GM のリストラ策は労働者に過酷な犠牲を強いるものであるということ，職場は安定し希望がもてるといった，労働者が幻想をもつような，北原氏の指摘される環境ではないということ，である。以上の事柄は GM に特有の現象ではなく，ビッグスリーといわれるフォード，ダイムラー・クライスラーの超巨大企業でも同様の傾向を示しているものである。

第4章　株主による所有と「会社それ自体」による法形式
　　　　──北原勇氏の所説の検討──

I　中心権力の所在の多様性と「会社それ自体」の法形式
　　　　──株主所有と法形式──

1　支配的大株主所有と法形式

　北原氏は「法形式としての所有とその実質化」→「法形式のさまざまな実質的関係の成立」について次のように述べている。
　会社自体による所有が単なる法形式にとどまらず一定の実質をもつものであるという，北原「理論」の基本論理は，以上，本書第3章Ⅳ「法形式としての所有の実質化と独立性」の論述に尽きるといってよいが，続いて氏は，その「法形式としての所有」の実質的内容が如何に増大するかを検討される。すなわち，実質的内容が如何に増大するかはさまざまな条件による。法形式はさまざまな実質的関係の成立を可能にするものであると述べて，その「さまざまな実質的関係の成立の可能性」を「中心権力の所在の多様性」の分析を通じてより具体的に検討されているが，その検討内容は上述の基本論理に根本的難点を抱えていることから，同様に根本的な問題点を指摘せざるをえないものとなっている。
　北原氏は「中心権力の所在の多様性」と「会社それ自体」の法形式の実質化について次のように述べている。長文ではあるが，煩雑を厭わずに分割・提示しよう。すなわち，一方では株主による所有の実質が損なわれ，他方において会社自体による所有が実質をそなえるという問題は，当該株式会社における株式所有の集中・分散の状況いかんによって，かなりの相違をもって現れる。そしてそれが，実質的所有の大部分を独占したり他者と共有するさまざまの主体の成立をもたらすことにもなる。以下三つの類型にわけて各々の特徴をつかむ

ことにしよう。
　支配的大株主——議決権株の過半数を有する——は,「彼以外の株主の持株の集中・分散の状況にまったく関係なしに,株主総会および取締役会に対して,つねに自己の意思どおりの決定をおしつけることができるし,また自分自身あるいはその代弁者を代表取締役や最高経営者の地位に就かせることを通じて当該会社の企業活動全般を直接支配することができる。企業利益の配分にしても,彼は経営者報酬や交際費などの形でその一部を取得できるだけでなく,残余の部分の配当と内部留保とへの分割も,自己の意思どおりに決定することができる。」[1]
　「これに反して『支配的大株主』以外の株主たちは,たとえどんなに意思統一をはかっても株主総会や取締役会で『支配的大株主』の意思に反して自分たちの意思をおし通すことは不可能である。それゆえ,彼らは,会社の意思決定,企業活動への支配からはいっさい排除されることとなり,企業利益の配分においても,『支配的大株主』の意思にしたがって配当を受動的に受けとるだけの存在となる。」[2]
　この場合,かかる「支配的大株主」と「会社それ自体」とはどのような関わりをもつのであろうか。いまや株式会社は法人として一個の独立した所有主体であり,支配主体であり,かつ経営主体・行動主体であるといわれる。しかし支配的大株主が存在する場合には,「会社それ自体」はその実質を失ってしまい,単なる法形式,擬制的存在に戻ってしまい,その失った実質は反転して完全に株主の所有に移ってしまうということだろうか。この場合,多数の中小株主の無機能化・所有の形骸化,つまり所有の実質の喪失部分は一体どこへ移ったのだろうか。既述の如く北原氏は次のように述べている。
　「『支配的大株主』の存在するもとでの多数の分散的な小株主においては,株主による所有の実質が損なわれるという特徴は,いわば極限状況にまで深化している。出資払戻し＝会社資産・現実資本の一部引き上げが不可能であるのはもちろんのこと,株主総会の議決への参加による意思表示の権利,それを通じての企業活動への支配参加の権利も,ここでは有名無実となっており,したがってまた企業利益の取得においても,自分の意思をいっさい反映することなしに,自分の意思から独立して決定された配当を受動的に受けとるのみである。

これらの株主においては，所有は実質的には，自己の意思を反映しない配当を取得する権利のみとなってしまい，所有に本来そなわっている占有・使用の権利も，処分の権利もまったく存在しなくなっているのである。」[3]

彼らの所有の実質は完全に失われているはずである。北原氏によれば，それは「極限状況にまで深化」しているのである。この彼らの「失われた実質」は何処へ行ってしまったのだろうか。「会社それ自体」論ではその部分はすべて法形式の所有の実質化，つまり「会社それ自体」による法形式としての所有の実質化として具体化されるはずである。が，しかしそうではないようである。

北原氏はこれらの株主による所有の実質，つまり，上述の諸権利は，「実質的には彼らのもとから『支配的大株主』のもとへ移っており，このかぎりでは『支配的大株主』の権利は，自己の所有に本来そなわる権利よりはるかに拡大しているのである」と主張される。そうだとすれば「支配的大株主」の存在するもとでは「会社それ自体」の法形式は実質的内容がまったく備わっていない単なる法形式にすぎず，まったくの擬制であるということになるだろう。しかし「会社それ自体」の「法形式の実質化」という北原氏の所説に従えば，このような一般的株主，多くの中小株主による所有の実質の喪失化こそが，法形式としての所有の実質化に転化する決定的要因であったはずである。

しかし北原氏はこの矛盾した論理をどう捉えているのだろうか。氏は次のように述べている。

「この『支配的大株主』が……会社の意思決定，企業活動の支配を完全に自己の意志のもとにおき，会社資産・現実資本の100％の占有・使用の権利を行使しているというばあいでも，その内容は，他の諸株主の出資した資金を直接占有・使用する権利をもっているわけではない。他の諸株主の出資金も，自己の出資金もともに，会社資産・現実資本として株主から独立した存在となっており，かかる存在となった会社資産・現実資本の全体を，株主総会・取締役会の支配を通じて，事実上占有・使用することができるのである。」[4]

ここでは「実質」が強調されるのではなく突然の如く法形式としての「直接占有・使用する権利」が絶対視され，絶対権力者たる支配的株主の支配は「間接的なもの」であり，「他の諸株主の出資した資金を直接占有・使用する権利をもっているわけではない」といわれる。しかし北原氏の立場からすれば，問

題は「法的形式ではなく実質である」はずである。北原氏によれば，ここでは支配的大株主が存在するので，株主の実質的所有と「会社それ自体」の法形式上の所有とが同一平面上において両者による「実質」をめぐる綱引き競争が展開され，後者の優勢の中で前者の実質の喪失化→後者の法形式の実質化が進行し成熟するというわけにはいかない。しかしこの場合でも，重要なことは，支配的株主は「他の諸株主の出資した資金を直接占有・使用する権利をもっているわけではない。」「他の諸株主出資金も，自己の出資金もともに，会社資産・現実資本として株主から独立した存在となっており」，したがって「株主総会・取締役会の支配を通じて間接的に，事実上占有・使用することができる」だけであるといわれるのである。

　ここでも「会社それ自体」の法形式としての所有は，単なる法形式でなく実質をもち，株主から完全に独立した法的・実質的存在となっている，と主張されているのである。しかし，それは株式会社の所有構造を曲解した誤った主張である。論理は矛盾し破綻したものとなっている。もしそうだとすれば，何故に「会社それ自体」の法形式としての所有から分離して独立的に存在しているにもかかわらず，支配的大株主が所有の実質が形骸化し喪失を余儀なくされた他の多数の株主の所有を支配し，「事実上，占有・使用する」と同時に，他方では「会社の意思決定，企業活動の支配を完全に自己の意志のもとにおき，会社資産・現実資本の100％の占有・使用の権利を行使している」と主張されるようなことになるのだろうか。それは「会社それ自体」が法形式としてだけでなく実質的にも完全に株主の所有から独立した一個の所有主体であり，支配主体であるという北原氏の先の所説からでは納得できる説明は不可能であろう。

　会社は他の誰の所有でもなく設立資本＝現実資本の出資者たる株主の共同所有である。それが間接的所有であり，実質的所有であるのは，なにも所有それ自体が本質的に変化したり，内容的に形骸化してしまい，その実体─実質さえも失われてしまったということではまったくないのである。結合資本＝現実資本の所有は本来出資者たる株主の所有であるが，それは複数の出資者の所有を構成要素とするものである。つまり，個別性＝個人性を構成要素とする結合・共同所有であるがゆえに，所有意思は合意の形成を必然的な絶対的条件とする。そこで繰り返し述べてきたように，そうした所有を人格上の個人から法人とし

ての会社に法形式上移すことによって，所有の単一主体を形成し，会社法人を個人としてその直接的・形式的な所有主体とみなす一方で，それの形成基盤をなす株主の所有を，「所有の証券化」を媒介して間接的・実質的所有として潜在化し資本と所有の二重構造化が確立するのである。この論点はすでに指摘した通りである。したがって株主の実質的所有と「会社それ自体」による法形式としての所有が同一次元，同一内容のものであり，両者の所有の実質も同じものであると考えて，前者の実質的所有の喪失部分が，その反面として「会社それ自体」による法形式としての所有の実質化へ転化すると理解してはならない。

　株主の実質的所有と「会社それ自体」の法形式としての所有とは同一平面上において株主の実質的所有の喪失→法形式としての所有の実質化といった，そうした相関関係にあるのではなく，所有の実質と法形式，実質の間接化・潜在化と法形式・擬制による所有の直接化，具体化であり，そうした両者の立体的な関係性が北原氏の論旨に反して証明される結果となったということではないだろうか。一般的株主，多くの分散的な中小株主による所有の実質の喪失部分は「会社それ自体」の法形式としての所有の実質化に転化するのではなく，支配と被支配＝収奪・横奪と被収奪・被横奪の対応関係を通じて支配的大株主・支配的株主集団の支配に組み込まれ，したがって会社の全資産・現実資本の支配を通じて彼らの「所有の実質の拡大化」に転化するのでなければならない。

　そこでこの論点をいま少し検討してみよう。この場合の「実質」とは何か。北原氏の表現を借りれば，それは「支配的大株主が会社の意思決定，企業活動の支配を完全に自己の意思のもとにおき，会社資産・現実資本の100％の占有・使用の権利を行使している」ことである。これこそが支配的大株主，支配的株主集団の支配の実質であり，内容である。この場合は株主所有の実質は100％支配株主の所有の実質の拡大――会社の全資本支配――となって具体化する。法形式ではなく実質こそが問題なのである。北原氏はこのように主張すべきであった。

　しかし北原氏は「〔支配的大株主は〕会社資産・現実資本の100％の占有・使用の権利を行使している」がその場合でも，それらを「直接占有・使用する権利をもっていない」のであり，「株主総会，取締役会の支配を通じて，事実上占有・使用することができる」にすぎないし，また「『支配的大株主』とい

えども……その出資資金は他の株主の出資資金と融合して一つの会社資産・現実資本として永久的に自分から独立した存在となってしまい，出資持分の払戻……を請求・実行する権利をまったく持っていない。この点では……40％に当たる株式所有の株主と同様である」といわれ，そこから直ちに「『支配的大株主』においても，所有の実質の一部喪失は貫徹しているのである」と主張されるのである。このように支配的大株主が会社資産・現実資本の100％を支配している場合でさえも，その実質的所有の一部喪失は貫徹しているということ，したがってその反面として「会社それ自体」による法形式としての所有の実質化も貫徹し，維持されているということになり，「会社それ自体」の株主からの独立は，単なる法形式ではなく実質的内容を伴うものであると主張されているのである。しかしそれは逆立ちした議論である。多数株所有者＝支配的大株主の意思は所有全体の意思＝株主総会意思→〈会社意思〉にまで具体化されるのであり，したがって支配的大株主の〈所有―支配意思〉＝その直接的・現実的支配（権）は，株主総会→〈会社意思〉としてすでに任命されている取締役＝経営者に委任されており，彼らがそれを現実的に支配し執行しているのである。

　このように，ここでは完全に「会社それ自体」は法形式であり，擬制的存在であり，所有の実質的支配は100％株主に帰属しており，多数株所有に基づく支配的大株主による会社全体の支配が貫徹する，ということになる。多数の分散的な中小株主は「所有に本来そなわっている占有・使用の権利も，処分の権利もまったく存在しなくなっている」ということではなく，別言すれば喪失するということではなく形骸化・潜在化するということである。そうだとすれば，その失われた部分は「会社それ自体」の手に移るのではなく，そのすべてが支配的大株主によって横奪されるのでなければならない。資本所有による資本機能の支配であり，株式所有による会社資本＝現実資本の支配である。つまり株主の所有の実体には何ら本質的変化はないし，またその実質的所有も株主全体としては実質的な面での喪失はまったく生じていないのである。これでは北原氏の所説＝「会社それ自体」論は第一類型の支配的大株主が存在する場合（あるいは続いて取り上げる第二類型の中核的大株主または複数の強力株主が存在する場合）には，株主の実質的所有の喪失→法形式としての所有の実質化の論理は

成り立ちえなくなるだろうし，氏の「支配集中論」批判は説得力に欠け，論理破綻を余儀なくされるであろう。

2 「中核的大株主」・「複数強力株主」所有と法形式

次に「非過半数株（少数株）所有の『中核的大株主』または『複数強力株主』」の場合，どうなるだろうか。北原氏は次のように述べている。

「第一位の単一主体の持株比率が50％未満であるが，第一位の株主，あるいは上位複数の株主が，株主総会，取締役会に対して自分あるいは自分たちの意思を貫徹させるばあいについて……第一位の株主の持株比率が一定の高さ（たとえば20～30％程度）に達しているが，第二位以下の株主の持株がきわめて分散的であるため，第一位の株主が過半数の議決権を結集・掌握できる中核的地位を占めているいわば『中核的大株主』であるばあい，彼は，自余の株主の所有株式の分散を利用しつつ，株主総会や取締役会に対し自己の意思を貫徹することができるし，自分自身取締役に就任することもできる。(5)」

「このほか，上位の複数株主の持株比率が接近しており，この複数の株主のそれぞれが一定程度（たとえば10％内外）の持株をもつ強力株主——以下『複数強力株主』とよぶ——であるばあいには，各大株主は単独では『中核的大株主』のような力をもちえないので，相互の対立・協調のなかで，それを利用しつつ，単独または連合でヘゲモニーを掌握しようとする。このばあいには，『中核的大株主』より以上に，会社意思の決定＝企業活動への支配における自己の意思の貫徹は他の株主連の意思を考慮したもの＝制限されたものとならざるをえないし，各大株主間の対立や一部連合の動きと関連して，その他の分散的な小株主への結束参加の働きかけや，株式買収の動きもよりいっそう活発に展開する。(6)」

北原氏によれば，右のいずれの場合も程度の差はあれ，大株主は，会社の意思決定，企業活動の管理を，完全かつ安定的に自己の意志のもとにおくことはできない。したがって，大株主自身が取締役となっているばあいにも自己の意思を完全に貫徹できないし，まして大株主が，株主総会の議決を通じて取締役会に意思を反映しようというばあいには，その反映は制限されざるをえない。取締役の任命，罷免に対しても完全な権限をもっている「支配的大株主」のば

あいとちがって，こうしたなかで，取締役など経営者の株主からの独立という問題が——ここではなお萌芽的ではあるが——生じてくるのである。そしてそれは「会社それ自体」による所有の実質化の拡大のあらわれであるというわけである。また，これらのばあい，分散的な小株主が結束に参加することによって，「中核的大株主」や「複数強力株主」の支配力を脅かす可能性があるかぎりでは，分散的な小株主においても，株主総会，取締役会に対して自分の意思を反映させる可能性はあるのである。この点で「支配的大株主」の存在するもとでの分散的小株主が，その可能性をまったく喪失しているのとは違っている。北原氏はこのように主張されているのである。

ここではもちろん，資本所有は株式所有であり，資本支配の問題は株式所有に基づく支配，株主支配である。北原氏は，株主は大株主であれ，分散的な小株主であれ，株主総会，取締役会に対して自分の意思を反映させる可能性をもっている，といわれる。別言すれば，その所有は形骸化し無機能化しているわけではないということである。しかし北原氏によれば，このことは反面，「中核的大株主」や「複数強力株主」の支配力が脅かされ，不安定であるということであり，彼らは会社の意思決定，企業活動の管理を完全かつ安定的に自己の意思のもとにおくことはできなく，制限されざるをえないということでもある。そしてその制限こそが株主の実質的所有の一部喪失部分であり，その喪失部分が「会社それ自体」に移り，「会社それ自体」による法形式としての所有の実質化として，あるいは所有の実質化の拡大としてあらわれる。ここに取締役など経営者の株主からの独立という問題が萌芽的ではあるが，生じてくるといわれる。つまり，この「制限」→「所有の実質の一部喪失」が「会社それ自体の所有の実質化」となるのである。この時点で，あるいはこのような事情下ではじめて「取締役など経営者の株主からの独立の問題が——萌芽的であるが——生じてくる」といわれるのである。つまり，この時点ではじめて取締役・経営者の株主からの独立が萌芽的ではあるが，その形成基盤を見出しうるといわれるのである。だがそうだろうか。それは根本的な誤解である。

支配的大株主や中核的大株主または複数強力株主が存在するいずれの場でも，北原氏の強調される法形式上は「取締役会・経営者などの株主からの独立」はすでに確立されているのであり，それは『会社それ自体』による所有の実質

化の拡大」によってはじめて成立するものではないし,「ここではなお萌芽的ではあるが……」といった性格のものではけっしてないのである。なぜなら株式会社においてはすでに資本と所有は二重化して現れており,所有＝株主は機能＝取締役・経営者から分離し,機能＝取締役・経営者は所有から解放されているからであり,各々は自立した独自の運動態様を定立しているからである。したがって如何なる機能も直接所有に干渉することはできないし,逆にまた,如何なる所有も直接的に機能に介入することは許されないのである。そういう相関関係から法形式上,所有は機能から,機能は所有から分離・解放されているのである。取締役＝経営者の株主からの独立は法形式上,擬制化された存在形態としてすでに制度的に確立しているのである。それが株式会社における資本と所有の二重構造化の意味するものの一つである。

　またここでは,分散的な小株主が結束に参加することによって,「中核的大株主」または「複数強力株主」の支配力を脅かす可能性があるかぎりでは,分散的な小株主においても,株主総会,取締役会に対して自分の意思を反映させる可能性はあるのであるといわれる。北原氏によれば,以上二つのケースにおいて第一類型の場合,支配的大株主による完全支配が成立し,第二類型の場合,中核的大株主を中心とする支配株主集団および複数強力株主による支配株主集団の形成,そしてさらにそれら以外の多数の分散的小株主の結束への参加が実現するというわけである。そうだとすれば,株主総会は形骸化しておらず,株主総会の所有意思は重層的に多層にわたって発揮され,その所有の実質は完全に確保されているし,まったく形骸化・無機能化はみられない。そうだとすれば,第一類型,第二類型の場合,いずれも株主の実質的所有の喪失はまったく生じておらず,したがってその反面としての「会社それ自体」による法形式としての所有の実質化もまったくありえないということになろう。

　支配的大株主が存在せず,中核的大株主を中心とした支配的株主集団,または複数の強力株主の共同・協調による支配的株主集団が存在する状況下では,もちろん協調と対立の二側面を絶えず内在しているとはいえ,ごく少数化・巨大化した「中核的大株主」を中心とした支配株主集団の形成,「複数の強力株主」相互の共同・協調による支配者集団の形成,その所有－支配意思→株主総会（全所有・共同所有意思）→〈会社意思〉→取締役会を通じて「会社資産,現

実資本の100%の占有・使用の権利を行使する」可能性を獲得する。そうした「可能性を獲得」すれば，当然，最大限，その可能性を現実性に転化せしめるであろう。この側面こそが主要な，むしろ一般的な傾向である。この場合，所有の実質はこれら少数大株主による会社の全資産・現実資本支配の実質の拡大，つまり全支配という意味の全面的実質化である。北原氏の主張される「株主所有の実質の喪失→その喪失分の「会社それ自体」への移転→法形式としての所有の実質化」はまったく生じえないことになる。むしろこの場合には，株主総会の議決は少数大株主の意思→株主総会（所有）意思→〈会社意思〉となるのであり，株主総会の議決＝所有意思＝全体意思として少数大株主による会社全体の支配が貫徹するのである。

　このように少数大株主による支配が成立すると，彼らは自己の持株分だけでなく会社全体を支配することになる。したがって，この場合には多数の分散した小株主は結束に参加して支配者集団の構成メンバーになるというのではなく，あるいは独自の集団を形成しうるのでもなく完全に支配的株主集団の支配下に組み込まれ，所有の形骸化・無機能化を，したがって「実質的所有の喪失」を惹起せしめる。が，その「喪失部分」は，その反面として「会社それ自体」に移り，法形式としての所有の実質化をもたらすのではなく，支配と被支配＝横奪と被横奪関係を通じて会社全体の支配を可能にした少数大株主に移り，その所有の実質の拡大になるはずである。資本による労働支配の基礎のうえに資本による資本支配，ごく少数の大資本による多数の分散的な中小資本の支配集中が展開するのである。この点にこそ株式会社の本質的特徴の一つがある。事柄の本質は現象とは異なる。事柄の本質的諸関係は隠蔽される。眼前には「会社それ自体」が単一の所有主体であり，会社資産＝現実資本のすべてを所有し支配する存在として現れる。しかし「会社それ自体」は自然人ではないのでその代行を取締役＝経営者に委ねる。経営者は会社の経営・管理・組織に関するすべての権限を掌握し独立的存在の現実的支配者として現れる。経営者支配現象である。それは事実関係の転倒である。

　北原氏の所説には「中核的大株主」「複数の強力株主」の存在する場合に，その個別分散的な対立的側面のみが強調され，協調＝共同，連合＝結合の側面は欠落しているのが特徴である。この側面の，資本支配の問題が株式会社のい

ま一つの特徴である。直接的な企業集中を伴わない所有集中方式による共同なり，連合・結合なり……が成立すれば，少数大株主＝支配株主集団の形成による会社全体の資本を支配しうるし，創業者利得の独占的取得をも可能にするであろう。しかも責任は出資額に対する有限責任である。そうした種々の有利な条件を独占できるとすれば，当然協調・共同路線を選択するであろう。少数大株主はその支配を維持・強化するために最大限の努力をするであろう。個別分散的に対立し抗争を繰り返せば，そうした「独占的」利益を失うことになるからである。彼らは極く少数であり，話し合いによる協調・共同関係は容易に可能であろう。したがって被支配の立場を余儀なくされる多数の分散的な中小株主の所有の形骸化・実質の喪失は「会社それ自体」に移り，その喪失分は「会社それ自体」の所有の実質化をもたらすというものではないのである。むしろそれは少数支配株主集団の支配集中網に完全に取り込まれていくのである。したがって所有の形骸化・実質の喪失→所有の実質化・実質の拡大は株主→「会社それ自体」ではなく多数の分散的な小株主の所有の実質の喪失→支配株主集団による支配集中化でなければならない。ここでもまた「会社それ自体」における法形式としての，所有の実質化の論理は破綻を余儀なくされる。

　このように考えれば，北原氏の「会社それ自体」論が株式会社の経済理論として正当性を主張できるだろうか。しかしそのまえに，叙上部分(1)第一類型，(2)第二類型に続く(3)第三類型「支配的大株主」や「中核的大株主」または「複数強力株主」の存在しない，多数の分散的な小株主のみが存在するばあいの，株主の実質的所有の喪失，その反面としての「会社それ自体」の法形式としての所有の実質化の論理が残されているので，この第三の類型を取り上げることにしよう。第三類型こそが北原氏の「会社それ自体」論の主要な分析対象のはずである。

3　多数の分散的小株主の実質的所有と法形式

　「支配的大株主」や「中核的大株主」または「複数強力株主」が存在しないで多数の分散的な小株主のみが存在するばあいについて，北原氏は次のように述べている。

　「最後は，株式の分散が極度にすすみ，株主数が非常に多数となり，上位い

ずれの株主も持株比率がとるに足らないようなばあい……である。ここではすべての株主は、株式所有にもとづいて会社支配を行っていく可能性がないため、会社の意思決定、企業活動への支配に積極的に参加する意欲を欠き、株主総会は形骸化するであろう。株主の所有権の変形ともみられる会社管理への間接的参加権は大部分その実質を失う。その失われた実質は、このばあい大株主にではなく、会社それ自体の手に移る。会社自体による所有の実質化が格段と進む。株主総会によって形式的に選出された取締役達が会社の意思決定とその実行を担当していくが、ここでは、その意思決定・実行において、自己の意思をおしつけてくる強大な株主は存在しない。ここにいわゆる『経営者支配』なる現象が定着する一つの根拠がある[9]。」

　北原氏は法形式を或るところでは「絶対的に重視」されながら、他のところでは「単なる形式」であるといわれる。ここでもまた「株主総会によって形式的に選出された取締役」といわれるが、北原氏の見解に従えば、そのことがいかにも便宜的に使用されているように思われてならない。北原氏は「ここではすべての株主は、株式所有にもとづいて会社支配を行っていく可能性がないため、会社の意思決定、企業活動への支配に積極的に参加する意欲を欠き、株主総会は形骸化するであろう」といわれる。が、何故にすべての株主が、株式所有にもとづいて会社支配を行っていく可能性がない、と断定されるのか。

　その最大の理由は「株式の分散が極度にすすみ、株主数が非常に多数となり、上位いずれの株主も持株比率がとるに足らないようなばあい」のことだから、というわけである。この場合には「すべての株主は株式所有にもとづいて会社支配を行っていく可能性がない」ということである。こうした問題設定それ自体、疑問の余地を残すが、それはさておき、問題は、そこから直ちに株主所有に基づく支配を完全に否定されたことである。各個の株主の持株比率が如何に低下したからといって、持株比率の重層化・多層化は必然的であり、そのなかの上位集団の形成・存在も必然的であり、一般的である。それは歴史的にも実際的にも、また論理的にもそうである。

　これまでの、北原氏の論理展開──(2)第二類型の場合──に従えば、むしろ可能性がなく参加意欲を欠くのではなく、可能性が高まり、意欲を強くすることになるのではないか。振り返って(2)第二類型の場合をみよう。分散的な小株

第4章　株主による所有と「会社それ自体」による法形式　123

主が結束に参加すること，それによって「中核的大株主」や「複数強力株主」の支配力を脅かす可能性があること，分散的な小株主においても，株主総会，取締役会に対して自分の意思を反映させる可能性があるということであった。こうした可能性は(3)第三類型の場合，「中核的大株主」や「複数強力株主」は存在しなく，したがって少数の支配的株主の支配下に組み込まれる恐れもなく，分散的な多数の株主の存在だけを基盤に重層的・多層的階層の形成があり，その中の上位集団の共同・協調に基づく支配的集団形成の可能性は当然ありうる。それを否定することはできない。だから株式会社の結合資本の増大が株式所有の分散を伴うとき株主総会の議決を「支配するに足りる資本は普通は……資本の1/3から1/4，さらにはそれ以下にすぎない」といわれるのである。まさにこの点にこそ，株式会社における支配的株主の成立と彼らによる資本の支配集中の特徴があるのである。肝要なのは，支配株主は一人である必要も自然人である必要もない。複数の株主が共同・協調して支配的株主になることも，法人や機関が支配的株主になることもありうるということである。そしてそのいずれもが株主総会の構成メンバーである。したがってそのいずれかが多数株を所有することによって支配的株主となり，かくして支配的株主の所有意思→株主総会の全所有＝共同所有意思の決定→〈会社意思〉→取締役会＝経営者の機能・執行意思を通じて間接的，実質的に会社の全資産・現実資本を支配集中することができるのである。事柄は「図式」の通りであり，〈会社意思〉→取締役会＝経営者の機能・執行意思ではないし，またけっして取締役会＝経営者→〈会社意思〉→株主総会ではない。

　北原氏の見解に則しても，彼らが結集に参加し結束すれば株主総会において結集したその意思を反映させ合意を形成すれば，それは全所有＝共同所有意思→会社意思となり，→取締役会による執行業務……ということになる。すなわち株主総会（所有意思）による会社の経営・管理・組織に関する基本事項の決定，取締役の任免，その他重要事項の決定→〈会社自体の意思〉――所有と機能との統一――，→会社の基本方針に基づく取締役会の具体的な政策決定と業務執行……という展開過程が措定されるであろう。それが「資本所有－支配」から「株式資本所有－支配」→〈所有と機能の統一〉→「資本機能」への転化を媒介する「株主所有－支配→〈所有と機能の統一〉→機能」の間接性である。

このように多数の株主の分散的所有の場合でも株主の所有ー支配は上位グループによる支配者集団の形成を通して間接的・実質的形態において潜在的に貫徹するのである。ではなぜ，北原氏はこの論理的側面を無視されてしまったのか。

北原氏にあっては「ここではすべての株主は，株式所有にもとづいて会社支配を行っていく可能性がないため，会社の意思決定，企業活動への支配に積極的に参加する意欲を欠き，株主総会は形骸化する」のでなければならない。何故だろうか。この側面においてこそ，北原氏の「会社それ自体」論が展開されうるからである。それはまた前者の側面からでは北原説は成りたちえないことを証明することにもなるからである。なぜなら，北原氏の「会社それ自体」論展開の主たる論拠は，株主の実質的所有の喪失→「会社それ自体」による法形式としての所有の実質化にあり，株主の実質的所有の形骸化，株主の無機能化→株主総会の形骸化にあり，その全喪失部分の「会社それ自体」への移転→法形式としての所有の実質化→株主からの解放と自立化――法形式と実質の一体化――にあり，単一の所有主体→支配主体→経営主体・行動主体としての「会社それ自体」の株主からの完全な独立にあるからである。そしてそこからその代行としての「取締役など経営者の株主からの独立という問題が……生じてくる」，あるいは「経営者支配なる現象が定着する一つの根拠がある」からである。しかしここでもまた，(1)第一類型，(2)第二類型に続いて(3)第三類型の場合も，株主の所有の形骸化，実質的所有の喪失→その喪失分の「会社それ自体」への移転，その法形式としての所有の実質化・実質の拡大……の論理は論理的に破綻したといわざるをえない。その破綻は北原氏の「会社それ自体」論の論理的帰結である。続いて北原氏はここでの「結論的」見解を次のように述べている。

「このような株式会社のもつ諸特徴の基礎は……株式会社一般における，株主による所有の実質の一部喪失，会社自体による所有の実質化，という特質に根ざしたものであること，かかる株式会社一般にみられた株式会社固有の特質が，このような会社のもとにおいて，もっとも成熟した内容をもって全面開花するのだということ，である。ここにおいては，各株主の出資した資金（貨幣資本）は融合されて，株主から独立した一つの会社資産・現実資本として，独自に自己増殖をとげていくということが，そしてこの結合資本の自己増殖運動

を媒介する『資本家』の役割をはたすのが『会社』にほかならないということも，明白に現れることになる。」[11]

　以上，三つの類型，すなわち(1)第一類型「支配的大株主」，(2)第二類型「中核的大株主」または「複数強力株主」，(3)第三類型「多数の分散的な小株主」のみの場合について，各々株主の実質的所有の喪失と「会社それ自体」による法形式としての所有の実質化の特徴について北原氏の所説が展開されているが，それに関しては，氏による第一，第二，第三類型の説明に従って，その都度，その問題点を明らかにしてきた。ここではそれをふまえて総括的視点から根本的な論点を二つ三つ指摘しておきたい。

　①北原氏は株主の所有と「会社それ自体」による法形式としての所有とがその「実質的」内容において同一であるとみているが，前者の所有はその実体―実質的内容に規定されたものである。つまり出資総額に等しい現実資本を実質的内容とする名目的価値であり，株式資本の実体は現実資本＝企業の所有権であり，したがって所有そのものには本質的変化はないのである。が，後者は法構成による擬制であり，一つの法的技術の問題である。現実に存在するものは法形式としての擬制的存在であり，如何なる実質的内容なるものは存在しないのである。したがって株主の実質的所有の喪失（部分）が，その反面として「会社それ自体」による法形式としての所有の実質へ転化するということは，ありえないことなのである。まったくの誤解といわざるをえない。

　②北原氏によれば，「会社それ自体」の所有は法形式であるとともに実質的な内容をもつものであり，それゆえに「会社それ自体」は株主から完全に独立した所有主体であり，所有に基づく支配主体，経営主体・行動主体であるということ，その代行が取締役＝経営者であるということであるが，それは根本的な誤解である。そうした「会社それ自体」→その代行としての取締役＝経営者という論理からは株式会社の設立資本＝結合資本の所有＝出資者の共同所有→個々の所有者＝出資者＝株主を構成員とする株主総会（全所有意思）→〈会社意思〉という肝心要の機能から分離した所有――所有の実体－実質的側面――と，その所有に基づく意思形成それ自体が完全に欠落したものとなっているからである。既述の如くはじめに「会社それ自体」――所有の法形式・擬制的側面――ありきであり，それは逆立ちした現象形態に囚われた観念的見方であり，

論理的破綻はまぬがれえないであろう。

　北原氏が主張されるように，株主の所有が形骸化し，喪失した実質がすべて会社それ自体の法形式の実質となり，会社それ自体が株主から独立した，一個の所有主体，支配主体，経営主体・行動主体であるとすれば，なにゆえに株主は配当請求権→配当取得があり，会社業務の管理への参加権，すなわち株主総会＝株主所有の意思決定（会社の経営・管理・組織に関する基本的事項・方針，取締役の任免，残余財産の分配等の決定権）があるのか，が問われなければならないだろう。

II　直接的所有と間接的所有の一体化→「完全な資本所有」の形成

1　多数の分散的小株主の所有といわゆる「残り火」

　「会社それ自体」による法形式としての所有は，たんなる形式にとどまらず実質をふくむものであり，株主からは独立した存在となっている。いまや株主は外部の第三者とまったく同様の存在になっている，と北原氏は主張されてきた。が，それでも株主の存在，その所有そのものは否定できない。株式会社が非常に多数の分散的な小株主だけの存在になっている場合，株主支配という所有に基づく支配集中の可能性はまったく存在しないが，株主の所有の実質は完全に喪失しているわけではない，と北原氏はいわれる。

　北原氏は上述の疑問，すなわち「なにゆえに株主は配当請求権→配当取得があり，会社業務の管理への参加権，すなわち株主総会＝株主所有の意思決定（会社の経営・管理・組織に関する基本的事項・方針，取締役の任免，残余財産の分配等の決定権）があるのか」という当然の問いを想定されてか，「制約力」なる概念を提起される[12]。所有主体として株主の存在を内部構成員から事実上放逐し去って外部の第三者とまったく同様の存在であると指摘されながら，構成員としての株主の存在を必要とする場合になると，こんどは一転して株主の所有の実質の喪失は不完全なものであり，そこにはいわゆる「残り火」があり，それらを掻き集めれば，結合力として一定の力——「制約力」——をもちうるとまでいわれるのである。北原氏は次のように述べている。

　株主による所有の実質の喪失→会社それ自体の法形式の実質化にあって，最

後に残された第三類型——それは北原氏の「株式会社一般」の理論の基軸となる部分であるが——すなわち支配的大株主はもちろん,「中核的大株主」や「複数強力株主」が存在しなく多数の分散的な小株主だけが存在する場合,「個々の株式に内在する力が無に近くても無ではない(12)」と主張され,株主による所有の実質の喪失といっても,完全に喪失しそのすべてが会社それ自体に移るわけではなく「無」に近くても無ではない,ゼロに近くてもゼロではない。いわば残り火があるといわれる。それらが掻き集められる。多数者の集合が一定の力をもちうる。つまり「問われているのは,法形式ではなく,実質的関係のはずである(13)」といわれる。分析的というよりは論理性を欠く文学的表現というべきか。この無に近くても無ではない。残り火でもって株主はその継続的な存在基盤を確保できるだけでなく,その多数の集合が一定の力をもちうるということになる。しかしこうした論理は,株主による所有の実質の喪失→「会社それ自体」の法形式の実質化の根拠となった株式の分散化——「支配的大株主」や「中核的大株主」または「複数の強力株主」の不在,多数の分散的な小株主のみの存在——株主の無機能化・株主総会の形骸化→「会社それ自体」の株主からの完全な独立……の論理とはまったく矛盾するものであり,論理性を欠いた便宜性の強い皮相的な議論となっている。

　しかし,それ以上に問題であるのは,ここでは株式所有が極度に分散して株主の中に中核となる存在がない非常に多数の分散的な小株主のみが存在する場合のことである。この場合,株主の実質的所有の形骸化・喪失化,株主の無機能化,株主総会の形骸化・空洞化……といった問題が「会社それ自体」による法形式としての所有の実質化,株主からの独立……といった問題と如何なる関係性をもちうるのか,ということになる。「支配的大株主」や「中核的大株主」または「複数の強力株主」が存在する場合は,支配的大株主（または少数の支配的株主）と多数の中小株主との支配と被支配＝収奪と被収奪の関係が成立する。この関係を通じて被支配者＝多数の中小株主は無機能化,所有の形骸化,実質の喪失化を余儀なくされる。つまり所有の形骸化・実質の喪失化は支配株主の被支配者に対する横奪・収奪の結果であり,そしてそれが,その支配—収奪部分に相当する実質的内容を意味する。したがって,この場合,実質の喪失部分は「会社それ自体」による所有の実質化をもたらすものではない。で

は第三類型の場合,株主の実質的所有の形骸化・喪失化と「会社それ自体」による法形式としての所有の実質化とはどのような関連性をもつのだろうか。

ここで問われているのは個々の株式が内在する所有権の実体,いわば一株一票の株式の所有権の本質的内容ではなく持株数に応じた大きさの人格化としての株主の所有,個々の株主の所有,人格上の個としての株主の所有の実質の問題である。それは一株一票の多数株議決制という経済民主主義のもとでの,持株数に相応しい大きさの人格化としての株主間の競争関係を通じて引き起こされる「量的」側面の問題であるし,それゆえにまた,けっして個々の株式や個々の株主と「会社それ自体」の所有をめぐる同一平面上での「綱引き競争」によって引き起こされるものではない。だからこそ,ここでの所有の実質の喪失は如何なる場合も個々に分散した全株主に一様に生ずる事柄ではないのである。しかし北原氏は持株数に応じた大きさの人格化としての株主,個々の株主の所有の問題をいわば一株一票の個々の株式の所有権の問題に置き換えられ,個々の株式,実は株式一般に内在している「力」の問題,つまり所有権の内容,その本質の変化に関わる問題と混同されてしまったのである。そうなると「力」の増減は如何なる場合も個々に分散した全株式＝全株主に一様に生ずる事柄となり,その視点からの,小株主の実質的所有の形骸化・喪失化,小株主の無機能化,株主総会の形骸化・空洞化……の論理からは,その逆の小株主の実質的所有の形骸化・喪失化の制限,小株主の無機能化の機能化,株主総会の形骸化・空洞化の解消といった〈競争力―支配力の変化〉の問題はまったく生じえないであろう。なぜなら失われたものは「会社それ自体」の所有となり,もはや回復――取り戻すこと――できないからである。さらにここでの問題は「株主による実質的所有の喪失→『会社それ自体』の所有の実質化→株主からの独立」との関連でいえば,法形式としての「会社それ自体」と結合資本の共同出資者たる共同株主の問題,法形式としての所有と全株主の共同所有の関係,したがって法形式・擬制としての所有に基づく支配と全株主の共同所有に基づく支配（株主総会）の問題である。この関係性の理解如何によって北原氏の所説の正否が根本的に問われてきたのである。しかし北原氏は「会社それ自体」論の分析視点に則ってさらに次のように述べている。

2 多数の所有集合・合体による現実的支配力への転化の可能性
　　──「制約力」概念

　「前にも述べたように，零細な株主は一般に，会社の意思決定への参加に消極的である。自分の個別的な利害を会社の政策に反映させるにはあまりにもその力が弱いことを十二分に知っているからである。しかしこのことは，彼の株式に潜在している力を消滅させてしまうわけではない。それは他の株主の株式の力と合体して現実的な支配力に転化し顕在化する可能性を秘めているのである。……この可能性があるということ自体が会社の政策を『制約』しているのである。『中核的大株主』などが不在のばあいでさえ会社がその利益を株主に配当するのも，この『制約』力の作用のあらわれである。」[14]

　ここでは「支配的大株主」や「中核的大株主」または「複数強力株主」が存在しないで，もっぱら多数の分散的な小株主のみが存在する場合が検討の対象であるが，これまでの北原氏の理論的立場──分析視角からすれば，このような第三類型の株式会社の場合，むしろ多数の分散的小株主所有はその実質を喪失し無機能化し，株主総会も形骸化しているとされていたはずである。すなわち，「ここではすべての株主は，株式所有にもとづいて会社支配を行っていく可能性がないため，会社の意思決定，企業活動への支配に積極的に参加する意欲を欠き，株主総会は形骸化するであろう。株主の所有権の変形ともみられる会社管理への間接的参加権は大部分その実質を失う。その失われた実質は，このばあい大株主にではなく，会社それ自体の手に移る。」[15]

　このように①株主は会社支配の可能性がない。そのために②会社の意思決定に参加する意欲を失う。③株主総会は形骸化する。④株主の所有権（会社管理への参加権）が大部分，その実質を失う。⑤その失われた実質は「会社自体」に移る。⑥会社自体による所有の実質化が格段と進む，と述べている。いまや所有権の実質が失われ，株式に内在する力は「無に近くても無ではない」という，限りなく「無」に近い状態にあるということである。そしてこのように失われてしまった所有権の実質は大株主ではなく，そのすべてが会社自体の手に移るというわけである。北原氏によれば，株主による所有の実質の喪失化，その反面として，会社自体による所有の実質化という株式会社固有の特質が「このような会社のもとにおいて，もっとも成熟した内容をもって全面的に開花す

るということである。ここにおいては各株主の出資した資金（貨幣資本）は融合されて株主から独立した一つの会社資産＝現実資本として独自に自己増殖運動をとげていく……この結合資本の自己増殖運動を媒介する『資本家』の役割をはたすのが『会社』にほかならない。」[16]

こうした論理こそは「会社それ自体」論の基本的特質であり，株主からの独立の基本論理であったはずである。しかし一転して，北原氏は「株主の所有の実質の喪失は不完全なものであり」，そこにはいわゆる「残り火」があり，「無に近くても無ではない」，「ゼロに近くてもゼロではない」[17]といわれる。そして「彼らが掻き集められる。多数者の集合が一定の力を持ちうる」[18]，「それは他の株主の力と合体して現実的な支配力に転化して顕在化する可能性を秘めている」[19]とまで主張されるのである。

ここでは多数の分散的な小株主の所有の実質の喪失・無機能化が否定され，「彼らが掻き集められる。多数者の集合が一定の力を持ちうる」，「合体して現実的な支配力に転化して顕在化する可能性」があると述べて，多数の分散的な小株主による所有の実質の喪失・形骸化→株主の無機能化を「残り火」の掻き集め・その火塊によって実質的所有の回復，株主の無機能の機能化→一定の力→現実的な支配力の獲得を主張されているのである。ここでは多数者の集合が一定の力→現実的な支配力を持ちうるといわれるが，そのためには多数の分散的な小株主が実質的所有を喪失し，その失われた実質が「会社それ自体」に移ったあとに，こぼれ落ちているごく僅かな「残り火」を「掻き集める」といわれるのである。しかし彼らはすでに所有の実質を喪失し無機能化した多数の分散的な小株主である。一体誰がどのようにして「多数を集合する」のか。つまり多数の分散的な小株主，無機能化した株主が一体誰によって，どのように「掻き集められる」のか。北原氏の分析視角からはその解答は見えてこない。あるいは次のような疑問も生ずる。掻き集められた多数の集合が合体して一定の力→現実的な支配力を形成しながら，何故に単なる「制約力」に止まらざるをえないのか。むしろ多数の集合が可能ならば，一定の力→制約力に止まらずに，彼らが支配者集団を形成し，現実的な支配力を発揮し，失われた実質を「会社それ自体」から奪回し実質的所有を回復できるのではないだろうか。彼らは株主総会を支配し，その意思を「会社それ自体」の意思として自らが任命

した取締役＝経営者に委任することができるであろうし，その支配力によって会社の全資産・現実資本を実質的に完全支配することができるはずである。なぜそうしないで，単なる「制約力」にとどめなければならないのだろうか。

しかしこうした見方に立つならば，先取りしていえば，北原氏の次の所説，すなわち，単独では完全な資本所有とはいえない二つの所有，すなわち直接的所有と間接的所有とが合体して一つの完全な資本所有となるという独創的見解＝新基軸が破綻せざるをえなくなるであろう。

北原氏の所説は「支配的大株主」の存在，「中核的大株主」または「複数強力株主」の存在あるいは「支配的大株主や支配的株主集団の存在しない多数の分散的な小株主」の存在という三類型が取り上げられているが，「会社それ自体」論の分析視角からすれば，第三類型の「多数の分散的な小株主」のみが存在する場合こそが，その理論的核心部分であり，株式会社一般の理論的正当性を規定する論理となる部分である。が，それは「支配的大株主」や「中核的大株主」または「複数強力株主」が存在しない場合であり，それを一般化し前提とするものである。そのこと自体，問題を残しているが，それはさておくとして，多数の分散的な小株主のみが存在する第三類型の場合についていえば，上述の如くその基本的な見方には正当化できないいくつかの難点がある。加えて次のような点を指摘しておきたい。

第三類型では，理論的にも実際にもそのすべてがほぼ同等な大きさの株主として同一水準上に多数分散し競争しているわけではないはずである。彼らもまたその大きな枠組みの中にあって一定の階層に分化し重層化・多層化した構成を成しているのである。そこには，比率はともかく，上位，中位，下位のグループが存在するであろう。だとすれば，そうした重層的・多層的構造，とくに上位グループに分析の視点を向けるべきであろう。しかし北原氏の場合，上位グループを形成する株主間の共同・協調の側面に議論を向けるのではなく，むしろ多数の分散的な小株主を同一水準において捉えることによって所有の実質を失い，無機能化したものの中から「ゼロに近いがゼロではない」，いわば「残り火」を探し当てる。すなわち，そこには「残り火」があるというわけである。そして「彼らが掻き集められる。多数者の集合が一定の力を持ちうる」と述べ，そこから直ちに彼らの所有の実質の喪失を否定されることによって，

「『会社それ自体』による直接的所有と株主〔多数の分散的な小株主〕による間接的所有とが、それぞれ一定の実質をふくむがゆえに、単独では完全な資本所有とはなりえない」と論断される。かくして株式会社においては「両者が相補い重層的に合体してはじめて一つの完全な資本所有となる」と主張されるのである（北原、同上、112頁）。だがこうした論理が正当性を主張できるだろうか。すでにこれまでの分析的解明によって北原氏の「会社それ自体」論が如何に根本的な難点を持つものであるかが明らかにされたが、さらにこの論理の問題点を検討することにしよう。

3 直接的所有と間接的所有の合体→「完全な資本所有」

この論理段階において留意すべき点は、北原氏の場合、株主の所有であれ、会社自体の所有であれ、あるいは間接的所有であれ、直接的所有であれ、各々が一定の実質をふくむと主張されるが、その実質は同一内容をなし、その分割であり、楯の両面、表裏の関係、＋－、－＋＝０の関係にあるというわけである。すなわち、一方のプラスはその分だけ他方のマイナスになるというわけである。実体と形式という立体的な相対関係は否定され、もっぱら同一平面上に等置されて、両者は、いわば実質化をめぐる綱引き競争の関係にある。まさに「問われているのは法形式ではなく実質的関係のはずである」[20]ということである。

上述のように第三類型の分析をふまえたうえで、北原氏は、このように多数の分散的な小株主の所有においても、「実質を失い無機能化したもの」ではあるが、一定の実質を含んでおり、また「会社それ自体」の法形式としての所有においても一定の実質をふくむものである、と主張されるのである。が、ここでは、それは法形式としての所有の実質化・成熟化→株主からの独立の論理の展開方向ではなく、むしろその展開方向に突然歯止めがかけられ、それぞれが「一定の実質をふくむ」だけの未成熟な存在であると論定される。その論定をふまえたうえで、だから「会社それ自体」も「株主」も、所有については「単独では完全な資本所有とはなりえない」と主張されるのである。そうだとすれば、「会社それ自体」は単なる法形式ではなく実質的内容をも併せ持つ単一の所有主体として株主から独立し、所有に基づく支配主体、経営主体・行動主体

であるという，北原氏の「会社それ自体」の論理は，完全に破綻することになるだろう。

　北原氏の「会社それ自体」論の特徴は，支配的大株主や中核的大株主または複数強力株主の存在する場合には，存在基盤を消失するという運命にある。が，中核的大株主または複数強力株主の場合，所有の実質に僅かな喪失が生じ，それが「会社それ自体」に移るので，「萌芽的ではあるが，取締役など経営者の株主からの独立という問題が生じてくる」と指摘されている。しかしその指摘は根本的な難点がある。「取締役など経営者の株主からの独立」の問題が，支配的大株主の存在しない，中核的大株主または複数強力株主のみ存在する場合には「大株主は会社の意思決定に，企業活動の管理を，完全かつ安定的に自己の意志のもとにおくことはできない」[21]し，「制限されざるをえない」[22]ということであった。つまり，彼らの所有の実質に僅かな喪失が生じ，それが会社それ自体に移るので，「萌芽的ではある」が，「取締役など経営者の株主からの独立という問題が生じてくる」ということであった。しかし株主による実質的所有の喪失については，北原氏の場合，支配的大株主の存在する場合でも，その原因は異なるが，「その所有の実質の一部喪失は貫徹する」のであるから，当然その喪失部分はその反面として「会社それ自体」に移るので，ここでも中核的大株主や複数強力株主が存在する場合と同様に，「萌芽的ではあるが取締役など経営者の株主からの独立という問題が生じてくる」はずである。ここでもまた論理の破綻が目につく。なぜ論理の破綻が生ずるのか。

　取締役など経営者の株主からの独立は株式会社に固有の必然性であり，叙上のような一定の条件が生じてはじめて成立するものではない。会社の法人格化は株式会社の所有の本質に関わること，つまり「個人性を止揚した社会的性格を持つ私的所有としての存在」から必然的に導き出されるものである。取締役など経営者の株主からの独立は株式会社における資本と所有の二重構造化に基づく所有と機能の分離，つまり，所有からの機能の解放，機能からの所有の分離によって生ずる論理的必然性である。両者の制度的分離に対応した所有の内部機関としての株主総会，機能の内部機関としての重役・取締役会があり，重役・取締役会は所有から分離・解放された機能機構として非株式所有者たち（株主をふくむ場合も本質的関係に変わりはない）によって構成される。つまり，

取締役など経営者の株主からの独立である。しかしこの現象形態はかかる客観的な事実関係に基づく必然性であるとしてもそれ自体は逆立ちした現象形態であるということに留意しておかねばならない。したがって株主による実質的所有の一部喪失，その反面としての「会社それ自体」による法形式としての所有の実質化から「取締役など経営者の株主からの独立」を説く北原氏の見解は根本的に誤りであるといわざるをえない。その場合でも「中核的大株主」や「複数の強力株主」を中心とした少数大株主による共同・協調支配は可能であり，むしろ，そうした形態こそが一般的傾向であるが，その場合には(1)第一類型の場合と同様に，完全な実質的支配が成立することになり，「取締役など経営者の株主からの独立」はありえないことになってしまう。

　いずれにせよ，「会社それ自体」論の対象——株主からの「会社それ自体」の独立→経営者の独立——は「支配的大株主」や「中核的大株主」または「複数強力株主」の存在しない場合のはずである。株式の分散が極度にすすみ，株主数が非常に多数で分散的となり，上位いずれの株主も持株比率がとるに足らないようなばあいである。ここではすべての株主は，株式所有に基づいて会社支配を行っていく可能性がないため，会社の意思決定，企業活動への支配に積極的に参加する意欲をほぼ完全に欠き，株主総会も形骸化しているというわけである。株主の所有の実質は喪失し極度に形骸化している。株主が失ったすべての実質がそっくり会社に移り，会社の所有の実質化となる。所有の法形式は実質を伴い会社それ自体は株主から独立した一個の完全な所有主体となり，支配主体，経営主体・行動主体となる。そこでは取締役など経営者も株主から完全に解放され，如何なる制約も受けずに自己の意思を通すことができる。北原氏はこのように主張されていたはずである。この論理こそは北原氏の「会社それ自体」論——株主からの「会社それ自体」・経営者の自立化・一個の独立した主体の形成——の基軸をなすはずであるが，前述の「ゼロ」に近いが「ゼロ」ではない，といういわゆる「残り火」の論理とも，また「株主の所有」と「会社自体の所有」とも未成熟であり，「単独では独立した所有とはなりえない，両者が合体してはじめて完全な資本所有となる」という両者の「合体」の論理とも異なるものである。これらの論点は整合性・一貫性に欠ける便宜性の強いものとなっている。

最後に「会社それ自体」論の対象は「支配的大株主」や「中核的大株主」または「複数強力株主」の存在しない，株式の分散が極度にすすみ，株主数が非常に多数となり，上位いずれの株主も持株比率がとるに足らない「零細な株主からなる株式会社」の場合といわれる。このような場合には，すべての株主は，株式所有に基づいて会社支配を行っていく可能性がないため，会社の意思決定，企業活動への支配に積極的に参加する意欲を欠き，株主総会も形骸化している株式会社であると位置づけられている。だが，こうした主張は前述の如く正鵠を射たものとはいえない。北原氏は，このような特徴を有する株式会社は株式会社の史的展開の全過程において見出すことは困難であり，独占段階の高度発展過程＝現代資本主義段階における巨大株式会社のごく一部に現れるにすぎないといわれている。しかしその主張でさえ根本的な疑問を残している。北原氏は次のように述べている。長文であるが，煩雑を厭わずに引用することにしよう。氏の「会社それ自体」の形成・存在に関する重要な部分である。

「現実の株式会社の大部分は旧来の個人企業や合名会社・合資会社の組織変更によって生まれたきたものであり，その由来からして個人あるいは家族が支配的大株主や中核的大株主として存在するのが普通であった。また，既存の会社の子会社として組織されて形成される株式会社も多いが，ここでも支配的大株主としての親会社が厳然として存在するのが当然である。しかも，これらの会社の規模拡大＝株式発行額の増大＝株主数の増大の中でも旧来の支配的株主や中核的株主は可能なかぎりその支配的地位を失わないようさまざまな努力を重ねてきたはずである。かくして現在でも……先進諸国の大多数の株式会社は以上のような支配的大株主や中核的大株主の支配のもとに依然としてあるのである。」[23]

続いて北原氏は次のように述べている。

「しかしながら，問題は現代を代表するような巨大企業の一部において，このような支配的大株主や中核的株主さらには複数強力株主すらその存在を検出できないような状況が生じているのではないかということである。『支配集中』機能を本質とみなす従来の株式会社論ではこのような巨大会社の本質を分析する基準たりえない。——考えてみれば，『支配的大株主』や『中核的大株主』の存在は株式会社にとって不可欠のものではない。それらが存在しなくて

も株式会社は株式会社であり，発展した生産力段階でのもっとも適合的な結合資本の企業形態たりうるのではないだろうか。『支配株主』の存在に固執する見解は，かえって株式会社を資本制企業たらしめている関係を見損なうことになりはしないだろうか。──そしてこのような現代巨大企業の本質を分析するためには『会社それ自体』による所有の実質化という観点が不可欠だとおもわれるのである。」[24]

　このように支配集中機構としての株式会社は一定の歴史的諸条件──19世紀から現在に至る株式会社の現実の存在形態であるが──のもとでのみ成立し存在するものであり，その意味では特殊な歴史的形態であり，株式会社の基本的・一般的性格をなすものではないといわれる。つまり北原氏の株式会社の一般理論としての「会社それ自体」論は叙上の如く歴史的過程に登場する株式会社を分析対象としたものではないということである。この論点に関しては次章で取り上げる。

　しかし，これまでの北原氏の所説に対する分析的検討から北原氏が株式会社一般の分析対象とされた「会社それ自体」による所有の実質化なる論理が完全に破綻したことは明白である。ここでも北原氏の主張は同様の批判をまぬがれえないであろう。またさらに次のような根本な難点が指摘されよう。すなわち株式会社が近代独占の形成過程において普及し，独占の成立に伴って体制的に確立するという歴史的関係から考えれば，近代株式会社一般の理論的把握は，この肝心要の「歴史的定在」の分析によってはじめて可能となるであろう。したがって，資本主義経済の発展過程，資本と生産の集積・集中過程における歴史的諸要因，ことにこの過程的展開の梃子としての株式会社制度，さらには独占段階における支配的な金融資本型企業集団……を少しも含まないそのような特殊な巨大企業＝株式会社が分析の対象とされているということ，すなわち，「現代を代表するような巨大企業の一部において，このような支配的大株主や中核的大株主，さらには複数強力株主すらその存在を検出できないような，そうした株式会社」が分析の対象として取り上げられているということである。「会社それ自体」論なるものが，どうして株式会社の一般理論としての正当性を主張できるだろうか。それはまぎれもなく株式会社の歴史的定在とはまったく無縁な抽象的構想物以外の何物でもないということになるだろう。

第4章　株主による所有と「会社それ自体」による法形式　　137

（ 1 ）　北原勇『前掲書』103頁。
（ 2 ）　同上，103頁。
（ 3 ）　同上，103-104頁。
（ 4 ）　同上，104-105頁。
（ 5 ）　同上，105頁。
（ 6 ）　同上，105-106頁。
（ 7 ）　同上，106頁。
（ 8 ）　同上，106頁。
（ 9 ）　同上，106-107頁。
（10）　*Das Finanzkapital*, S.158. 訳，㊤ 237頁㊦ 231頁。
（11）　北原勇『前掲書』107頁。
（12）　同上，110頁。
（13）　同上，109頁。
（14）　同上，110頁。
（15）　同上，107頁。
（16）　同上，107頁。
（17）　同上，109頁。
（18）　同上，109頁。
（19）　同上，110頁。
（20）　同上，109頁。
（21）　同上，106頁。
（22）　同上，106頁。
（23）　同上，108頁。
（24）　同上，108-109頁。

第5章 「会社それ自体」と資本の動員・結合
―― 北原勇氏の所説の検討 ――

I　資本の集中および支配集中機構

1　支配集中機構としての株式会社

「会社それ自体」論では株式会社は「支配的大株主」や「中核的大株主」または「複数強力株主」の存在しない，非常に多数の分散した小株主を構成メンバーとする株式会社が株式会社一般に関する主たる分析対象である。繰り返すが，北原氏は支配集中機構としての株式会社について次のように述べている。

「……株式会社をつねに『支配集中』の機構であるとする学説は，19世紀から現在にいたる株式会社の現実の存在形態に基礎をおいてきたのであるとはいえる。現実の株式会社の大部分は，①旧来の個人企業や合名会社・合資会社の組織変更によって生まれてきたものであり，その由来からして個人あるいは家族が支配的大株主や中核的大株主として存在するのが普通であった。また，②既存の会社の子会社として組織されて形成される株式会社も多いが，ここでも支配的大株主としての親会社が厳然として存在するのが当然である。しかも，③これらの会社の規模拡大＝株式発行額の増大＝株主数の増大の中でも旧来の支配的株主や中核的株主は可能なかぎりその支配的地位を失わないようさまざまな努力を重ねてきたはずである。かくして④現在でも……先進諸国の大多数の株式会社は以上のような支配的大株主や中核的大株主の支配のもとに依然としてあるのである。」(但し，①②③④――中田)[1]

こうした分析視点に立つならば，指摘された歴史的諸条件①②③④のもとでのみ資本の支配集中機構としての株式会社は，存立基盤を見出しうるということになるだろう。その意味では歴史的には特殊な「一時的」形態であるということにならざるをえないであろう。そうだとすれば，そうした歴史的諸条件を

体現しない新会社の設立の場合には——発起設立方式——どうなるのだろうか。北原氏の見解に従えば，資本の支配集中機構としての株式会社は，見出しえないということ，したがって支配的大株主や中核的大株主あるいは複数強力株主すらも，その存在を検出できないような状況が生まれているということになるであろう。しかしまた「現在でも……先進諸国の大多数の株式会社は……支配的株主や中核的大株主の支配のもとにある」というように，現代を代表するような企業はほとんどすべてが，支配集中機能を本質とする存在形態であるといわれる。そうだとすれば株式会社の存在形態としては，一方では北原氏の指摘される歴史的諸条件①②③のいずれかを体現している圧倒的多数の株式会社企業の存在であり，他方ではそうでない株式会社企業，すなわち支配的な株主や中核的大株主あるいは複数強力株主の存在しない，多数の分散的株主のみの存在する一部の株式会社の存在である。

　北原氏の場合，なによりもこの「一部の企業」が基軸的存在であり，問題の核心をなすものとなっている。したがってその一部の企業では，株主の実質的所有は失われ，株主は無機能化し株主総会は形骸化しており，失われた実質のすべては「会社それ自体」の法形式としての所有の実質へ転化しているといわれるのである。この実質的所有の喪失→法形式としての所有の実質化の進展に伴って株主から「会社それ自体」が独立し，取締役＝経営者の独立も成立するということになる。つまり，「現代巨大企業の本質を分析するためには『会社それ自体』による所有の実質化という観点が不可欠だと思われる」(2)と主張されているのである。そしてこのような現代巨大企業の解明のための基礎として考察されたのが，「近代資本主義を特徴づける産業資本の一形態としての株式会社一般」である。だがこの株式会社一般の理論はすでに論理的破綻が明白になったものであり，かかる株式会社一般を基礎に現代巨大企業を理論的に分析することはできないであろう。この点はここで若干補足的に言及しておきたい。

　ここでは，支配集中機構としての株式会社は19世紀から現在に至る現実の支配的・一般的な存在形態である，と北原氏は述べている。この歴史的な現実の存在形態に基礎をおいて論理的に展開されてきたのが，支配集中機構としての株式会社論である，というわけである。それは19世紀の自由競争資本主義段階における個別的存在形態としての株式会社，19世紀最後の4半世紀を過

渡期として自由競争段階から独占段階へ移行するその過程において普及し一般化する近代株式会社，また近代独占および金融資本の歴史的発展段階における巨大株式会社，さらに現代資本主義段階における圧倒的多数の巨大株式会社……といった資本主義発展の諸段階における株式会社の存在形態に基礎を置いた株式会社を貫く基本的性質が資本の支配集中機構である，と北原氏は主張されているのである。このように北原氏は歴史的発展段階を貫く株式会社における資本の支配集中機構としての特質を指摘されたうえで，しかし続いてそれを否定する新たな問題を提起されたのである。

「しかしながら，問題は現代を代表するような巨大企業の一部において，このような支配的大株主や中核的株主，さらには複数強力株主すらその存在を検出できないような状況が生じているのではないかということである」(3)と述べたうえで，そこから直ちに従来の支配集中機能を本質とみなす株式会社論ではこのような巨大企業を分析する基準とはなりえないと論断される。すなわち，

「『支配集中』機能を本質とみなす従来の株式会社論では，このような巨大企業の本質を分析する基準たりえない。——考えてみれば，『支配的大株主』や『中核的大株主』の存在は株式会社にとって不可欠のものではない。それらが存在しなくても株式会社は株式会社であり，発展した生産力の段階でのもっとも適合的な結合資本の企業形態たりうるのではないだろうか。『支配株主』の存在に固執する見解は，かえって株式会社を資本制企業たらしめている関係を見損なうことになりはしないだろうか。——そしてこのような現代巨大企業の本質を分析するためには『会社それ自体』による所有の実質化という観点が不可欠だと思われるのである。」(4)

その中で，北原氏は19世紀から現在に至る支配集中機構としての株式会社に共通する一定の歴史的条件について指摘され，それらの条件が支配集中機構としての株式会社の特質を規定するものとして捉えられている。しかしそれは一定の歴史的条件であり，したがって歴史的には「一時的」な特殊的現実であってけっして不変的，一般的なものではない，といわれるのである。だからかかる規定性に特徴づけられる資本の支配集中機構としての株式会社も普遍的・一般的なものではなく現代を代表する巨大企業の一部においてそうした歴史的条件を有しない，したがって「支配的大株主や中核的大株主，さらには複数強

力株主さえ，その存在を検出できない状況が生まれている……」といわれるのである。そしてむしろ，そうした一部にみられるような株式会社こそが発展した生産力の段階でのもっとも適合的な企業形態たりうるのではないか，「支配的大株主」の存在に固執する見解はかえって株式会社を資本制企業たらしめている関係を見損なうことになりはしないか，と強い疑念を示されている。しかしこの文脈，あるいは文脈のどこからも支配集中機構としての株式会社が資本制企業たらしめる関係を見損なうようなものを見出すことは不可能であろう。むしろ北原の「会社それ自体」論における株式会社こそが「株式会社を資本制企業たらしめている関係を見損なうことになりはしないか」，すでに明白なことである。

そこでまず，支配集中機構としての株式会社が共有するとされている歴史的条件を簡単に確認しておきたい。

① 現実の株式会社の大部分は個人企業や合名・合資会社の組織の変更→個人や家族が支配的株主＝株主集団を形成する。
② 親会社（支配的株主）が子会社を形成する。
③ 支配株主＝支配者集団はその支配的地位を失わないようあらゆる努力を重ねてきたはずである。

これら三つの条件が支配集中機構としての株式会社における共通の要因であり，支配的株主＝株主集団の存在しない会社（「現代の企業にもっとも適合的な形態」）にはみられないものである，といわれるのであるが，しかし第一の要因はともかくとして第二の要因は株式会社の設立にあたって，現在でも支配的・一般的傾向ではないだろうか。第三の要因は現代を代表するすべての企業（それ以外のすべての企業を含めても）にとって，例外なく妥当するものと考えられる。個人株主であれ，株主集団であれ，法人株主であれ，いずれも資本＝株式資本の人格化として資本の魂を自らの魂とする存在である。ひとたび支配的地位，支配的権力を掌握したならば，彼らは例外なくその権力を死守しようとするにちがいない。そのためには如何なる闘いも辞さないであろう。

このように考えると，むしろ問題は北原氏のかかる問題提起こそが，短絡的，皮相的なものではないだろうか。

①上述の如き株式会社の歴史的展開過程から如何にして株式会社一般を抽象

できるか。北原氏の「株式会社一般」の理論は株式会社の一般理論となりうるか。それはまた現代巨大企業における所有と支配の解明のための基礎となりうるだろうか。

②現代巨大企業の本質を分析するためには「会社それ自体」による所有の実質化という観点が不可欠だといわれるが、この「所有の実質化」なるものは、株主の実質的所有の喪失と楯の両面にあたるものであり、プラス・マイナス＝ゼロという関係式になるものである。そうした論理が正鵠を射たものといえるだろうか。

③支配的大株主や中核的株主、さらには複数強力株主が存在しないからといって、またすべての株主が各々所有に基づく支配の可能性がないからといって、それらの要因が直ちに支配集中（及び資本集中）機能を本質とみなす株式会社の理論を否定することになるだろうか。

その理論を「支配株主」の存在に固執する見解とみなして放逐し去り、かえって株式会社を資本制企業たらしめている資本の本性を見損なうことになりはしないだろうか。

多数の分散的株主のみが存在する場合でさえも、「彼らには集合し合体し支配する能力を秘めている」とみなすべきではないか。「他の株主の力と合体して現実的な支配力に転化し、顕在化する可能性を秘めている」[5]とみなすべきではないか。いずれも北原氏自身の指摘された事柄である。しかし北原氏の場合には、かかる第三類型の株式会社においては「株主の所有の実質は喪失し極度に形骸化している。株主が失ったすべての実質がそっくり会社に移り、会社の所有の実質化となる。所有の法形式は実質を伴い会社それ自体は株主から独立した一個の完全な所有主体となり、支配主体、かつ経営主体・行動主体となる」という、そういう状況下――所有実質の極度の喪失――での、「多数の小株主の存在する場合における支配集中の可能性」のことである。

だが私見では株主の所有の実質は全体として、つまり共同所有として何ら喪失してはいないし、したがって喪失した実質がすべて「会社それ自体」の手に移ることはありえないと考えている。ここでも株主は会社＝企業の所有権者であり、所有実体の本質には変化はない。資本と所有の二重構造下では、株主は実質的所有者であり、その所有に基づく支配の可能性をなんら失っていないの

である。だから北原氏自身が主張されるこの側面からの支配集中機能を株式会社から放逐し去ってしまっては，逆に「株式会社を資本制企業たらしめる関係を見損なってしまう」のではないか。そうだとすればこの側面からでも「会社それ自体」論は株式会社の一般理論たりえるだろうか。加えて，これらの論述の中では前提とされているだけで，これまでは分析の対象から省かれていた現代巨大企業の設立様式を取り上げれば，いずれの企業も「発起人→支配者集団の形成」が導き出されるのではないか。北原氏の「会社それ自体」論の分析視角からはいずれの問題も把握の困難な論点である。

ところで，以上の諸論点に関しては，その大部分がすでに本文の中で分析的に検討され，その問題点も解明されてきた事柄である。が，なおまだ補足・分析を必要とするものもある。その中で北原氏の「近代資本主義を特徴づける産業資本の一形態としての株式会社一般」＝「会社それ自体」論が，従来の支配集中機能と資本集中機能を本質とみなす株式会社の一般理論に取って代わりうる一般理論となりうるだろうか，という・肝心要の論点についてもすでに明確にしてきたところである。ここでは支配集中論の視点から若干の補足，分析を試みておきたい。

2　株式会社の設立様式と支配集中機構

株式会社の設立様式が問われなければならない。株式会社の設立に当たっては，一般的には「募集」設立，または「発起」設立様式がある。既述の如く株式会社の設立様式は発展の進行とともに「募集」設立から「発起」設立へと重点を移し，後者が現代における支配的形態となっている。この二つの様式による株式会社の設立はいずれも発起人が立ち上げ，発起人の先導による支配的株主または支配的株主集団の形成をもたらす。この時点で北原氏の所説は成立しない。募集設立の場合は発起人が出資者を募集して設立資本を調達するという方式であり，出資者は多かれ少なかれ多少の社会的な広がりをもっている。他方「発起設立」は発起人が自分たちだけで設立資本全額を出資し，発行株式全部を引き受けるという方式である。資本が流動化しており，それに基づく資本の動員と結合とを基礎・前提としている。いずれの方式も所有の集中（支配集中）を必然化せしめる。これらの株式会社は資本の動員と結合の機構であり，

結合形態は等額株券制と有限責任制とを包括した一株一票の多数株議決制の株主総会（全所有の合意形成——支配的大株主・支配的株主集団の所有意思——）→全所有・全株主意思→〈会社意思〉→重役・取締役会＝経営者（全機能）を会社機関化とする重層的構造の結合企業形態として発展してきた。しかし北原氏の「会社それ自体」論はこのような株式会社論の範疇規定からは外れた別個の存在＝株式会社の一般理論であるとされる。なお「設立様式」は第9章Ⅰで取り上げる。

　叙上の，ごく簡単な図式的概念規定と対比すれば，北原氏の会社それ自体論が如何に逆立ちした考え方であるか，明白であろう。

　「『会社それ自体』は企業資産の形式上の直接的支配者たるにとどまらず，……程度の差はあれ，実質的な所有主体であり，かくして企業活動にたいする支配主体でもある。といっても，法人である『会社それ自体』は，自然人の媒介によって，あるいは自然人の肉体を借りることによって，はじめて自己の意思と意識を形成し，またそれを実際の行動に移すことができる。これを可能にするのが，会社の内部機構としての経営管理組織である。この組織の中枢に位置する最高経営幹部は，当該企業の最高戦略を決定し，管理組織を統轄して，企業活動全般を実際にコントロールする役割を果たす存在である。」[6]

　ここではまず「会社それ自体」が措定され，「会社それ自体」は会社資産の形式上の直接的所有主体，直接的支配主体にとどまらず，実質的な所有主体であり，企業活動にたいする実質的支配主体である。が，「会社それ自体」は法人であるから，「会社それ自体」は意思と意識を有していない。だから『『会社それ自体』は自然人の媒介』によって，また「自然人の肉体を借りる」ことによって，あるいは「経営者が『会社それ自体』と一体化しその大脳中枢部分を形成する」ことによってはじめて自己の意思と意識を形成し，またそれを実際の行動に移すことができる，というわけである。しかし「会社それ自体」は結合資本の人格化として自然人資本家に擬して出資者の団体である会社に法人格を付与された法人としての「会社それ自体」である。それは法的構成による法形式であり，擬制である。それ自体は意思と意識とを有していない単なる法形式上の存在，擬制的存在に過ぎないのである。それは複数の自己資本による結合資本の形成が資本所有の個人性を止揚した社会的性格をもつ私的存在を意味

第5章 「会社それ自体」と資本の動員・結合 145

するからである。この矛盾した結合資本の人格化としての資本家は生きた自然人ではありえない。この矛盾は解決されなければならない。そのために出資者は一体何をどう選択したのか。

　出資者＝株主は彼らの団体である会社に自然人に擬制して法人格を付与し，所有を人格上の個々人から法人としての会社に移したのである。それが所有の個人性を止揚した社会的性格をもつ私的所有としての存在形態である。株式会社は人格上の複数人の結合体すなわち社団を基盤とする法人である。したがって「会社それ自体」は社団を基礎・前提としてはじめて成立可能となるのである。それはまた，株主の所有を基礎・前提とし，その所有を個々人から法人としての会社へ移すことで，「会社それ自体」の所有が成立したのである。が，この所有の移動は法形式上のものであり，所有それ自体が擬制である。したがってそれは会社法人による直接的・形式的所有であるといわれる。それは客観的な事実関係に基づく必然性であるとしても，それ自体は逆立ちした擬制的存在であるから，実体のない擬制化された転倒した形態があるだけである。所有の実体は株式の実体である企業所有権の本質をなすものであり，株主の所有実体のことであり，それは法形式としての所有の成立基盤である。つまり社団を構成する出資者の所有の基礎の上に「会社それ自体」による法形式としての所有が成立するという関係である。したがってこの論理段階では株主の所有とそれを基盤に成立する会社法人＝「会社それ自体」の法形式的・擬制的所有との「所有の二重化」が，株式会社の所有構造の特質をなすのである。前者は「実質的」所有であり，後者は「法形式上」の所有である。法形式としての所有は法人格を付与された法形式上の，擬制的な単一主体の所有であり，それに対して「実質的」所有は資本所有の株式証券化による所有資本としての株式資本の所有であり，その人格化としての株主の共同所有である。この株主の共同所有の意思行為として社団である会社に自然人に擬制して法人格を付与したのである。つまり「共同所有」の意思行為によって所有を個々人から会社法人へ移し，単一の所有主体として措定されたものである。単一の所有主体として「会社それ自体」は責任主体となり，それを媒介環として取締役（会）＝経営者が設けられているのである。

　かかる単一所有主体としての「会社それ自体」の株主所有からの独立は法形

式であり，擬制である。その意思行為は株主による「実質的」所有の意思としての共同意思＝全体意思に基づく会社法人の直接的意思行為として現れるものである。しかし他方では，全株主の共同所有は個々の所有を，つまり出資額に応じた持分に分割・証券化された所有を，したがってその持分に相応しい大きさの人格化した株主の所有を構成要素とする共同所有であり，その所有意思，つまり全所有の意思行為は間接的なものとなって潜在化する。株主の「実質的」所有が法形式的所有，つまり単一主体による単一的所有という法形式に包摂され，潜在化する一方で，各個の株主を構成員とする社団としての，所有の団体性は保持されたままで全所有・共同所有の会社機関に転化する。それが株主総会である。

　株主所有の実質性は共同所有＝全株主所有として株主総会において集約的に表現されるものとなる。つまり出資者＝株主を構成員とする社団＝全構成員の所有意思は，一方における所有の法的形式——単一主体による単一的所有意思の形成と他方における所有の株主所有——株主総会による全所有＝共同所有意思の形成とに二重化して現れるのである。したがって「会社それ自体」が結合資本＝現実資本の直接的所有者であるというのは，法的形式上の規定性であり，それ自体が所有の実質化を意味するものではない。だから「会社それ自体」は株主から独立した実質的所有主体であり，実質的所有に基づく支配主体であり，経営主体・行動主体であるということにはならない。それはまた，「会社それ自体」が自然人の媒介によって，また自然人の肉体を借りることによって，あるいは経営者が「会社それ自体」と一体化しその大脳中枢部分を形成することによって意思と意識とを形成し，それを実際の行動に移すことができるというようなものではない。しかし北原氏はそれが可能だと主張される。しかしその主張自体が「会社それ自体」論の転倒性を証明するものとなるのである。

　先の「図式」的概念規定に戻ろう。北原氏の「会社それ自体」論は，結合資本の所有→株式資本の所有→一株一票による多数株議決制の株主総会＝所有の集中＝支配的大株主の所有意思＝全所有・全株主意思→〈会社意思〉→重役・取締役会＝経営者ではなく，取締役会の意思と意識→〈会社それ自体〉の意思と意識の形成→企業活動に対する支配主体となり，実際的行動主体となるというわけである。しかしそれは擬制化された現象形態，転倒した現象形態である

「会社それ自体」をそのまま「真なるもの」と受け入れて成立した逆立ちした観念形態である。そこでただちに生ずる疑問は，「会社それ自体」は株主から独立した結合資本の運動体として自己の状況判断＝意志と意識を持つ経営主体・行動主体となりうるだろうか，ということである。

3 「会社それ自体」論と経営者支配

　「会社それ自体」の意思と意識とは何か。それは自然人＝取締役の媒介によって形成された意思と意識である。つまり自然人＝取締役の意思と意識そのものである。また自然人＝取締役の肉体を借りて形成された意思と意識である。あるいは経営者が「会社それ自体」と一体化しその大脳中枢部分を形成することによって形成される意思と意識であるといわれる。つまりそれは如何なる手順を踏むにせよ，自然人＝取締役そのものである。その自然人＝取締役がその会社それ自体の意思と意識とを代行するというわけである。つまり自然人＝取締役の意思と意識→会社それ自体の意思と意識→自然人＝取締役の意思と意識である。一言でいえば，自然人＝取締役の意思と意識そのものである。この自然人＝取締役が経営者である，といわれる。北原氏の「会社それ自体」論はまぎれのない経営者支配論であり，非所有にもとづく支配，逆立ちした経営者支配論である。

　「現代巨大企業の経営者は，資本の所有者でもなければ，占有者でもなく，自らの所有に基づく支配者でもない。……現代巨大企業の実質的な所有主体（占有主体）であり所有に基づく支配力を保持する主体は『会社それ自体』であって，経営者は，『会社それ自体』の支配力の行使を『会社それ自体』の内部機構たる経営管理組織の最上部に位置して代行しているのである。」[7]「だが，経営者は，他の誰からも指揮・命令されることなく，その意味では全く自律的に自らの意思と意識とをもってこの巨大な『会社それ自体』の支配力の行使を代行できる存在である。」[8]「現代巨大企業の経営者は，特定の『資本家』に雇われているわけでは決してない。ここでは，経営管理において，経営者に対して，自らの意思をおしつけ，自らの意思に反したばあいには経営者をただちに解任できるような『人として資本家』が存在しているわけではない。ここでは所有の実質的主体であり所有に基づく支配力の保有主体は『会社それ自体』である

が，『会社それ自体』は自らの意思・判断を形成するものではないので，経営者が『会社それ自体』と一体化しその大脳中枢部分を形成することによって，『会社それ自体』の支配力を代行して行使していくのである。ここに……現代巨大企業の経営者固有の特質がある。経営者は，巨大企業の複雑な経営管理組織の頂点に位置し，それらの全組織を統括しつつ，自己の責任において当該企業活動の最高戦略を決定し実行していく存在である(9)。」

ここでは差し当たり，叙上の北原氏の見解は前提にしながら，それに関わるこれまでの諸論点を確認しておこう。北原氏によれば，株式会社における資本制的支配の貫徹について(10)，株式会社においては，さまざまな所有主体が重層的構造の中に位置を占めながら，その所有に基づく支配力を行使する。それら諸主体間の中心権力をめぐる葛藤と統一のさまざまなあり方の可能性，そこに必然化する中心権力の所在の移動（どの主体の意思がもっとも強く貫徹するか）についてすでにみたところである。その場合，「会社それ自体」は直接的所有の主体であるがゆえに，支配においても唯一の直接的支配主体であって，会社以外の諸主体はこの会社による支配をつうじてのみ自己の意思を貫徹するという構造になっている。そしてこの会社自体の所有に基づく支配力を事実上わがものにしようとして有力株主や，さらには経営者までもがさまざまなかかわり方をし，それと会社自体の自立性の強弱とがからんで，中心権力の所在の多様な状況が生ずるということであった。

ここでは「会社それ自体」が直接的所有主体であるという法形式が強調・重視されている。しかしすでに，こうした「会社それ自体」の論理がいかに転倒したものであり　株式会社の一般理論としてその正当性を主張しうるものではないことが明らかにされたのであるが，その北原氏の所説がここでは総括的に提示されている。株式会社における所有主体の重層的構造が指摘されてはいるが，その重層的構造の内的連関としての重層性に関してはまったく言及されることがない。むしろ北原氏にあっては，重層的構造とは「中心権力の所在の多様性状況」を指しているのではないか。しかしそれは重層的構造とは異なる。

繰り返すが，この「中心権力の所在の多様性状況」の中には三つの類型があり，第一の場合は「支配的大株主」と「会社それ自体」，第二の場合は「中核的大株主」または「複数の強力株主」と「会社それ自体」，第三の場合は「多

数の分散的な小株主」と「会社それ自体」があり,一方における株主による実質的所有の形骸化・所有の実質の喪失が,その反面として他方における法形式としての所有の実質化として把握されるという,同一平面上での「実質」をめぐる所有間の競争関係を特徴とするものである。したがってここでの「所有主体間の重層的構造」とは必ずしもピラミッド型の重層構造をなしているわけではないし,ましてや土台とそのうえに成り立つ建築物との立体的な重層的構造を意味しているわけでもない。かかる所有主体間の関係の推移によって「会社それ自体」が法形式だけでなく実質的な所有主体,支配主体,責任主体,経営主体・行動主体として形成されており,取締役＝経営者がその代行者として株主から独立して存在するというわけである。このことが北原氏の「重層的構造」であり,所有主体,支配主体の多様性の状況のことである。

その場合,これらの主体間の関係は同一平面上の所有間の「実質」をめぐる争奪戦として位置づけられており,いわば土台－上部の相対関係を通じて構築される立体的な重層的構造ではないということが確認できる。「支配的大株主」や「中核的大株主」または「複数の強力株主」と「会社それ自体」の関係も同様,同一平面上に落とされており,個々の所有主体として,その実質化をめぐる「所有間の競争関係」として位置づけられている。こうした同一平面上における「所有間の実質化をめぐる競争関係」の中に「会社それ自体」を位置づけ,そこに「必然化する中心権力の所在の移動」にも対応しうる理論装置を求めるとすれば,その理論装置なるものは逆立ちした観念の創造物にすぎないものといわざるをえない。

II 「会社それ自体」論と所有に基づく支配

1 「会社それ自体」の直接的所有と支配

北原氏によれば,上述ような「中心権力の所在の多様な状況」にもかかわらず,「どの状況においても株式会社の企業活動の中には資本家的意思が貫徹し,そこでは資本制的支配が行われているのだということである。――『支配的大株主』や『中核的大株主』の存在をつねに想定して株式会社の資本制的性格を云々するのではなく,それらが存在しないばあいでも,何故,資本制的支配が

行われるのかを，株式会社一般論として明らかにしておくことは，現代巨大企業にみられるマネジメント・コントロールの本質を把握する上でも，重要な基準となるはずである」。それは従来の支配集中機構としての株式会社論では説きえない。その本質を把握する理論装置こそが「会社それ自体」であり，したがってそれが株式会社の一般理論でなければならない，と主張されている。だが，次の北原氏の見解は，その主張とは真っ向から矛盾・対立するものではないだろうか。

「まず，株式会社をして資本制企業として運動するように，自己の意思を押し付けている存在は株主（一般）である。本来，株式会社は，一定程度の配当と株価の維持（上昇）を期待した株主の出資という意思行為によって成立したものであり，株主のこの出資行使こそ会社に営利を目的として行動することを義務づけ，会社資産に資本としての自己増殖活動をなさしめるようないわば遺伝子と始動エネルギーを付与するものにほかならない。これによって会社が資本家的な魂＝意思をもつことになるといってもよい。より具体的には企業の管理・運営を委任された経営者は，会社資産を増殖させ，その成果（の一部）を株主に配分する義務を遂行しているかぎりで，その地位にとどまれるのであって，もしそれを継続的に怠ったり，失敗したりすれば株主の総意によって更迭されることになる。これが原則である。」

ここでは，株主が所有主体であり，所有に基づく支配主体であり，行動・経営主体である。すなわち，株主の出資という意思行為，換言すれば，所有者＝株主の意思行為が営利を目的とする企業の行動を規定し会社資産に資本としての自己増殖活動，無際限にして最大限の価値増殖運動をなさしめる〈遺伝子と始動エネルギー〉を付与するというわけである。そしてそれによって会社はその資本家的な魂＝意思をもつことになる，と北原氏は主張されているのである。ここでの会社資本の価値増殖運動の全過程は株主の所有－支配意思が規定的に関わり，それが全過程を貫いていることが，容易に分かる。さらに「より具体的には管理・運営を委任された経営者は……株主の総意によって更迭されることになる」といわれている。それは所有による機能＝経営の支配であり，株式資本による機能資本＝現実資本――〈会社＝企業〉――の支配であり，したがって株主による取締役＝経営者の支配であり，かつ所有と機能の統一である。

そして「これが原則である」と北原氏は主張されているのである。

しかし「これが原則である」という原則の内容は北原氏の「株式会社一般」＝「会社それ自体」の論理とは真っ向から矛盾・対立するのものとなっている。北原氏は「会社それ自体」論を展開しながら，他方ではそれと矛盾する論理を，それが原則であると主張されているのである。まったく矛盾しており，論理の破綻は明白である。さらにまた「会社が資本家的な魂＝意思をもつことになる」のは，株主の出資行為＝意思行為によるものである，と主張されている点である。しかしそれは「会社それ自体」論におけるものとはまったく相容れないものである。

既述の如く「会社それ自体」は意思と意識をもっていない法形式である。それははじめから擬制された個人なのであるから擬制的な意味でしか資本家ではないのである。だから自然人＝経営者の媒介によるか，または経営者と合体しその意思と意識を付与されるか，あるいは経営者が「会社それ自体」と一体化してその大脳中枢部分を形成することによって自己の意思と意識を形成するか……によってはじめて，それを実際の行動に移すことができる。これを可能にするのが取締役＝経営者である，といわれていたのである。この「会社それ自体」の意思と意識の形成→その代行としての取締役＝経営者という論理と株主の実質的所有の喪失→法形式としての所有の実質化という論理とが一体化して「会社それ自体」が実質的所有主体となり，所有に基づく支配主体となり，自立化した独立の存在となるし，それに伴ってその代行としての取締役＝経営者も株主から自立化した独立の存在となるという論理が展開されているのである。

ところが叙上の如く，会社は，自然人＝経営者の媒介によって意思と意識を付与され，自己の意思と意識をもつとされながら，他方ではそれとはまったく異なるところの，株主の出資行為＝意思行為によるものである，と主張されているのである。会社の意思と意識が株主の意思行為によって付与されたものか，それとも取締役＝経営者の意思と意識によって行われたものかは，「会社それ自体」論にとって決定的な重要性をもつ。なぜなら，一方は株主の所有に基づく支配の論理であり，他方は株主から独立した「会社それ自体」の単一主体の所有に基づく支配の論理であり，この二側面はまったく矛盾したものであり，そのこと自体，「会社それ自体」論の論理的破綻を意味しているからである。

にもかかわらず，北原氏は前者＝株主は無機能化し部外者としての第三者とまったく同様の存在に転化されているし，株主総会も形骸化し有名無実となっているということであり，後者＝「会社それ自体」は逆に，法形式にとどまらず，実質的所有主体であり，所有に基づく支配主体であり，経営主体・行動主体として株主から完全に自立化した独立の存在であるということである。

この論理段階の特徴は北原氏の基軸的論理である「会社それ自体」および「取締役など経営者」の株主からの独立の論理とは決定的に矛盾するものとなっているということが指摘できるであろう。しかしこの決定的な矛盾を残したままでは北原氏の理論は破綻を認めざるをえなくなるだろう。北原氏にあっては，それは絶対に避けねばならない。だとすれば，株主が無機能化し部外者たる第三者と同様な立場に立つという論理は避けなければならない。またそれに対応して「会社それ自体」および経営者の株主からの完全な独立を実現し確立するという論理は放棄し，株主からの会社の独立それ自体が不十分で未成熟なものでなければならない。したがってこの株主からの実質的独立の側面と一体化した株主の実質的所有の喪失→法形式としての所有の実質化もその成熟化を放棄し単独では自立できない不十分で未成熟なものでなければならない。したがって，いずれも成熟しない不十分な一定程度のものとして捉えておくことが必要であるということになる。かくして株主の実質的所有と法形式としての所有の実質化とはいずれも不十分であり，未成熟であり，したがって各々は個別的に自立化した独立の存在とはなりえない，そうした存在であると再規定される。未成熟で自立化できなければ，両者は別々の独立した存在形態——競争関係——ではなく，併存しながら総合＝総体化した関係——相互依存関係——において展開していく，というわけである。北原氏は次のように述べている。

2　間接的所有主体＝株主と制約(1)

「以上みた総体としての株主がその意思を会社に押しつけるのは，あくまで『制約』としてであって，これが『支配』のすべてではないという点である。すなわち，それは結合資本の『価値増殖』という一般的な目的を会社に押しつけ，その方向ないし枠の中で企業活動を行うよう制約するものであって，この制約のもとで，より具体的な企業活動にたいするコントロールは，会社自体が

その機構を通じて行うのである。株式会社における『支配』は，間接的な所有主体である株主による『制約』と，直接的な所有主体たる『会社それ自体』によるコントロールとに分裂することになる。『支配』はこの両者の総体として理解されねばならない。」[13]

　ここでは直ちに「総体としての株主の意思」とは何か，「制約」とは何か，何故に「支配」ではなく「制約」なのか，が問題となるであろう。これらの点は行論のなかで明らかにすることにしよう。北原氏によれば，より具体的な企業活動のコントロールは「間接的な所有主体」である「株主によるその意思の押しつけ」・「制約」と「直接的な所有主体たる『会社それ自体』によるコントロールとに分裂するが，支配はこの両者の総体として理解されねばならない」と主張される。この総体は叙上のごとく二つに分裂し同一平面上における二側面の対立・競争関係の総体のことであり，土台＝基盤の上に形成される立体的な重層的構造の内的関連性をもつものとはなっていない。差し当たり問題は間接的な所有主体である株主によるその「意思の押しつけ」・「制約」が次の点とどういう関わりをもっているのか，である。すなわち，株主所有の形骸化・実質の喪失，その喪失分の直接的な所有主体たる「会社それ自体」への移転，つまり法形式としての所有の実質化・成熟化→「会社それ自体」の実質的所有主体・支配主体としての，株主からの自立化，一個の独立的存在……となるが，この関係すなわち「所有の実質を喪失し形骸化した株主と所有の実質化・自立化し，株主から独立した『会社それ自体』」とが「総体としての株主の意思」→「その押しつけ」・「制約」とどういう関わりをもっているのか，ということである。

　ここでは，株主の実質的所有の喪失は，部分的な，不十分なものであり，一定の実質を残している。したがってその反面としての法形式としての所有の実質化も部分的なものであり，不十分なもので一定の実質化にとどまっている，といわれる。そのことは何を意味するのか。ここでは，株主の所有に基づく支配も，「会社それ自体」による単一主体としての実質的所有に基づく支配も不十分であり，未成熟である。前者は企業活動に対して総体としての株主の意思の押しつけ・制約として捉えられ，後者は実質的所有主体としては未成熟であり，一定の実質的所有にとどまっており，したがって所有に基づく支配も未成

熟であり，不十分であり，企業活動に対しては単なるコントロールにすぎないものとして捉えられている。つまり，両者の所有はいずれも部分的であり，不十分であり，未成熟である。だから両者は所有に基づく支配の機能機構として自立化した独立の存在ではないということである。そこで所有に基づく支配はこの分裂した二側面の総体として理解されねばならない，と北原氏は主張されることになる。だがその主張は正当化できるだろうか。

ここでの論理の特徴(1)は，間接的な所有主体＝株主とは所有が形骸化し実質を喪失した株主のことであろうか。そうだとすれば「会社それ自体」の所有は法的形式上の直接的所有であるだけでなく実質化した所有となるはずである。「会社それ自体」は単なる法的形式であるだけでなく実質化した所有主体であり，所有に基づく支配主体であり，経営主体・行動主体となるはずである。しかし「会社それ自体」は生きた自然人ではないので意思と意識とを持ち合わせてはいない。だから自然人＝取締役・経営者の媒介によって，また自然人の肉体を借りることによって，あるいは経営者が「会社それ自体」と一体化しその大脳中枢部分を形成することによって「会社それ自体」の意思と意識を形成し，それを実際の行動に移すことであったはずである。つまり，かかる「意思と意識」こそは「会社が資本家的な魂をもつこと」[14]であったはずである。そしてそれこそが株主から自立化し独立した「会社それ自体」の具体的な企業活動＝価値増殖運動の行動原理であり，推進力であったはずである。だから，これまでの北原氏の所説に従えば，「会社それ自体」は結合資本の自立化した価値の自己運動体として「株主の総意による押しつけ」・「制約」から解放された価値増殖を本質——自己目的——とする「一個の独立した価値の自己運動体」でなければならないはずである。論理の矛盾，論理の破綻は明白である。が，いま少しこの矛盾した論理の展開過程に視点を向けてみよう。

ここでの論理の特徴(2)は，間接的な所有主体＝株主とは所有が実質的であり，まだ形骸化しておらず，支配的大株主が存在するか，中核的大株主または複数の強力株主が存在するそうした場合の株主を意味するのだろうか。そうだとすれば，いずれの場合も，そこには株主支配が成立しており，会社全体がその支配下にあるということになろう。「会社それ自体」の実質的な所有主体，支配主体，経営主体・行動主体……は存在しえず，単なる法形式にすぎないものと

なるはずである。したがって「会社それ自体」による法形式上の所有の実質化の可能性さえ存在しないはずである。したがって，支配的大株主や中核的大株主あるいは複数の強力株主が存在する第一類型および第二類型においては間接的所有主体＝株主による制約と直接的所有主体＝「会社それ自体」によるコントロールとの総体としての支配は生じないし、またありえないということになる。次に「総体としての株主の意思」なるものが問題となる。

3　間接的所有主体＝株主と制約(2)
　　──総体としての株主の意思と集中メカニズム

　結合資本はその名目価値としての株式資本に転化する。つまり結合資本の株式資本への転化であり，結合資本の所有から株式資本の所有への転化，つまり間接的所有への転化である。それはまた機能からの所有の分離であり，所有からの機能の解放である。機能としての資本＝現実資本と所有としての資本＝株式資本とへの資本の二重化である。機能としての資本＝現実資本は差し当たり除外する。結合資本の所有者は拠出資本家＝出資者である。が，資本所有の株式資本所有への転化──所有の証券化──によって出資者は結合資本の所有者から株式資本の所有者へ転化する。株式資本が出資額に応じた持分に分割・証券化されることによって，出資者は株式所有者として，つまり資本所有を逆立ちして体現する株式の人格化として，しかもその持株数に相応しい大きさの人格の株主として現れる。繰り返し述べてきた事柄である。かかる株主全体，つまり全出資者＝全株主が株主総会を構成する。株主総会が結合資本の所有者であり，結合資本の株式資本への転化──所有の証券化──によって結合資本の所有者から株式資本の所有者に転化する。つまり株主総会が結合資本＝株式資本の所有者であるというわけである。したがって株主総会で行われる議決は結合資本＝株式資本の所有者＝全株主──個々の株主を構成メンバーとする合意の形成──の意思の決定である。だから各個の株主は部分的所有者として，その持分に相応しい大きさの人格で株主総会に出席し議決に参加するのである。そこでは完全な資本所有の民主主義＝株式民主主義が制度として確立している。一株一票の多数株議決制である。所有の意思決定の原則である。

　この「総体としての株主がその意思を会社に押しつける」という株主の意思

とは，このようにして議決される結合資本所有→株式資本所有→全株主所有→株主総会の所有意思，つまり「総体としての株主の意思」のことである。しかしそれは一株一票の多数株議決制による合意の形成であり，この合意こそは多数株所有者（1/2以上，実際は1/3，1/4，あるいはそれ以下である）の支配，その意思の反映，意思の貫徹を必然的なものとする。

「総体としての株主の意思」→企業活動に対する「制約」が如何に株主の所有意思の本質的把握に欠ける一面的な理解であり，皮相性を免れえないか明白であろう。

株主総会における所有意思決定の必要な重要事項としては，既述の如く会社の経営・管理・組織に関する最重要な事項である。その中には基本的な経営方針，重役・取締役の任免，財産の処分等がある。これらの重要事項は全株主所有の意思行為であり，所有の実質的内容を意味するものである。と同時にそれは，各個の株主にとってはその持分に相応しい大きさの人格たる株主所有の実質的内容を示すものでもある。しかし各個の株主の所有の実質的内容は全株主の共同所有の意思行為として現れる。この「共同所有の意思行為」は全構成員＝全株主の所有意思であるが，それは各個の株主の所有意思をその持分に応じて反映したものである。それゆえにまた，その意思の反映は一株一票の多数株議決によって保障され，実現するものである。この所有意思の合意形成メカニズムは必然的に極く少数の多数株所有者に，それ以外の多数の中小株主所有を支配集中せしめることになる。それは必然的であり，むしろ予定されたものである。したがって多数の中小株主の所有は出資額に応じた持分に相応しい大きさのものとして共同所有に組み込まれ，その意思行為として現れるので，彼らの所有の実質はその限りでは喪失しているわけではない。が，しかし支配大株主または支配的株主集団が全所有の意思決定メカニズムを介して会社の全資産・現実資本を支配集中することによって取得する支配諸利得は彼ら一般的株主の貢ぎ物，横奪されたものである。したがってその意味では多数の中小株主所有の実質の一部が喪失したことを意味する。そしてこの喪失部分は「会社それ自体」へ移り，その法形式としての所有の実質化をもたらすようなものではなく，支配大株主または支配的株主集団による支配を通じて彼らの所有の実質化の拡大と支配の強化に導くものとなる。

しかしこのような全株主の所有意思＝共同所有の意思行為が直ちに支配集中を実現するわけではない。株主総会の所有の合意形成＝意思決定に基づいて「会社それ自体」の法形式上の所有意思が形成されることになる。しかしそれだけでは全株主所有の意思行為それ自体，実現することはできない。株主総会における所有の意思行為＝上記最重要事項の決定は機能から分離された所有の意思行為である。したがってその決定事項の実現のためには所有から分離された機能との結合＝統一をはからねばならない。それが法形式上の単一の所有主体であり，その所有に基づく支配主体，経営主体・行動主体である「会社それ自体」を媒介環とする所有と機能の再統一であり，株主所有の意思行為の遂行である。その所有意思が会社の経営・管理・組織に関する基本的な重要事項の決定とそれに基づく重役・取締役の任免，会社財産の処分等である。これらの重要事項が多数株議決──多数株所有者の意思──によって決定される。つまり総会における多数株所有者の意思→全株主の所有意思→株主総会意思→〈会社意思〉である。

　株主の所有は株主総会に総括され集約的に表現されることになる。株式会社における所有は，一方では人格上の個々人から法人としての会社に移され，法的形式＝擬制的所有となり，他方ではその成立の基礎・基盤である出資者の社団所有はその団体性を保持したまま株主総会を所有の内部機関＝会社機関として設けている。つまり所有の二重構造化である。前者は「会社それ自体」の所有の法形式であり，擬制である。後者は全株主の所有であり，持分に分割・証券化されたその持分に相応しい大きさの人格化された株主の所有を構成要素とする共同所有である。それが所有の証券化による株主の実質的所有を意味する。つまり株式会社における所有は「法形式」と「実質」とに二重化する。すなわち一方は会社法人としての法形式上の所有であり，法人の単一主体による所有の一元的，直接的形態であり，他方はそれの基礎・基盤となる全株主所有＝株主総会所有による間接的な所有形態である。後者の所有は資本所有の証券化による株式資本の所有であるが，それは出資者＝株主の拠出資本の名目価値であり，したがって株主の所有実体を現すものである。その基礎の上に会社法人の法形式上の所有──擬制──が成立するのである。そしてこの法形式上の直接的所有に媒介されて株主の所有は潜在化し間接的な意思行為として自己を

貫徹するのである。

加えて株式資本の所有は証券市場との関連において株式資本が擬制資本化し，擬制資本化した株式資本の流通運動が自立化し独自的・継続的に展開することによって株式資本もまた現実資本＝機能資本の名目的価値から乖離し株価総額に等しくなるように算定されるものとなる。

Ⅲ 資本と所有の二重構造および所有と機能の分離と統一

1 所有と機能＝経営の分離と統一

上記の重要事項に関する株主総会における合意形成＝議決は「所有意思」の範疇に属するが，既述の如く所有は機能から分離し機能は所有から解放されており，所有は機能に直接干渉することはできない。株主総会＝所有そのものが各個の株主の部分的所有からなっており，一個の独立した所有主体として自立的な資本の運動体とはなりえない。しかしかかる多数株所有者の意思→全株主の意思→株主総会の意思→〈会社意思〉は実現されねばならない。それを実現するには結合資本機能＝機能・執行機構の管理運用が要請されるというわけである。なぜなら所有の意思＝会社の経営・管理・組織に関する重要な決定事項の実現は再生産過程の媒介を不可欠の条件とするからである。結合資本が現実資本に転化し機能資本として再生産過程における価値増殖運動を行うことによってのみ実現可能であるからである。

結合資本＝現実資本が拠出資本家＝出資者＝株主の所有であるとしても，それは全株主の共同所有であり，各個の資本家は大株主であろうとなかろうとその部分的所有者にすぎない。彼らは，単独では結合資本の所有者ではない。したがって，その所有はもちろん，その機能に関しても，直接的には如何なる干渉も許されないのである。しかし会社の経営・管理・組織に関する重要事項を実現することは所有の意思である。が，それはまた資本機能と結合してはじめて可能となる。つまり所有の意思決定と資本機能とが結合しなければならない。分離した二側面の内的結合による統一的運用が要請されるというわけである。したがってそれは結合・共同所有に対応した結合・共同機能として結合資本＝現実資本の共同管理・共同運用が単一主体を媒介環として要請されるのである。

多数株議決制→支配株主の所有意思→株主総会所有意思・全株主所有意思→会社意思→資本機能担当＝重役・取締役（任免）である。北原氏の「総体としての株主の意思」とは支配株主の所有意思→全株主の所有意思＝株主総会の所有意思のことであり，それを基礎・基盤として成立する会社の所有意思こそが法形式であり，その現象を貫く株主総会の所有意思＝支配株主の所有意思こそが実質であり，内容である。

　しかし株主総会が全所有であり，所有主体であり，全株主の所有意思であるとしても，一個の独立した責任主体とはなりえないと同様に，重役・取締役（会）も一個の独立した責任主体，経営主体とはなりえない。取締役は非所有者であり，その立場は任期制であり，安定した恒常的存在ではない。本来ならばこの結合資本が個別資本家の「共同」出資による共同所有物であり，したがってその資本の結合機能も当然，結合資本家の結合機能・共同行為としての管理・運用であるはずであるが，既述の如くそれは不可能である。結合資本所有＝全株主所有＝株主総会所有の合意形成による統一意思に対応した内部組織として結合資本＝現実資本の結合・共同機能機構が重役・取締役会であり，その担い手が重役・取締役＝経営者である。それは，所有としての株主総会と同様に，結合資本＝現実資本の資本機能における個人性を止揚した社会的性格をもった私的所有を特徴とする結合機能機構である。取締役（会）は株主総会の所有意思──会社の経営・管理・組織に関する基本的方針・重要事項の決定──に基づいて経営管理機構の責任者として企業活動全体を統括し指揮・監督するのである。つまり所有＝株主は株主総会の議決＝所有意思──①会社の経営・管理・組織に関する基本方針＝最重要事項の決定，②重役・取締役の任免，③会社財産の処分……等々──を通じて現実資本に間接的に関わり，潜在化するなかで，その所有─支配を貫徹せしめるのである。資本所有の株式資本所有への転化──所有の証券化──であり，所有に基づく「間接的所有─支配」とはそうした逆立ちした関係を内容とするものである。

2　株式会社の所有構造と株主の所有→取締役＝経営者
　　──株式会社における支配集中機能の展開

　現実資本の管理・運用は実際には取締役会で選ばれる代表取締役を中心とす

る取締役団によって行われるが，その経営・管理・運用の「経過―結果」が株主総会において承認されることによって，最終的に株主による現実資本の所有―支配が実現されるということになる。経営・管理・組織に関する基本方針・最重要事項の決定，重役・取締役の任免，および重役・取締役団の管理・運用の経過・結果――機能・経営――が株主総会の承認――所有・支配――を得ることによって行われるということは，資本の機能が資本の所有から絶対的に分離し，完全に解放された独立の存在ではないということ，むしろ資本の機能，したがってその担い手としての取締役会＝経営者も資本の所有，したがって資本の所有者としての株主の支配下にあるということである。

　ところで，代表取締役を中心とした取締役団が経営・管理機構の責任者として企業活動全体を統括し指揮・監督をするが，しかし取締役（会）が会社を代表するとしても，その社会的責任主体とはなりえない。取締役は非所有者であり，その地位は株主総会（所有）の任免による任期制を特徴とする内部機関であり，会社責任の継続性・無限性とは相容れない限定・制約された存在であるからである。いまや，会社法人が法形式上の，直接的所有主体であり，責任主体であるということである。しかしそれは法形式であり，擬制である。実際に存在するのは結合資本＝現実資本だけである。資本の株式資本への転化によって――所有の証券化――結合資本は株式資本と現実資本とに二重化して現れる。株式資本の所有者は出資者たる株主である。結合資本＝現実資本の実質的所有者は株式資本の所有者たる株主であるというわけである。したがって結合資本＝現実資本の所有は株主による間接的所有という形態をとり，潜在化する。所有概念の展開である。[15]

　株式会社における所有としての資本と機能としての資本，その人格化としての株主と経営者との分離に基づく内的結合――二側面の矛盾・対立の止揚――としての，機構・制度が「会社法人」である。会社法人を媒介環として資本と所有の二重構造化において資本の支配機能はどのような展開をみせるだろうか。

　資本の流動化の発展・一般化は証券市場において実現する。それによって資本の社会的動員と結合とが可能となる。したがって資本の支配機能は株式会社・証券市場を媒介して展開する。この論理段階では資本の支配は，資本の平等に基づく共同支配としてではなく少数の多数株所有者＝少数大株主による多

数の分散的な中小株主の支配，つまり資本による資本の支配集中が展開するのであり，さらに前者による会社全体の支配集中が「会社それ自体」による支配という擬制のもとに展開していくのである。しかし株式会社における支配集中はこうした，いわば「会社」支配という擬制の下に「株主→株主総会→〈会社自体〉→取締役＝経営者」を通じて株主所有に基づく株主支配が間接的に潜在的に自己を貫徹していくことになるのである。しかし株式会社における支配集中の展開はそれだけでは不十分である。株式会社・証券市場を媒介とする所有と機能の分離は会社内におけるその分離に基づく統一の論理だけでなく，その制度的分離とその自立化した二側面の連結に基づく企業・経営集中を伴わない所有の集中と，所有集中を伴わない企業・経営集中を通じて一企業における複数企業の支配集中，さらには株式会社の二乗・三乗……といった巨大結合企業の成立を可能にするのである。この過程において個々の株主は持分に分割・証券化された株式の所有者として配当を取得し，また株式の売買によって差益を取得する。が，発起人・第一次取得者＝支配者集団の場合は，単なる一般的な配当の取得者ではない。彼らは最大限の利潤の取得を目的とする資本所有者＝大投資家である。したがって配当が額面に対してならば，利潤相当の配当を取得し，株価に対してならば，利子相当の配当を得るであろう。予め額面総額を株価総額に等しく設定した場合には，所有の擬制資本化した株式資本に創業者利得部分がふくまれているのである。したがって彼らは支配を維持するために最低必要な部分を確保したうえで，残り部分を全部または一部売却によってその分だけの創業者利得を手に入れることができる。しかし北原氏の「会社それ自体」論の分析視角からはこうした論理の展開は無視されるか，看過されてしまう。

　「まず，株式会社をして資本制企業として運動するように，自己の意思を押し付けている存在は株主（一般）である。本来，株式会社は，一定程度の配当と株価の維持（上昇）を期待した株主の出資という意思行為によって成立したものであり，株主のこの出資行為こそ会社に営利を目的として行動することを義務づけ，会社資産に資本としての自己増殖活動をなさしめるようないわば遺伝子と始動エネルギーを付与するものにほかならない。[16]」

　ここでは競争の強制圧力を媒介する無際限にして最大限の価値増殖を自己目

的とする結合資本の企業活動はまったく読み取れない。利子化した配当取得に甘んじる無機能化した株主であり，そうした株主の意思行為が巨大企業の資本家魂である，と主張されているのである。このように株式会社に関する北原氏の理解が如何に一面的，皮相的なものであるか明白であろう。株式会社は最大限の価値増殖を自己目的とする資本の運動体，企業組織体である。その資本＝結合資本の所有と支配は二重化して現れ，株主は無機能化した単なる株主一般として利子化した配当取得を目的としているだけではないのである。そこで肝要なことは支配的株主集団の側面，つまり支配集中機能の側面をふまえて把握することが求められるのである。叙上の指摘の通りである。したがって北原氏の見解からは次の事柄についても看過されてしまうであろう。

　たとえば，生産資本 100 億円，利潤 20 億円，年間利潤率 20%の場合を考えてみよう。企業の総株式資本は一般利子率が 5%ならば，400 億円の相場価値＝株価総額を形成する。この場合，創業者利得は 400 億－100 億＝ 300 億円である。配当率は利潤 20 億の株式資本（額面総額）100 億であるから 100 億→ 20%になる。以下次のようになる。200 億→ 10%，400 億→ 5%，800 億→ 2,5%である。しかし 2,5%では利子配当を選ぶので銀行預金に向かう。そこで株式の市場価値＝株価総額は 5%→ 400 億の水準に落ち着くであろう。一般株主の配当率は 5%となるが，第一次取得者＝拠出資本家（＝支配集団）の場合は，額面総額 100 億：利潤 20 億＝ 20/100 ＝配当率 20%となり，利潤配当である。なお株価総額 400 億：20 億＝ 20/400 ＝配当率 5%となり，利子程度の配当，つまり配当の利子化である。

　さらに投機取引がこの過程に吸着し寄生しながら独自の運動態様を獲得し株式市場の主要な構成要素となり，株式会社・株式市場は寄生的・賭博的性格を包含する制度として構造的発展をとげる。この投機取引が巨額の投機利得をもたらす。北原氏の所説にはこうした視点がまったくみられない。むしろ株主は一般化され，その無機能化した株主の意思行為としての存在が株式会社の企業活動を規定・制約するものであると主張されるのである。しかし，こうした主張が株式会社一般であり，その一般理論を基礎にした株式会社論の展開であるならば，それは正当化できるものではないし，なによりも北原氏の「会社それ自体」論との論理的整合性を欠く矛盾したものであるといわざるをえない。

以上の分析によって,「無機能化した株主一般の意思行為→株式会社の企業活動」という北原氏の見解が如何に論理的正当性を欠くものであるか,を明らかにした。が,議論を本筋に戻すと,株主の所有から独立した「会社それ自体」の法形式としての所有に基づく支配,その代行者たる経営者の支配に関する北原氏の所説が如何に根本的な難点を残すものであるか,を明らかにしてきたが,その根本的な難点は次の北原氏の所説に集約されているといって過言ではないであろう。

3 「会社それ自体」と経営者の概念規定
　「『会社それ自体』は企業資産の形式上の直接的支配者たるにとどまらず,……程度の差はあれ,実質的な所有主体であり,かくして企業活動にたいする支配主体でもある。といっても,法人である『会社それ自体』は,自然人の媒介によって,あるいは自然人の肉体を借りることによって,はじめて自己の意思と意識を形成し,またそれを実際の行動に移すことができる。これを可能にするのが,会社の内部機構としての経営管理組織である。この組織の中枢に位置する最高経営幹部は,当該企業の最高戦略を決定し,管理組織を統轄して,企業活動全般を実際にコントロールする役割を果たす存在である。」[17]
　このように「会社それ自体」は,いまや単なる法的構成による法形式,つまり単なる擬制ではなく単一主体として「実質的所有主体」であり,「企業活動に対する支配主体である」と北原氏は主張されるのである。すなわち「会社それ自体」は会社資産の形式上の直接的所有者たるにとどまらず,実質的所有主体として所有に基づく支配主体であり,責任主体であり,経営主体・行動主体である。この状況下において取締役＝経営者も株主から完全に独立した存在となっている。経営者は「会社それ自体」と一体化しその大脳中枢部分を形成することによって「会社それ自体」の意思行為を代行するという,いまや巨大な経営・管理組織の頂点に位置する存在である。経営者は他の如何なる者からも指揮・命令されることなくまったく自立した独立の存在として自らの意思と意識を持って,この巨大な「会社それ自体」の支配力を代行し行使できる存在である,と北原氏は強調されているのである。これまで,この部分は一応前提としながら直接の分析対象から除いていたものである。

しかしこの強大な支配権力を他の誰からも干渉されることなく，自律的に自己の意思と意識を持って完全に掌握し，会社の企業活動全体＝結合化した現実資本の機能過程すなわち再生産過程＝ $G—W<^{Pm}_{A} \cdots P \cdots W' —G'$ の管理・運用の担い手であるにも拘わらず，経営者はかかる資本の人格化としての機能資本家ではなく，「会社それ自体」の意思行為を代行し実行する代行者・代理人に過ぎない，といわれるのである。北原氏にあっては終始徹底して代行者・代理人でなければならないのである。経営者の概念規定は不要なのである。なぜなら経営者を機能資本家として位置づければ，「会社それ自体」論と矛盾し論理破綻を余儀なくされるからである。しかしそれはまた，経営者，機能資本家，さらには支配者としての自然人資本家そのものを否定することになるだろう。

北原氏によれば，「会社それ自体」は結合資本の人格化としての資本家である。それは単なる法的構成による法形式・擬制ではなく，実質的な所有主体であり，支配主体であり，経営・行動・機能主体である，というわけである。文字通り「会社それ自体」は所有としての資本＝株式資本と機能としての資本＝現実資本とを合一し一体化した結合資本の人格化としての資本家なのである。その概念規定からみれば，経営者はそれが如何に資本機能の全過程を担当し，①巨大な経営・管理組織の頂点に位置する存在であり，②他の如何なる者からも指揮・命令されることなくまったく自立した独立の存在であり，したがって③自らの意思と意識を持ってこの巨大な「会社それ自体」の支配力を行使できる存在である，としても，それは単なる「機能者」であるとして代行者に過ぎない位置づけしか付与されていない。それゆえに株式会社では個人企業における「資本家」にあたる存在を求めるとすれば，それは「会社それ自体」——正確にはその所有に基づく支配を代行する経営管理組織をそなえた「会社それ自体」の他にはありえない[18]という，株式会社における資本家規定が導き出されるのである。この概念規定が如何に転倒した現象形態に囚われた逆立ちした観念形態であり，その論理的帰結であるか，容易に理解できであろう。しかし留意すべきは，それがまた，自然人としての機能資本家・経営者，さらには支配者としての自然人資本家そのものを否定し放逐し去るという点である。

株式会社とは異なる個人企業の場合には，資本所有と資本機能とが同一主体のうちに合一されており，資本家は貨幣資本の所有者として貨幣資本家であり，

機能資本の担い手として機能資本家である。両者の関係は資本家が資本所有者であるが故に，資本機能者＝機能資本家すなわち経営者である。かかるものとして資本家は意思と意識を与えられた資本，人格化された資本として規定されているが，株式会社においては資本は二重化し，それに対応して所有も二重化して現れる。つまり資本と所有の二重構造化である。資本の二重化とは所有としての資本，つまり株式資本と機能としての資本，つまり現実資本とに分離して現れるということであり，その両契機の資本家自身における直接的統一は崩壊し制度的に廃棄され，同時にまた，それに対応して人格的にも分離して現れる。[19] したがって，株式会社にあっては，個人企業における「資本家」にあたる存在は「会社それ自体」以外にはない[20]という北原氏の主張は，株式会社における資本と所有の二重構造化に基づく資本家の新たな展開様式についての理解を完全に欠くものといえる。ここでは，現代巨大企業に限定されているが，この見解は該書第三章「株式会社における所有と決定」2「株式会社における資本所有の形式と実質」の基本論理と同様のものであるので，私の理解では，とくに「現代巨大企業」にのみ限定する必要はなく北原氏の株式会社一般次元の「会社それ自体」において捉えても差し支えないものと考えられる。そこには「正確にはその所有にもとづく支配を代行する経営管理組織をそなえた『会社それ自体』」が疑問の余地のない確かさで提示されているからである。

　さらに株式会社における個人「資本家」にあたる存在が，「会社それ自体」である，という理由として労働者との関係が指摘されているが，この論点は差し当たり除外する。

　　（1）　北原勇『前掲書』108頁。
　　（2）　同上，108-109頁。
　　（3）　同上，108頁。
　　（4）　同上，108-109頁。
　　（5）　同上，110頁。
　　（6）　同上，121頁。
　　（7）　同上，237頁。
　　（8）　同上，237頁。
　　（9）　同上，237頁。

(10) 同上，118頁。
(11) 同上，118頁。
(12) 同上，118-119頁。
(13) 同上，120頁。
　「株式会社における『支配』は，間接的な所有主体である株主の『制約』〔総体としての株主の意思〕と，直接的な所有主体たる『会社それ自体』によるコントロールとに分裂することになる。『支配』はこの両者の総体として理解されなければならない。」（北原『前掲書』120頁）
　この北原氏の所説は「株式会社における支配」に関する結論的な内容であり，独創的かつ新機軸をなすものといえる。が，北原氏の場合，前述の如く，一方では，それと同じ論理段階，同じ条件のもとでの「株式会社における支配」に関してはそれとは異なる，いわばもう一つの結論的ともいえる独創的かつ新機軸が提示されているのである。
　「株式会社においては……所有は，『会社それ自体』による直接的所有と株主による間接的所有とへ分裂し二重化する。この分裂において，それぞれの所有が一定の実質をふくむがゆえに，単独では完全な資本所有とはなりえない。両者が相補い重層的に合体してはじめて一つの完全な資本所有となる。そして，資本所有の内実は，両者へのさまざまな比重で分割されうることになる。」（同上，112頁）
　前者は所有主体が間接的所有主体と直接的所有主体とに分離し，各々，別個の独立した存在であり，株式会社における支配はこの両者の総体として理解されているが，後者は前者の如く二つに分裂した別個の存在を前提として，それらの総体として支配を捉えるのではなく，いわば不完全な両者が合体して一つの完全な資本所有―資本支配を形成する，といわれているのである。だからこの場合，「資本所有の内実は，両者へのさまざまな比重で分割されうる」というのは，分離した別個の二つの所有の相対的比重の問題ではなく，新たに形成された「一つの完全な資本所有」としての同一主体内における二側面の比重の問題である。株式会社における支配に関する前者と後者の論理は同義的な内容のものではなく，明らかに異なるものである。「資本所有―資本支配」に関する北原氏の見解は一体何が基軸をなす論理なのか，複雑に錯綜し必ずしも明解ではない。
(14) 同上，118-119頁。
(15) 川島武宜『前掲書』286-313頁。
　「観念的所有」については該書第5章「資本としての所有権」を参照されたい。
(16) 北原勇『前掲書』118-119頁。

(17)　同上，121頁。
(18)　同上，232頁。
(19)　稲村勲「前掲論文」参照されたい。
(20)　北原勇『前掲書』237-238頁。
　　　この点に関説して，「会社自体」論を主張される論者の一人，片岡信之氏は次のように述べている。
　　　「かっての自然人としての機能資本家にあたる存在は現代企業では会社機関や全般的経営組織の形に止揚（制度化）されており，専門経営者個々人はそこで配置される管理労働者として《制度化された機能資本家》の質料的担い手になっているといえよう。したがって，専門経営者個々人が無媒介的なままで，直に現実資本（機能資本）の人格化としての機能資本家であるわけではないのである。」（片岡『前掲書』121頁）
　　　ここでは専門経営者個々人は機能資本家ではない，会社機関や全般的経営組織など制度化された機能資本家の質料的担い手である，といわれる。生産過程が素材的・使用価値的視点からのみ把握され，価値・剰余価値視点がまったく欠落してしまっている。したがって，価値・剰余価値視点が欠落すれば，生産過程は労働過程に転化し，また専門経営者は労働者に転化し労働過程の単なる質料的担い手となる，ということになる。この論点は本文で論述した如く私見とは根本的に異なるものである。

第6章 「会社それ自体」と経営者支配
―――北原勇氏の所説の検討―――

I 「会社それ自体」によるコントロールと取締役・経営者

1 株主による所有の実質の喪失
―――株主の無機能化・株主総会の形骸化→株主からの経営者の独立

　上述の如く「経営者は,他の誰からも指揮・命令されることなく,その意味ではまったく自律的に自らの意思と意識とをもってこの巨大な『会社それ自体』の支配力を代行できる存在である。」

　「現代巨大企業の経営者は,特定の『資本家』に雇われているわけでは決してない。ここでは,経営管理において,経営者に対して,自らの意思をおしつけ,自らの意思に反したばあいには経営者をただちに解任できるような『人として資本家』が存在しているわけではない。ここでは,所有の実質的主体であり所有にもとづく支配力の保有主体は『会社それ自体』であるが,『会社それ自体』は自らの意思・判断を形成するものではないので,経営者が『会社それ自体』と一体化しその大脳中枢部分を形成することによって,『会社それ自体』の支配力を代行して行使していくのである。ここに……現代巨大企業の経営者固有の特質がある。経営者は,巨大企業の複雑な経営管理組織の頂点に位置し,それらの全組織を統括しつつ,自己の責任において当該企業活動の最高戦略を決定し実行していく存在である。」

　この引用部分は前掲のものであるが,ここでの論理の特徴は,株式会社の設立を担った発起人・出資者(拠出資本家)から成る支配者集団は存在しないし,株主による実質的所有も完全に喪失化してその残り火すら消えてしまった状態であり,その失われたすべての実質は「会社それ自体」に移転し,その法形式としての所有の実質化・成熟化をもたらすことによって,いまや「会社それ自体」が所有の実質的主体であり,所有にもとづく支配力の保有主体である,と

主張されているのである。株主は会社とは無関係な第三者とまったく同様の存在となり，株主総会は内部構成員としての株主が事実上排除され，株主不在のものとなり，所有の意思決定→会社意思の形成メカニズムは完全に破綻してしまったということになるだろう。しかし問題は「会社それ自体」は意思と意識を持っていないので，経営者が会社と一体化してその大脳中枢部分を形成することによって，経営者がその支配力を代行・執行していく，と主張されているのである。だがこの北原氏の見解が如何に逆立ちした観念であるか，すでに明らかにしてきた通りである。

　またここでは，株主総会の所有意思，すなわち①会社の経営・管理および組織に関する基本方針・重要事項の決定，②重役・取締役の任免，③会社財産の処分，その他の重要事項の処理の，全株主による所有の意思行為の過程（所有の実質の展開過程）に関する考察は，完全に欠落している。したがって，この過程を基礎にしてはじめて成立し展開されうる「会社それ自体」の法形式，擬制が所有構造の立体的・重層的な関係において把握されるのではなく法形式が実質的所有と同一平面上に等置され，それが所有の実質の喪失部分を取り込み，実質化・成熟化することによって株主による所有の実質に取って代わると主張される。かくして「会社それ自体」が株主から完全に独立した一個の主体的存在になるという論理が展開されることになった。しかしそれはいかに形式と実質，現象と実体を見誤った転倒した論理であるか，これまでの分析を通じて明白になった論点である。またここでは「これに対し，右のような性格の大株主が存在しない状況下では——『会社それ自体』による実質的所有が成熟したばあい——株式所有を基盤としないたんなる管理者がトップ・マネジメントとなってコントロールを行っていく以外にない」[3]といわれる。が，「株式所有を基盤としないたんなる管理者がトップ・マネジメントとなってコントロールを行っていく以外にない」のは，「『会社それ自体』による実質的所有が成熟したばあい」とか，「大株主が存在しない状況下」とかの問題ではない。そうした事柄とは本質的には関わりのない問題である。すでに繰り返し指摘してきた論点であるが，株式所有を基盤としない非所有者としての取締役＝経営者の登場は，株式会社に固有の必然性である。株式会社の成立と同時に生ずる事柄である。それは株式会社の発展に伴って一般化するにすぎないのである。本文を参照さ

れたい。したがってこの逆立ちした観点に立つ限り，「会社それ自体」論の展開方向は，さらなる論理的矛盾を深めることになるであろう。

2 「実質的所有の喪失」→「法形式としての所有の実質化」の論理の破綻
　北原理論の最大の弱点は「会社それ自体」論の核心部分である株主による実質的所有の喪失が，その反面として「会社それ自体」による法形式としての所有の実質化・成熟化に転化するという論理である。が，その論理が破綻したことである。この肝心要の論理が破綻すれば，「会社それ自体」論の基本論理およびそれをふまえたより具体的な論理の展開もまた正鵠を射たものとはなりえないであろう。
　株式会社制度における所有と機能の分離のもとでは，経営者は所有から分離した機能としての資本＝機能資本の人格化としての資本家であり，法形式上，「会社それ自体」と直接的関係にあるが，機能から分離した株主とは直接的関係は断たれ，実質的・間接的関係に置かれて潜在化する。しかし前者は形式的，直接的関係ではあるが，擬制的である。後者すなわち「実質的」・「間接的」関係こそが本質的であり，規定的である。したがって取締役＝経営者は「会社それ自体」の代行者であり，この経営者の媒介によって「会社それ自体」の意思と意識とを形成し，それを実際の行動に移すことができるというのは，逆立ちした論理である。そのことはすでに繰り返し指摘した通りである。
　北原氏によれば，「会社それ自体」による所有の実質化→その成熟段階は，現代資本主義段階での株式会社にあって支配的大株主や中核的大株主または複数の強力株主が存在しないで，非常に多数の分散的な小株主が存在するだけの場合であり，したがってその場合には，大株主のように所有に基づく支配が成立しえないそうした状況下にある。この論理段階では株主の所有の実質は極度に喪失し，株主は無機能化しており，株主総会は形骸化・空洞化している。が，かかる所有の実質の喪失部分が，その反面として「会社それ自体」による法形式としての所有の実質化をもたらし，その成熟に至らしめる。この成熟段階においてはじめて取締役など経営者は株主から独立し株式所有を基盤としない単なる管理者が最高幹部となって，当該企業の最高戦略を決定し管理組織を統轄して，企業活動全般を実際にコントロールする役割を果たすのである。このよ

うに北原氏は主張されているのである。

　肝要なことは，巨大企業からは自然人としての資本家が姿を消したということ，個人企業における「資本家」にあたる存在を求めるとすれば，それは「会社それ自体」であるということ，直接にはその所有にもとづく支配を代行する経営管理組織をそなえた「会社それ自体」の他にはありえないということ，である。それゆえに法人である「会社それ自体」は自然人の媒介によって，あるいは自然人の肉体を借りることによって，はじめて自己の意思と意識を形成し，またそれを実際の行動に移すことができるということである。この場合，自然人は具体的には取締役＝経営者であるということになろう。「会社それ自体」は意思と意識とを持ち合わせてはいないが，取締役＝経営者の媒介によって，または彼の肉体を借りることによって，あるいは経営者が「会社それ自体」と一体化しその大脳中枢部分を形成することによってはじめて自己の意思と意識とを形成し，それを実際の行動に移すことができるといわれている。が，この「会社それ自体」の意思と意識とは文字通り取締役＝経営者の意思と意識そのものである。つまり取締役＝経営者の意思と意識→「会社それ自体」の意思と意識→取締役＝経営者の意思と意識であり，結局それは取締役＝経営者の意思と意識の同義反復にすぎない。紛れもない完全な経営者支配論である。

　しかしそうだとすれば次の疑問が生じる。取締役＝経営者の意思と意識とは何か。そしてそれは株主の所有から解放され，株主から独立した「会社それ自体」の意思と意識であるといえるであろうか。

　北原氏は「経営者は他の誰からも指揮・命令されることなく，その意味では全く自律的に自らの意思と意識とをもってこの巨大な『会社それ自体』の支配力を代行できる存在である」[4]といわれるが，それは全く逆立ちした観念であろう。そもそも取締役＝経営者は非所有者であるが，単なる独立した一個の自然人ではない。彼は所有者である株主の存在，つまり株主の意思と意識から完全に自由であり，彼から自立し独立した存在ではありえないのである。両者は間接的，実質的関係に転化し潜在化しているが，本質的には緊縛した関係にある。社会的存在としての取締役＝経営者は，全株主の所有を構成し所有意思の決定機構である株主総会において任命され，株主総会で決定された会社の経営・管理・組織に関する基本方針・重要事項を遂行する任務を課せられているのであ

る。この任務の遂行は所有の意思→〈会社の意思〉に基づくものであり，その意思は資本機能と結合すること，所有と機能との再統一を計ること，つまり機能過程を経過することによってはじめて実現できるものである。資本の価値増殖によって規定された，この過程こそが，当該企業の最高戦略を決定して管理組織を統轄し企業活動全般を指揮・監督する資本機能の全運動過程であり，その最高責任者・執行者にふさわしいものとして株主総会で任命され，その委任された役割を果たすのが，経営者である。経営者の社会的存在意義はこの一点にある。それは巨大企業間の競争の強制圧力を背景に存亡を賭けた多面的な競争戦に身をさらしトップ・リーダーとして競争戦に勝ち抜くことでもある。したがって経営者は全所有意思→〈会社意思〉の「絶対的な蓄積衝動」による如何なる「指揮命令」からも解放され，「全く自立的存在」である，という北原氏の見解が如何に一面的であり皮相的なものであるか，明らかであろう。経営者は無際限にして最大限の価値増殖を自己目的とした価値の運動体としての資本の人格化，資本の魂を自らの魂とする企業家＝機能資本家なのである。

3　経営者＝「会社それ自体」→経営者，経営者→「会社それ自体」

株式会社においては資本と所有の二重化により所有と機能が分離し，前者は所有資本として株式資本→擬制資本を形成し，後者は機能資本として現実資本を形成するが，機能が所有から分離・解放されることによって，機能資本は単なる機能としての資本に転化し，その人格化としての機能資本家も単なる機能者として現れる。が，北原氏はこの機能運動の担い手としての経営者について次のようにも述べている。

「企業の管理運営を委任された経営者は，会社資産を増殖させ，その成果（の一部）を株主に配分する義務を遂行しているかぎりで，その地位にとどまっているのであって，もしそれを継続的に怠ったり，失敗したりすれば株主の総意によって更迭されることになる。これが原則である。」[5]

ここでの論理の特徴は株主の意思行為が企業に資本としての資本の魂を付与し企業活動を支配し，規定するという株主所有に基づく支配の論理が指摘されたうえで，株主と経営者の基本的な位置関係が取り上げられている点である。株主は，所有主体であり，その所有に基づく支配権力の保持者であるが，経営

者はその株主に雇われ，株主の代行者として，資本機能を担っている，といわれるのである。この観点は明らかに資本の支配集中機能を特質とする株式会社の論理である。「会社それ自体」論からはけっして展開されえない株主→経営者の代行の論理である。が，他方では北原氏はこうした支配集中機能を特質とする株式会社を現代の企業に適合的な企業形態ではない，と厳しき批判されている。とくに「会社それ自体」論では「会社それ自体」による法形式としての所有が実質化・成熟化し株主から独立すると，取締役＝経営者もまた，株主から自立化し独立するようになる，と主張されているのである。

この論理段階では，「会社それ自体」は企業資産の法形式上の直接的所有者，したがって直接的支配者にとどまらず，実質的な所有主体であり，所有に基づく支配主体――企業活動に対する支配主体――である，が，この場合，「会社それ自体」の代行である経営者は，しかし「誰からも指揮・命令されることなく」，「全く自律的に自らの意思と意識をもつ」存在であり，いまや「経営管理において自らの意に反したからといって経営者を解任できる『人としての資本家』は存在しない」と北原氏は主張されているのである。この観点こそは「会社それ自体」論の基本的特質を示すものであり，それゆえに上述の北原氏の見解，すなわち「企業の管理運営を委任された経営者は，会社資産を増殖させ，その成果（の一部）を株主に配分する義務を遂行しているかぎりで，その地位にとどまっているのであって，もしそれを継続的に怠ったり，失敗したりすれば，株主の総意によって更迭されることになる。これが原則である」という，その北原氏の見解とはまったく相反する論理である。北原氏の「会社それ自体」論が如何に論理的に整合性を欠く曖昧模糊とした内容のものであるか，こうした点からも明らかであろう。

しかし法人である「『会社それ自体』は自らの意思と判断を形成するものではないので，経営者が『会社それ自体』と一体化し，その大脳中枢部分を形成することによって，『会社それ自体』の支配力を代行して行使していくのである。[6]」すなわち，「『会社それ自体』は自然人〔経営者〕の肉体を借りることによって，はじめて，自らの意思と意識を形成し，またそれを実際の行動に移すことができる[7]」と主張されるのである。「会社それ自体」の意思と意識も，その支配力を行使し実行することも，すべて取締役＝経営者の意思と意識・判断

であり，それによる経営者の行為である。つまり経営者の意思と意識→経営者の意思と意識としての「会社それ自体」の意思と意識→経営者の意思と意識であり，したがってもっぱら，経営者の意思と意識による経営者の支配力の行使ということになる。「会社それ自体」は意思と意識を持たない。したがって資本としての資本の魂を持たない，いわば「客体」である。その「客体」がどうして資本の魂を自己の魂とする生きた自然人としての資本家＝株主を放逐し株主に取って代わって実質的所有主体となり，所有に基づく支配主体，経営主体・行動主体でありえるのだろうか。どうして個人企業における「資本家」にあたる存在が「会社それ自体」であるといえるのだろうか。それはしかし，物神性に囚われた逆立ちした観念形態であるといわざるをえない。

II 「会社それ自体」＝単一所有・支配主体と経営者および労働者

1 経営者→「会社それ自体」と経営者の絶対的な存在・支配権力

続いて北原氏は「経営者は他の誰からも指揮・命令されることなく，その意味では全く自律的に自らの意思と意識とをもってこの巨大な『会社それ自体』の支配力を代行できる存在である」[8]と述べている。すなわち，経営者は誰からもいかなる干渉を受けることなく自立した独立の存在となり，自己の意思と意識をもって「会社それ自体」の意思と意識としてその意思と意識を自らが実行する，いわば「絶対的存在」，「絶対的権力」となるということである。これもまた逆立した論理である。

しかしこの「絶対的存在」なる論理にも残る問題が一つある。彼の任免権者は一体誰か。それとも彼自身か。北原氏は次のように述べている。「経営者は特定の『資本家』に雇われているわけでは決してない。[9]」また「経営管理において……自らの意思に反したばあいには経営者を解任できるような『人としての資本家』が存在しているわけではない」[10]ともいわれる。いずれの見方も根本的に難点がある。

北原氏は「会社それ自体」によって経営者が雇われ，経営者は会社に代わって現実資本の管理運用を取り行う[11]といわれる。だとすれば，いまや「絶対的存在」であったはずの経営者は「会社それ自体」によって雇われ，会社に代わっ

て会社の意思と意識——支配力——を代行し実行する，といわれる。そしてそれこそが経営者の存在理由であり，権力の源泉である(12)と主張されるのである。経営者は「絶対的存在」ではなく「会社それ自体」に取って代わることはできない。あくまでも会社の意思と意識を会社の経営管理組織を通じて行使し実行するのでなければならないというわけである。「会社それ自体」こそは所有の実質的所有主体であり，所有にもとづく支配力の保有主体であり，いわば「絶対的存在」，「絶対的権力」である。

　ここでは「支配力の保有主体」に止まらず，その経営主体・行動主体である。かかるものとして「会社それ自体」は経営者を雇い，自らの意思と意識——支配力——を自らに代わって経営者に委ねるということになるのである。この論理の帰結として株主の所有はその実質を失ってしまい，したがって，所有に基づくその支配もなくしてしまい，わずかの残り火さえも消えてしまっているということになるだろう。いまや株主は全体的に無機能化し外部の第三者＝部外者とまったく同様な存在として位置づけられており，株主総会も所有の意思決定機構であり，全株主の所有を代表するという，その存在意義さえも失われてしまったということになるだろう。ここでもまた北原氏の所説「株式会社をして資本制企業として運動するように，自己の意思をおしつけられている存在は株主（一般）である」，株主は「会社資産に資本としての自己増殖活動をなさしめる……遺伝子と始動エネルギーを付与し」，「これによって会社は意思と意識をもつことになる」。「経営者は……〔義務を〕継続的に怠り失敗したりすれば株主の総意によって更迭されることになる。これが原則である」(13)を捨て去ってしまわれるのである。かくして近代株式会社における資本と所有の二重構造それ自体が崩壊し，その固有の特質を放逐し去ってしまわれたということではなかろうか。

　他方，経営者についていえば，彼は特定の「資本家」に雇われているわけではない，が「会社それ自体」という特定の「資本家」に雇われていることになる。またここでは，経営管理において経営者に対して自らの意思をおしつけるような如何なる存在もない，が「会社それ自体」が存在することになる。また，自らの意思に反した場合に，経営者を解任できるような「人としての資本家」が存在するわけではない，が「会社それ自体」が存在することになる。会社法

人は彼の雇用者であるが故に，自らの意思に反する場合に，つまり雇用条件に反する行為を行った場合には，当然，解任を含む何らかの処分を自己の意思と意識・判断に基づいて行うはずである。だが「会社それ自体」はそのような存在ではないのではないか。こうした論点＝疑問に対して「会社それ自体」論は納得のいく説明ができるだろうか。

　しかしそのまえに，このような問題の組み立て方そのものに難点があるといわざるをえない。北原氏の所説に従えば，こうした組み立て方にならざるえないのである。なぜなら，「会社それ自体」は自然人＝経営者と一体化し，その大脳中枢部分を形成することによって意思と意識を形成し，それを経営者が代行し実行するということであった。この論点は，北原氏の見解としてすでに確認された事柄の一つである。こうして「会社それ自体」は意思と意識を付与され，結合資本の人格化された資本，その資本としての資本の魂をもつ存在であるはずである。だがかかる「絶対的存在」であるはずの「会社それ自体」の意思と意識は実際には経営者の付与した意思と意識であり，したがって経営者は自らの付与した自らの意思と意識を「会社それ自体」の意思と意識として，それを誰からも指揮・命令されることなく自立して自由に自らの意思と意識・判断によって代行し実行する，というわけである。

　ところが，「会社それ自体」は，いまや意思と意識を持った実質的所有主体であり，所有に基づく支配主体であり，経営主体・行動主体である。しかし，会社は経営管理において経営者に対して自らの意思に反した場合には，解任できるだろうか。雇用者として会社は当然解任するはずである。そのように判断し，支配力を行使し実行するはずである。だが実際にはそれを判断し実行するのは経営者自身に他ならない。そのすべての権限は経営者に一任されており，経営者は如何なる干渉からも自立した独立の存在である。経営者は自らの手で自らの解任を実行することになる。そのようなことが起こりうるだろうか。それはありえないことである。

　そもそも，「会社それ自体」の意思と意識・判断はそれを付与した経営者の意思と意識であり，したがって，経営者が会社の意思と意識に反しているかどうかの判断も経営者自身の意思と判断であるということになる。つまり会社と経営者＝雇用者と被雇用者とは同一の意思と意識・判断を共有しそれを実行す

るものである。むしろそこには経営者の意思と意識・判断だけがあり，経営者による意思行為だけが存在するということであろう。

このように，経営者は誰からも指揮・命令されることなく，まったく自立した独立の存在として自らの意思と意識を持ち，それを誰からも干渉されることなく行使し実行することができる存在である。経営者は株主（全所有）からも独立するとともに，「会社それ自体」の実質的所有および所有に基づく支配権力からも自立化し，非所有者として現実資本＝機能資本を直接的，現実的に支配する「絶対的存在」，最高の権力者となる。以上は北原氏の見解に従って論理を組み立て「会社それ自体」と経営者との関係を分析的に検討してきたのであるが，氏の見解が如何に転倒し逆立ちした論理展開となっているか，は明白であろう。

2 「会社それ自体」と労働者支配

さて次に，北原氏は「会社それ自体」は法形式に止まらず，実質的な所有主体であり，所有に基づく支配主体であり，経営主体・行動主体であるが，また個人企業における「資本家」にあたる存在でもあるとの観点から，「会社それ自体」は「労働者を雇用し支配し，剰余労働を行わせ，労働の成果を取得し蓄積していく主体」でもある，と主張されている。[14]

個人企業の場合には，資本家は所有と機能および支配を完全に合一した存在である。資本家は資本の所有者として資本の機能者である。資本家は自己の所有資本を生産手段と労働力の購入のために投下する。生産手段と労働力を結合し使用することによって生産物を生産する。その生産物を市場で販売し投下した資本価値を回収するとともに剰余価値（＝利潤）を取得する。すなわち，現実資本＝機能資本の全運動：$G-W<{}^{Pm}_{A}\cdots P-W'-G'$ であり，この資本機能の全過程が資本の所有・支配の過程，つまり資本の再生産（拡大再生産）の過程として現れるのである。（なおここでは信用の利用は除外する。）

北原氏によれば，「会社それ自体」は個人企業における「資本家」にあたる存在である。会社は法形式にとどまらず実質的な所有主体であり，所有にもとづく資本力の保有主体である，と規定されているが，さらにここでは，「会社それ自体」は労働者を雇用し支配し，剰余労働を行わせ，労働の成果を取得し

蓄積していく主体であると主張されている。すなわち，現実資本＝機能資本の全運動，資本機能の全過程（購買－生産－販売－財務）が資本の所有＝支配の過程として現れているのである。それは，個人企業の場合の資本家と同様に，「会社それ自体」も所有と機能および支配を完全に合一した存在であるということになるのであろう。そうだとすれば，「会社それ自体」が法形式としての所有にとどまらず，所有の実質的な所有主体であり，所有にもとづく支配力の保有主体であるというのとは，必ずしも同義ではないのではないか。「支配力の保有主体」とは「会社それ自体」は所有に基づく支配力を保有するが，それを行使できない。その行使は代行者たる経営者によって担われるということではないだろうか。だからこそ「会社それ自体」は意思と意識を持っていないので，経営者と一体化して，その大脳中枢部分を形成し，その支配力を経営者が代行して行使し実行するというわけであろう。だとすれば「会社それ自体」が法形式に止まらず，実質的にも所有主体として自ら支配主体であり，経営主体であり，行動主体であるということは，どういうことだろうか。疑問が残るところである。

　叙上の如く経営者の現実資本＝機能資本に対する直接的・現実的支配，つまり支配力は，実は「会社それ自体」の実質的所有主体，支配力の保有主体に依存し，根拠づけられるものであり，経営者は「会社それ自体」の意思と意識・判断，つまりその支配力を代行する以外のものではないというわけである。それは株式会社の制度的本質に基づく所有と機能＝経営の分離，その分離が必然的に人格的分離——所有資本家と機能資本家——として外化せしめ，両者が各々自立化した独自の運動態様を形成するという論理とは本質的に異なるものとなっている。

　株式会社においては資本の機能は所有から分離した業務執行機関としての取締役会に委ねられている。取締役＝経営者は現実資本＝機能資本の全機能過程（購買—雇用—生産—販売—財務）に最高戦略に基づく具体的な計画を立て自らの管理運用を通じてその実現を図る。取締役＝経営者は現実資本＝機能資本を直接的，現実的に支配しており，したがって会社資産＝現実資本＝機能資本の支配者として労働者を雇用し支配し剰余労働を強制し搾取する主体である。かかるものとして経営者は機能資本家である。[15]しかし北原氏はかかる主体は「会

社それ自体」であり，経営者は「会社それ自体」に雇用され，その代行であるし，労働者も「会社それ自体」に雇用され支配され，剰余労働・搾取を強制される，といわれる。

　「会社それ自体」に雇われ，その代行としての経営者は機能資本家としては規定されていない。経営主体は「会社それ自体」であるといわれる。そうだとすれば，この場合の，経営主体としての経営者規定は所有から分離し自立化した機能としての資本＝現実資本の直接的支配者であり，資本機能の全過程を管理運用する支配主体としての経営者，かかる現実資本＝機能資本の人格化たる機能資本家としての経営者とは本質的に異なる存在であるということになる。しかしこの異質の存在たる「会社それ自体」の代行としての経営者も誰からも指揮・命令されることなくまったく自律的に自らの意思と意識をもち，巨大な「会社それ自体」の支配力を行使し実行する存在である(16)というのである。このように北原氏の場合，経営者は代行でありながら，誰からも指揮・命令されることなく自律的に自らの意思と意識をもった独立の存在であり，企業の最高戦略を決定し管理組織を統轄して企業活動全般にわたる最高権力者であると位置づけられているのである。文字通り，経営者は支配主体であり，経営主体であり，かかるものとして機能資本家であるはずである。が，しかし経営者は「会社それ自体」によって雇われた代行者なのであり，機能資本家ではないと主張されているのである。むしろ北原氏の場合，経営者は機能資本家であってはならず，あくまでも「雇われ」，「代行」でなければならないのである。なぜなら株式会社にあっては，「会社それ自体」が個人企業における「資本家」にあたる存在だからである。すなわち，個人企業にあっては資本所有と資本機能は同一主体のうちに合一されており，経営は所有に根拠づけられ，規定されている。資本家は一方の側面において資本の所有者として所有資本家であり，生産手段と労働力，生産された生産物も彼自身の所有に帰属する。同時に他方の側面において資本家は機能としての資本＝現実資本の全運動の担い手として機能資本家である。この二側面が同一主体の内に合一されているのである。資本家は資本所有者であるが故に資本機能者，つまり経営者である。

　北原氏によれば，「会社それ自体」は一方の側面において法形式としての所有主体であるが，それに止まらず，所有の実質的主体であり，所有にもとづく

支配主体，経営・行動主体であり，同時に他方の側面において取締役＝経営者を雇い，自己の支配力を経営者に代行させるし，また労働者を雇用し支配し剰余労働を行わせ，その成果を取得し蓄積する主体である，と述べている。すなわち「会社それ自体」は単一主体としてそのうちに資本所有と資本機能を合一し一体化した存在であり，所有主体であるが故に，支配主体であり，経営・行動主体かつ蓄積主体である，と主張されているのである。この論理からは，株主（所有）→株主総会（全所有＝共同所有―共同支配）は，不要であり，完全に欠落することになる。だがそれは疑いなく逆立つした論理である。より根本的な問題は，かかる論理の展開が株主による実質的所有の喪失→「会社それ自体」による法形式としての所有の実質化・成熟化の論理に根拠づけられ，規定される関係にあるという点である。が，それはすでに論理的に破綻が証明されたものである。

3　株主総会―〈会社それ自体〉―経営者および労働者

北原氏は個人企業における「資本家」にあたる存在は「会社自体」の他にはありえないし，また自然人としての資本家，自然人としての所有者＝支配者，つまり所有に基づく自然人支配者＝資本家は巨大企業から姿を消し，その資本家にあたる存在は「会社それ自体」以外にはありえない，と主張されている。いずれも株式会社における資本と所有の二重構造化について十分な理解ができていないことから引き起こされる謬論である。個人企業における資本家は如何なる場合も所有資本家と機能資本家の二側面を内的に統一した存在である。株式会社においてはそれが切り離される。資本は二重化し，それに対応して所有も二重化して現れる。つまり資本と所有の二重構造化である。ここでは同一主体における二側面の内的統一は廃棄され，制度的に分離されて現れる。すなわち，一方は所有としての資本＝株式資本であり，その人格化としての株式資本家である。他方は機能としての資本＝現実資本であり，その人格化としての機能資本家である。つまり，株式会社における資本と所有の二重化に伴う資本家の存在様式である。

株式会社にあっては，同一主体である資本家の資本所有のちに合一されていた所有資本家と機能資本家＝経営者が切り離される。両者は制度的に分離し自

立化した独自の運動態様を定立せしめている。ここでは自然人資本家が姿を消してしまったのではなく，株式資本家＝株主と機能資本家＝経営者とに分離し自立した独自の運動態様を展開しているのである。したがって，「会社それ自体」が，個人企業における「資本家」にあたる存在であるとか，また「会社それ自体」は法形式としての所有にとどまらず実質的所有の主体であるとか，あるいは所有に基づく支配主体であり，経営主体・行動主体であり，かつ蓄積主体であるとか……といった北原氏の主張は，擬制的存在である「会社それ自体」に囚われて，そのままその形態を「真なるもの」と受け入れたことによって成立した観念的形態である。「会社それ自体」はもちろん客観的な事実関係に基づく必然的な現象形態ではあるが，それはまた逆立ちした現象形態でもある。北原氏の見解はその現象形態に囚われてその形態をそのまま「真なるもの」と受け入れて展開されたものであり，物神性に囚われた逆立ちした観念的形態である。

「会社それ自体」が法的構成による法形式であり，擬制的存在であるとすれば，そこにはそれを成立可能ならしめる基盤があるはずである。拠出資本家＝出資者の個別資本から成る結合資本の全所有・共同所有をその形成基盤とするものである。結合資本の所有者は出資者であり，各個の出資者を構成メンバーとする結合＝共同所有である。この所有が複数の個別資本，複数の所有を構成要素とする共同所有である。各個の所有者＝出資者は出資額に応じた持分に相応しい大きさの人格化された株主である。株主はその部分的所有者であり，いかなる株主も「結合資本―共同所有」に直接介入・干渉することは許されない。「会社それ自体」の株主からの自立化，その法形式としての所有→その単一所有主体の形成はかかる結合資本の形成とその共同所有とを前提にし，その基盤のうえに成り立つ法形式であり，擬制化である。

「会社それ自体」はかかる結合資本の人格化として自然人に擬制して出資者＝株主の団体である会社に法人格を付与されたものであるが，この法人としての「会社それ自体」は意思と意識を有していない法的構成による法形式，つまり擬制的存在にすぎない。それは複数の自己資本による結合資本の形成が，資本所有の個人性を止揚した社会的性格をもつ私的所有であるという・そういう存在形態であるからである。かかる矛盾した結合資本の人格化としての資本家

は，生きた自然人ではありえない。出資者＝株主は，会社に自然人に擬制して法人格を付与し，所有を個々人から法人としての会社に移し「会社それ自体」による法形式としての所有，つまり擬制化した単一所有主体を形成し，所有に基づく支配主体として擬制化する。株主からの法形式上の擬制的独立である。所有の実体は拠出資本＝結合資本の出資者である株主による企業所有権のことであり，その実体には何ら本質的変化はないということである。資本所有の株式資本所有への転化——所有の証券化——によって結合資本に対する出資者の所有は株式資本家＝株主の所有となり，株式資本は持分に分割・証券化され，株主の所有は株式証券へ転化し間接的所有となる。それは「会社それ自体」による法形式としての所有，つまり会社資産＝現実資本に対する直接的所有との関係において間接化し潜在化する。かかるものとして株主所有の概念規定が明確化される。

　株主は，一方では出資額に応じた持分に相応しい大きさの人格化された株主として株主総会の構成メンバーとなり，共同所有の部分的所有者として共同所有に基づく共同行為＝共同支配を形成する。その意思決定は一株一票の多数株議決制による合意の形成である。同時に他方では，株主は持分に分割・証券化された株式を証券市場で売却し投下した資本を随時回収することを可能にする。株式は証券市場において擬制資本化され，擬制資本化した株式資本として循環的な所有運動を展開する。この観点に立つならば，株式会社における資本所有と資本支配の問題は「会社それ自体」による法形式としての所有がすでに一定の実質的所有であるという観点を出発点にすべきではないということが容易に理解できよう。

　「会社それ自体」の株主からの独立は，法的構成による法形式であり，擬制である。その意思行為は株主による実質的所有の意思行為としての共同所有＝全株主の所有意思に基づく会社法人の所有意思として現れる。株主所有の実質性は共同所有＝全株主所有としての株主総会において集約的に表現されるものとなる。すなわち，株主の所有意思は，一方における所有の法形式による直接的所有，——単一的主体＝法人による個人的所有意思の形成と他方における所有の株式所有による間接的所有——株主総会による全所有＝共同所有意思の形成とに二重化して現れるのである。したがって「会社それ自体」が結合資本＝

現実資本の直接的所有者であるというのは，法的構成による法形式上の規定性であり，それ自体が所有の一定の実質を含むものではないし，「会社それ自体」が株主から独立した実質的所有の主体であり，所有に基づく支配主体であり，経営主体・行動主体であり，かつ蓄積主体であるというものでは決してないのである。また，その支配力は自らと一体化して意思と意識を付与してくれた経営者にその代行を委ね，その実現を図るというわけのものでもない。経営者は資本所有から分離・解放された資本機能の担い手として「会社それ自体」の支配力を代行するのではなく，株主の所有意思→株主総会の所有意思→〈会社意思〉→取締役会の機能意思を通じて株主の支配力と間接的に結合し潜在化するのである。所有と機能との統一であり，所有による機能の支配であり，したがって資本の私的共同所有による社会的結合機能の支配の貫徹である。

　北原氏の「会社それ自体」論では，経営者は会社の意思と判断——支配力——を代行するものとして位置づけられていたが，「会社それ自体」の意思と意識は，自然人経営者が会社と一体化しその大脳中枢部分を形成することによって付与された意思と意識である。つまり経営者の意思と意識そのものである。この経営者が「会社それ自体」の意思と意識——支配力——を代行するというわけである。すなわち，経営者の意思と意識→「会社それ自体」の意思と意識→経営者の意思と意識である。一言でいえば，経営者の意思と意識そのものである。「会社それ自体」論はまぎれもなく経営者支配論である。それは所有に基づく支配ではなく非所有者＝経営者の意思と意識→〈法形式としての所有の意思と意識〉→非所有者＝経営者の意志と意識→経営者の支配である。

　株式会社にあっては，本来，結合資本は出資者たる株主の共同所有である。結合資本→株式資本（名目価値）は所有資本として出資額に応じた持分に分割，証券化され，証券市場において擬制資本に転化されており，各個の株主はその持分に相応しい大きさの人格として株主総会を構成している。株主総会は個々の所有主体を構成要素——部分的所有者——とする全構成員＝全株主の共同所有である。その所有意思は全株主の所有意思，したがって株主総会の所有意思となる。株主総会は一株一票の多数株議決制に基づく所有の集中・支配機能によって支配的株主の所有意思→全所有・全株主の所有意思→〈会社意思〉→経営者の機能意思である。すなわち，出資者＝株主の共同所有→株主総会→〈会社〉

→経営者である。つまり株主の所有意思→経営者の機能意思であり，所有による機能・経営の支配である。株式資本による現実資本の支配，私的所有による社会的機能の支配である。

（1）　北原勇『前掲書』237頁。
（2）　同上，234頁。
（3）　同上，121頁。
（4）　同上，237頁。
（5）　同上，119頁。
（6）　同上，237頁。
（7）　同上，121頁。
（8）　同上，237頁。
（9）　同上。
（10）　同上。
（11）　同上。
（12）　同上，北原勇『前掲書』237-238頁。
（13）　同上，118-119頁。
　　　片岡信之氏は，株主総会と企業意思の関係について次のように述べている。「企業意思は，本質的には株主総会によって与えられるのではなく，現実資本自体によって与えられる。（すなわち，企業意思は資本間競争の強制によって本質的に規定されるのであって，持株問題，株主総会決定，株主相互間の闘争等が本質的要因ではない）という有井行夫や篠原三郎の所説を私は共有するものであるが，この視座からすれば株主総会は会社にとっては外在的なものであり，むしろ他の外部利害者集団と同様に影響力のひとつになっているといった方が実態に近いであろう。そのような株主総会が『選出』する取締役会は，多くの場合，現実資本の業務担当経営者層が行う決定を形式的に『承認』する（決定を正式に会社の決定とする形式的手続）にすぎないのであって，（法の想定する株主受託機関としての限りでの）取締役会自体が現実資本運用の積極的担い手には，多くの場合，なりえていないのである。」（片岡『前掲書』92-93頁）。私見とは基本的見解を異にするものである。
（14）　同上，233頁。
（15）　同上，稲村勲「前掲論文」61頁。
（16）　同上，北原勇『前掲書』237-238頁。

附論：「所有の証券化」――「所有と支配」→「株式所有と支配」
　　――ライブドアとフジテレビの「株取り合戦」――

　ここでは，この問題それ自体の分析的解明を企図するわけではない。この問題が株式会社の本質に関わる側面を有しており，とくに会社支配をめぐる「株主―会社―経営者」の三者の関係性を如何に把握すべきか，を確認する素材を提供していると思われるからである。その点をふまえて総括的観点から資本の支配集中機能を否定する「会社それ自体」論の理論的問題点を明らかにしてみたい。

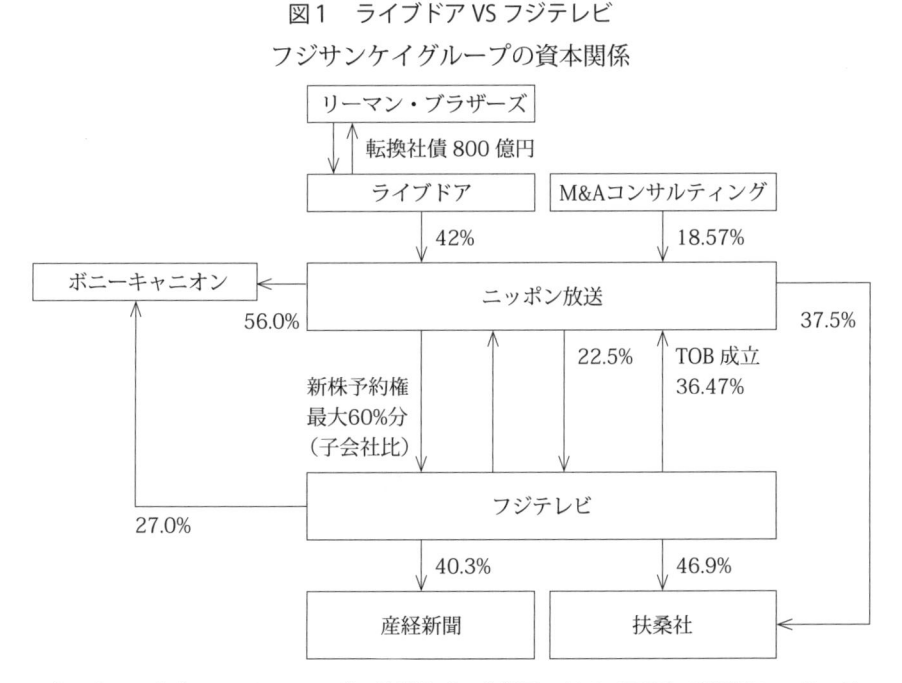

図1　ライブドア VS フジテレビ
フジサンケイグループの資本関係

```
          リーマン・ブラザーズ
               ↕ 転換社債 800 億円
           ライブドア          M&Aコンサルティング
               ↓ 42%              ↓ 18.57%
ボニーキャニオン ← ニッポン放送 ──────────── 37.5%
       56.0%         ↑ 22.5%   TOB 成立
                              36.47%
          新株予約権
          最大60%分
          （子会社比）
                      フジテレビ
       27.0%         ↓ 40.3%   ↓ 46.9%
                    産経新聞      扶桑社
```

　「フジテレビジョンによるニッポン放送株式の公開買い付け（TOB）は期限の3月7日，36.47%取得し成立した。これでフジテレビは，ニッポン放送株式を通じてインターネット関連会社ライブドアの影響力をとりあえず遮断した。ここに至る両者の『株取り合戦』は，持合構造が崩れた後の株式上場の意味，改めて企業は誰のものであるか，等を我々に考えさせた。」（週刊『エコノミスト』2005. 3/22. 83-90頁）より。

表1　ニッポン放送を巡る攻防戦

2003年9月	Ｍ＆Ａコンサルテイング（村上ファンド）が6.3%を出資し筆頭株主になる。
04年3月	村上ファンドが出資比率を16.6%に引き上げ
9月	フジテレビが12.3%の株式を取得し、第2株主になったと発表
05年1月4日	創業家の鹿内一族が全保有株（8.0%）を大和証券SMBCに売却
1月17日	フジテレビが発行済み株式の50%超（将来的に全株式の取得）を目指してTOBを実施すると発表
2月8日	ライブドアが35.0%の株式取得を発表
2月10日	フジテレビがTOB条件変更。発行済み株式の50%超から25%超へ引き下げ
2月23日	ニッポン放送がフジテレビに対し、新株予約権を割り当てると発表
2月24日	ライブドアがニッポン放送の新株予約権割り当ての差し止めを求める仮処分を東京地裁に申請
3月3日	ニッポン放送がライブドアの株式取得手法に証券取引法違反の疑いがあるとして、証券取引等監視委員会と東証に実態調査を依頼
3月7日	フジテレビのニッポン放送株TOB成立。発行済みの36.47%を確保
6月	ニッポン放送の株主総会

＊ニッポン放送株のTOBに対する主要株主の対応
　フジテレビ－12.39%（保有比率、以下同じ）
　応募：大和証券SMBC－8.00%、サンケイビル－2.37%、講談社－0.56%、電通－0.49%、三共－0.49%、東京電力－0.49%、東洋製缶－0.49%、東京急行電鉄－0.49%、関西電力－0.37%、東芝－0.24%、小田急電鉄－0.24%、産業経済新聞社－0.23%、三菱電機－0.22%。
　　　TOB後の計－36.47%
　保有継続：東京ガス－0.44%、トヨタ自動車－0.29%、京王電鉄－0.12%、
　市場売却：日立製作所－0.10%
　半数応募・半数市場売却：宝ホールディング－0.24%
（出所）同上より抜粋。

　北原勇氏は「現代の巨大企業では『会社それ自体』の株主からの自立・その反映としての会社経営者の株主からの自立が最高度に進み、株主の所有の空洞化が完成するにいたる」（同上、196頁）と主張されている。「所有の空洞化が完成する」とは「所有の実質の消失が完成する」と同義であろう。株主の所有の実質が完全に喪失すれば、株式所有に基づく株主支配は、完全に実質を失っ

た所有に基づいて支配も完全に実質を失うであろう。株主は〈所有―支配〉を完全に喪失することになる。そしてその失った実質のすべてが「会社それ自体」に移転・凝集し，その実質・力となる。いまや「会社それ自体」が実質的所有主体（法形式と一体化した完全な所有主体）であり，所有に基づく支配主体となる。が，「会社それ自体」は代行を必要とする。その代行が経営者である。北原氏はこのように述べているのである。

　しかし留意すべきは，株式所有の空洞化が完成し「会社それ自体」が株主から自立し独立した存在となるのではないし，「会社それ自体」の「実質的所有―会社支配」が確立するのでもない，ということである。「所有の証券化」によって「資本所有―資本家支配」が「株式所有―株主支配」に転化し，「株式所有―株主支配」が実質的・間接的なものとなり，潜在化するということである。

　「会社それ自体」が企業資産＝現実資本の直接的所有者であるというのは法形式であり，擬制であることを意味する。企業資産＝現実資本は会社の資本として株式資本化され，出資額に応じた持分に分割・証券化されている。株主は分割・証券化された持分に相応しい大きさの人格化された個々の株主として株主総会の構成メンバーとなる。同時に，その持分証券を証券市場で随時売買できる可能性を付与されている。このように「会社それ自体」が企業資産＝現実資本の直接的所有者であるからといって，証券化された会社資本（額面総額）をすべて所有しているわけではないのである。会社が株式を保有すれば，法人株主となり，株主総会の構成メンバーとなる。彼は一方で配当を取得し，他方では株主総会での共同所有の意思決定に参加し，個別的所有意思を共同所有の意思行為を通じて実現していくのである。

　共同所有の意思の実現は会社の経営・管理・組織に関する基本方針を自分たちが任命した取締役に委任することによって実行・実現をはかるのである。しかし共同所有の意思形成は一株一票の多数株議決であり，多数株所有者の所有意思を必然的に反映するものである。これが株式会社の「所有―支配」の実質であり，株式の実体が企業の所有権（＝支配権）であることの本質である。したがって，現代の巨大企業では「会社それ自体」の株主からの自立・その反映としての会社経営者の株主からの自立，株主の所有の空洞化の完成という北原

氏の主張からは，上掲のライブドア VS フジテレビの「株取り合戦」——企業支配を目的とした株式の大量取得，経営権を巡る株取り合戦——に関して納得的な説明はできないであろう。

なぜなら「会社それ自体」は実質的所有者—支配者ではなく，法形式であり，擬制的存在であること，株主こそは株式所有の実体に基づく実質的所有者であり，所有に基づく支配者であること，この点を認めようとされないからである。むろん容認すれば，「会社それ自体」論は理論的破産を余儀なくされるであろう。「会社それ自体」が法形式に止まらず実質的所有者，つまり完全な所有者であり，その所有に基づく支配者であるならば，ライブドア VS フジテレビのような「株取り合戦」は生じないえないからである。加えて株式は完全に空洞化しており，支配権を完全に失っているとすれば，「株取り合戦」の意味はないからである。

第2篇

株式会社制度

第7章　株式会社の論理構造

I　資本と所有の二重構造

1　株式会社の資本構造

　株式会社の資本は結合資本である。複数の出資者による自己資本の結合形態である。この場合，自己資本は所有としての資本と機能としての資本との合一した資本であり，この自己資本が複数の出資者によって拠出され，それらを構成要素とする結合形態の資本である。資本所有の株式資本所有への転化——所有の証券化——の論理段階では，この結合資本は資本と所有の証券化によって二重化し，それに対応して所有も二重化して現れるし，またそれは所有としての資本と機能としての資本とに制度的に分離し相対的に自立化した独自の運動態様を確立する。すなわち，結合資本は一方では現実資本に転化し，他方ではその名目価値としての株式資本を形成する，という資本と所有の二重構造として現れる。この場合，株式資本は現実資本価値を表し，それと等置関係にあり額面総額で表示されている。

　このようにして結合資本は二重化して現れるが，それに対応して所有もまた，資本所有の株式資本所有への転化によって，一方では所有としての資本＝株式資本の所有と他方では機能としての資本＝現実資本の所有とに二重化して現れている。株式資本（＝額面総額）は持分に分割・証券化され，その所有者として株主は出資額に応じた持分に相応しい大きさの人格化された株主として位置づけられている。他方，現実資本の所有は上述の如く出資者であり，会社資産，したがって会社も資本所有者たる出資者＝株主の所有である。が，その所有形態は複数の出資者の結合・共同所有であるがゆえに，所有が内包する支配は「複数の所有→複数支配」による多元性を必然化せしめるものである。こうした自己資本の結合の内的矛盾，その発現を回避・止揚するためには，いかなる

出資者も個人としては直接干渉を許されない，単なる一構成員にすぎないという単一主体による自己資本の結合・共同所有でなければならない。そういうものとして所有を個々人から会社法人という単一主体に移し，会社の直接的所有に基づく一元的な管理・運営に委ねるという法形式，擬制が採られたのである。資本の二重化とそれに対応した所有の二重化を意味する。いまや複数の自己資本を構成要素とする結合資本は，既存の分散的・個人的所有を止揚し，「社会的」な所有形態に転成しているのである。所有から分離された機能としての結合資本＝現実資本は単一の個別資本として再生産過程において循環的運動を展開している。それは機能から分離された複数の所有資本家＝株主の所有意思に基づきながら，単一主体として意思行為するものとして現れる。(1)だが，複数の所有意思は共同所有・結合意思であり，そのためには合意の形成が必要不可欠である。したがって共同所有→株主総会→〈会社〉→取締役会となる。こうした論点に関してはこれまで詳細に論述してきた。ここでは差し当たり省略する。

　資本流動化の内的諸要因：株式会社は既述の如く資本の流動化による資本の集中および支配集中機構である。株式会社の資本は結合資本であり，自己資本としての資本の結合形態である。したがって，株式会社の資本は複数の出資者の拠出資本を構成要素とする結合資本である。そうだとすれば，当然，出資者全員が「所有－支配－経営」に関する権利を有するであろう。もちろん，出資者は平等・同等ではない。資本所有の量的差異は不可避であり，前提でもあるからである。各々は出資額を異にし，それに応じた持分に相応しい大きさの人格化された株主である。しかし出資に際しては基本的条件は産業資本の原理に基づいて出資者は自由・平等でなければならない。所有－支配－経営権は一定の基準に従って出資者全員に等しく付与され，差別的であってはならない。したがって出資者間の同一性と差別性という相反する矛盾は解消されなければならない。それが持分比率に応じた分割・証券化であり，等額株券化である。この等額株券は譲渡が自由でなければならない。つまり譲渡自由な等額株券制である。しかしこの側面だけでは十分ではない。出資者の責任の継続性，つまり無限責任が残るからである。出資者の無限責任制は譲渡自由な等額株券制と矛盾するからである。後者は前者の全面的展開を制約し，障害となる。その制約・障害諸要因は除去されなければならない。

出資者に「持分の払戻請求権」＝「持分譲渡の自由」が付与されていれば，出資者が期待通りの配当を得られなかったり，長期間の投資に耐え得ない場合には，脱退によって投下資本の回収を計るであろう。投下資本の払い戻しを免れえないとすれば，大規模化する結合資本の維持・管理に支障をきたし，その継続性は困難化することになる。この問題を解決するためには出資者の交代にも拘わらず，現実資本は直接の影響を受けずに再生産過程において資本の継続的な循環的運動を可能にしなければならない。それが「持分譲渡の自由」と「出資者交代」の自由である。つまり譲渡自由な等額株券制の採用である。しかしこの譲渡自由な等額株券制は出資者の無限責任制と矛盾する。少なくとも後者は前者の全面的な展開を制約し障害となる。制約・障害諸要因は除去されねばならない。この要請に応える形式が無限責任制から有限責任制への転化である。

このように「持分譲渡の自由」と「無限責任制→有限責任制」への転化についていえば，①会社資本は自己資本が債務発生時点での総出資額を維持するという義務を負わねばならないこと，②出資者は出資額を限度に義務を負い，他の一切の義務から解放されること，③会社資本はその財務状況（概要）を公開すること，が要請される。こうして会社はその自己資本の範囲内において債務を受け，その返済義務を果たすという法人格化された所有主体・責任主体となる。かくして出資者にとっては拠出資本が出資額に応じた持分に分割・証券化されることによる譲渡自由な等額株券制とそれに対応した出資額＝自己資本のみに義務を負うという有限責任制が導入されるのである。有限責任制の採用は譲渡自由な等額額面制と相互補完の関係にあるのである[2]。

叙上の如く譲渡自由な等額額面制と有限責任制の採用とは相互補完の関係にあるが，この関係性は出資者・企業者の個人性・特殊性と矛盾するが故に，その個人性・特殊性を止揚し，出資者・企業者の交代にも拘わらず，それには直接影響されずに継続できるように，その同一性を維持しうることが要請される。それが「会社法人」である。すなわち出資者によって設けられた社団に生きた自然人を擬して結合資本＝現実資本の法人格を付与されるのである[3]。つまり「会社それ自体」である。

しかし，譲渡自由な等額株券制と全社員の有限責任制だけでは資本所有の株

式資本所有への転化——所有の証券化——にとってはなお十分ではない。出資者としての株主の主体性——所有の意思決定——が会社機関として制度的に確立されていなければならない。それが株主総会である。こうしてこの譲渡自由な等額株券制と全社員有限責任制との二側面の相互補完的展開過程において資本機能から分離した資本所有——全株主所有——としての株主総会における一株一票の多数株議決制が導入され，株式民主主義に基づく全所有＝共同所有の意思決定メカニズムが確立する。

　資本所有の株式資本所有への転化——所有の証券化——の論理段階では，結合資本は所有としての資本＝株式資本と機能としての資本＝現実資本とに二重化して現れる。が，株式資本は，持分に分割・証券化されることによって，一方では証券市場において随時の売買可能性を付与され，擬制資本化した株式資本の流通運動を形成・展開する。他方では株式資本の所有者として株主は，出資額に応じた持分に相応しい大きさの人格をもつ株主として株主総会の構成メンバーとなる。かくして株主所有→株主総会（全所有）→〈会社法人〉→取締役会（全機能）という相関関係を内容とする会社機関が成立する。

　結合企業の場合，経営規模が大きくなり，業務内容も複雑化しているのに，多数の出資者全員が各々独立した所有意思をもち業務執行権を有して，通常の業務につき各々単独で執行したり，対外的な代表権限をもつ——経営・管理の多元性——となれば，資本の価値増殖のための最大限の効率的な経営ができないだけでなく，企業間競争にも立ち遅れ，企業経営の破綻を余儀なくされかねない。そこで，出資者は出資額に応じた持分に相応しい大きさの人格化された株主として株主総会を構成し，一株一票の多数株議決制に基づく所有の意思決定機構として株主総会を設けるとともに，出資者たる地位に当然含まれている業務執行権を切り離して，これを経営能力のある第三者（出資者を含めてもよい）に委ね，会社の経営・管理・組織等を統括し執行する機能機構として取締役会を設置したのである。こうして出資者は株主総会＝全所有の構成メンバー，共同所有者として株主総会において会社の経営・管理および組織に関する基本方針・基本事項，業務執行者の選任・解任・その他の重要事項について決定する。この決定（事項）が会社の意思を表しその執行——資本機能の全過程——を取締役＝経営者に委ねる。このように株式会社においては株主総会や取締役

会などの会社機関が制度化され,「所有と経営の分離」と「分離に基づく統一」の関係が成立するのである。[4]

　有限責任制と会社＝企業責任との関連についていえば,有限責任制は,まず第一に資本集中という点にかかわっている。投下資本額が巨大化し,企業活動が大規模になってきた企業に対して,資本所有者が無限に企業責任を負うことをもはや不可能なことである。したがって,会社の「無限責任制」を保持しながら所有の「安全性」を確保することは資本所有者にとって不可欠のことである。いいかえれば,社会から広範に資本を集中するためには,自己資本の結合体としての会社資本が「無限責任制」を保持したうえで資本所有の「安全性」を資本所有者＝株主に保障しなければならない。では企業活動に対して資本所有者＝株主が無限の責任を回避し所有の「安全性」を確保するためにはどうしたらよいだろうか。それは,上述の如く出資者の社団たる会社に生きた自然人を擬制し,法人格を付与し,所有を個々人からそこに移すことによって会社財産を法人としての個人の直接的・形式的所有に転化し,会社法人（＝会社それ自体）を単一の所有主体・責任主体にすることである。かくして出資者＝株主の所有は,会社財産に対する直接的・実体的所有から解放され,資本所有の株式資本所有への転化――所有の証券化――によって会社財産に対する間接的・実質的な所有に転化し潜在化する。この論理段階では資本所有は株式資本所有へ転化し,間接的・実質的なものに転化し潜在化するのである。

　こうして株式会社では会社法人が結合資本＝現実資本の直接的所有者となり,出資者＝株主は合名・合資会社のように直接的所有権に基づく経営権・支配権を放棄しており,したがって出資者の人的結合＝合議制に基づく共同経営・共同支配――経営権の多元性――という形態・制約から解放されることになる。いまや所有から機能は分離・解放され,所有も機能から切り離されることによって,所有は機能に直接干渉することを許されないものとなる。いかなる所有資本家＝株主であろうとも,彼の所有意思は独立した個別的なものとしてではなく出資者全員の共同行為という形式を通じて行われる。会社自体が法形式上資本の単一的所有主体として経営の一元的支配を成立せしめると,それとの相関的措置として会社機関すなわち所有意思決定システム――株主総会――とその意思決定に基づく管理・運営・組織＝執行システムとが設置されるのである。

それは株式会社特有の会社資本に対する出資者の所有権の内容を反映し，それに規定された経営・支配様式——重役・取締役会——の形成に導くのである。

　所有についていえば，法形式上の，擬制された個人としての「会社自体」＝会社法人が会社資本＝結合資本の直接的所有権を持つのに対して出資者は結合資本に対しては，資本所有の株式資本所有への転化——所有の証券化——によって元来の直接的・実体的所有から間接的・実質的な所有に転化し潜在化するのである。この点に合名・合資会社における直接的な人的結合＝共同所有→直接的な共同支配と株式会社における会社法人による結合資本＝会社資本の直接的・形式的な「個人的」所有→一元的支配に対応した出資者の間接的・実質的所有→間接的・実質的な経営・支配との根本的な相違があるし，株主総会の所有意思→〈会社法人の意思〉→取締役会の機能意思の形成を通じて支配株主による会社資本の独占的・全面的支配の集中が実現する点にも株式会社固有の特質が指摘できよう。次に機能について検討しよう。

　機能についていえば，機能は所有から分離・解放されており，したがって資本の機能過程＝価値増殖過程は非所有者としての取締役会・経営者によって担当されることになる。取締役（会）は株主総会において任命され，株主総会＝全所有＝共同所有の意思（会社の経営・管理および組織に関する基本方針，取締役の任免，残余財産の処分等の決定）→〈会社法人の意思〉→取締役会の機能意思（全執行権の委任）である。したがって一株一票の多数株議決制による支配株主の所有意思→株主総会の全所有＝共同所有の意思→〈会社法人意思〉→取締役会という会社資本に対する出資者＝株主所有→支配株主の「所有意思―支配」を通じて取締役会＝資本機能に対する支配が潜在化し間接的・実質的に貫徹するのである。

　所有から経営が分離され，所有が人格上の個々人から「会社それ自体」に移され，純粋に法形式上の所有となり，法人の単一所有主体，支配主体，経営・行動主体，かつ蓄積主体の擬制化が成立することになる。逆にまた，会社資産・財産の直接的所有が，「会社それ自体」に移されることによって，会社の経営・管理・組織に関するすべての機能事項は会社機関としての取締役会に移譲される。そして資本所有の株式資本所有への転化——所有の証券化——によって株主の所有権は間接的なものとなり，株主権としてその所有形態を変化させ

るが，それは，①会社の経営・管理・組織に関する基本事項の決定権，②取締役の選任権，③収益権としての配当請求権，④残余財産分配権，⑤会社の縮小・解散権，⑥新株発行，合併等関する権利，計算書類等の承認権……等がある。これらは株主の所有権であり，会社機関としての株主総会を通して実現される諸権利である。[5]

　会社資産・財産の「事実上の所有者」は資本所有者，つまり出資者＝株主である。この「事実上の所有者」に与えられている権利は，上述の通りであるが，しかし，資本所有者＝全株主は会社の経営・管理・組織に関する基本的事項・基本的方針を決定し取締役を任免する権利をもっているがゆえに，株主総会でその権利を行使し会社意思として取締役を間接的・実質的に支配することが可能である。資本主義的生産様式下では資本所有による資本機能の支配，資本の私的所有による社会的な機能の支配が貫徹するのである。

　資本の結合は種々の結合形態が資本集中の展開過程において生み出されてきたが，ここで差し当たり，自己資本と他人資本の結合である貸付資本＝信用との関係については除外する。自己資本の結合という点では合名・合資会社もそうであるが，それらは株式会社の結合資本とは本質的に異なるものである。

　株式会社の資本は資本の流動化を基礎・前提とした資本の動員と結合による多数の個別資本＝自己資本からなる結合資本である。資本所有の株式資本所有への転化——所有の証券化——の論理段階では，この結合資本は一方では機能資本としての現実資本を形成し，他方ではその名目価値＝所有資本としての株式資本を形成する。しかし肝要な点は，「この資本は二重に存在するのではない」ということである。すなわち「一度は所有権の，株式の資本価値として存在し，もう一度は……諸企業に現実に投下されているか，または投下されるべき資本として存在するのではない」ということである。「それはただあとのほうの形態で存在するだけであって，株式は，この資本によって実現されるべき剰余価値にたいする按分比例的な所有権にほかならない。」が，同時に株式は「企業の現実資本を表している」ということである。すなわち，「企業に投下されて機能している資本，または株主によって前貸しされている貨幣額を表している」ということである。[6] つまり株式は現実資本＝会社資産＝企業そのものの所有証券である。

資本所有の株式資本所有への転化によって資本所有者は株式資本の所有者になる。株式資本の所有者＝その人格化としての株主は，しかし結合資本＝会社資本の直接的な所有者ではない。株主は結合資本の一構成員にすぎない。つまり彼は結合資本の一構成要員として不完全な，部分的な所有者にすぎない。では一体誰が所有者なのか。それは会社の設立資本を拠出した出資者である。つまり出資者全体＝株主全体である。したがってそれは全出資者＝全株主の共同所有物である。個々の株主は結合資本の一構成員であり，その持株数に応じた部分的所有者にすぎないというわけである。全出資者＝全株主の結合・共同所有にあっては，個々の株主の所有意思は独立した個別的な所有意思ではなく，したがって彼の意志行為は独立した個別的・分散的な行為としてではなく，出資者全員の意思決定に基づく共同行為として行われる。つまりその個別性は全体の一要素として資本結合に基づく共同行為という形式を通じてはじめて実現されうる。個々の出資者＝株主はすべての他の出資者＝株主の決定に従わなければならない。出資者全員＝株主全員の意思決定に基づかない個々の出資者＝株主の所有行動はすべての他の出資者＝株主の所有の侵害，共同所有の否定となり，結合資本＝会社資本の崩壊に導きかねない。生産力の発展に伴う資本所有の量的・質的拡大要求に応えるには社会的な資本の動員と結合を不可欠な絶対条件とする。株式会社にあっては，結合こそが唯一の資本形態であり，資本の存在様式を規定するものである。したがってそれは制度的に安定的・持続的であり，かつ効率的でなければならない。

では株式会社の資本＝結合資本が出資者全員＝株主全員の所有・共同所有物であるとすれば，その所有主体・所有意思はいかにして形成されうるか。つまり，いかにして独立した共同所有の主体・共同所有の全体意思とその一元性＝単一性が導出されうるのか。

元来，所有は機能－支配を内包した概念である。産業資本についていえば，その生産過程は労働過程＝生産の技術的過程であるだけでなく価値増殖過程であり，労働過程は価値増殖過程の手段として従属し，矛盾する対立関係にある。価値増殖過程は資本家による生産手段の私的所有――したがって生産物の私的所有――という資本主義的所有関係に基づくものにほかならない。資本の価値増殖過程は資本の機能過程，すなわち現実資本の再生産運動のことである。通

常，それが企業活動であり，企業活動の管理が経営である。この経営が管理する生産過程が労働過程と価値増殖過程の統一過程であり，価値増殖を目的とする生産過程として指定される。つまり，ここでの生産は価値増殖を目的とし，価値増殖に規定されるものである。したがって，社会的生産は私的所有に規定され従属する。労働もまた資本に従属するのである。

このように，元来資本としての所有はそれ自体資本機能を直接内包しているものであるが，資本制生産の発展に私的所有が対応していくには，それが生産規模の拡大と資本の必要量の増大，つまり資本機能の機構的拡張をたえず推進しうるものでなければならない。しかし私的所有は，元来分散的・個人的所有であるがゆえに，所有に内在する機能がそのような所有の私的・個人的性格と矛盾・対立するようになる。複数の所有を結合し，単一の機能資本を形成する合資・合名会社などの形態も所有と機能との矛盾を解決しようとする所有の発展形態であるが，この所有の結合形態は機能を未分離のまま包含する所有に止まった形態であり，したがってその「矛盾」を解決しうるものではない[7]。合名・合資会社の資本結合について差し当たり除外する。

2　所有と機能の分離→自立化

ここでは，これまで除外していた信用について簡単に触れておこう。資本の私的所有制を維持しながら資本の必要規模を拡大し，機能の機構的拡張・発展を可能ならしめるより高次の形態は所有から機能を引き離し，解放・外化せしめることである。機能を解放・外化した所有の典型が貨幣の直接貸付である貨幣資本の所有形態である。この論理段階では社会に散在する広範な遊休貨幣が信用制度を媒介して利子生み資本としての貨幣資本の所有運動を展開している。貨幣資本は社会化された存在となる。ここでは，貨幣資本家は所有そのものは手離さないで，その機能——資本として機能することにより平均利潤を取得しうるという追加的使用価値——を一定期間機能資本家に譲渡し，その対価——資本機能という商品の対価——として利子を受け取る。貸手である貨幣資本家は所有する資本を貸付けるだけであり，その資本の機能を使用しない。その資本機能は借手である機能資本家が使用し利潤を生産するが，その資本の所有者ではない。つまり，同一資本において貸手は所有者であり，借手は資本機

能の使用者である。別言すれば，同一資本が貸手にとっては所有する資本であり，借手にとっては機能する資本である。かくて資本の所有は貨幣資本家が代表し，資本の機能は機能資本家が代表する。資本の所有と機能，所有資本家と機能資本家との制度的分離・分裂であり，対立である。かくて所有は元来それ自体が有する機能を分離し解放・外化することによって，所有それ自体として単純化，自立化し，再生産過程の外部において独自の所有運動——利子生み資本の運動——を形成する。他方，機能もまた所有から分離，自立化し，再生産過程において独自の機能資本の循環的運動を展開する。それに対応して機能資本の産出する利潤は，機能資本の再生産運動に対し経営・支配をもたぬ貨幣資本家の取得する利子と機能資本家の稼得する企業者利得（利潤マイナス利子）とに分裂する。

　貨幣資本家の機能資本家に対する地位は「債権」であり，後者の前者に対する地位は「所有権」として把握される。すなわち，資本の機能が譲渡されるには貨幣の占有が移転されなければならず，占有には所有権が付随するものと観念される。貨幣資本家の所有は債権という形態を付与され，逆に他方借手である機能資本家が所有権を得るという，いわば転倒した関係で現象する。この分裂は制度的に維持され，固定化される。それは社会に散在するすべての遊休貨幣を信用・銀行制度を媒介にして集合・集中し，社会的な貨幣資本として貸し付ける，別言すれば調達する，という形態であり，信用を媒介しない単純な資本結合＝合資・合名会社の所有の狭隘性を一応克服するものである。が，それは機能資本と貨幣資本との矛盾・対立を免れうるものではない。いずれにせよ，この所有の形態は，当面，社会的生産の発展に伴う私的所有に内在する所有と機能の矛盾の展開を一応解決するものではあり，所有の発展形態を意味するが，それはまたそれ自体が新たな矛盾を惹起するのである。この場合の機能資本は所有としての資本から分離・解放された機能としての資本ではない。単一主体のうちに所有としての資本と機能としての資本とが合一したものとして機能資本を捉えており，再生産を担う産業資本と商業資本とを一括して機能資本と呼び，産業資本に機能資本を代表させる場合である。したがってこの場合の機能資本は，株式会社における資本と所有の二重構造化のもとで所有から分離した機能資本とは形態的規定を異にする，いわゆる元来の機能資本である。ここで

は貨幣資本家（貸手）と機能資本家＝産業資本家（借手）とは分離されたままで対立関係にある。

3　株式会社の結合資本と出資者

　上述の貸付形態における機能資本と貨幣資本との矛盾・対立，また単純な結合資本形態の合資・合名会社の所有と機能との矛盾・対立を一挙に解決するより高次の所有形態が株式会社である。株式会社においては産業資本自身（商業資本を含む）の所有と機能との統一は破棄される。所有としての資本と機能としての資本とが制度的に分離して現れるが，この機能としての資本は元来複数の拠出資本家＝出資者による結合資本である。それゆえに複数性・多元性を止揚し，単一化，一元化した所有に対応する資本機能として現実資本＝機能資本の再生産過程における価値増殖のための継続的な循環運動を可能にしなければならない。この機能資本は単一主体としての意思行為を求められ，したがって単一の権利主体を要請されるのである。その要請に応えるものとして資本の人格化たる自然人に擬して会社法人が措定されるのである[8]。

　ここでは，資本所有は株式資本の所有に転化している。現実資本の名目価値を表示する株式資本は，出資額に応じた持分に分割・証券化され，証券市場において擬制化した株式資本の流通運動を展開し，他方，現実資本は既述のように再生産過程において機能資本の継続的な循環・回転運動を展開している。このようにこの資本所有と資本機能の制度的分離と自立化に対応して株式会社の結合資本に対する所有（権）の行使・取組みは出資者全員＝株主全員の所有意思の決定に基づく全出資者＝全株主の共同行為として行われるはずである。

　株式証券は現実資本の持分所有名義＝所有権である。いまやそれは，再生産過程から分離し，相対的に独立した証券市場において擬制資本化した株式資本として自立的な所有運動を展開している。他方，この所有権は現実資本に対する直接的な支配関係を意味するものではなく，現実資本から切り離され間接的・実質的な関係に転化し潜在化することによってその支配を保持している。株式会社にあっては，現実資本＝機能資本に対する間接的・実質的所有，かかるものとしての所有に内蔵される支配権こそが本質的なものであり，結合資本＝現実資本の人格化たる会社法人こそが法形式であり，擬制であり，したがっ

て，「会社それ自体」の所有も法形式であり，擬制であり，そこに本質的かつ実質的関係は存在しないと考えなければならない。

　結合資本の所有者は全出資者である。つまり全株式所有者＝全株主である。株主の所有権は持分に分割・証券化されており，上掲の如く第二の資本としての運動形態をとっている。株主の所有は再生産過程における現実資本＝機能資本の運動からは分離・解放され，自立化した独自の所有運動を形成している。したがって，株主の所有権は現実資本との直接的関係から切り離され，株式証券に転化されることによって間接化され，自立化した株式証券の所有運動を通じて現実化，具体化するという関係に立つ。株式会社の資本は，複数の出資者の自己資本を構成要素とする結合資本である。この結合資本の所有は一方では人格上の個々人から法人としての会社に移され，法形式上，法人である個人の直接的所有に転化され，擬制としての所有の単一化・一元化を達成する。他方，結合資本の所有は出資者たる株主の所有，つまり個々の出資者＝株主を構成メンバーとする共同所有であるが，資本所有の証券化によってその名目価値としての株式資本の所有に転化し，株式会社の株式資本を形成し，企業資産＝現実資本の資本化によって擬制資本化した株式資本の市場価格を付与される。したがって「会社資産は各株主の出資によって形成されたものではあるが，株主の完全所有下から離れて一定の独立性を獲得し，この関係を基礎として，会社自体も株主からの一定の独立性を獲得する(9)」という北原氏の見解はまったく逆立ちした観念であるといわざるをえない。

　しかし，所有の証券化に伴って，株主は，現実資本の直接的所有者ではなく株式資本の所有者に転化し，現実資本に対しては間接的な所有者となる。したがって，会社資本の直接的な所有主体・責任主体でないということになる。むしろ直接的な主体から解放され，間接的な，潜在化した実質的な主体として株主は自分の出資額についてのみ責任を負う，つまり有限の責任を負うだけとなり，会社所有に対してはなんらの義務・責任を負うものではないという立場を獲得することになる。全株主の有限責任制である。たとえ会社が倒産しても株主は債権者から弁済の義務・責任を問われることもない。その点，重役・取締役も株主同様に株式会社の所有主体ではない。したがって彼らは責任主体として会社債権者に対して会社財産を処分し弁済に充てる資格を有していない。彼

らは結合資本＝現実資本の機能を担当する機能専門家・機能資本家としての立場にあるものであり，元来株式所有者ではなく非所有者（所有者の場合もありうる）である。もし株式所有者であっても，結合資本＝会社資本の一構成員にすぎないし持株数に応じた有限責任を負うだけであり，その役職も長期的・安定的なものではなく任期制であり，自然人として交替の運命にある。重役・取締役も株式会社の所有主体，責任主体にはなりえないのである。

株式会社は私的・個人的資本に対する結合的・社会的資本である。ここでは，私的・個人的所有が止揚されて社会的・共同的所有に転化されている。しかしこの止揚はあくまでも資本主義的生産様式の枠内での，資本主義的企業の枠内でのものであって，社会化された私的所有に他ならない。結合資本は出資者＝株主の共同所有物であり，結合された出資者＝株主による私的所有物である。したがって，この所有主体は所有の個人性をを止揚した社会的性格をもった私的所有としての存在でなければならない。しかしそのような主体は実際には自然人としては存在しない。そうだとすれば，株式会社の所有主体，責任主体は誰がなりうるだろうか。「所有の個人性を止揚した社会的性格をもった私的所有としての存在」たる条件を満たし，単一の所有主体，責任主体として会社の円滑な取引，事業の継続および債権者の債券を保証し弁済責任を果たすに相応しいものは一体誰であろうか。生きた自然人では絶対ありえない。だとすれば，それに代わるものを人為的に創造する以外にない。それが結合資本＝現実資本の人格化として，生きた個人に擬制して会社に法人格を付与されたことである。

株式会社においては所有と機能，所有としての資本と機能としての資本とが，相対的に制度的に分離・独立しているわけであるが，機能としての資本（現実資本）は，経営機能の一元性要求に則して単一の現実資本として運動し，単一の主体として意思行為しうるのでなければならない。そこに単一の権利主体性が求められた。その要請に応えるのが会社の法人格化であった。法人なる株式会社は結合資本＝現実資本の人格化された個人にほかならない。株式資本は，一応は機能としての資本＝現実資本から分離・独立した別個の資本，所有としての資本であり，その持分に相応しい大きさの人格化された個々の株主がその所有主体である。機能としての資本＝現実資本は，再生産過程における価値増殖という機能過程に直接関わる資本であり，結合された資本であって特定人の

私有物ではないという点にある。したがって，それは元来，出資者全員＝株主全員の共同所有物であり，既存の分散的個人的な私的所有とは異なるものである。そういう意味で社会的資本であり，この資本の社会的性格に対応した執行機関たる取締役（会）もそのかぎりにおいて社会化され結合・共同形態である。これに対し，株主が所有主体である所有としての資本は，私的所有が現実の再生産過程と切り離され私的所有自体として擬制資本化した株式証券として高度に物神化した私的な資本である。しかしそれは所有の証券化，擬制資本化によって社会的資本たる貨幣資本との形態的同一性を付与され，社会的資本としての形態規定上の地位を獲得する。したがって擬制資本化した株式証券は資本の所有形態としては最高度に物神化した私的資本であると同時に社会的資本であるということができよう。

　しかし，株式会社における所有と機能，所有としての資本と機能としての資本との分離は，法形式の，擬制的な制度的分離にすぎず，本質的には統一されているもののたんなる二重化にすぎない。それは貨幣の直接貸付の場合のような，貨幣資本家（貸手）と産業資本家＝機能資本家（借手）とが分離されたままで対立するのとは根本的に異なる。機能資本＝現実資本である会社の資本と貨幣資本（擬制資本）化した株式資本とは，一応は別個の自立化した資本として二重化し，各々独自の運動を展開してはいるが，株式資本は同時に機能資本＝現実資本に対する間接的・実質的所有でもある。すなわち，株主は，所有としての資本の所有主体であると同時に，直接には会社の法人格に表現されている機能としての資本についても，その間接的・実質的な所有主体なのである。(10)

　株式会社は分散した複数の個別資本を構成要素とする結合資本である。その結合資本は二重化して現れる。一方は所有としての資本である株式資本として，他方は機能としての資本である現実資本として現れる。株式資本は現実資本の名目価値である。機能としての資本＝現実資本は結合形態である。いまやその所有は，既存の分散的・個人的な所有であることが止揚され「社会的」な所有形態に転成している。それは複数の私的・個人的所有を構成要素とする自己資本の結合形態でありながら，機能資本としては単一の個別資本として再生産過程において価値増殖のための循環的な運動を展開している。それは，複数の私的・個人的所有を構成要素とする共同所有の意思にもとづきながら，単一主体

として意思行為するものとして現れる。すなわち，株主総会（共同所有意思）→〈会社法人〉→取締役＝経営者（共同機能）である。肝要なのは会社の法人格であるが，それは，このように，結合された所有主体の個人性・複数性を止揚した「社会的」な機能資本＝現実資本の，資本機能そのものの，法形式上の人格化にほかならない。

　上述のように，会社所有という「社会的」な所有形態は，結合資本の構成要素たる複数の私的・個人的所有の独立性・個人性を否定し止揚したうえに成立し，したがって，個々の所有意思の独立性をも同時に否定し止揚したうえに「社会的」所有主体の単一的意思を形成するわけである。それが法人という単一の所有主体による単一的意思という形態に転化して現れる。それは法的構成による法形式であり，擬制化された形態である。だから，それに対応して会社内部においても，私的・個人的所有の意思は，その独立性を否定し止揚したうえで，「社会的」所有の一分子として，「社会的」所有主体の単一的意思の形成要素に転化することによってはじめて自己の個別的意思を保持できるのである。なぜなら，私的・個人的所有の意思が「社会的」所有主体の単一的意思を形成し，法人の単一所有＝支配主体という法形式を媒介環として株主は共同所有の意思形成を通じて自己の個別的意思を保持できるからである。

　株式会社の場合，会社資本は結合資本であり，出資者＝株主の共同所有物である。が，それが既述の如き転形した形態をとって現れている。資本と所有とは二重化して現れている。所有としての資本＝株式資本と機能としての資本＝現実資本とであり，それに対応して所有もまた株式資本の所有と現実資本の所有とに二重化して現れているのである。前者は持分に分割・証券化されることによって，株主は出資額に応じた持分に相応しい大きさの人格として株主総会（所有）を構成するとともに，証券市場において株式の売買可能性を付与されており，擬制資本化した株式資本の流通運動を形成している。他方，後者＝現実資本の所有は個々人から法人としての会社に移され，法人を単一の所有主体とすることによって，所有の個人性を止揚した社会的性格を有する私的存在として措定されるのである。それは法的構成による法形式であり，擬制化された個人としての存在である。

　では次に実質的所有の側面から所有に基づく支配の論理はどのように把握さ

れうるだろうか。

「第一に，経営体内においては，複数の所有の意思から単一の経営主体の意思を形成しなければならぬという矛盾は，株式会社においては持株数に応じた多数決（変形された競争の原理）という方法で，より大きな所有の意思が経営主体の意思となり小所有は経営主体の意思の形成から実質的に疎外される，というかたちで解決される。第二に，経営対外においては幾多の小資本が競争に打ち破られて独立の機能資本としては存在しえなくなり，結局他の大資本の経営に吸収されざるをえない，というかたちで資本集中が進められるのであるが，このような小資本はそれが吸収された経営体内ではもはや経営意思の形成からは実質上疎外された中小株主としてしか存在しえないわけである。要するに，私的所有が資本としての機能を貫くために，私的所有ががんらい個人的・分散的な独立した所有であることを自ら否定して，『社会的』な資本として結合されなければならないという矛盾は，とくに小所有にしわよせされて小所有の否定のかたちで止揚され，またその結合された資本において，結合された複数の所有の意思から単一の経営意思を形成しなければならないという矛盾は，とくに小所有ついてその私的意思の否定によって止揚されるわけである。私的所有の自由にもとづきつつ，その反対物としての小所有の否定と大所有の独占的支配の形成，これが所有の『社会化』の一つの側面をなしているのである。[11]」

「私的所有が資本として存在する社会に内蔵されるところの所有の私的性質と生産の社会的性質との矛盾は，私的所有の内部では，所有と機能（経営）との矛盾として現れる。株式会社では，『所有』ががんらい『機能』を直接に有するものであることをみずから否定してその『機能』を外化し，かつこれにより私的所有ががんらい個人的分散的な所有であることのワクを破ってこれを一個の現実資本（機能）に集中するという，二重の意味でがんらいの私的所有たる内容を否定することにより，その機能すべき資本を社会的な資本たらしめ，したがってその経営職能（機能）を社会的なものたらしめた。と同時に，そのことによる私的所有の構造的矛盾たる，分離された所有と経営との矛盾，すなわち私的な所有をあらわす所有としての資本と社会的な機能をあらわす機能としての資本との対立は，株式会社においては所有が一応分離した経営（機能）をさらに統一し私的所有たるほんらいの内容を究極的には維持・回復することに

よって解決した。株式会社における所有形態は，このように，私的所有たることを維持する限度内で所有の私的性質を否定した形態，あるいは私的所有制というワクのなかでの社会化された所有形態であり，私的所有が社会的生産の発展に対応してゆく論理的過程における最高の発展形態といいうるのである。」[12]

富山康吉氏の見解である。私見も共通の認識に立つものである。しかしこの側面からのみでは，株式会社における所有に基づく支配集中の論理を解明したことにはならない。法人としての会社資本の株主からの自立化に伴う資本と所有の二重構造化における所有と支配の立体的な重層的メカニズムを貫徹する少数の支配的大株主集団による支配集中の論理を解明したことにはならないからである。

II 資本の流動化→資本の動員と結合

1 資本所有の株式資本所有への転化――所有の証券化――と自己資本の結合

近代株式会社は，一般的にいえば譲渡自由な等額株券制，全社員の有限責任制，株主総会・一株一票の多数株議決制，および重役・取締役会制を制度的特徴・指標とする，いわば「総合的」企業形態である。株式会社企業は個人企業ではなく社会的企業である。その社会性は金融市場＝証券市場と連結・一体化してはじめて一般的となる。株式会社企業が信用制度的側面を不可欠の構成要素とする所以である。近代株式会社は信用制度の発展――利子生み資本範疇の確立――を基礎・前提としたうえで，証券市場と連結・一体化した株式会社制度（株式会社・証券市場）として発展する。そのようなものとして近代株式会社は資本の流動化を基礎・前提として社会に散在する遊休貨幣・貨幣資本を自己資本として社会的に動員・結合する機構である。かかる意味において株式会社の資本は個人資本に対する結合資本であり，私的資本に対する社会的資本である。その企業形態は個人企業に対する結合企業であり，私的企業に対する社会的企業である。株式会社にあっては，私的・個人的所有が止揚され，社会的・共同的所有に転化しているのである。しかし，この「私的・個人的所有の止揚」は資本主義的生産様式そのものを止揚するわけではない。それは「資本主義的生産様式そのものの限界内での，私的所有としての資本の止揚」[13]である。

が，株式会社における私的所有としての資本の止揚は，資本関係に革新的な形態的変化をもたらした。

株式会社制度に基づく資本の流動化メカニズムの確立段階では，株式会社の資本は，すでに明らかにされたように，社会的な貨幣および貨幣資本の蓄積を形成基盤とする出資形式による結合資本である。この結合資本は現実資本とその名目価値である株式資本とに転化され，資本と所有が二重化して現れる。株式資本は出資額に応じた持分に分割・証券化され，擬制資本化する。資本と所有の証券化によって株式会社の結合資本は，一方では株式資本が所有から機能を分離して所有としての資本＝所有資本＝株式資本→擬制資本に転化し独自の運動態様を定立する。株式資本は証券市場において擬制資本化した株式資本として自立的流通運動（$A-G_2-A$）を形成・展開し，配当収益と創業者利得を可能ならしめる。が，各個の株主にとっては利子生み資本の運動（$G-A-G'$）として現れる。他方では現実資本が所有から解放されて機能としての資本＝現実資本＝機能資本として再生産過程において価値増殖のための継続的な循環・回転運動（$G-W<^{Pm}_{A} \cdots P \cdots W'-G'$, $G-W<^{Pm}_{A} \cdots$）を形成・展開し剰余価値・利潤を産出する。このように，この論理段階では株式会社は資本と所有の二重化によって，所有としての資本＝株式資本・擬制資本と機能としての資本＝現実資本・機能資本とに二重化し，それに対応して所有も二重化して現れる。したがって，本来所有それ自体に内包されている支配もそれに対応して形態変化を余儀なくされるが，さし当たり，この点は除外しておく。こうした経済諸関係の過程的展開に対応して株式会社法制化が進展していくのであり，そこに上記の「譲渡自由な等額株券制」，「全株主の有限責任制」，「株主総会＝一株一票の多数株議決制」および「重役・取締役会制」等の会社法体系の具体的な展開過程が措定されうるのである。これらの諸要素を包括した「総合的」企業が株式会社（制度）である。

2　資本所有の株式資本所有への転化──所有の証券化──と株主

株式会社企業は，複数の資本が出資形式によって結合資本を形成しその結合資本が株式資本→擬制資本に転化するが，この過程の展開に従って所有としての資本＝株式資本は自立化し独自の所有運動を形成する。が，他方，この所有

運動から分離・解放されることによって，結合資本→現実資本は企業の自己資本として自立した機能資本の循環的な価値増殖運動を形成する。この結合資本である自己資本の所有者は，資本所有の株式資本所有への転化——所有の証券化——に基づいて出資者全員の所有＝株主全体の共同所有に転化する。このように出資者の資本所有は株式資本所有に転化し，株式資本の所有者＝株主の所有に転化する。さらに株式資本は出資額に応じて持分に分割・証券化され，株主はその持分に相応しい大きさの人格化した株主として登場するのである。株主とはそういう形態規定を付与された資本所有者のことである。各個の株主は結合資本→株式資本の部分的所有者であり，その一構成要素にすぎないものとして規定される。そこでもう少しこの側面から結合資本→株式資本→擬制資本と株主の関係性について言及しておこう。

　結合資本→株式資本は，等額株券制・有限責任下での，持分に分割・証券化を介して全株主によって所有されており，したがって各個の株式所有者＝株主を構成メンバーとする彼ら自身の共同所有物であり，また，いわば個人性を止揚した一個の結合された株主自身の私的所有物でもある。かかるものとして各個の株主を構成メンバーとしながら，株式会社企業＝会社資本は個人的性格を止揚した結合された株主の所有物，そういう意味において社会的＝共同的性格をもった私的存在物である。その所有者が結合された出資者・株式所有者＝株主全体であるという意味において，所有主体は所有の個人的性格を止揚した社会的性格をもつ私的所有としての存在である。

　企業社会においては株式会社が支配的・一般的となり，巨大企業は経済社会に絶大な影響力を有する存在となっている。資本所有が株式資本所有に転化——所有の証券化——するということは，経済社会において所有の証券化が支配的・一般的形態となっているということである。すなわち，いまや資本所有は証券所有の形態において一般的に表現されるということであり，資本関係は証券関係として一般的に表現されるということになる。したがって，株主の資本所有も現実資本＝機能資本との直接的な関係においてではなく株式証券との関係において現れるのである。この論理段階では資本所有は現実資本＝機能資本との関係から直接には切り離されるが，所有の証券化を介して間接的に関係するのである。それは資本所有の株式所有への転化による直接的形態から間接

的形態への所有の転化である。こうして株式会社の資本は一方では私的・個人的所有を止揚した社会的所有に転化するが、同時に他方それは結合資本→株式資本の構成メンバー（各個の株主）の持分に応じた私的・個人的所有物であり、かつ一個の結合された出資者の私的所有である。その限りにおいて、株式会社＝結合資本＝株式資本は共同出資に基づく共同所有であるが、同時にそれは各個の株主の部分的所有を構成要素とするものであり、出資額に応じた私的・個人的責任を負う私的所有物であり、かつ結合された出資者の社会的性格をもつ私的所有物である。

　このように、この論理段階においては株式会社＝結合資本→株式資本は各個の資本から成る結合資本であり、その転化形態である。が、それは出資形式による資本の結合形態であり、一方はその名目価値である株式資本として、他方は現実資本として、いわば二重化しそれに対応して所有も二重化して現れているのである。それは、一方では各個の株式所有者＝株主を構成メンバーとするものであるが、他方では個人的性格を止揚した、いわば結合された株主の共同所有物である。結合資本の所有主体はこのような矛盾した存在物である。だからこそ所有は個人性を止揚した社会的性格をもつ私的所有としての存在形態であり、所有主体は各個の株主の部分的所有を前提とし構成要素としたうえで、所有の個人的性格を止揚した社会的性格をもつ私的な存在でなければならない(14)、というわけである。つまり所有主体はそういう矛盾した存在なのである。しかし、そのような結合資本の所有主体は自然人としては存在しない。その要請に応えるものとして登場したのが自然人に代わる法人である。資本の人格化として、生きた個人に擬して社団としての会社に結合資本＝現実資本の人格＝法人格を付与するというわけである。それが株主の社団として形成された会社そのものの法人格化である。つまり所有の意思に基づく社団法人としての会社がそれである。

　この論理段階においてはじめて所有主体は法形式上の「会社それ自体」であり、「会社それ自体」は資本の人格化たる自然人に擬された法人格化した資本家であり、最高次元の擬制資本化そのものである。かくて私的・個人的所有と共同的・社会的所有との矛盾・対立は止揚される。共同的・社会的所有は同時に、それが生きた個人に擬して人格化された、会社法人の所有資本として私

的・個人的所有物に転化され，したがって，個人性を止揚した社会的性格をもった私的存在物，それが株式会社である[14]ということになる。それは私的所有＝資本所有の側面が社会的生産の発展＝資本機能の拡大およびそれを支える機能機構の量的発展と質的高度化の側面に対応する新たな私的所有の展開形態を示すものである。会社法人格化は結合資本の所有者である株主の所有意思による所有と機能の分離と統一要求に基づく法形式的・擬制的な単一所有主体の形成であり，かかる所有に基づく責任主体として措定された擬制的存在である。したがって会社法人が法形式上の，直接的所有者として所有主体であり責任主体であり，株主は資本所有の株式資本所有への転化——所有の証券化——に基づいて実質的所有者として〈会社法人〉を媒介環とする資本機能に対する間接的・実質的支配者に転化し潜在化する。この場合肝要なことは，前者はそれの「法的形式－擬制」であり，後者こそがそれの「実体－実質」であるという点である。したがって両者は同一平面上に措定される法形式的所有と株主の所有，つまり形式と実体との「実質」をめぐる所有主体間の対立的競争関係にあるのではなく，後者を基礎・基盤に前者が成立するという立体的な重層的相関関係・規定関係にあるということである。つまり「実体―実質」的所有としての経済的関係の成立・発展の以前に「形式的・擬制的所有」としての法形式が存在するのではない。後者は前者を形成根拠・基盤とし，前者の展開過程に対応し，その意思関係たる法形式として具体化され，経済的諸関係の展開＝結合資本の〈所有―支配―機能〉の展開に対応した法的構成による法形式上の所有主体・責任主体を措定しそれを媒介環とする支配主体，機能・経営主体の単一性——一元化——の一般的ルールを確立することにある。重要なことは会社資本が二重化し，それに対応して所有も二重化するということ，つまり会社資産＝現実資本，したがって企業それ自体の資本化であり，かかる意味内容における現実資本と株式資本との会社資本の二重化であり，それに対応した現実資本の所有と株式資本の所有との所有の二重化であるということである。それこそが株式会社における資本と所有の二重構造化であり，株式会社の資本構造の基本的特質である

　この論理段階では現実資本の所有主体は法形式上の会社法人であり，それを媒介環とする資本の機能過程は取締役会＝取締役・経営者の管理・監督・支配

下に推進される。他方，所有資本＝株式資本の所有者は株主であり，その全所有＝共同所有たる株主総会において所有意思に基づき会社の経営・管理・および組織に関する基本的な重要事項を決定し，取締役を任免し会社財産の処分を決定する。つまり所有に内在する支配意思の発現である。ここではなお，その指摘だけにとどめておく。所有としての資本＝株式資本の所有運動の過程を管理・運用するのが株式資本の人格化，つまりその持分に相応しい大きさの人格としての株主であり，個人株主，法人，証券企業，金融機関等によって構成される。が，証券市場の機構的・制度的な担い手は証券業務の主体的担い手＝推進主体である証券企業をはじめとした金融機関である。また証券市場における擬制資本の流通過程に吸着し，寄生しながら自立的運動を展開する投機取引とその主体的担い手たる投機業者の所有運動が展開する。が，ここでは指摘だけにとどめておく。[15]

こうして株式会社は，一方では株主総会を全所有＝共同・結合所有の会社機関＝内的機構とし，他方ではその所有意思に基づく重役・取締役会を全機能＝共同・結合機能の会社機関＝内的機構として組織し，この二側面を内的に結合し統一的に運用――全出資者＝株主所有→株主総会＝所有意思（所有に基づく機能の実質的統一）→《会社法人》→重役・取締役会（機能意思）――する総合的な機構（所有と機能との統一）として発展する。それが全株主の社団である会社に結合資本＝現実資本の人格化としての，生きた自然人に擬して法人格を付与された「会社それ自体」としての擬制的現象形態である。こうして株式会社は個人性を止揚した社会的性格を有する私的所有としての存在形態であり，かかる結合資本の運動体として社会的存在を制度的に確立するのである。

3 資本と所有の二重化と株式資本・擬制資本の流通運動
―― 株式会社の資本の二重構造図式

$$\text{擬制資本の運動} \begin{cases} \overbrace{A - G_1 - W < \begin{smallmatrix} Pm \\ A \end{smallmatrix} \cdots P \cdots W' - G'_1(G_1+g)}^{\text{産業資本（現実資本）の運動}} \\ | \quad\quad | \\ G_2 \cdots G'_2 \text{マイナス} G_1 = 創業者利得 \\ | \\ A \end{cases}$$

株式会社の資本は出資形式によって自己資本を社会的に動員し結合してできた結合資本である。この結合資本は二重化して現れる。一方は機能から分離した所有としての資本＝株式資本であり，他方は所有から分離・解放された機能としての資本である。株式資本は現実資本の名目価値である。結合資本は，上記図式の通り，一方では，現実資本として再生産過程において価値増殖を目的とする機能資本の循環的運動 $G-W<^{Pm}_{A}\cdots P\cdots W'-G'$ を形成するが，他方では，株式資本として証券市場において擬制資本の流通運動 $A-G_2-A$ を形成し，各個の株主にとっては利子生み資本の運動 $G-A-G'$ として現れる。すなわち，資本の二重構造化を媒介して，一方では，再生産過程においては「所有としての資本」＝株式資本・擬制資本の運動から解放された「機能としての資本」＝現実資本・機能資本の価値増殖運動が展開し，他方，証券市場においてはかかる生産過程における価値増殖のための機能資本の運動から解放された所有運動＝株式資本→擬制資本化した株式資本の流通運動が展開する。この二側面の過程進行のもとで，株式会社にあっては投下資本は，一方では株式資本に転化し，出資額に応じた持分に分割・証券化され，証券市場で随時売買―随時回収されることにより，再生産過程への固定的充用からくる長期的拘束を回避・止揚――資本機能からの解放――されると同時に，他方では現実資本に転化し証券市場における擬制資本の流通運動とは関わりなく――資本所有から分離・解放――，再生産過程における価値増殖を目的とする機能資本としてその自立的な循環・回転運動の継続性を可能ならしめる。[16]

　既述の如く株式会社の「継続性」についてはかかる論点こそが規定的内容をなすものと考えられる。しかし北原氏の見解にはこした論点の理解がいかにも乏しい。重化学工業の発展に伴う生産力の発展→生産規模の拡張→資本の有機的構成の高度化→総資本中に占める不変資本部分の比率の増大・特に不変資本中の固定資本部分の増大→最低必要資本規模の拡大が進展する。以上のような，産業構造の量的発展と質的高度化という再生産過程における新たな諸傾向の展開は，従来の資本所有の私的・個人的制限と衝突せざるをえなくなる。私的・個人的所有の制限からの解放・止揚要請である。かかる所有制限の緩和・止揚の展開方向について企業形態論的にみれば次のようになるだろう。

　個人企業の資本は自己資本であり，資本所有と資本機能は同一主体のうちに

合一しており，所有と機能との一体化した資本である。合名・合資会社の資本は結合資本（自己資本の結合）であるが，単純な外的結合である。人的信頼に基づく極く限られた出資者の個人的結合関係であり，主体の多元性を特徴とする。株式会社の資本は結合資本（自己資本の結合）であるが，合名・合資会社の資本とは異なり，資本の流動化に基づく社会的な貨幣資本の動員と結合であり，その結合資本の株式資本への転化──所有の証券化──所有と機能の分離に基づく統一による主体の一元化──単一主体の形成──を特徴とするものである。

　株式会社における結合資本の所有と機能の制度的分離は，信用制度の発展，利潤の利子と企業者利得との分離，利子生み資本範疇＝利子率決定機構の確立を基礎・前提とする。また株式会社の資本＝結合資本の形成源泉は次の点にある。銀行・信用制度の発展に伴って本来の銀行信用（手形割引）の枠組みを超えた，その意味で「あるべき準備金」を越えた，その意味で「過剰な準備金」が形成され，新たな投資分野の開拓と進出を可能にした。この「過剰な貨幣資本」が結合資本→株式資本の形成→株式資本の擬制資本化，擬制資本化した株式資本の流通運動の資金源泉となる。

　すでに指摘したように，株式会社成立の基礎・前提として，この論理段階特有の資本所有の量的制限＝資本所有の私的・個人的制限と信用制度を媒介する貨幣資本の集積・集中が問題にされたが，そこでとくに留意すべき点は次の点であった。株式会社の資本は，産業資本を株式資本→擬制資本に転化して，擬制資本化した株式資本の貨幣資本化，株主の貨幣資本家化，つまり貨幣資本および貨幣資本家との形態的同一性を付与されることである[17]が，しかしそれは再生産過程における資本の流動化→産業資本それ自身の機能変化という内的契機を通じて導き出されるだけではなく，再生産過程の外部に位置する貨幣市場・証券市場における資本の流動化→産業資本の機能変化にも直接関る性質のものである。すなわち，産業資本の株式資本への転化，および株式資本の擬制資本への転化可能性は，「ただ利子つき資本の形態を保持したままで生産資本への転化を待つところの，貸付られうる資本一般の量に懸かるだけである。株式への投下のためには充分に貨幣が存在せねばならない……[18]」ということである。

　このような貨幣・貨幣資本の形成源泉は既述の如くであるが，確認のために

簡単に提示しておこう。社会的な貨幣・貨幣資本は，

(1) 賃金基金と資本家用消費基金の合計（V+M）という蓄蔵貨幣の第一形態を超えて再生産過程における資本の循環・回転に伴ってその過程外に遊離・析出されてくる蓄蔵貨幣の第二形態に当たるものであり，それは本来の銀行信用（手形割引）の枠組みを超えた信用＝資本信用の展開基盤となるものである。

(2) 蓄蔵貨幣の第二形態に当たるものとして，①減価償却資金，②剰余価値・利潤の控除・積立からなる蓄積基金である。それらは利子生み資本の制度＝信用・銀行システムの発展の基礎・前提となる。

(3) また産業循環・景気変動を視野に入れると，③原材料価格の低落，④再生産の規模の縮小，……に伴う遊離・失業状態にある貨幣資本，さらに⑤資本家階級の消費基金，および⑥労働者階級の賃金がこれに加えられるであろう。

こうした貨幣および貨幣資本を源泉とする，いわば「過剰な貨幣資本」が価値増殖を求めて新たな投資分野の開拓と新分野への進出を試みていくことになる。しかし，信用・銀行制度の発達にともなってこれらの貨幣および貨幣資本は，すべて利子生み預金の形態で銀行に集合・集積されており，したがって，貨幣市場への呼びかけは銀行の媒介によって行われる。この論理段階においてはじめて，銀行は第三の機能として発行業務を付与され，銀行と産業企業との関係，証券市場における株式資本の発行・流通運動を媒介とする銀行資本と産業資本との緊密化の論理が導き出されるのである。

「一企業に資本を集中するために，株式会社はその資本を個々の資本片から集める……株式会社の初期には，この集合がたいてい個々の資本家への直接的呼びかけによってなされるということである。しかし，発展の進展につれて，個々の資本はすでに銀行に集合され集積されている。だから，貨幣市場への呼びかけは銀行の媒介によってなされる。」[19]「信用の発達している諸国では，貸付のために利用できる貨幣資本はすべて銀行や貨幣貸付業者のもとに預金の形で存在しているものと仮定することができる。少なくとも全体としての事業についてはそうだと言ってよい。」[20] 株式の擬制資本化を媒介＝梃子とする証券市場における擬制資本化した株式資本の流通運動の展開，その自立化は以上の諸条件を基礎・前提とするのである。

III 株式資本の形成,株式資本の擬制資本への転化の基礎・前提諸条件と証券市場

1 資本所有の株式資本所有への転化——所有の証券化——と擬制資本の流通運動

　信用・銀行制度の発展と「過剰な準備金」の形成：利子生み資本範疇の成立,貨幣資本と現実資本との制度的分離の段階では,信用・銀行制度のもとに,社会的に広く散在しているすべての遊休貨幣および貨幣資本が利子生み預金として集合・集積されるに至る。そのことは,商業信用代位に必要な銀行準備金を超える過剰の準備金が形成され,それが本来の銀行信用の範疇的枠組みを超えて新たな信用＝資本信用導出の契機＝形成基盤となるということであった。そこから一方では「流通空費としての貨幣の節約」の論理系譜上に関わる商業信用,その代位形態としての銀行信用（手形割引）が把握されうるし,他方ではそれを基礎に,かつそれと並んで「資本所有の量的制限の止揚」の論理系譜上に関わる信用形態としての銀行信用（流動資本・固定資本に対する信用）が措定されうるのである。[21]

　信用・銀行制度および証券市場・証券取引所の史的展開は過程的には次のように概括できよう。なおここでは,株式会社の結合資本が二重化し,それに対応して所有も二重化して現れていること,別言すれば,結合資本それ自体の所有と機能との統一が崩壊し,所有資本と機能資本とに制度的に分離・分裂していること,この分離・分裂した二つの資本は自立的な運動体として自己の存在様式を定立せしめていること,しかし同時にこの両者は一定の相互「前提的」「依存的」関係にあり,後者すなわち資本の再生産過程＝機能資本の価値増殖過程を基礎として,前者はその根底的な規定のもとに形成されていること,後者自身も前者すなわち証券市場における擬制資本化した株式資本の流通運動＝所有資本の運動過程と一体的な不離の連結関係において,その自立的な運動体として機能資本の価値増殖のための循環的運動を継続的に展開していること,である。したがって信用・銀行制度の発展と「過剰な準備金」の形成の問題は,株式会社が自立的な運動体として,価値増殖のための機能資本の再生産活動を如何に永続的に展開せしめるか,というその「継続性」との関連において予め

最少必要な限りで取り上げておくことにしよう。

　発達した信用・銀行制度のもとでは，銀行は，第一に手形取引の媒介者として商業信用を銀行信用にかえる。第二に遊休貨幣を貨幣資本に転化する媒介者として，生産資本家に新たな資本を供給する。第三の機能として，銀行は同様に生産資本家に資本を供給するが，それは資本を貸し付けることによってではなくて，貨幣資本を産業資本と擬制資本とに転化し，しかも，この転化を自ら手がけることによってである。一方であらゆる貨幣はますます銀行に流入し，銀行の媒介によってのみ貨幣資本に転化されうるように発展してゆく。他方で，資本は銀行資本の産業資本への転化により貨幣形態で実存することをやめ，したがってまた銀行資本の適当な構成部分であることをやめる。この矛盾を解決するものが資本の動員〔流動化〕である。すなわち，資本の擬制資本への転化つまり資本還元された収益指図証への転化である。この転化と同時に，この指図証のための市場が発展する。この指図証はいつでも貨幣に転化できることになり，したがって銀行資本そのものの構成部分となることができる。この場合，銀行はなんの信用関係も結ばず，なんの利子も実現しない。銀行はただ産業資本に転化されるべき一定の貨幣資本を擬制資本の形態で市場に提供するにとどまる。市場で擬制資本を売って銀行は創業者利得を実現するが，この創業者利得は産業資本を擬制資本に転化することから生まれる。資本の動員を遂行するという銀行のこの機能は，銀行が社会の全貨幣の処理権をもつからである。[22]そのための市場が証券市場・証券取引所である。

　証券市場の展開と資本の流動化：ヒルファディングは次のように述べている。

　「〔証券〕取引所の機能は経済の発展するうちに変化する。取引所はそのはじめは貨幣種類ならびに手形の取引にあたった。そのためには，これらの手形に投じられる自由な貨幣資本を集めることが必要だっただけである。その後，それは擬制資本の市場となる。擬制資本はまず第一に国家信用の発展につれて発展する。取引所は国債の市場となる。だが，産業資本が擬制資本に転化し，したがって株式会社がますます産業に入り込むことになると，ここに，はじめて革命的作業が現れる。これによって，一方では取引所の扱う材料が急速かつ無際限に増大し，他方では，取引所が常に受け入れ準備ある市場として存在することが，産業資本の擬制資本化と配当の利子化との前提条件となる。」[23]

流動化機構としての証券市場の形成によって，貨幣資本として資本の投下がはじめて大規模に可能となる。なぜなら，資本は，貨幣資本として機能しうるためには，第一に不断の収入――利子――を生まねばならず，第二に元本そのものが還流するか，または，それが実際に還流しなくても利子請求権〔収益請求権〕の売却によっていつでも還流しうるようにされなければならないからである。取引所は資本の動員〔流動化〕をはじめて可能にした。この動員〔流動化〕とは法律的には所有権の変更ならびに二重化にほかならない。現実の生産手段の所有は個人から法律上の会社に移る。この会社は，これら個人の総体からなっているが，そこでは個人は個人としてはもはやけっしてその会社の財産に対する所有権を有しない。個人はむしろただ収益に対する請求権をもつにすぎない。かっては生産手段に対する事実上の無制限の処理権を意味し，したがって生産の指導を意味した個人の所有権は，いまでは，たんなる収益請求権に変更されており，生産に対する処理権は個人から奪われている。経済的にはこれに反し，動員〔流動化〕とは資本家がその投じた資本をいつでも貨幣形態で引き揚げて他の部面に移しうるということである。[24]

以上，株式会社・証券市場および信用・銀行制度の発展に関するヒルファディングの叙述であるが，その特徴は後述する『資本論』第三巻第5篇第3章，27章および29章～33章，さらにエンゲルス「『資本論』第三部への補遺二　証券取引所」[25]に関する理論を継承したうえで，当時の問題状況を踏まえて資本主義的生産様式の枠内での資本の最高次元の社会化として株式会社制度の発展に関する理論的展開を試みたものといえよう。

2　株式会社・証券市場と所有の証券化→配当の利子化

証券市場の展開と利潤率均等化メカニズムの変容：ヒルファディングは次のように述べている。

「資本の有機的構成が高度化すればするほど，素材的諸要素として存在する生産資本設備の事実上の変更によって資本を取り替えることは，ますます困難となった。利潤率の均等化する傾向への抵抗はますます強まる。それは主要構成部分が固定資本からなる生産資本を一生産部門から引きあげることがますます不可能となるからである。均等化の実際の運動は，ただ緩慢に，漸次的にか

つ近似的に行われるだけであって，それは主として新たに蓄積される剰余価値を利潤率のより高い部面に投じることと，利潤率のより低い部面における新投資をやめることによる。」[26]

『資本論』第三巻第27章「資本主義的生産における信用の役割」の論理段階における次の指摘とは明らかに論理段階を異にする論理の展開を示したものである。すなわち,

「さらに先に進む前に，経済学的に重要な点を注意しておかなければならない。すなわち利潤はここでは純粋に利子という形態をとるのだから，このような企業は，それらが単なる利子だけしかあげないような場合にも，なお可能であるということである。そしてこれこそは，一般的利潤率の低下を阻止する要因の一つなのである，というのは，不変資本が可変資本にたいして非常に大きな割合をなしているこれらの企業は，必ずしも一般的利潤率の平均化に参加しないからである。」[27]

『資本論』の論理段階における株式会社の資本は，一般的利潤率の形成に参加しておらず，したがってその参加・共同行為・自由競争によってはじめて可能となる資本としての資本の同等性・平等性は，株式会社資本には与えられていなかったのである。株式会社の資本は，いまだ一般的には新たな資本形態，つまり結合資本として再生産過程の内部装置として措定されておらず，生産的活動による資本の価値増殖を目的とする運動体としての近代的な存在様式を定立していなかったのである。それはいわば再生産過程の外部に在って「詐欺的」・「賭博的」性格の強い投機利得を目的としたものであったといえる。

産業構造の高度化に伴う最低必要資本量の増大した大企業の展開段階では，逆にまた「利潤率の均等化・平均化への傾向」に対する抵抗が強まる。固定資本が巨大化し，資本の流出入は制限され困難化する。資本の自由な部門間流出入の制限は，利潤率の均等化に対する反対傾向，つまり利潤率の不均等・差別化を強めることになる。この論理は，先の，株式会社が利潤率の均等化に参加しないというマルクスの見解を踏まえて，ヒルファディングは株式会社が支配的となる論理段階における諸資本の自由な競争関係下では，利潤率の均等化・平均化に参加するという見解を提示しながら，さらに固定資本の巨大化の論理段階における資本の自由な部門間流出入の制限・困難化という競争の一定の変

容下では，逆に株式会社は利潤率の均等化の制限要因となり，その不均等・格差化を促すものとして位置づけられる。それは重化学工業の発展に伴う生産規模の拡大→資本の有機的構成の高度化→固定資本の巨大化・最低必要資本量の厖大化の論理段階における資本の集中――動員と結合――機構としての株式会社制度の展開，新たな論理段階における株式会社の形態的諸特質の分析的解明をふまえた新たな見解である。いまや資本の同等性・平等性は，証券市場でのみ実現されるようになる。すなわち，再生産過程における現実資本の循環・回転運動の構造的変容に伴う自由競争の諸条件の変化――利潤率均等化メカニズムの機能変化――，生産諸部門間の利潤率の不均等化・格差化から相対的に自立した，証券市場における擬制資本化した株式資本の流通運動 $A-G_2-A$ においてのみ，資本の平等性が実現されるようになる。

このような生産部門間における利潤率の不均等・格差化の展開段階においては，利潤率の均等化の運動は，主として貨幣資本を利潤率のより高い部門に投じること，逆に，利潤率の低い部門への新投資を止めること――資本投下の一定の形態変化――によるものとなり，「ただ緩慢に漸次的に……行われるだけ」となり，資本の平等性はただ証券市場においてのみ実現されるものとなる，というわけである。

株式会社・証券市場の一定の発達段階では，所有の証券化に伴い資本所有者は株式資本の所有者に転化し，資本家の利潤取得は収益に対する請求権としての株式配当に転化する。すなわち，擬制資本化した株式証券に対する配当である。この株式証券に対する利潤＝収益の分配は必然的に利子化する。つまり株式配当の利子化であり，株式資本の擬制資本化→配当の利子化の過程において，企業者利得部分の一括先取りとしての創業者利得の創出を可能ならしめる。創業者利得に関しては後述する。所有としての資本＝株式資本は持分に分割・証券化されて，証券市場において擬制資本化した株式資本として循環的な流通運動 $A-G_2-A$，$A-G_3-A$……を展開し，各個の株主にとっては利子生み資本の運動 $G-A-G'$ として現れる。資本の平等性・同等性は新たな展開に伴う新たな内容規定を付与されることになる。配当の利子化，配当率の利子率化の前提は，一般的利子率の成立であるが，利子率は利潤率とは反対に一定のどの瞬間にも平等であり，一般的である。その意味において，あらゆる資本の平等は，

利子率の一般性と平等性とにおいてはじめて適切な表現を見出す。それは個別資本家にとっては価値額の平等ではなく等量の価値に対する収益の平等である。こうしてこの論理段階においては，利潤率の不均等・資本の不平等は，資本が一般的利子率で資本還元された収益にしたがって評価されることによって，絶えず克服されることになる。したがって，資本の平等性が実現し，それが実践的なものとなり，現実的に平等なものとなるには，その評価が社会的に通用する一般的な形態──貨幣形態──で成立しなければならない。その評価が評価基準として一般性を付与されなければならないということである。かくしていつでもこの評価基準にしたがって，すなわち，資本はあらゆる資本がその平等をその収益にしたがって評価することにおいて実現される。[28]

　この論理段階では，もはや，資本は一定の大きさのものとしては現れるのではなく，したがって，その大きさが利潤の大きさを決定するのではないということになる。むしろ逆に，利潤が一定の大きさに固定されて現れ，この大きさにしたがって，資本の大きさが決定されることになる。事実関係の転倒である。すなわち「このような決定は株式会社の創立において実際的となり，それによって，創業者利得の獲得が可能にされ，またそれの高さが決定される。現実の関係はシャチほこだちしてあらわれる。[29]

　例えば，年間利潤が20万円，一般的利子率が5%だとすれば，資本還元によって400万円の資本が創出される。利潤率が20%であれば，年間利潤20万円は現実資本＝生産資本100万円によって産出されたものである，ということになる。そして資本還元によって創出された400万マイナス100万＝300万が創業者利得である。つまり企業者利得の一括先取りである。客観的な事実関係に基づく必然的な現象形態であるが，それは「真なるもの」ではなく「事実関係」が「シャチほこだちしてあらわれる」ところの，転倒した現象形態である。

　株式会社の資本と利潤取得様式の変容：上述の如く資本の二重化，およびそれに対応した所有の二重化の論理段階では，資本の同等性・平等性は再生産過程から分離し自立化した証券市場における擬制資本化した株式資本の運動を通じて現れる。いまや，資本の平等はこれをその収益にしたがって評価することにおいて実現されることになるというわけである。が，その実現の場が証券市

場・証券取引所である。証券市場こそは，株式会社の資本が持分に分割され，証券化・資本還元化され，利子請求権〔収益請求権〕＝擬制資本化した株式資本として独自的な所有集積・集中運動を展開する場であるからである。株式会社が経済活動・経済取引の主要な企業組織としてその社会的存在意義を生きた組織として実践的に獲得するのは，株式会社を単なる企業形態としてではなく証券市場と連結した総合的な結合企業として制度論的に把握することによってはじめて可能となるのである。さらにヒルファディングは次のように述べている。

「このようにして，あらゆる資本の平等は，これをその収益にしたがって評価することにおいて実現される。このように評価された資本は，ほかならぬ取引所において，つまり資本還元された利子請求権〔収益請求権〕すなわち擬制資本の市場において実現され，それによって現実的なものとなる。このように資本主義に内在する合則性は，資本主義の要求――すなわち社会に現存するあらゆる価値を資本として資本家階級に奉仕させ，かつ各資本部分に平等の収益をえさせようとする要求――を駆って資本の動員にいたらしめ，それによって単なる利子生み資本としての資本の評価にいたらしめるが，この動員を可能ならしめる機能を果たすのは取引所である。というのは，取引所が移転のための場所と機構とをつくり出すからである(30)。」

このように所有の証券化，産業資本の株式資本化，株式資本の擬制資本化の論理段階においては，あらゆる資本の平等は，これをその収益にしたがって評価することにおいて実現されるものとなり，その展開・実現の場が証券市場であるというわけである。

資本の流動化メカニズムの確立段階では，資本主義的所有＝資本所有は株式資本所有へ転化し一般化される。所有の証券化である。この所有の証券化によって，資本主義的所有運動は資本主義的再生産過程＝生産過程から分離・解放され，生産の運動から独立に，かつ生産に直接影響を与えることなく循環的に継続して展開していく。証券市場で行われるこの収益請求権の取引が擬制資本化した株式資本の所有の運動を意味するが，この所有の移転運動が，いまでは生産の運動とは独立して，生産に影響することなしに行われる。すなわち，所有の運動は，生産の運動から相対的に独立し，もはや生産過程によって決定さ

れるのではなく証券市場で自立化して独自的に行われる[31]，ということである。以前は，資本の所有運動は同時に資本機能＝企業者機能の移動をも意味したし，また他方，資本機能＝企業者機能の交替は所有の交替をも条件づけたが，いまではそうではなくなった。そしてまた，以前は所有の分配を変化させる主要原因は生産成果の変動であり，所有の分配は産業的競争の一産物だったが，いまでは，引き続き作用するこれらの原因と並んで，ほかの諸原因が現れるのである。だが，これらの諸原因は，利子請求権〔収益請求権〕の流通機構から生まれ，所有の運動を呼び起こしはするが，それらが発生するときは生産関係に何らの変化も起こさなかったように，生産には何らの影響も及ぼさないのである[32]。さらにヒルファディングは次のように述べている。

「商品流通においては，財の移転と所有の移転とが一緒に行われる。単純商品生産においては，財の移転が本質的なものとして所有移転過程の動機として現れ，そして所有の移転は財の移転を完了するための手段として現れるに過ぎない。というのは，生産の決定的動機はまだ使用価値であり，欲望の充足であるからである。資本主義的商品流通においては財の流通はそのうえに利潤の実現をも意味するが，利潤は生産で発生したものであり，経済行為の動力をなすものである。資本主義社会の内部では，労働力なる商品の資本家への移転は，同時に剰余価値の生産による資本主義的所有の増大をも意味する。ところが，証券の流通は所有の移転であり，財の移転を伴わない単なる所有名義の流通である。この場合所有の運動は，財の運動を伴わずに行われる。ここでは資本主義的所有は使用価値との一切の直接的関係を失っている。このような所有それ自体の流通のための市場，それが取引所である[33]。」

株式会社の所有，したがって株式会社の資本所有は株式資本所有に転化するが，この証券の所有運動は証券市場において行われる。しかし株式会社の資本所有は株式資本所有への転化の側面だけで理解してはならない。資本は二重化しており，それに対応して所有も二重化して現れるからである。株式会社の資本は株式資本に転化すると同時に，現実資本を形成し，機能資本として再生産過程において価値増殖——剰余価値・利潤の産出——運動を展開しているのである。この側面の現実資本の所有に関しては差し当たり除外する。かくしてヒルファディングは株式会社の資本蓄積様式を次のように特徴づける。

「資本主義的所有は以前は主として利潤の蓄積によって生まれたが，いまでは擬制資本の創造が創業者利得を可能にする。これによって利潤の一大部分は集積された貨幣権力の手に握られるが，それは，こうした貨幣権力のみが，産業資本に擬制資本の形態を与えうるからである。だが，この利潤は株主の配当のように年々の分散的収入として彼らに流れ込むのではなくて，資本還元により創業者利得として，つまり相対的にも絶対的にも一大巨額として流れ込み，貨幣形態で直ちに新たな資本として機能しうる。このようにして，新たな企業はすべて，その創業者たちに予め一つの貢税を支払うが，創業者たちはこれに何をしてやったのでもなく，またけっしてその企業に何らかの関わりをもつ必要もない。これが巨大な貨幣権力の手に新たにまた巨額の貨幣が集積されてゆく道である。」[34]

しかし「擬制資本の創造が創業者利得を可能にする」としても，その源泉は再生産過程における機能資本の運動が産出する剰余価値・利潤である。しかしこの実体は潜在化し隠蔽され，ただ，再生産過程――機能資本運動の全過程――から分離・解放され，自立化した証券市場における擬制資本の創造そのものが直接，巨額の利得を生みだすものとして現れるのである。さらに擬制資本の創造過程に寄生し，創業者利得形成の財務政策を利用した「株式の水増し」がある。資本主義経済の高度な発展に伴って，いまやその経済世界は，《狂った謎の世界》となる。

　所有→証券化→印刷された紙片に体化→《狂った謎の世界》：「〔証券〕取引所では資本主義的所有が収益請求権という純粋な形態で現れるが，この収益請求権は搾取関係つまり剰余労働の占有が無概念的に転化されたものである。所有は何らか一定の生産関係を表現することをやめて，どんな活動からもまったく独立して現れる収益指図証となる。所有は生産との，使用価値との一切の関係から解放されている。それぞれの所有の価値は，収益の価値によって決定されて現れるのであって，純然たる量的関係である。数がいっさいで，物は無である。数だけが現実である。だが，現実は数ではないから，この関係はピタゴラスPythagoras〔前582年頃－497年（496年）〕学派の信念よりも神秘的である。いっさいの所有は資本であり，また非所有つまり債務もすべての国債の示すように，やはり資本である。そしていっさいの資本は平等であって，印刷された

紙片に体化され，これらの紙片が取引所で上がり下がりする。現実の価値形成は，所有者たちの分野からまったく引き離されて，まるで謎のような仕方で彼らの所有を決定する一行程である。」$^{(35)}$

このように，株式会社制度下においては資本の平等性・同等性は，経済的には株式配当の利子化，利子率化した配当率として，他方法制的には小額化した等額株券制に基づく一株一票の多数株議決制による株式の平等・同等性として現れるのである。株式会社組織はかかる経済過程の進行を基礎にして，その上部構造としての株式会社法制との相互規定的な立体的・重層的・多面的結合関係として展開されうるものと考えるべきであろう。

「所有の大きさは労働とは何の関係もないようにみえる。労働と資本収益との直接関係は，すでに利潤率においても覆われているが，利子率においては徹頭徹尾そうなる。擬制資本の形態を必然的に孕む利子生み資本への，あらゆる資本の外見的転化は，関係の一切の洞察を根こそぎ抹殺してしまう。絶えず変動するところの，事実直接の生産行程とは独立に変動するところの利子〔利子化した配当〕は，これを労働と関連させることが不合理に見える。利子〔利子化した配当〕は資本所有そのものの結果として，すなわち天賦の生産性を恵まれた資本の果実として，現れる。利子〔利子化した配当〕は変動的であり，不確実であり，そして利子〔利子化した配当〕とともに『所有の価値』，この狂った一範疇も変動する。この価値も未来と同様に，謎の如く不確実に見える。単なる時間の経過が利子〔利子化した配当〕を生むように見える。そしてベーム－バウエルク Böhm-Bawerk は，このような外見から彼の資本利子論をつくりあげるのである。」$^{(36)}$

このヒルファディングの見解は，現代資本主義の金融・経済諸現象を恐れるほど正確に予見されているものといえよう。

（1） 富山康吉『現代資本主義と法の理論』法律文化社, 1971 年, 162-163 頁。
（2） 伊藤光雄「擬制資本の形成と運動——債券と株式——」（研究年報『経済学』Vol.44, No3. 1982.12)
（3） 鷹巣信孝「企業形態としての株式会社の形成過程——株式会社の法的構造㈠——」『佐賀大学経済学論集』第 11 巻 3 号, 1979 年, 58-63 頁を参

照されたい。
（4）　同上，16-17頁。
（5）　篠田武司「株式会社における所有問題」(『経済評論』日本評論社，1985年9月，22頁。)
（6）　*Das Kapital*, Ⅲ, S.484-486. 訳, 597-599頁。
（7）　富山康吉『前掲書』138-141頁。
（8）　同上，141-143頁。
（9）　北原勇『前掲書』100頁。
（10）　富山康吉『前掲書』141-143頁。
（11）　同上，163-164頁。
（12）　同上，156-157頁。
（13）　*Das Kapital*, Ⅲ, S.452. 訳, 556頁。
（14）　稲村勲「前掲論文」62-63頁。この論点に関連して富山康吉氏は次のように述べている。

　「まず，社団はそれを構成する社員とは一応独立した存在のものとして法律上観念されているから，株式会社における別個の運動をなす現実資本と貨幣資本とが，社団法人なる株式会社と社員なる株主とにそれぞれの主体的表現をうる。しかし同時に，社員の結合体そのものが社団と観念されているから，社員なる法主体と社団なる法主体との関係は個人法上の関係にみられるような対立した主体間の関係ではなく，社員は社団の団体関係をつうじて社団財産のうえに観念的な権利を有し，こうして，所有としての資本（貨幣資本）の主体たる株主が経営される資本（現実資本）をも観念的に所有することが表現される」。「所有が経営を従属させこれを所有に統一していることは，社会的な資本が私的な資本に従属することであり，社会的な生産の私的所有への従属を資本内部に示したものであって，社会的生産と私的所有との向自的対立はかえってつよめられている。けれども，ともかく，株式会社は，私的所有制を維持しつつその下で可能なかぎり私的所有に内蔵される矛盾を止揚したものとして，私的所有の最高の発展形態を示すものといいうるのである。」(富山『前掲書』142-143頁。)

（15）　*Das finanzkapital*, SS.195-197. 訳, ㊤ 287-291頁① 272-275頁。
（16）　a.a.O., SS.142-143. 訳, ㊤ 212-213頁① 211-212頁。

　「継続性」について北原氏の主張，すなわち，「企業活動の継続性の要求」(北原『前掲書』91頁)はきわめて不十分なものといえよう。「継続性」に関する見解は，すでに『金融資本論』でヒルファディングが述べているし，また多くの論者が氏の指摘される点については論究し，指摘されている事柄である。例えば，

「株式会社制度は，本来持分証券である株式の証券市場での代位・肩代わりによって一方では資本拠出者にとって投下資本の再生産過程への固定的充用からくる長期的拘束を回避させ，他方ではそうした再生産過程での機能資本運動の継続性を可能ならしめることにもとづいて，短期にしか運用できない貨幣資本をも集中し，『資本所有の量的制限』を打開し得たのである。」(深町郁弥「管理通貨制度論と信用論（Ⅱ）」『経済学研究』第40巻第4・5・6号，109頁)

(17) *Das Finanzkapital*, SS..143-144. 訳, ㊤ 212-214 頁① 211-212 頁。
(18) a.a.O., S.249. 訳, ㊤ 364 頁① 336 頁。
(19) a.a.O., SS.161-162. 訳, ㊤ 242 頁① 235 頁。
(20) *Das Kapital*, Ⅲ, S.516. 訳, 639 頁。
(21) 深町郁弥「前掲論文」を参照されたい。
(22) *Das FinanzKapital*,S.176. 訳, ㊤ 261-162 頁① 251-252 頁。
(23) a.a.O., SS.193-194. 訳, ㊤ 285-286 頁① 271 頁。
(24) a.a.O., S.193-194. 訳, ㊤ 285-286 頁① 271 頁。
(25) *Das Kapital*, Ⅲ, S.917. 訳, 1158 頁。
(26) *Das FinanzKapital*, SS.194-195. 訳, ㊤ 287-288 頁① 272-273 頁。
(27) *Das Kapital*, Ⅲ, S.453. 訳, 558 頁。
(28) *Das FinanzKapital*, SS.195-196. 訳, ㊤ 288-289 頁① 273-274 頁。
(29) a.a.O., SS.195-196. 訳, ㊤ 288-289 頁① 273-274 頁。
(30) a.a.O., S.196. 訳, ㊤ 289-290 頁① 274-275 頁。
(31) a.a.O., S.196. 訳, ㊤ 290 頁① 275 頁。
(32) a.a.O., S.197. 訳, ㊤ 291 頁① 275-276 頁。
(33) a.a.O., S.197. 訳, ㊤ 291-292 頁① 275-276 頁。
(34) a.a.O., S.210. 訳, ㊤ 291-292 頁① 276 頁。
(35) a.a.O., S.211. 訳, ㊤ 310-311 頁① 292 頁。
(36) a.a.O., S.211. 訳, ㊤ 311 頁① 292-293 頁。

第8章　資本所有と資本機能の分離

I　機能資本家の規定性

1　資本主義的生産過程と機能資本家

　資本所有の株式資本所有への転化――所有の証券化――の確立段階では，株主の資本所有は投下資本＝現実資本の直接的・実体的所有から株式資本→擬制資本化した株式資本との関係に転化する。したがって，元来資本所有に内包された支配（「資本所有―支配」）も株式所有との関係（「株式所有―支配」）に転化する。株式所有が投下資本＝現実資本との関係から切り離され，後者もまた前者との関係から解放され，各々自立した，独自の運動態様を獲得するが，そうなると，現実資本＝機能資本は所有―支配と如何なる関係概念として新たな内容規定を付与されるだろうか。労働生産力の発展→生産の拡大に伴う産業構造の量的発展と質的高度化に対応して資本機能，したがって機能資本家の機能も複雑・多様化し，かつ専門化・重層化の過程を経ていく。この過程の進展に伴って機能資本，したがって機能資本家の概念に新たな要素を包含した内容規定が付与されることになる。この過程の史的展開を分析的に解明することが行論との関係において求められる。

　資本主義社会の生産は資本によって担われる。資本は社会的分業によって生産過程を担当する産業資本，流通過程を担当する商業資本に大別されるが，ここでは生産過程と流通過程の二側面，つまり資本の再生産過程を担う産業資本と商業資本とを一括して機能資本と呼び，産業資本に機能資本を代表させる。産業資本が担う生産過程は労働過程であるだけでなく価値増殖過程である。つまり資本主義的生産は労働過程と価値増殖過程との二側面の直接的統一をなす。労働過程は資本の価値増殖の手段として価値増殖過程に従属的関係にある。価値増殖過程は労働過程の一般的基礎のうえに成立し，特定の使用価値をつくる

労働過程を媒介にして労働過程と一体化して進行するという関係にある。

ところが労働過程が資本家による労働力の消費過程として行われる場合には，二つの特有の現象を呈する。第1に，労働者の労働は資本家に属し，資本家の統制・監督のもとで生産手段と結合させて行われる。第2に，生産物は，資本家の所有物であって直接的生産者である労働者のものではない。労働過程は資本家が買った物と物との間の，彼に属する物と物との間の，一過程である。それゆえ，この過程の生産物が彼のものであるのは，ちょうど，彼の葡萄酒蔵のなかの発酵過程の生産物が彼のものであるようなものである(1)。

こうして資本主義社会では，労働生産物は直接的生産者である労働者から疎外され，労働そのものが疎外された労働となる。他方，この労働は労働者の労働力行使であるが，それは資本家にとっては価値増殖の手段である。資本家は労働力と生産手段を購入し合体させて生産を行うが，生産の目的は商品の生産であり，投下資本より大きな価値をもつ商品の生産，つまり資本の価値増殖である。

資本主義的生産は同じ時に，同じ空間で同じ種類の商品の生産のために同じ資本家の指揮・監督のもとに多数の労働者が統一され共同作業・協業(Kooperation)を行うという点に特徴がある。この協業＝共同的労働は，歴史的には，資本制的工業の最初の形態である〈初期マニュファクチュア〉での(1)「単純協業」から，〈本来的マニュファクチュア時代〉の(2)「分業にもとづく協業」へと進み，さらに産業革命を経て(3)機械制大工業の展開においてマニュファクチュア的分業の中核をなす人間の経験的熟練という主観的要素が駆逐され，労働過程の協業的性格は労働手段そのものの性格によって指示される技術的必然性となる。労働者の労働は客観的な機械体系の自己運動のもとに従属的に組み込まれ，「生ける労働用具」となる(2)。

協業によって発揮される新たな生産力は労働の社会的生産力であるが，資本主義的生産のもとでは，それが資本の生産力として現れる。同様に，協業そのものも資本主義的生産過程独自な形態として現れる。それは労働過程が資本への従属によって受ける最初の変化である。何よりも，協業を組織するのが労働者自身ではなく資本家である。個々の労働者は生産手段から切り離され，賃金労働者として自分の労働力を資本家に売り，資本家の指揮・監督のもとにはじ

めて他の労働者たちと共同関係に入る。この関係において労働者の労働は社会的生産力を発揮しうるのである。およそ労働者は一緒にいなければ直接に協業することはできない。彼らが一定の場所に集まっていることが協業の条件だとすれば，賃金労働者は同じ資本，同じ資本家が彼らを同時に充用しなければ，つまり彼らの労働力を同時に買わなければ，協業することはできない。だから資本家の手元には一定数の労働力を購買できる資金と共同利用可能な生産手段とが集積されていなければならない。それが資本主義的協業の物質的条件なのである。(3)

いうまでもなく結合労働力がもたらす労働の社会的生産力の上昇は資本にとっては支払われたものではない。資本家は個々の労働者に対して労働力の価値を支払うが，結合労働力に対して支払っているわけではない。したがって，結合労働力の利用によって生ずる剰余価値は不払労働として資本家の手に帰する。(4)「協業者としては，一つの活動有機体の手足としては，彼ら自身はただ資本の一つの特殊な存在様式でしかない。それだからこそ，労働者が社会的労働者として発揮する生産力は資本の生産力なのである。」(5)

多数の賃金労働者の協業が発展するにつれて，資本の指揮は労働過程そのものの遂行のための必要条件に，一つの現実の生産条件に発展する。生産場面での資本家の命令は，いまでは戦場での将軍の命令のようになくてはならないものになる。比較的大規模な共同的労働は，多かれ少なかれ指揮・監督を必要とする。これによって個別的諸活動の調和が媒介され，生産体の独立的諸器官の運動とは違った生産体全体の運動から生ずる一般的な諸機能が果たされる。単独のバイオリン演奏者は自分自身を指揮するが，一つのオーケストラは指揮を必要とする。この指揮や監督や媒介の機能は，資本に従属する労働が協業的になれば，資本の機能になる。資本の独自な機能として指揮の機能は独自の性格をもつことになる。(6)

この資本の機能，つまり資本家の指揮・監督は内容から見れば二重性をもたざるをえない。指揮される生産過程そのものが一面では生産物の生産のための社会的な労働過程であり，他面では資本の価値増殖過程であるというその二重性によるのである。価値増殖過程の資本機能が資本主義的生産の推進的動機であり直接的目的である資本の最大限の自己増殖であり，したがって資本家によ

る労働力の最大限の搾取であるが，同時に従業する労働者数の増大につれて彼らの抵抗も大きくなり，この抵抗を抑圧するための資本の圧力も必然的に大きくなる。この指揮・監督は形態から見れば専制的なものとなる。この場合，資本家は産業の指揮者だから資本家なのではなく，彼は資本家だから産業の司令官になるのである[7]。

　大規模な協業の発展につれて，資本家は自らの指揮・監督機能をすべて単独で遂行することがますます困難になってくるので，その機能の一部を他人に代行させるようになる。専制的な指揮・監督機能はその特有な諸形態を展開せしめる。一つの軍隊が士官や下士官を必要とするように，同じ資本の指揮のもとで協働する一つの労働者集団は，労働過程で資本の名によって指揮する産業士官（支配人, managers）や産業下士官（職工長 foremen, overlookers, contre-maitres）を必要とする。監督という労働が彼らの専有の機能に固定する[8]。

　この論理段階では資本所有と資本機能とは同一主体のうちに合一されており，支配－機能は所有によって直接権源づけられている。それは所有そのものに内包されたものとして規定されている。したがって資本の人格化としての資本家は資本の所有者であるがゆえに，資本機能者＝企業者であるという関係にある。しかしこのような場合でも，生産力の発展に伴う生産規模の拡大――大規模な協業・協同の発展――の過程において，資本家は自らの指揮・監督機能をすべて単独で遂行することは困難になってくる。その機能の一部を資本の名によって代行する担当者を必要とするようになる。それが産業士官（支配人）であり，産業下士官（職長）などである。資本所有からの資本機能の分離であるが，この分離は，後述するように資本家自身における所有と機能・企業活動との分離を何ら変えるものではない。

　産業革命を経て(3)機械制大工業＝重工業の発展段階において生産の拡大に伴う資本の有機的構成の高度化→固定資本の巨大化・最低必要資本量の厖大化に対応しうる企業形態として株式会社制度が普及していく。産業資本の支配が確立し，それに対応して近代的な信用・銀行制度も発展する。諸資本の自由な競争が最大限の利潤を動機として企業間および部門間を通じて激しく展開される。この過程は競争と信用を梃子にして急速な資本の集積・集中が推し進められていく。この資本集中の最高次元の企業形態として株式会社はその歴史的機能を

発揮する。この過程の進行に対応して近代的会社法制が成立し，それがまた株式会社制度の発展を促進せしめていく。

「資本家とは『人格化された資本』『意思と意識とを付与された資本』にほかならない。自己目的化した価値増殖の無際限の運動の意識ある担い手として，貨幣所有者は資本家となるのである。」価値増殖の無際限の運動の担い手としての資本の運動は下記の如く表すことができる。

$$G-W<{Pm \atop A} \cdots P \cdots W'-G'<{G-W<{pm \atop A} \cdots P \cdots W'-G'<{G \atop g} \atop g-w}$$

表式はGから始まってG′に復帰する資本の循環・回転の過程を描くが，資本の価値は上掲のようにG，W（pm+A），W′（W+w），G′（G+g）という転化形態をとる。各々は各姿態に応じた資本の特殊機能を生みだす。Gは単に貨幣ではなく貨幣資本であり，Wは生産資本（pmは生産手段，Aは労働力），W′は商品資本となる。この資本の循環・回転が資本が資本として機能する全過程であるが，資本主義的生産においては，この過程が資本家の私的所有──商品生産物の私的所有──という資本主義的「所有関係」に基づくものである。

個人企業者＝資本家は，貨幣資本（G）の所有者として所有資本家であり，その転化形態である生産資本（W）および商品資本（W）も彼個人の所有に帰する。同時に彼は資本が機能する全運動の担い手として機能資本家である。彼は最大限の剰余価値・利潤の獲得のために，その全運動過程（購買，生産，販売，財務など）にわたって社会的労働を計画・指揮・統制する。

ここでは，資本所有と資本機能は同一主体のうちに合一されており，機能＝経営は所有によって直接権源づけられている。資本家は資本所有者であるが故に資本機能者，つまり経営者である。所有と経営の直接的一致において，資本家は「意思と意識を与えられた資本」・「人格化された資本」であり，かかるものとして資本機能の全運動を計画・指揮・統制する。

上述の如く個人企業の場合でも経営規模がある程度大きくなれば，資本家は自らの管理活動をすべて単独で遂行することがますます困難になるので，自分の手足となって助けてくれる他人を雇って自分の機能の一部を代行させるようになる。支配人や職長などがそれである。彼らは，彼らを雇った資本家の指揮

下で，委譲された権源の範囲内で資本の名によって指揮・管理・監督労働を行う。この彼らの管理労働はそれ自体としては何ら所有を権源としておらず，所有によって根拠づけされたものではない。その限りで，資本家に雇われた管理者の指揮・管理・監督労働は所有から分離している。この意味では，機能の所有からの分離は，この段階でもある程度見られるが，しかしそれは指揮・監督機能の「特殊な形態」をなすものであり，彼らはけっして所有資本家でも機能資本家でもない。資本家が取得利潤からの控除によって支払う・いわば「特別な種類の賃金労働者」である。だから，それは資本家自身における所有と経営の分離を何ら変えるものではない。(13)

このような所有と機能および経営の関係の中で支配はどのような位置を占めるだろうか。支配は所有関係にある。上述のように資本家は貨幣資本の所有者として貨幣資本家＝所有資本家である。貨幣資本の転化形態である生産資本（W）および商品資本（W）はもちろんのこと，資本の循環・回転の全過程も当然に彼個人の所有に帰する。同時に他方では，資本家は資本が資本として機能する全運動（資本の循環・回転）の担手として機能資本家である。彼は資本運動を構成する全過程（購買，生産，販売，財務など）にわたって社会的労働を計画・指揮・監督・統制する。この場合，資本家は所有資本家として，資本の生産過程および流通過程，つまり資本の全運動・再生産過程の所有権限を有し，それを現実的に行使するということであるが，この所有権の現実的行使は，同時に支配権の現実的行使——支配行為——でもある。そこで次に資本所有と資本機能の分離とそれに伴う資本支配が問題になるが，そのためにはまず，ここでの資本所有と資本機能の分離および支配に関する検討のまえに信用論の論理系譜上に措定される資本の所有と機能の分離に関するマルクスの規定を概観することからはじめることにしよう。それが株式会社における「所有─機能─支配」の論理的な基礎・前提となるからである。

2　資本所有と資本機能の分離(1)──機能資本家の規定性①

『資本論』第三巻第5篇「利子生み資本」第23章「利子と企業者利得」において，マルクスは利潤の利子と企業者利得とへの分割と資本家の貨幣資本家と産業資本家＝機能資本家とへの分化について次のように述べている。

「彼〔機能資本家である産業資本家または商業資本家〕が自己資本のみを使用するならば，利潤の……分割は生じない。利潤は全部彼のものになる。[14]」ここでは，資本所有と資本機能は同一主体のうちに合一されており，資本家は資本所有者であるが故に，資本機能者（すなわち経営者＝管理者）である，という関係が紛れのない形で実現されている。所有と経営の直接的一致・未分離において，資本家は「人格化された，意思と意識を与えられた資本として活動する。[15]」

　このように，自己資本についてはその人格化である資本家は貨幣資本家兼機能資本家として所有と機能と支配を完全に合一していることは自明である。

　この場合，彼は利子率決定のための競争には参加しないし，利子は産業資本自身の運動とは無関係である。「事実，利潤の一部分を利子に転化し，一般に利子というカテゴリーをつくりだすのは，資本家たちの貨幣資本家たちと産業資本家たちとへの分化だけである。また，利子率をつくりだすのは，この二種類の資本家間の競争だけである。[16]」

　ここでは利潤の純利潤と利子，つまり企業者利得と利子とへの量的分割，資本家の貨幣資本家と産業資本家とへの分化，さらにそれに伴う利子範疇の創出と，この二種類の資本家間の競争だけによる利子率の成立を指摘した後，続いてこの「量的分割」から「質的分割」，それに対応して分離する貨幣資本家に対立する資本家範疇として機能資本家範疇を析出し定義する。長文であるが，煩雑をいとわずに引用することにしよう。

　「利潤の，純利潤と利子とへのこの純粋に量的な分割が，質的な分割に転化するということに，どうしてなるのか？　言い換えれば，自己資本のみを使用し借入資本を使用しない資本家もまた，自己の総利潤の一部分を利子という特殊なカテゴリーに入れ，そのようなものとして特殊に計算するということに，どうしてなるのか？　それゆえ，さらに，借入資本であってもなくても，すべての資本が利子生み資本として，純利潤をもたらす資本としての自己自身から区別されるということに，どうしてなるのか？[17]」「この疑問に答えるためには，……もうしばらく利子形成の現実的出発点にとどまらなければならない。すなわち，貨幣資本家と生産的資本家とは，法的に異なる人格としてだけでなく，再生産過程においてまったく異なる役割を演じる人格として，現実に相対し合

っているという想定から出発しなければならない。一方は資本を貸すだけであり，他方はこれを生産的に使用する。」(18)

「資本の本来の独特な生産物は剰余価値であり，より立ち入って規定すれば利潤である。しかし，借入資本で仕事をする資本家にとっては，資本のこの独特の生産物は利潤ではなく，利潤マイナス利子，すなわち，利潤のうち利子の支払い後に彼のもとに残る部分である。したがって，利潤のうちのこの部分は，資本が機能する限り，彼にとって必然的にこの資本の生産物として現れるのである。そして，このことが彼にとっては現実なのである。というのは，彼はただ機能資本としての資本だけを代表しているからである。資本が機能する限り，彼は資本の人格化であり，資本が利潤をもたらすように産業または商業に投下される限り，またそれを用いてその使用者がそれぞれの事業部門ごとに所定の諸操作を行う限り，資本は機能する。したがって，彼が総利潤のうちから貸手に支払わなければならない利子に対立して，利潤のうちに彼に帰属するなお残る部分は，必然的に，産業利潤または商業利潤の形態をとる。またこの両者を含むドイツ的表現でこれを示せば，企業者利得という姿態をとる。」(19)

利潤マイナス利子＝企業者利得であり，資本所有と資本機能との分離，貨幣資本と機能資本の制度的分離による貨幣資本→利子，機能資本→企業者利得という関係概念──企業者利得範疇──が成立する。

ここでは，機能資本家は資本の非所有者であると想定されている。つまり借入資本を充用し機能せしめる限りで機能資本家である，という場合である。むしろ借入資本の場合でさえも，それを充用し機能せしめる限りで，彼は資本の人格化であり，機能資本家であるということである。信用制度の発展を前提とした場合，資本家は自己資本を基礎にして借入資本を利用する。つまり自己資本に借入資本を合体させ，その資本を投下して生産を行うわけであるが，その場合，自己資本部分については彼自身，貨幣資本家兼機能資本家として所有と機能・経営および支配を完全に合一し一体化していることは明白である。問題は借入資本部分についてである。この場合には，個人企業者はこの資本の所有者ではなく，したがって貨幣資本家ではない。貨幣資本家は貨幣資本を貸付けた貸付資本家として産業資本家の外部に対立している。貨幣資本家は貨幣資本の所有権を維持したまま，その機能を一定期間だけ産業資本家の自由に委ねる。

資本の機能とは価値増殖し利潤を生む能力のことである。資本機能を委ねるとは，貨幣資本を充用（使用・消費）することによって価値増殖し利潤を生むという「使用価値」を譲渡することである。譲渡の見返りとして一定期間後に産業資本から利子を受け取る。貸付けた貨幣としての資本の実現である。この場合，貸付資本家と産業資本家との関係式は次の通りになる。[20]

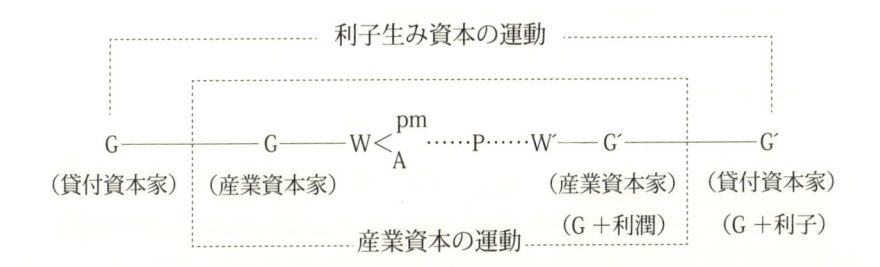

$$G\underset{(貸付資本家)}{}\underset{(産業資本家)}{G}\underset{}{W}{<}^{pm}_{A}\cdots P\cdots W'\underset{(産業資本家)\\(G+利潤)}{G'}\underset{(貸付資本家)\\(G+利子)}{G'}$$

利子生み資本の運動

産業資本の運動

　機能資本家として，肝要なことは資本が機能する限り，彼は資本の人格化であり，資本を用いて彼が産業（または商業）に投下する限り，資本は機能するのである。つまり機能する資本こそが機能資本であり，機能資本の人格化として彼は機能資本家なのである。他方，資本の所有権は貸手＝貨幣資本家が有する。[21] 支払われる利子は総利潤のうちこの資本所有そのものに帰属する部分として現れる。その残り部分が機能資本家に帰属する部分，つまり企業者利得として現れる。この場合，企業者利得は，彼が再生産過程において資本を管理運用する諸機能，つまり機能資本家＝企業家として行う能動的な諸機能から発生するものとして現れる。

　こうして，企業家としての彼に対して利子は資本が作動することなく仕事をしない限りにおいて資本の再生産過程とは関わりがない資本自体の単なる果実として現れる。これに対して企業者利得は，企業者が資本を投資して行う諸機能の独占的果実として，資本の運動および過程進行の果実として現れる。こうして，一方における無活動，再生産過程への不参加としての貨幣資本家と，他方における資本運動および過程進行の諸機能を担う機能資本家とに分裂し対立するものとして現れる。マルクスは次のように述べている。

　「総利潤の二つの部分の間のこの質的な分離，すなわち，利子は，資本自体

の果実，生産過程を度外視した資本所有の果実であり，企業者利得は，過程進行中の，生産過程で作用しつつある資本の果実であり，それゆえ資本の使用者が再生産過程で演じる能動的役割の果実であるという，この質的分離は，一方では貨幣資本家の，他方では産業資本家の，単なる主観的な見解では決してない。それは客観的事実に基づいている。というのは利子は，貨幣資本家の手に，すなわち，資本の単なる所有者であり，したがって，生産過程以前に生産過程の外部で単なる資本所有を代表している貨幣資本家すなわち貸手のもとに流れ込み，また企業者利得は，資本の非所有者である単に機能しつつある資本家のもとへ流れ込むからである。」[22]

3　資本所有と資本機能の分離(2)——機能資本家の規定性②

　マルクスは，企業（個別資本）の総利潤の利子と企業者利得（産業利潤または商業利潤）とへの分割を規定したうえで，続いて「このようにして，借入資本で仕事をする限りでの産業資本家にとっても，自己の資本を自ら使用しない限りでの貨幣資本家にとっても，同一資本に対して，それゆえその資本によって生み出された利潤に対して，二つの異なる権源をもつ二人の異なる人格の間での，総利潤の単に量的な分割が質的分割に転化する。利潤の一方の部分は，いまや，一つの規定における資本にそれ自体として帰属すべき果実として，利子として現象し，他方の部分は，それとは対立する規定における資本の特殊な果実として，それゆえ企業者利得として現象する。一方は資本所有の単なる果実として現象し，他方は，その資本を用いての単なる機能の営みの果実として，過程進行中の資本としての資本の果実，また能動的資本家の営む諸機能の果実として，現象する。[23]

　そして，総利潤の両部分の，あたかもそれらが二つの本質的に異なる源泉から生じるかのような，この相互の骨化(Verknöcherung)と自立化(Verselbständigung)とは，いまや総資本家階級に対し，また総資本に対し確立されざるをえない。しかもその場合，能動的資本家によって使用される資本が借入資本であろうとなかろうと，あるいはまた，貨幣資本家に属する資本が彼自身によって使用されようとされまいと，どうでもよい。各資本の利潤，したがってまた諸資本相互間の均等化に基づく平均利潤は，質的に相異なり，互に自立し互に独立する

二つの部分に，すなわち，どちらも特殊な法則によって規定される利子と企業者利得とに分裂し，またはそれらに分解される。
　「自己の資本で仕事をする資本家も，借入資本で仕事をする資本家と同じように，自分の総利潤を，資本所有者としての自分に，自分自身への自己資本の貸手としての自分に，帰属すべき利子と，能動的な機能資本家としての自分に帰属すべき企業者利得とに，分割する。こうして，質的分割としてのこの分割にとっては，資本家が現実に他の資本家と分け合わなければならないかどうかは，どうでもよくなる。資本の使用者は，たとえ自己資本で仕事をしても，二つの人格に——単なる資本所有者（blosse Eigentumer des Kapitals）と資本使用者（Anwender des Kapitals）とに——分裂する。彼の資本そのものが，それのもたらす利潤の諸範疇との関連では，そのものが利子をもたらす資本所有すなわち生産過程外にある資本と，過程進行中の資本として企業者利得をもたらす生産過程内にある資本とに，分裂する。」
　このように利潤の質的分割の外観が確立すると，自己資本を使用する機能資本家の場合も，利潤の質的な分割という観念が生じる。彼は利潤全部を取得するのであるが，にもかかわらず，一方では資本所有者として利子を，他方では資本機能者として企業者利得を取得するものと見なされる。このような観念の発生は，自己資本を使用する機能資本家が，自分自身を，一面では資本所有者として，資本の非所有者である単なる資本の使用者から区別し，他面では能動的な資本機能の代表者として，再生産過程とは無縁な単なる資本所有者から区別するところにある。
　簡単で本質的な規定性における資本（『資本論』第1巻）は，「総利潤の利子と企業者利得への質的分離の論理段階においては，利子範疇の確立に伴って，「所有としての資本」（Kapital als Eigentum）と「機能としての資本」（Kapital als Funktion）という質的に相異なる，対立する二つの資本範疇に分裂する。
　この論理段階では資本の所有と資本の機能とは分離して現れ，それに対応して二つの機能の担い手も人格的に分離する。したがって，機能資本家は，所有としての資本から分離した機能としての資本の人格化として規定される。ここでは資本家は資本所有者であるが故に，資本機能を担当するものとして機能資本家の規定を付与されるのではない。単なる資本機能の担い手として，単なる

機能としての資本の人格化として機能資本家が規定されるのである。それは資本機能だけを担当するものとして措定される企業者・経営者の概念規定に直接関わる論点である。[28]

なお，自己資本それ自体の所有と機能の分離，またはその制度的分離については，この論理段階ではまだ説明することができない。それは資本集中の社会的機構として成立する株式会社制度においてはじめて可能であるからである。[29]

資本所有と資本機能とが分離し利潤が分割されるとき，資本所有は，再生産過程の外部にあって単に所有するだけで価値増殖＝利子をもたらす資本であり，他方資本機能は，それとは対立して再生産過程の内部で循環・回転することによって，価値増殖＝純利潤をもたらす資本であるというわけである。ここでは資本所有と資本機能は，単に分離するだけでなく対立的に規定されている。こうして，資本所有と資本機能を代表する二種類の資本家においても，次のように対立的に規定される。すなわち，一方の所有資本家は，再生産過程の外部で単に資本を所有するだけで利子を取得し，他方の機能資本家は，それとは対立して再生産過程の内部で機能資本の循環・回転を管理することによって，純利潤を企業者利得として取得するというわけである。

このように資本所有と資本機能の対立的な規定に対応して，利子と企業者利得も対立的に規定される。利子は再生産過程とは無関係な単なる資本所有の果実として現れ，企業者利得は再生産過程の内部での能動的な資本家の営む諸機能＝企業の管理・運営の果実として現れる。だから，一つの利潤を単に量的に分割したにすぎないものが，質的に異なったものの分割として現れるのである。そして，既述の利潤の分割をめぐる所有資本家と機能資本家との利害の対立によって，この利子と企業者利得への利潤の質的分割という外観はヨリ明確になるのである。

社会的総資本において利潤の質的分割の外観が確立すると，分割される利潤が労働力の生んだ剰余価値であること，したがって資本と賃労働との対立的な社会的な関係の所産であることが隠蔽される。対立は賃労働と資本の間ではなく，資本所有と資本機能の間，単なる資本所有者と資本機能者の間にあるように見える。資本所有から分離された資本機能者は，資本の非所有者として労働者，ただし企業の管理・運営を行う管理労働者であり，「賃金」労働者として

現象する。したがって賃金労働者に対立せず，資本所有者に対立する。上述の如く資本所有者が対立するのは，資本機能を担う機能資本家＝企業者であって賃金労働者ではないと観念される。かくして機能資本家は賃金労働者に対立する所有としての資本を代表し，所有資本家＝利子生み資本家は機能資本家に代表されて賃金労働者に対立するという基本的な関係は，隠蔽され，忘れ去られる。なおこの論理系譜上に資本所有が利子を生み，資本機能が企業者利得を生むという，利潤の質的分割の外観，範疇としての利子生み資本が成立する。

　機能資本の運動には $G-W<{Pm \atop A}\cdots P\cdots W'-G'$，すなわち貨幣→生産要素→商品→より多くの貨幣…というように，価値増殖を媒介する過程が現れている。機能資本の価値が増殖するためには，その都度形態を変えなければならず，生産過程と流通過程とを通過しなければならない。価値の転形や生産過程・流通過程等は，資本の本質である価値増殖にとっては，既述の如く単なる手段であって，しかもそこには，労働（力）の生産物が資本の生産物＝利潤として現れるという対立的な社会関係の痕跡が残っている。が，それに対して利子生み資本では，運動形態 $G-G'$ が示すように貨幣が貨幣のままで貨幣を生む。貨幣の価値増殖を媒介するのは，生産過程や流通過程ではなく貸手と借手の合意であり，また価値の転形に必要な生産期間でも流通期間でもなく，貸付期間という時間だけである。こうして利子生み資本の場合には，物である貨幣が単に時間が経過するだけで利子を生む。資本の本性は価値の増殖にあるのだから，機能資本の場合に不可欠であった余計な媒介物が消え去っている利子生み資本は，その資本の本性に最もよく適合した資本であり，資本の本性が純粋に現れている。利子生み資本が完成した資本であるといわれる所以である。

　「貨幣が貨幣のままで貨幣を生むのは，いうまでもなく貨幣の自然的な性質＝物理的あるいは化学的な性質ではない。特定の社会関係＝資本主義生産関係のなかで貨幣に与えられた性質＝貨幣の社会的性質としての資本機能にもとづく。このような，物に与えられた社会的性質，したがってその社会関係が変わらないかぎりそのものから消滅することのない性質を，物神性または呪物的性格と呼ぶ。この場合は利子生み資本の物神性である。

　利潤は生産過程で生産され，流通過程で実現される。生産過程と流通過程の統一である再生産過程では，労働力の生産物である剰余価値が資本の生産物と

して，利潤として現れるのだから，すでにそこには，資本の物神性がある。再生産過程に媒介されることなく純粋に資本の本質を体現する利子生み資本の物神性は，したがって資本の物神性の完成である。」[30]

以上はしかし，利子生み資本についての一般論である。一般論では利子生み資本はその存在が前提されているだけであり，その出自あるいは具体的な運動諸形態について分析・論証されているわけではない。この論理段階では所有資本家は，所有としての資本の人格化したものであり，したがって，単に資本を所有するだけの人格として規定されており，それに対して機能資本家は，機能としての資本の人格化したものであり，したがって，単に資本の機能を遂行するだけの人格として規定されているのである。利子範疇の確立段階——総利潤の利子と企業者利得への質的分割——における所有資本家と機能資本家との制度的分離に基づく両者の範疇規定である。[31]

4 機能資本家の規定性と企業者・経営者の位置づけ

上述の如く資本の所有と資本の機能とは分離して現れ，二つの機能の担い手は人格的に分離するが，所有としての資本から分離した機能としての資本は，単に資本の機能を遂行するだけの人格化として機能資本家範疇の規定が付与されるわけであるが，次の問題は，このような機能資本家規定との関連において単に資本機能だけを担当するものとして措定される経営者をどのように理解すべきであろうか。[32]

機能資本家が再生産過程において単に資本機能を担当するが故に，機能としての資本の人格化した範疇であるとするならば，企業者・経営者もまた，一定の経済的範疇の人格化において規定されなければならないであろう。ここではこの点の指摘にとどめ，企業者・経営者に関する論議は後述する。差し当たり次の点を確認し歩を進めることにしよう。

この論理段階では，利子は再生産過程の外部にとどまっている単なる貸手に対してであれ，自己資本の生産的使用者に対してであれ，資本の所有そのものがもたらすものであると観念される。後者の場合，利子は，彼が機能資本家であるからではなく，機能資本家としての自己自身に対して彼自身の資本を利子生み資本として貸付ける貸手＝貨幣資本家である限りにおいてなのである。元

来利子は生産過程において生産諸手段の姿態をとる価値——一般的・社会的形態にある対象化された労働——が，自立的な力として生きた労働力に対立し，不払労働を取得するための手段であることの表現にほかならない。にもかかわらず，利子の形態では賃労働に対するこのような対立は消えてしまっている。なぜなら，利子生み資本の対立物は賃労働ではなく機能資本家だからである。貸付資本家が直接的に対立するのは再生産過程で現実に機能している資本，つまり機能資本家だけである。他方，企業者利得は賃労働と対立するものではなく利子とのみ対立する。第1に企業者利得率は労賃ではなく利子率に規定され，その高さは利子率に反比例する。第2に機能資本家は企業者利得そのものを資本所有からではなく資本の機能から導き出す。この対立は彼が借入資本を充用し，利子と企業者利得が二人の異なる人格に帰属する場合には，直接的対立として現れる。(33)

こうして企業者利得は，賃労働の対立物であり，他人の不払労働であることが消え去り，"労働の指揮・監督に対する賃金"であるという観念が成立する。利子－貨幣資本（家），企業者利得－機能資本（家）との対立関係の展開は，いまやこの両部分が利潤・剰余価値の部分，分割であり，その分割が剰余価値の本性，その起源および存在諸条件をなんら変えるものでないことが忘れ去られてしまう。また，次の諸点も同様である。再生産過程では機能資本家は賃労働者に対立する他人の所有としての資本を代表しているということ，貨幣資本家は機能資本家によって代表される者として，労働の搾取に参加しているということ，そしてその場合，機能資本家＝能動的資本家は労働者に対立する生産手段の代表としてのみ労働者を自分のために労働させ，生産手段を資本として作動させるという機能を行うのであるということ，そういうことがすべて忘れ去られてしまう。いまや，利潤が分割される割合，またこの分割がそれによって行われる異なる権源は，利潤を既成のものとして前提し，利潤の定在を前提とするものとなる。こうして，利子と企業者利得とへの利潤の分割の諸根拠が分割されるべき利潤・剰余価値の実存の根拠に転化する。つまり利潤・剰余価値は，資本と賃労働との対立関係にではなく，かかる両部分の対立形態に基礎を置くということになる。しかし利潤は，この分割が問題になる前に生産されるのである。が，このことは消え失せ忘れ去られてしまう。(34)事実関係の転倒で

ある。

　こうしていまや，所有から分離・解放された機能資本の人格化としての機能資本家は，資本家としての彼自身の全活動が所有とは一切関わりのないものとして，むしろ所有と対立する「単なる労働」として現れ，この単なる労働の人格化として機能資本家は単なる機能者，単なる労働者として現れることになる。かくして機能資本家の取得する企業者利得は，かかる労働者としての彼の勤勉な労働の成果として観念されることになる。本質的関係の転倒であり，逆立ちした現象形態であり，同時にまた逆立ちした観念の形態でもある。その必然性は上述の如く利子生み資本の物神的性格にある。ここに所有と機能＝経営の分離の相対的関係性を認めない経営者支配論の根本的要因が伏在していると考えられる。

　補論：　　機能資本家と労働者
　①所有としての資本において，利子自体は労働に対立し労働を支配する個人的な力に転化したものとしての，つまり資本としての労働条件の定在であり，他人の労働の生産物を取得する手段であるが，利子は，この性格——資本の本質的な社会的規定性——を生産過程の外部で資本に属するあるもの，労働に対する直接的対立においてではなく労働とは無関係に，労働そのものに対する資本の関係にとっては外的などうでもよい規定として，ある資本家と他の資本家との単なる関係として表す。資本の対立的性格は消滅する。この対立が完全に捨象されるという形で，利子は自立的表現をとることになる。(*Das Kapital*, Ⅲ, SS.395-396. 訳，478-479頁)
　②こうして，いまや所有としての資本において資本が利子の資本自身の自己増殖の源泉として現象する。他方，利潤の他の部分・企業者利得は，必然的に資本としての資本から生ずるのではなくその特殊な社会的規定性から切り離された生産過程から生ずるものとして現象する。
　再生産過程においては資本から切り離された生産過程は労働過程一般である。いまや産業資本家は資本所有者＝所有資本家とは区別された機能資本家としてではなく資本とは関わりのない職務遂行者，労働過程一般の単なる担い手として，つまり労働者，賃金労働者として現れる。資本の機能は単なる労働機能と

して現れる。企業者利得は利子が貨幣（単なる物）の果実として現象するのに対応して労働過程の産物として現れる。剰余価値はもはや剰余価値ではなく，その反対物，労働の等価である。機能資本家は労働者と違った労働をするに過ぎないのであり，こうして搾取する労働と搾取される労働との対立は隠蔽され，いずれも労働として両者は同一のもの，つまり同じ労働であるということになる。

　資本の機能，機能としての資本が単なる労働過程における一般的機能，一般的指揮機能として現れ，したがって，機能としての資本の人格化である機能資本家が労働過程一般の単純な担い手，賃金労働者として現れることになるが，この現象形態が一般化し定立すると，機能資本家範疇は，その現象形態に規定され，経営者概念もまた単なる労働過程一般の単純な担い手，賃金労働者として規定されることになる。(*Das Kapital*, Ⅲ, SS.395-397. 訳, 478-480頁)

Ⅱ　所有としての資本＝利子生み資本の一般化
——貨幣資本の集積と銀行準備金の変容——

1　所有としての資本の集積と銀行「準備金」の規定性

　ところで，機能としての資本の人格化としての機能資本家が上掲の諸要因を媒介して労働過程一般の単なる担い手，賃金労働者としての現象形態をとり，それに伴って企業者＝経営者も資本家ではなく単なる賃金労働者として意識されるにいたるが，しかしそのことは，既述の如く利潤の利子と企業者利得とへの分離を前提として，資本の所有，所有としての資本と資本の機能，機能としての資本の制度的分離を基礎・前提とする。そのうえで，所有としての資本・利子生み資本において資本が利子の，資本自身の自己増殖の源泉として現れ，総生産過程の成果が資本に自ずから備わる属性として現れる。つまり資本も単なる物として現象する。しかしそれだけで十分ではない。現実に機能する資本も機能資本としてではなく資本自体として，貨幣資本として利子をもたらすというように自らを表す。こうして価値を創造し利子をもたらすことが資本（貨幣）の属性となるのは，梨の実を結ぶことが梨の属性であるのと同様である。

　信用・銀行制度の発展に伴う貨幣および貨幣資本の利子生み預金としての集

合・集積，元来の「あるべき銀行準備金」を超える「過剰な準備金」の形成，利子生み資本範疇の確立に伴う所有としての資本→利子と，機能としての資本→企業者利得の制度的な分離，等々は，株式会社の資本＝結合資本の形成条件──資本の流動化・資本の動員と結合の社会的基盤の形成──を意味するだけでなく，株式会社における資本の二重化，それに対応する所有の二重化の社会的・経済的基礎を形成することを意味している。

『資本論』にける信用論の展開の基本路線は，利子生み資本の形態規定（第5篇第21～24章）をうけて信用制度が再生産過程の外部に自立的定在を獲得し，独自の運動を行うことに向けられている。銀行業はその中核をなすものとして位置づけられている。そでゆえに，それは第25章「信用と架空資本」で展開されているのである。(35) ここでは差し当たり，株式会社制度──資本の流動化→資本の動員と結合──の形成基盤となる信用制度について最少必要な限りで言及しておこう。

貨幣取扱業者は貨幣取扱業務と結合して利子生み資本の管理・媒介を特殊業務として行い，この特殊業務によって利子を獲得するようになる。この特殊業務──貸借業務・信用取扱業務──と本来の貨幣取扱業務とを統一した新たな事業の展開が銀行業，銀行制度の形成である。一般的にいえば，この面から見た銀行業者の業務は，貸付可能な貨幣資本を自分の手中に大量に集中することにあり，したがって個々の貨幣の貸し手に代わって銀行業者がすべての貨幣の貸し手の代表者として産業資本家や商業資本家に相対するようになる。彼らは貨幣資本の一般的な管理者となる。他方，彼らは，商業世界全体のために借りるということによって，すべての貸し手に対して借り手を集中する。銀行は一面では貨幣資本の集中，貸し手の集中を表し，他面では借り手の集中を表している。(36) 銀行の利潤は，一般的にいえば，貸すよりも安い利子で借りるところから生ずる。

「銀行が自由に処分できる貸付可能な資本はいろいろな仕方で銀行に流れ込む。まず第1に，銀行は産業資本家たちの出納係だから，銀行の手中には，各個の生産者や商人が準備金として保有する貨幣資本や彼らのもとに支払金として流れてくる貨幣資本が集中する。こうして，このような準備金は貸付可能な貨幣資本に転化する。このようにして，商業世界の準備金は，共同の準備金と

して集中されるので，必要な最小限度に制限されるのであって，もしそうでなければ貨幣資本の一部分は準備金として寝ているであろうが，その部分も貸し出され，利子生み資本として機能するのである。第2に，銀行の貸付可能な資本が貨幣資本家たちの預金によって形成され，彼らはこの預金の貸出を銀行に任せる。さらに，銀行制度の発達につれて，またことに，銀行が預金に利子を支払うようになれば，すべての階級の貨幣貯蓄や一時的な遊休貨幣は銀行に預金されるようになる。それだけでは貨幣資本として働くことのできない小さな金額が大きな金額にまとめられて，ひとつの貨幣力を形成する。このように小さな金額を寄せ集めるということは，銀行制度の特殊な機能として，本来の貨幣資本家と借り手との間の銀行制度の媒介機能から区別されなければならない。最後に，少しずつしか消費できない収入も銀行に預金される。」[37]

こうして「所得貨幣も，究極的には銀行業の準備金を構成し，商業信用代位にもとづくばあいのあるべき準備金をこえる銀行準備金の過剰をもたらす要因となる……。」[38] すなわち，商業信用代位に基づく場合の「あるべき準備金」を超えた，その意味で「過剰な準備金」が形成されるということである。

2 「過剰な準備金」の形成と新領域の開拓

「上掲の引用文〔注27〕では銀行業が利子生み資本化して集中する貸付可能な貨幣資本の諸源泉が列挙されている。しかしながら，ここではいっさいをはじめから一括して論ずるのではなくて，資本の再生産運動とのかかわりで銀行業をみていかなければならない。そうするとここで対象となるのは，第1の機能資本家たちの『準備金として保有する貨幣資本や彼らのもとに支払金として流れてくる貨幣資本』の共同の準備金としての集中，第2の『貨幣資本家たちの預金』による貸付可能な資本の形成ということになる。この段階でいわれている『貨幣資本家』とは，再生産過程の外部にあるレントナーを意味するものではなく，過程の内部で機能する機能資本家が，後述するような遊離貨幣資本を利子生み資本として運用するというケースを意味するものとしてとらえておきたい。」[39]

この引用文中の第1は，購買・支払手段準備金である。それは，生産過程の連続性を維持するために絶えず貨幣資本形態を取らざるをえない資本部分で

あり，貨幣の形態規定に関しては蓄蔵貨幣の第1形態である。第2は機能資本の循環・回転にともなって再生産過程の外部に遊離してくる潜在的貨幣資本であり，蓄蔵貨幣の第2形態に属するものといえる。さらに銀行制度の特殊な機能——諸階級の所得貨幣の利子生み資本化による集中——による貨幣節約を考慮に入れると，その機能によって，1の準備金のある部分も当然必要でなくなり，蓄蔵貨幣の第2形態として沈殿していくようになる[40]。

こうして商業信用代位に対応する「銀行準備金」を越える，その意味で「過剰な準備金」が形成され，それが商業信用代位の上向体系からはみだした貸付可能な貨幣資本として，新たな利子生み資本の投資領域の開拓へと向う。多面的分野への進出が計られるが，主として，一方では銀行信用の新たな展開方向であり，他方では証券市場への進出である。さし当たり，株式資本の擬制資本化による独自の流通運動の循環的展開のための資金供与である。つまり「証券流通に必要な資金」がこれに当たる[41]。

利子生み資本範疇＝利子率決定機構の確立段階では，「個人企業の場合には，貨幣資本家が産業資本家の外部に利子生み資本として対立したが，また同時に産業資本家自身は，いかなる場合にも結局は貨幣資本家と機能資本家の両面を合一しており，かかるものとして賃金労働者に対立するものであった。ところが次の課題である「株式会社においては，所有の契機と機能の契機の産業資本家自身における統一は崩壊し，制度的に破棄される[42]。」株式会社における資本の二重化であり，それに対応した所有の二重化であり，所有と機能の制度的分離である。それは同時に，資本の人格化としての産業資本家自身の所有資本家と機能資本家との内的統一が破棄され，自立化した両者の制度的・範疇的分離である。つまりヒルファディングのいう「株式会社はなによりもまず，産業資本家の機能の変化を意味する[43]。」のである。

さらにマルクスは次のように述べている。株式会社の形成によって「現実に機能している資本家が他人の資本の単なる支配人，管理人に転化し，資本所有者は単なる所有者，単なる貨幣資本家に転化するということ，彼らの受ける配当が利子と企業者利得とを，すなわち総利潤を含んでいる場合でも，（というのは，支配人の俸給は一種の技能労働者の単なる労賃であるか，またはそうであるはずのものであって，この労働の価格とも同じに労働市場で調節されるのだから），

この総利潤は、ただ利子の形態でのみすなわち資本所有の単なる報償としてのみ、受け取られるのであって、この資本所有が、いまや現実の再生産過程での機能から分離されることは、支配人の一身に属するこの機能が資本所有から分離されるのとまったくく同様である。こうして利潤は（もはやたたその一方の部分だけでなく、すなわち借り手の利潤からその正当化の理由を引き出す利子だけでなく）、他人の剰余労働の単なる取得として現れる……。」「株式会社では、機能は資本所有から分離されており、したがってまた、労働も生産手段と剰余労働との所有からまったく分離されている。」

　株式会社制度の発展は、このような逆立ちした現象形態を極限にまで展開せしめていくのである。では株式会社における資本の二重化、それに伴う所有の二重化をどう捉え、所有の株式証券化に伴う株式資本の所有と会社資本、会社支配・企業経営、株式会社における機能資本家をどう捉え、その概念規定をどのように与えうるだろうか。

III　擬制資本と株式会社の資本(1)
────資本の二重構造化と資本所有の証券化①────

1　擬制資本とは何か

　資本所有の株式資本所有への転化──所有の証券化──は、産業資本の株式資本化、株式資本の擬制資本化によってはじめて一般化する。出資形式による株式会社の結合資本は株式資本に転化され、資本は所有と機能とに分離し、二重化して現れる。一方は所有としての資本＝株式資本に、他方は機能としての資本＝現実資本に転化し、後者を基礎・基盤にして各々が自立し独自の資本運動を形成するが、その一般化は「結合資本→株式資本→擬制資本」という、証券市場における株式資本の擬制資本化を通じて確立する。そこで、資本の擬制資本化とは何かが問題となる。そのまえに擬制資本とは何かを明らかにしておかねばならない。マルクスは次のように述べている。

　「利子生み資本という形態に伴って、確定した規則的な貨幣収入は、それが資本から生ずるものであろうとなかろうと、すべて資本の利子として現れることになる。まず貨幣収入が利子に転化させられ、次に利子と一緒に、その利子

の源泉となる資本も見出されるのである。同様に，利子生み資本とともにどの貨幣額も，収入として支出されさえしなければ，資本として現れる。すなわち，その価値額が生むことのできる可能的または現実的な利子に対立して元金 (principal) として現れるのである[46]。」

事柄は簡単である。平均利子率を年5％としよう。そうすれば，500ポンドという金額が利子生み資本に転化せられれば，毎年25ポンドをあげることになるだろう。そこで，25ポンドという確定した年収入はすべて500ポンドという資本の利子と見なされる。とはいえ，このようなことは，25ポンドの源泉が単なる所有権または債権であろうと，地所のような現実の生産要素であろうと，とにかくそれが直接に譲渡可能であるか，または譲渡可能になる形態を与えられる場合を除けば，純粋に幻想的な観念であり，またそういうものでしかないのである[47]。例えば，国債と労賃とをとりあげてみよう。

擬制資本〔架空資本〕と国債：「国は借り入れた資本に対していくらかの額の利子を年々自分の債権者に支払わなければならない。この場合には債権者は，自分の債務者に解約を通告することはできず，ただ債権を，それに対する自分の占有権を売ることができるだけである。資本そのものは，国によって食い尽くされ，支出されている。それはもはや存在しない。国の債権者が持っているのは，①例えば，100ポンドというような，国の債務証書である。②この債務証書は債権者に国の歳入すなわち年間租税収入に対するいくらかの金額例えば5ポンドまたは5％の請求権を与える。③彼はこの100ポンドの債務証書を任意に他の人々に売ることができる。利子率が5％で，そのための国の保証が前提されていれば，所有者Aはこの債務証書を通例100ポンドでBに売ることができる。なぜならば，Bにとっては，100ポンドを年5％で貸し出しても，100ポンドの支払いによって国家から5ポンドという額の年貢を確保しても同じことだからである。しかし，すべてこれらの場合には，国により支払いがその子（利子）と見なされる資本は，やはり幻想であり，架空資本である。ただ単に貸し付けられた金額はもはや存在しないというだけではない。それはけっして資本として支出され，投下されるはずのものではなかったのである。……国の債務証書を売ることの可能性は，Aにとっては元金の還流の可能性を表しており，Bについていえば，彼の個人的立場から見れば，彼の資本は利子

生み資本として投下されている。事実上は，彼はただＡにとって代わっただけであり，国に対するＡの債権を買っただけである。……国債という資本は相変わらず純粋に架空的な資本なのであって，この債務証書が売れないものになった瞬間からこの資本という外観はなくなってしまうであろう。それにも拘わらず，すぐ次に見るようにこの架空資本はそれ自身の運動をもっているのである。(48)」

擬制資本〔架空資本〕と労働力（労賃）：「国債という資本ではマイナスが資本として現れる──ちょうど利子生み資本一般がすべての狂った形態の母であって例えば債務が銀行業者の観念では商品として現れるように──のであるが，このような資本に対比して次には労働力を見てみよう。労賃はここでは利子だと考えられ，したがって，労働力はこの利子を生む資本だと考えられる。例えば，一年間の労賃が50ポンドで利子率が5％だとすれば，年間の労働力は100ポンドという資本に等しいと見なされる。資本家的な考え方の狂気の沙汰はここで頂点に達する。というのは，資本の価値増殖を労働力の搾取から説明するのではなく，逆に，労働力の生産性が，労働力自身がこの利子生み資本という不可思議なものだということから説明されるのだからである。17世紀の後半には（たとえばペテイの場合には）これが人気のある考え方だったのであるが，それが今日でもまだあるいは俗流経済学者たちによって……大まじめに用いられるのである。ここでは，残念ながら，この無思想な考え方を不愉快に妨げる二つの事情が現れてくる。第一には，労働者はこの利子を手に入れるためには労働をしなければならないということであり，第二には，労働者は自分の労働力の資本価値を譲渡によって換金することはできないということである。むしろ彼の労働力の年価値は彼の年間平均賃金に等しいのであり，また，彼が労働力の買い手のために自分の労働によって補填しなければならないものは，この価値そのものにその増殖分である剰余価値を加えたものである。(49)」

しかし株式会社の一般化した論理段階では労働力＝賃金は生産手段と一体化して生産資本＝現実資本を構成するが，この現実資本は100億円であり，利潤率が25％であると予測すれば，利潤は25億である。それを市場利子率5％で資本還元すれば，500億の新たな資本の創造を可能ならしめる。労働の価格もその構成要素であり，擬制資本化の対象となるのである。このように結

合資本の株式資本化,株式資本の擬制資本化によって賃金＝労働の価格は生産資本の構成要素として所有から切り離された単なる機能としての資本である。この場合,労働者（労働の価値）は費用とみなされ,労働の価格として費用価格の構成要素となる。結合資本＝会社資本は株式資本化・擬制資本化され,資本と所有が二重化して現れるのである。肝要なのは株式会社そのものが擬制資本化された資本であるということである。

2 擬制資本＝株式の証券化(1)

「架空資本の形成は資本換算と呼ばれる。すべて規則的に繰り返される収入は,平均利子率で計算されることによって,つまりこの利子率で貸し出される資本があげるはずの収益として計算されることによって,資本換算される。たとえば,年間収入が100ポンドで利子率が5％ならば,この100ポンドは2000ポンドの年利子となるであろう。そこで,この2000ポンドが年額100ポンドに対する法律上の所有権の資本価値と見なされる。そこでまた,この所有権を買う人にとっては,この100ポンドという年収入は,事実上,彼の投下資本の5％の利子を表す。こうして,資本の現実の価値増殖過程とのいっさいの関連は最後の痕跡に至るまで消え去って,自分自身によって自分を価値増殖する自動体としての資本の観念が固められるのである。(50)」

「信用制度は結合資本を生み出す。証券は,この資本を表す所有証書とみなされる。鉄道や鉱山や水道などの会社の株式は,現実の資本を表している。すなわち,これらの企業に投下されて機能している資本,またはこのような企業で資本として支出されるために株主によって前貸しされている貨幣額を表している。〔額面総額＝現実資本額である。〕とはいえ,それらの株式がただの詐欺を表しているということも,けっして排除されているわけではない。(51)」

しかしこの資本は二重に存在するのではない。すなわち,一度は所有権の,株式の,資本価値として存在し,もう一度は前記のような諸企業に現実に投下されているか,または投下されるべき資本として存在するのではない。それはただあとのほうの形態で存在するだけであって,株式は,この資本によって実現されるべき剰余価値に対する按分比例的な所有権にほかならないのである。AはこのB権利をBに売り,それをまたBはCに売るかもしれない。このよう

な取引は事柄の性質を少しも変えるものではない。この場合，AやBは自分が持っている権利を資本に転化させたのであるが，Cは自分の資本を，株式資本から期待される剰余価値に対する単なる所有権に転化させたのである。(52)

　いわゆる資本の二重化であり，それに対応した所有の二重化である。この論理はヒルファディングの『金融資本論』に継承される。すなわち，株式会社の資本，つまり結合資本が二重化して現れる。資本の株式資本への転化によって，一方では機能から分離した所有としての資本として株式資本→擬制資本に転化し，他方では所有から分離した機能としての資本として現実資本に転化するものとして把握される。しかし擬制資本は純粋に擬制的であり，現実に存在するのは，ただ産業資本＝現実資本と利潤だけである。この論点は本書第12章，第13章および第14章で取り上げている。続いてマルクスは次のように述べている。

　国債証券だけでなく株式を含めてのこのような所有権の価値の独立運動は，この所有権が，おそらくそれが基づいているであろう資本または請求権の他に，現実の資本を形成しているかのような外観を確定する。すなわち，このような所有権は，その価格が独特な運動をし独特な定まり方をする商品になる。その市場価値は，現実の資本の価値が変化しなくても（しかし価値増殖は変化するかもしれないが），その名目価値とは違った規定を与えられる。一方では，その市場価値はその権利名義によって，取得される収益の高さと確実性とにつれて変動する。ある株式の名目価値，すなわち，本来この株式によって代表される払込金額が100ポンドであり，その企業が5％でなく10％をあげるとすれば，この株式の市場価値は，その他の事情が変わらないで利子率が5％ならば，200ポンドに上がる。なぜならば，5％で資本換算すれば，それはいまでは200ポンドの架空資本を表しているからである。この株式を200ポンドで買う人は，この資本投下から5％の収益を受け取る。(53)

　すなわち，額面総額＝現実資本額から株価総額が乖離し上昇しており，この乖離・上昇した株価総額に対して配当が5％に相当するというわけである。ヒルファディングはこのマルクスの所説を継承し，配当の利子化と創業者利得の析出を可能ならしめる。そのうえで「創業時」創業者利得の形成の論理を展開したのである。

マルクスは，株式について「これは，会社に属する現実資本に対する所有名義であり，この資本から流出する剰余価値（利潤）を受け取るべき手形である」(Das Kapital, Ⅱ, S.350. 訳, 427 頁) と述べて，株式を「現実資本の名目価値」であり，会社資本＝「現実資本に対する所有名義」であり，「利潤取得証券」であると規定している。続いて機能としての資本から分離した所有としての資本の自立的運動について次のように論述している。

「いろいろな会社事業，鉄道や鉱山などに対する所有権は，やはりすでに見たように，確かに事実上は現実資本に対する権利である。とはいえ，それはこの資本に対する自由処分権を与えるものではない。この現実資本を引きあげることはできない。その所有権は，ただ，この現実資本によって獲得されるべき剰余価値の一部分に対する請求権を与えるだけである。ところが，この権利が現実資本の紙製の複製になるのであって，それはちょうど積荷証券が積荷とは別に，また積荷と同時にある価値を与えられるようなものである。それは存在しない資本の名目的代表物になるのである。なぜならば，現実資本はそれとは別に存在していて，この複製品が持ち手を取り替えることによってはけっして持ち手を取り替えないからである。それは利子生み資本の形態になる。なぜならば，ただそれがいくらかの収益を保証するからだけでなく，また売却によって資本価値としてのそれの返済を受け取ることもできるからである。このような紙券の蓄積が鉄道や鉱山や汽船などの蓄積を表している限りでは，それは現実の再生産過程の拡大を表しているのであって，ちょうど，例えば動産所有に対する課税表の拡大がこの動産の拡大を示しているようなものである。しかし，それは，それ自身商品として取引できるものであり，したがって，それ自身資本価値として流通する複製としては，幻想的なのであって，その価値額はそれを権利名義とする現実資本の価値運動とはまったく無関係に増減することができるのである。それの価値額，すなわち，取引所でのその相場付けは，利子率の低下が貨幣資本の特有な運動にはかかわりなく，利潤率の傾向的低下の単なる結果である限り，この利子率の低下につれて必然的に上がる傾向がある。したがって，価値表現から見れば，その可除部分のそれぞれが一定の元来の名目価値を持っているこの想像的な富は……資本主義的生産の発展の歩みのなかで膨張していくのである。」

こうした視点は『金融資本論』に継承される。これらの論理が継承され，第二篇「資本の可動化。擬制資本」第7章「株式会社」，①配当と創業者利得，②株式会社の金融，株式会社と銀行，③株式会社と個人，④発行活動，第8章「証券取引所」，①取引所証券，②取引所の諸機能，③取引所の取引，第9章「商品取引所」，第10章「銀行資本と銀行利得」論の展開の理論的基礎となっている。『金融資本論』第二篇「資本の可動化。擬制資本」第7章「株式会社」では「株式会社は産業企業者の機能からの産業資本家の解放を原則として伴う」という「産業資本家の機能変化」論が展開される。すなわち，産業資本（現実資本）→株式資本→擬制資本であり，擬制資本化した株式資本の貨幣資本化，その人格化としての株主の貨幣資本家化であり，他方，所有から分離した単なる機能としての資本，その人格化としての機能資本家化である（この側面はさし当たり省略する）。株主の貨幣資本家化の論理は，証券市場における擬制資本化した株式資本の流通運動 $A-G_2-A$ と，各個の株主には利子生み資本の運動形態 $G-A-G'$ をとって現れるということ，つまり①収益＝配当の保証と②株式の売買による投下資本の回収＝返済（還流）の保証である。近代株式会社制度論が展開されることになる。

　このように，資本所有の株式資本所有への転化である株式の所有は，企業・個別資本に対する所有名義の所有にほかならない。その意味で株式証券は，所有としての資本，所有資本の最高次元の展開形態・現象形態である。かくして，株式所有者あるいは株主は，従来の所有資本家より一層現実資本の運動から乖離し，現実資本＝機能資本の人格化たる機能資本家から解放された人格として規定されなければならない。そして，この自立的運動体としての相対的独立は，再生産過程における現実資本の運動からの証券市場における自立した擬制資本化した株式資本の循環的流通運動によって規定される。しかしこの側面のみを強調すれば，すべての株主は単なる貨幣資本家――レントナー化――され，したがって，株式会社の一般化した経済社会では資本機能を併せもつ資本所有者，所有に基づく機能－支配を包括した資本家は存在しないだけでなく，後述するように，会社資本の出資者＝株主の所有から，「会社それ自体」が法形式だけでなく実質的にも解放され，独立した単一主体となり，したがっていまや法形式的存在であるだけでなく実質を備えた所有主体であり，支配主体であり，経

営主体・行動主体であるという観念が生ずることになる。[56]

3 擬制資本＝株式の証券化(2)

「産業資本→株式資本→擬制資本」という，結合資本の擬制資本化の過程は株式会社の資本が所有としての資本＝株式資本と機能としての資本＝現実資本とに制度的に分離・自立化し，一方は証券市場において擬制資本化した株式資本の流通運動を形成し，他方は再生産過程において機能資本の循環・回転運動を形成する。この二側面の過程的展開に対応して株式会社法制史のうえでは，譲渡自由な等額株券制，全株主の有限責任制，株主総会＝一株一票の多数株議決制，重役・取締役会制が措定される。株式会社はこうした経済的・法制的諸条件を主たる構成諸要素として包摂し重層化した，いわば総合的な結合企業である。

「結合資本→株式資本」による資本と所有の二重化を構成原理とする株式会社にあっては，所有から制度的に分離・解放された「結合資本→現実資本」の機能遂行上の意思は単一のものでなければならない。現実資本が巨大化し，資本の結合化が増大すればするほどその要求は強まるだろう。本来，商品生産社会─市民社会─における意思決定の方法は多数決制である。それは，私的所有制下の対等・平等の原理──一人＝一票制──に基づくものであり，多数者から構成される団体の意思の統一，意思決定の一般的方法である。

この論理段階では，資本は株式資本に転化し，資本所有は株式資本所有に転化している。したがって所有者の意思決定は現実資本との関係においてではなく，株式資本との関係において株式の所有者＝株主の意思の表現という形式に転化する。したがって，株式会社の意思決定は資本所有者の意思の決定であるが，それは「所有の証券化」によって所有（の意思）そのものが株式所有者＝株主の意思の決定に転化しているのである。団体意思の決定は構成員の平等に基づく合議制＝民主主義を原則とするが，「所有の証券化」に伴って各個の株主は肉体に精神を宿す個人としてではなく株式資本の人格化としてその持株数に相応しい大きさの人格として団体意思の決定に参加する。それが株主総会における株式民主主義であり，一株一票の多数株議決制である。[57]

近代株式会社の一般的・経済的特徴は，資本の二重化およびそれに対応した

所有の二重化という資本と所有の二重構造化に基づく資本所有と資本機能との制度的分離とその再統一にある。株式会社の投下資本は，一方では現実資本に転化し機能資本として価値増殖のための循環的運動を展開せしめるとともに，他方，その出資証券である株式資本（名目価値）が持分に分割・証券化され，証券市場において擬制資本化した株式資本の循環的流通運動を展開せしめるという点にある。後者の論理系譜が証券市場における株式の売買＝流通，つまり資本の流動化に基づく産業資本→株式資本→擬制資本化にほかならない。「株式の売買＝流通は，定期的に配当がもたらされるゆえに，株式が貸付可能貨幣資本にとっての『投下部面』とされることによって生じる。これによって株式はその代表する再生産過程への投下資本とは別の架空な資本価値をもち，別の運動を展開することになった。……。」[58]「不断の継続的活動」はかかる資本の二重構造化に基づくものであり，したがって，「産業資本の一形態としての株式会社」という北原氏の問題視角からは株式会社の「不断の継続的活動」の論理は理論的にも実際的にも展開されえないのである。それは，証券市場における擬制資本化した株式資本の循環的流通運動の投下部面を媒介することによってはじめて実現され，一般化される性質のものである。

　資本所有の私的・個人的制限の止揚に関する課題は，生産力の発展に伴う生産規模の飛躍的拡大＝社会的生産の拡大に対応する資本の私的・個人的所有の制限・桎梏化の問題であり，この論理段階ではその止揚・解放の問題である。生産力の発展→生産規模の拡大→総投下資本中に占める不変資本部分の増大，不変資本のうちの固定資本部分の増大・最低必要資本の増大→資本の有機的構成の高度化，固定資本の回転・価値回収の長期化――資本循環・回転運動の構造的変化――を特徴とする資本所有の私的・個人的制限・拘束からの解放に関わる問題であり，単なる貨幣資本の「量的」拡大の要請に関わる問題ではないということである。資本蓄積のより高次元の問題である。信用との関連でいえば，貨幣資本の「量的」側面についてはもちろんのこと，とくにその「質的」側面にかかわる問題である。この論理段階では量的問題も質的要因によって制限されざるを得ないからである。つまり，質的制限の止揚によって量的制限の問題が同時に解消される関係にあるからである。だからこそ，資本の最低必要規模の増大に伴う固定資本の増大は資本の回転の緩慢化，価値回収の長期化を

必然化すること，つまり，かかる質的諸条件を規定的要因とする二側面（「質的」および「量的」）からの資本の私的・個人的所有の制限・拘束化からの解放を要請されるのである。

　資本所有の私的・個人的制限の止揚に関する要請は，①信用との関連でいえば，短期性を原則とする本来の銀行信用との矛盾の拡大に伴って，その「短期性の止揚」，つまり信用の新たな展開の問題であり，②産業企業との関連でいえば，長期的に運用可能な自己資本の拡大要求——資本の動員と結合形態の質的展開の問題であり，したがって新たな論理段階における信用形態と資本の動員・結合形態の展開に関わる問題である。かかる二側面からの要請が，一方では産業側における企業形態の展開として株式会社の形成と出資形式による資本の動員と結合とを可能ならしめ，併せて他方では，信用の長期的利用を，本来の短期性原則の否定，およびその基礎のうえに，かつ，それと並んで貸付の出資への転換を媒介契機とする投下資本の随時回収可能性という新たな短期性原則の定立によって，実現するのである。この場合，資本の動員と結合は，後述するように，証券市場——資本の流動化機構——と一体化した株式会社に固有の資本の集中と支配集中の機構的・制度的成立の過程を伴って展開していくことになる。加えて③固定資本の巨大化・最低必要資本量の厖大化—資本の部門間流出入の困難化—産業循環の変容—利潤率均等化メカニズムの構造的変化がある。この論理系譜上に資本蓄積と恐慌および集積・集中→競争制限・独占の形成が措定される。この論理段階でのヒルファディングの問題視角からは，これら三つ（または四つ〔支配集中論を加えると〕）の論理系譜が措定され，それらが有機的に関連し合った「総合的」機構として株式会社・証券市場が展開していくのである。このように，この論理段階は一方における産業構造の量的発展と質的高度化があり，また他方における信用・銀行制度の構造的変化があり，この二系列を媒介する銀行資本と産業資本との緊密化があるという，これら「二系列」と「緊密化」の論理的特徴が提起されているのである。

　この論理段階における資本所有の私的・個人的制限の止揚に関する問題は，文字通り，こうしたより高次元の諸要因を内包する特定の歴史的発展段階における経済的諸関係のなかに能動的に位置づけるのでなければならない。したがって，株式会社の論理的必然性の問題は，そうした諸要因・諸条件を内包した

諸矛盾の展開に関わる問題として考えなければならない。
　株式会社は資本所有の私的・個人的制限の止揚によって，これらの問題に対応し資本蓄積のより高次元の展開を可能にする。が，それは，株式会社が信用・銀行制度の構造的変化に対応し証券市場と一体化して資本を流動化し，その基礎のうえに資本の社会的動員と結合を可能にしたこと，別言すれば，株式会社特有の資本の動員・結合方式とそれに対応した支配集中方式を機構的・制度的に確立せしめたことにある。

Ⅳ　擬制資本と株式会社の資本(2)
――資本の二重構造化と資本所有の証券化②――

1　所有と機能の自立化と継続性

　産業資本の株式資本（名目価値）への転化である株式資本の人格化としての株主は，資本機能から分離されることによって，再生産過程における機能資本の価値増殖運動との直接的関係から解放され，株式資本→擬制化した株式資本との直接的所有関係に取って代わられる。同時に他方では現実資本＝機能資本の人格化としての機能資本家は所有から分離・解放されることによって，かかる機能資本の人格化として単なる機能者となり，資本の機能過程の担い手として活動する。株式資本との関係は非所有関係に転化する。それは株式会社における資本の二重化とそれに対応する所有の二重化という，かかる二重構造化に基づく所有構造の変化に対応した機能過程の形態的変化に規定されて現れるのである。北原氏のいう「継続性」の問題は，こうした結合資本の株式資本化→株式資本の擬制資本化を介した資本の二重構造化とそれに対応した所有と機能の構造的変化という二系列の重層的構造分析から把握されなければならない。繰り返すが，北原氏は「株式会社における所有と決定」の諸特徴を考察するにあたって，次のように述べている。
　「現代巨大企業における『所有』と『決定』の特徴は，株式会社一般に形式的に備わっている特徴が実質化したもの，さらには株式会社の形式に潜んでいる実質の拡大，成熟したものにほかならないのであるから，前もって株式会社一般について考察する必要は大きい。」「なお，ここで株式会社一般というばあ

い，近代資本主義を特徴づける産業資本の一形態としての株式会社を一般的に問題とする。[59]」

北原氏は「産業資本の一形態としての株式会社一般」をどのように捉えているのであろうか。すでに第一章「株式会社論の展開」(1)，Ⅰ「株式会社の理論的位置づけ」1，2において1の分析視点から「産業資本の一形態としての株式会社一般」について分析的に検討し，そこでの問題点を明らかにしたが，ここではⅣ「擬制資本と株式会社の資本」(2)，1「所有と機能の自立化と継続性」という分析視角から問題を検討することにしよう。

「株式会社は複数人の共同出資にもとづく結合資本がとる企業形態の一つであり，その制度的特徴は，譲渡自由な等額株券の購入という形での出資，出資者全員の有限責任制，企業財産の『会社それ自体』による直接所有と出資者による間接的所有ということにある。[60]」

これらの要素が株式会社の制度的特徴であるという，北原氏の指摘それ自体に異論を挟むつもりはないが，しかし，譲渡自由な等額株券制であれ，全株主の有限責任制であれ，いずれもそれ自体は資本結合の形態に規定されるものであり，産業資本の株式資本への転化，株式資本の擬制資本化を媒介する資本の二重化構造化という経済過程に対応した株式会社の法制・法形式である。したがって，その制度的特徴は産業資本の株式資本化，株式資本の擬制資本化，資本の二重構造化という経済過程を基礎に，かつ資本の二重化に対応した所有の二重化の論理を見据えることによってはじめて，その内容・実質を獲得することができるものである。株式会社の資本は資本の流動化を基礎・前提として社会的に動員・結合された多数の自己資本を構成原理とするものであり，したがって，株式会社はこのような社会的に動員・結合された自己資本が必然的にとる最高次元の企業形態である。結合資本の存在様式は北原氏のいう，産業資本の一形態として $G-W<{Pm \atop A}\cdots P\cdots W'-G'$ 範式において捉えるだけでは一面的である。それだけでは株式会社＝結合資本の存在様式を説いたことにはならない。その指摘にとどまる限りでは，つまり産業資本一般（$G-W<{Pm \atop A}\cdots P\cdots W'-G'$)の範疇的枠組みだけでは，「所有の株式所有への転化」によって形成される株式会社の結合資本は把握できないし，またそれだけでは株式会社資本が，再生産過程において所有から解放された機能として機能資本の安定した継続的な循

環運動を如何に形成するかを説明したことにはならない。さらに再生産過程において機能資本の価値増殖運動を通じて産出される剰余価値・利潤は利子と企業者利得とに分割・配分されるのではなく，資本所有の株式資本所有への転化——所有の証券化——によって，証券市場における株式証券に対する利潤＝収益請求権→配当として現れ，企業者利得は資本還元されて創業者利得を形成し発起人，銀行，起業資本家の手に入るということも視界に入ることなく理論的枠組みの外に放逐されたままとなるだろう。産業資本の一形態というだけでは株式会社一般について考察することにはならないのである。

2 資本の再生産過程と証券市場

株式会社の存在様式は産業資本＝現実資本の運動 $G-W<{Pm \atop A}\cdots P\cdots W'-G'$ と株式資本→擬制資本化した株式資本の運動 $A-G_2-A$ との二系列を包括した資本と所有の二重構造を基盤とするものである。すなわち，下記の関係図式を一見して明らかなように，株式会社の存在様式は個人企業や合資・合名会社とは本質的に異なるということである。一言でいえば，$A—G_2—A$ との一体的関係をもっていないという根本的な違いである。株式会社が社会的な貨幣資本の動員と結合の機能を果たしうるのは，資本の流動化を基礎・前提とし株式資本の擬制資本化を媒介する証券市場において擬制資本化した株式資本が $A-G_2-A$ の自立的な流通運動を形成し，$A-G_3-A$，$A-G_4-A$ と続く擬制資本の安定した継続的な循環的流通運動を媒介することにある。この場合，個々の株主にとっては利子生み資本の運動 $G-A_2-G'$ として現れる。すなわち擬制資本化した株式資本の貨幣資本化，したがって株主の貨幣資本家化の形態規定性である。

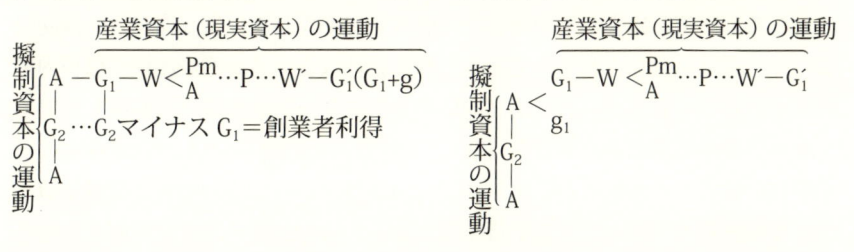

擬制資本の運動 $\begin{cases} A-G_1-W<{Pm \atop A}\cdots P\cdots W'-G_1'(G_1+g) \\ |\quad| \\ G_2\cdots G_2マイナス G_1＝創業者利得 \\ |\quad| \\ A \end{cases}$ 産業資本（現実資本）の運動

擬制資本の運動 $\begin{cases} G_1-W<{Pm \atop A}\cdots P\cdots W'-G_1' \\ A<\\ |\\ G_2\\ |\\ A\\ \quad g_1 \end{cases}$ 産業資本（現実資本）の運動

株式（A）が発行され，それと引き換えに貨幣資本（G）が払い込まれる。この貨幣資本（G）は生産資本（W）に転化されて機能資本としての循環・回転

運動――価値増殖運動――を展開する一方で，この貨幣資本額を表示する株式資本（現実資本＝生産資本（W）の名目価値）は持分に分割・証券化され，証券市場において売買取引の対象となり，擬制資本化した株式資本として相対的に自立化した独自の流通運動を継続的に形成するということにある。

　株式証券の流通運動すなわち証券市場における株式の売買取引の発展は，貨幣資本家（本来の貸付資本家）にとっては，株式への投資が利子生み資本運動の対象部面となっているということであり，したがって，貨幣資本が本来の運動部面である「貸付－利子」・「貸付－回収」という領域をこえてその新たな対象部面を開拓し拡大していることを意味する。それに対して他方では，各個の株式所有者＝株主にとっては，出資形式で投下した資本は結合資本の一構成要素として現実資本に転化し，再生産過程において機能資本として価値増殖を目的とする循環・回転運動を安定的・継続的に展開しているということである。本来，それは回収不可能な投下資本＝自己資本そのものとして再生産過程に長期にわたって拘束され固定されていなければならないはずのものである。にもかかわらず，いまではその持分証券である株式が，随時の「売却可能性」「回収可能性」を付与され，証券市場において所有集積・集中を目的とする擬制資本の流通運動 A－G，G－A，――各個の株主にとっては G－A－G′として現れる――を展開する。収益＝配当取得が保証され，投下資本の貨幣形態での随時回収可能性が付与されているのである。資本の流動化過程を基礎とする株式の売買可能性の確立のもとで，株主は自己資本として貨幣資本を投下し拘束されるはずだったその資本を不特定の第三者への株式の譲渡＝売却によって回収するというわけである。この関係において株式証券は利子生み資本運動の対象部面となるし，それはまたその収益を一般的利子率を基準に資本還元され擬制資本の形態規定を付与されるのである。株式会社は資本主義的生産様式の枠内での資本の投下・資本の回収の最高度に社会化された形態の確立を意味している。[61]

　本来，資本の拠出者＝出資者（第一次取得者＝支配集団）をも含む全株主の資本所有の株式資本所有への転化――所有の証券化――によって株主は擬制資本化した株式資本の所有者として貨幣資本家との形態的同一性を付与されており，株主は株式資本の人格化として，その持株数に相応しい大きさの人格として存在するのである。この独特の所有構造に対応して結合資本としての機能資本の

運動に対して株式所有者に転化した資本所有者＝所有権者として株主は，直接的関係を断たれているが，その中で資本所有者として潜在化した実体－実質的関係を継続的に保持していくことになる。しかし他方では，株式会社という資本結合の制度のもとで機能資本運動を単一の意思にもとづいて進行せしめていく必要がある。機能資本家への資本機能のための意思決定と執行の集中化，単一化が少数の大株主の所有・支配意思を反映し，大多数株主のそれからの疎外化を導くのである。そのことが，資本と所有の二重構造化に対応した所有と機能の分離に基づく統一であり，所有による機能の支配である。その制度的特徴が株主総会（所有）―〈会社法人〉―重役・取締役会（機能）である。「結合資本―少数の大株主所有―支配」の論点に関してはまず株式会社の設立様式が問われなければならない。が，いずれにせよ，この時点で「株式会社制度は，擬制資本形態，その制度的定在としての証券流通市場を社会的機構として確立しえた」ということができよう。ところで，ゴーイングコンサーンたる株式会社は，その設立様式をふまえ，それを起点とし，それに規定されてはじめて自立的な存在態様を獲得できる，といえる。次章ではその問題を検討する。

（１） *Das Kapital*, I, S.200. 訳, 243 頁。
（２） a.a.O., SS.356-390. 訳, 441-484 頁。
　　　経済学の原理に関する参考・引用文献として，常磐政治・井村喜代子・北原勇・飯田裕康『経済原論』有斐閣，1980 年，富塚良三『経済原論』有斐閣，1976 年，宇野弘蔵『経済原論』岩波書店，1977 年，宮本義男『資本論入門』（上・中・下）紀伊國屋書店，1967 年，松石勝彦『資本論研究』三嶺書房，1983 年等を挙げておく。なお，これらは参考文献の一部である。
（３） *Das Kapital*, I, S.350. 訳, 433 頁。
（４） a.a.O., SS.352-353. 訳, 437 頁。
（５） a.a.O., SS.352-353. 訳, 436-437 頁。
（６） a.a.O., S.350. 訳, 434 頁。
（７） a.a.O., SS.351-352. 訳, 435-436 頁。
（８） a.a.O., SS.351-352. 訳, 435-436 頁。
（９） a.a.O., SS.452-457. 訳, 556-562 頁。
（10） a.a.O., SS.167-168. 訳, 200 頁。

(11) 稲村勲「前掲論文」53頁。
(12) 同上, 53頁。
(13) 同上, 53-54頁。
(14) *Das Kapital*, Ⅲ, S.383. 訳, 463頁。
(15) *Das Kapital*, Ⅰ, SS.167-168. 訳, 200頁。
(16) *Das Kapital*, Ⅲ, SS.383-384. 訳, 463-464頁。
(17) a.a.O., S.385. 訳, 466頁。
(18) a.a.O., SS.385-386. 訳, 466-467頁。
(19) a.a.O., S.386. 訳, 467頁。
(20) 稲村勲「前掲論文」57頁。
(21) 「所有権」に関しては, 富山康吉『現代資本主義と法の理論』法律文化社, 139-140頁, 川島武宣『新版所有権法の理論』岩波書店, 1987年。
(22) *Das Kapital*, Ⅲ, SS.387-388. 訳, 468-469頁。
(23) a.a.O., SS.387-388. 訳, 468-469頁。
(24) a.a.O., S.388. 訳, 469-470頁。
(25) a.a.O., S.388. 訳, 469-470頁。
(26) a.a.O., SS.386-391. 訳, 469-473頁。
(27) a.a.O., SS.386-392. 訳, 469-475頁。
(28) 浅野敏『個別資本理論の研究』ミネルヴァ書房, 1974年, 214頁。
(29) 荒井正夫『金融論』中央大学生協出版局, 37頁。
(30) 同上, 36-39頁。
(31) *Das Kapital*, Ⅲ, SS.385-395. 訳, 466-478頁。
(32) 浅野敏『前掲書』214頁。
(33) *Das Kapital*, Ⅲ, SS.391-393. 訳, 474-475頁。
(34) a.a.O., SS.395-397. 訳, 478-480頁
この点に関説して浅野敏氏は次のように述べている。
「通説において用いられているいわゆる『機能資本家』を, ここではマルクスは『機能資本家』と『所有資本家』の二重の人格をもったものとして規定されている。すなわち, 二つの性格をもった一つの人格, ではなくて, 二つの人格としての一人の個人の問題なのである。」(浅野『前掲書』213頁)
(35) 深町郁弥, 前掲「管理通貨制度論と信用論(Ⅱ)」を参照されたい。
(36) *Das Kapital*, Ⅲ, S.416. 訳, 506頁。
(37) a.a.O., S.416. 訳, 506頁。
(38) 深町郁弥「前掲論文」105頁。
(39) 同上, 104-105頁。
(40) 深町郁弥「管理通貨制と貨幣資本蓄積の現段階」(『金融経済』197号,

24頁，1982.12.)
(41) 深町郁弥氏は「準備金」概念の疎外・異質化について次のように述べている。

「これまでのところでは，商業信用代位に対応する準備金を基準にしたばあい，それをこえる銀行準備金の形成を，原論段階における利子生み資本の制度としての銀行業との関連で論定し，その銀行準備金が新たな利子生み資本運動の領域の開拓へと志向させる圧力となることを指摘するにとどまっている。しかしながら，ここですでに金融市場を，手形割引市場のような短期貨幣市場から証券市場を包摂したものへと発展させていく理論的枠組みがあたえられている。一方では，個別諸資本相互の間の競争に促進されて進行する資本の有機的構成の高度化→固定資本の巨大化にともなう最低充用資本量の飛躍的上昇→個別資本の『資本所有の量的制限』の止揚要請，他方での前述したようなルート＝諸源泉を通じる準備金の過剰形成が再生産＝蓄積過程とのかかわりで展開できるはずである。手形割引市場の段階では，銀行間の手形再割引＝『売買』は，すでにのべておいたように，機能資本家にたいする手形割引による負担を相互に転嫁しあうだけであるから，銀行制度全体としては必要準備金は，商業信用代位の上向体系で措定されるものに一致している。そこで銀行制度のもとにそれに必要とされる以上の貸付可能な貨幣資本が形成されるにいたれば，それは，たんに前述のような銀行信用の新たな展開に向かうだけでなく，証券市場の確立・展開のための『資金』を供することになる。その段階では銀行制度のもとに集中されている準備金は，もはやたんなる信用創造の基礎となる銀行準備金ではなくて，『証券流通に必要な資金』をも包摂した，文字通り総体としての信用制度にとっての準備金として規定されなければならなくなる。『準備金』概念の疎外・異質化がもたらせれてくるのである。」(深町，前掲「管理通貨制度論と信用論（Ⅱ）」107頁)

(42) 稲村勲「前掲論文」60頁。
(43) *Das FinanzKapital*, S.138. 訳, ⊕ 206頁① 206頁。
(44) *Das Kapital*, Ⅲ, SS.452-453. 訳, 557頁。
(45) a.a.O., S.453. 訳, 557頁。
(46) a.a.O., S.482. 訳, 594頁。
(47) a.a.O., S.482. 訳, 594-595頁。
(48) a.a.O., SS.482-483. 訳, 595-596頁。
(49) a.a.O., SS.483-484. 訳, 596-597頁。
(50) a.a.O., S.484. 訳, 597頁。
(51) a.a.O., SS.484-485. 訳, 597-598頁。

(52) a.a.O., SS.484-485. 訳, 598頁。
(53) a.a.O., SS.485. 訳, 598頁。
(54) *Das Kapital*, Ⅱ, S.350. 訳, 427頁。
(55) *Das Kapital*, Ⅲ, SS.494-495. 訳, 610-611頁。
　　この論理はヒルファディング『金融資本論』第二篇「資本の可動化。擬制資本」第7章「株式会社」, 第8章「証券取引所」に継承され, 第7章では「株式会社は産業企業者の機能からの産業資本家の解放を原則として伴う」という「産業資本家の機能変化」論がを展開されている。
(56) 北原勇『前掲書』120-121頁, および232-233頁。
(57) 深町郁弥「信用論体系と金融市場（Ⅱ・完）」『金融経済』122, 1970年。
(58) 深町郁弥, 前掲「管理通貨制と貨幣資本蓄積の現段階」25頁。
(59) 北原勇『前掲書』83頁。
(60) 同上, 84頁。
(61) 深町郁弥, 前掲「管理通貨制度論と信用論（Ⅱ）」109頁。
(62) 同上, 119-120頁を参照されたい。

第9章　株式会社における資本支配の論理(1)
―― 北原勇氏の所説の検討（Ⅱ・Ⅲ）――

Ⅰ　株式会社の設立様式の変遷と機能資本家規定

1　募集設立と機能資本家規定

　株式会社の設立は如何にして行われるか。その設立様式とは何か。肝要な点であるが，この論点は一部を除いて必ずしも十分に議論されてこなかったように思われる。北原氏の場合，産業資本の一形態としての株式会社一般の分析を課題とされた際に，とくにその必要条件とはなりえないであろう「株式会社の必然性」を重視され分析的に検討されている。その理由として「株式会社における所有の特質を明らかにする一環」として取り上げると述べている。しかしそこでは，株式会社における所有の特質を明らかにする重要な一環であるはずの「株式会社の設立様式」に関する言及は何一つない。

　「株式会社の設立様式は〔が〕，発展の進行とともに募集設立から発起設立へと重点を移行してきた。」「募集設立は，発起人が……出資者を募集して設立資本を調達するという方式である。したがって，不特定多数の一般投資家を対象として株式の引き受けを求める，いわゆる公募発行の場合はもちろんのこと，特定の賛成人や縁故者だけを対象とする非公募発行（いわゆる縁故募集）の場合も，出資者はたしかに，多かれ少なかれ社会的な広がりをもっているということができる。」「募集設立は，設立手続きが株式の引き受けに応じて段階的に行われるものであり，それ故にまた順次設立とも呼ばれている。」

　現代の設立様式を代表する「発起設立」の場合はどうだろうか。片山伍一氏は『現代株式会社の支配機構』（ミネルヴァ書房，1983年）で次のように述べている。

　「発起設立は，発起人が自分たちだけで設立資本の全額を出資し，発行株式の全部を引き受けるという方式であって，まさしく昨今の会社設立の実情と一

致する方法である。(4)」「しかしながら，設立様式の相違がどのようなものであれ，出資された資本が会社の設立資本を形成するものであることには変わりはないはずである。公募発行に応募して株式を引き受けた一般投資家も，募集設立である限り，彼が投下した資本は設立資本を形成するはずである。非公募発行における賛成人や縁故者の投下資本も同様であり，発起設立に至っては言をまたないであろう。(5)」

募集設立であれ発起設立であれ，投下資本→設備資本はすべて自己資本である。つまり自己資本としての結合資本が株式会社の資本である。株式会社においては資本所有の株式資本所有への転化――所有の証券化――によってこの資本が二重化し，それに対応して所有も二重化して現れる。だが片山氏はこの点には言及されていない。ここではまず資本の流動化（動化）は前提されずに自己資本の一般的規定から株式会社の資本を取り上げている。株式会社の結合資本は複数の自己資本から成るが，自己資本は「利潤の分配に与る資本」であり，「出資の回収を保障されない資本」である，とその本質規定を踏まえた上で，株式会社における資本の社会的集中は，かかる自己資本の集中であるから自己資本の枠にはめられた中での資本の社会的集中というものにならざるをえない，と主張される。

いずれの場合であれ，「それが設立資本を形成するものである以上，投下される資本は自己資本であると規定することができる……(6)」「自己資本とは，利潤の分配に与る資本として，また出資の回収を保証されない資本として，なによりもまず，現実資本たる設立資本を意味するものである……(7)」「結合の範囲がいかに社会のすみずみにおよんでも，結合される資本は，所詮は自己資本なのである。したがって，株式会社は資本を社会的な規模で集中するのだといっても，それは自己資本を社会的な規模で集中するということであるにすぎないのであって，いわば，自己資本という枠をはめられたなかでの資本の社会的集中ということになるのである。(8)」

片山氏の見解は論理的であり，内容的にも異論を挟む余地はないように思われる。が，この論理段階では株式会社の資本は同一主体のうちに所有としての資本と機能としての資本とが合一し一体化した存在ではなく，その統一は廃棄され，前者から後者は分離・解放され，後者から前者も切り離されて，各々自

立化し独自の運動態様を獲得している。ここでは，資本所有の株式資本所有への転化によって自己資本としての結合資本は，一方では機能としての資本＝現実資本に転化し，再生産過程において機能資本の価値増殖運動を継続的に展開している。この機能資本としての運動の全過程の担い手がかかる機能資本の人格化としての機能資本家である。他方では，所有としての資本＝所有資本は株式資本に転化し，それが持分に分割・証券化され，証券市場において擬制資本化した株式資本の流通運動を展開している。所有資本家としての株主は出資額に応じた持分にふさわしいい大きさの人格をもつ存在である。この論理段階では「利潤の分配」も「出資の回収」も新たな形態規定を付与され，形態変化をとげている。したがってここでは，自己資本の本質的規定性の枠内で株式会社における資本の社会的集中を取り上げ，それに規定されるものとして資本の社会的集中の制約・限界性を主張されるのは疑問を禁じ得ない。そこで「枠のなかでの社会的集中」が問題となる。片山氏はその点をどう理解されているだろうか。

　「そこで問題は，枠のなかでの社会的集中は言葉どおりの社会的集中でありうるのかということになってくるのである。つまり，自己資本の集中という私的な個別的な資本の集中が，貨幣資本あるいは貸付資本という社会的な総体的な資本の集中となりうるものであるかどうか，ということなのである。その場合，もし株式会社が，文字どおり資本の社会的集中を特質とするものであるならば，そこには，社会のすべての貨幣資本の動員を，したがって，まさしく資本の社会的集中を可能ならしめるような条件が存在していなければならないということになるであろう[9]。」

　ここではじめて自己資本の一般的規定を踏まえたうえで，資本の流動化（動化）との関連において資本の社会的集中の必然性が指摘され，その論理が次のように展開されているのである。

　「〔株式会社の〕現実資本は，貨幣資本家さえもがその資本を投下することができるような，そういう条件を与えられていなければならないであろう。つまり，貨幣資本家がその性質を保持したまま資本を投下することができるように，現実資本の規定に変化が生じていなければならないのである。それは，本来，回収不能であるはずの現実資本への資本投下が，回収可能なものとなって

いるという変化でなければならないであろう。……したがってそれは，出資証書の譲渡すなわち株式の売却によるしかないわけである。資本を動化させるしかないわけである。」[10]

「かくて株式の売却可能性と株式取引の存在とは，社会のすべての貨幣資本家をして，その資本を株式会社の現実資本に投下せしめる可能性を与えたのである。資本の動化が資本の動員を可能にしたのである。したがって株式会社は，いまや，現実資本の形成にあたって，貨幣資本という社会的な総体的な存在の資本を自分の水車へと総動員することができるようになったのである。」[11]

ここでは，これまでの論理──自己資本の一般的規定による論理──に資本の動化が導入され，資本の動化→現実資本＝自己資本の規定の変化が指摘される。その規定の変化とは投下資本＝自己資本＝現実資本の回収不能→回収可能性の付与，つまり株式の売却可能性の付与（と株式取引の存在）である。資本の動化である。かかる資本の動化が資本の動員を可能にした，と片山氏は主張されるのである。株式会社における資本の社会的集中の基本的特質をなすものといえる。その点は異論のないところである。

しかし続いて片山氏は「ところでこのことは，株式会社の資本が，現実に貨幣資本家の資本によって形成されるようになることを意味するものであろうか」と反問され，次のように所説を展開される。[12]

「株式会社に集中される資本は，何よりもまず，株式会社の設立資本として，その現実資本を形成するものである。したがって，そこに集中される資本は自己資本でなければならないのである。本来，資本の所有と機能を兼ねそなえた資本家の資本でなければならないのである。」[13]

「自己資本は，社会的・総体的存在としての貨幣資本家に対して，私的・個別的存在として規定されざるをえないのである。……自己資本は，それが私的・個別的存在であるがゆえに，……株式会社の設立資本たりうるのである。設立資本として現実資本を形成しうるのである。逆にいえば，株式会社の資本は，自己資本の結合としては，私的に個別的にのみ形成されうるのである。けっして社会的集中によって形成されるものではないのである。それは，募集設立についても発起設立についても同様である。両者の相違はただ，自己資本の結合という枠のなかでの相違にすぎないのである。枠のなかでの結合数の多寡

が問題であるにすぎないのである。その意味での社会的集中にすぎないのである。」
(14)

　ここでの論理の特徴は，投下資本＝自己資本＝現実資本の規定の変化を踏まえたうえで，つまり資本の動化による資本の動員の論理を基礎・前提としたうえで，なお私的・個別的存在である自己資本の集中が文字通りの資本の社会的集中となりうるだろうか，と問題を提起されたことである。片山氏は「自己資本たりうる資本家の数は限られたものにならざるをえい」と主張されるのである。

　しかし株式会社の資本が自己資本の結合であるとしても，株式会社にあっては，「貨幣市場への呼びかけが貨幣をもつすべての者への総呼びかけだという点である。」「株式会社は個別資本の大きさを問わない。そこで，ただ人の範囲がひろまっているばかりでなく，——誰でも貨幣をもつ者は貨幣資本家になれる——いまでは，ある最低限（周知のように，ただの数シリング）をこえる貨幣額はすべて株式会社で他の貨幣と結合されて，産業資本として用いられうる。このことは，私的企業とははじめからまったく違った株式会社の創業を容易ならしめ，かつ既存の株式会社にはるかにヨリ大きな膨張力を与える。」「株式会社の拡張には創業の場合と同様に，すべての自由な貨幣資本が融通される。株式会社は自分自身の利潤の蓄積によってだけ拡張されるのではない。およそ蓄積されて価値増殖を求めつつある貨幣資本はすべて株式会社が自分の水車へ導くことのできる水である。資本がその無関心な偶然的な所持者の間に個人的に分散されていることからくる制限は止揚されている。」
(15)
(16)

　これらの論点はどう理解されるのだろうか。片山氏もこれらの引用部分を取り上げているが，氏の場合，それは資本の集中機構としての株式会社の特質であり，資本の動化による資本の動員である，と積極的に把握されたうえでの，叙上の見解である。そこでいま少しこれまでの株式会社における資本の集中について確認しておこう。

　自己資本の社会的結合であるが故に，株式会社における資本の社会的集中は，資本の流動化による資本の動員でなければならない。したがって資本の社会的集中は資本所有の株式資本所有への転化による資本の二重化，それに伴う所有の二重化を不可欠の条件となすのである。それは自己資本の形態規定に新たな

内容が付与されるということを意味する

繰り返し指摘してきたように,株式会社は資本の二重化,所有の二重化を機構的・制度的に特質とするものである。この社会的な機構・制度を基礎にして株式会社の設立資本は調達されなければならない。株式 (A) が発行され,それと引き替えに貨幣資本 (G) が払い込まれる。この貨幣資本 (G) は上記の如く社会に広く散在・遊休している貨幣および貨幣資本を対象にして動員・結合されたものである。それが可能なのは資本が流動化しているからである。それら貨幣及び貨幣資本が株式会社の結合資本を形成し,現実資本 W (生産資本) に転化され,再生産過程において機能資本の循環的な価値増殖運動を展開する。すなわち,新会社の設立に賛同・共鳴した多くの貨幣資本の所有者は,出資額に応じて貨幣資本 (G) を払い込む。資本の社会的動員による結合資本の形成であり,自己資本の結合として新会社の現実資本となり,再生産過程において機能資本の価値増殖のための循環的な運動を展開することになる。株式会社における資本の動員と結合とは社会的に広く散在・遊休している貨幣および貨幣資本までもが対象であり,それらが自己資本として動員され,株式会社の結合資本を形成すると理解されるべきであろう。こうした論点に対して片山氏は直ちには同意しかねるだろう。この観点からでは発起設立様式→支配集中の論理を説明できないと考えておられるからである。株式会社の一般的形態である発起設立→支配者集団による会社支配の論理が上述の資本集中の論理から十分説得的に論述可能であろうか。それが説得的に論述できなければ,片山氏の見解を受け入れざるをえないであろう。

2 発起設立と機能資本家規定

株式会社の設立様式の史的展開は,片山氏が指摘される通りであろう。すなわち,「……募集設立にあっては,応募額が所与の現実資本額に達するまでは,株式会社は設立できないか,または,設立できても部分的であるしかないのであって,募集設立は,そのような部分的設立ないし段階的設立が技術的に可能な業種においてしか通用しないのである。したがって,この設立様式は,近代的諸工業のように,機械設備装置などが有機的に関連している産業部門では,技術的に不可能である。まして重工業のように,所与の資本額が巨額となれば

なるほど，……この方式による設立は後退するのである。換言すれば，近代産業は，その設立に要する資本額を一挙に調達しえなければならないのである。発起設立つまり同時設立でなければならないのである。株式会社はいまや，少数の機能資本家の共同出資によって，発起と同時に設立されていなければならないのである。」[17]

　この論理段階において肝要な事柄は，発起設立は株式会社制度の一定の発展段階を前提としており，資本の社会的集中とその支配集中メカニズムの機構的・制度的確立を基礎・前提にしてはじめて展開される・より高次元の資本調達方式であるという点である。その点，片山氏は次のように述べている。

　「巨額の所要資本額を，少数の機能資本家の共同出資によって，一挙に調達しえていなければならないということは，広く社会的規模で資本を集中するという株式会社の伝承とまっこうから対立する事態であるが，しかしながらそれは，このように考えることによって解決できるのである。すなわち，発起設立に参加する機能資本家の数はたしかに少数であるけれども，しかし，資本の動化が広く社会に浸透したのちは，設立に参加する機能資本家たちの出資力は著しく拡大されたことになるであろう。彼らは，所有する資本の大きさを超えて，たとえば個人的な借入資本を加えて出資することが可能となるであろう。なぜなら，出資証書たる株式を売却して出資額を回収し，借入の返済にあてることができるからである。その際，彼が創業者利得を取得する機会を与えられるであろうことも，逆に，資本機能を維持するに必要な持株数はこれを売り残すことができるであろうことも，ともにいうまでもないところである。」[18]

　上述の如く発起設立の論理段階は株式会社と証券市場との連結・一体化による資本の流動化メカニズムの確立段階であり，株式会社は資本の流動化を基礎・前提とする資本の社会的動員と結合とを特質とする総合的な結合企業形態である。このような株式会社の資本は自己資本による結合資本であり，自己資本それ自体が内包する所有としての資本と機能としての資本との合一，一体化は崩壊し，両者は切り離されて制度的に分離し各々自立した独自の運動態様を定立しているとみなければならない。つまり株式会社の資本は自己資本でありながら，その結合形態であるが故に資本と所有の証券化を媒介とする資本と所有との二重構造化を社会的・制度的に確立しているのである。この論理段階に

おける自己資本概念の新たな内容規定である。そうだとすれば「発起設立に参加する機能資本家は……」という片山氏の見解には一定の修正を必要とするであろう。

　この論理段階における株式会社にあっては，拠出資本家の出資は資本所有の株式資本所有への転化によって持分に分割・証券化される。それに伴って同一主体における所有と機能との合一・一体化は破棄され，所有から機能が解放され，所有としての資本と機能としての資本に分離し自立化して各々独自の運動態様を獲得しているとみなければならない。前者は後者の名目価値としての株式資本であり，株式資本の擬制資本への転化であり，後者は現実資本＝機能資本への転化である。前者は貨幣資本との形態的同一性を付与されており，後者は所有から切り離されて，いわゆる単なる機能者としての機能資本家である。この論理段階での機能資本は所有から解放され，所有とは直接には関係のないものとなっている。したがって，機能資本の人格化としての機能資本家も所有，つまり所有としての資本＝株式資本とは直接関係を持たないものとなっている。つまり非所有としての機能資本家である。他方，所有としての資本は株式資本に転化し，持分に分割・証券化され，株主は出資額に応じた持分に相応しい大きさの人格をもつ存在である。その所有は株式資本の所有として資本機能から分離されており，機能との直接的関係は断たれているのである。したがってかかる分離に基づく両者の関係において資本所有者→株式資本所有者＝株主は，大株主であろうとなかろうと，資本機能に，その機能過程に直接関係・介入することはありえない。むしろ許されないのである。そうした権限を有してはいないのである。両者の分離・自立化こそは自己資本としての資本の社会的結合を可能にし，機能資本としての結合資本の全機能過程を安定的・継続的に遂行可能ならしめたからである。したがってこの論理段階においては，所有から解放された機能資本（家）はもちろんのこと，機能から分離された所有資本（家）も株式資本の所有（者）への転化によって新たな内容規定を付与されることになる。この論理は近代株式会社の基本論理を構成するものと考えられる。ここではこの論点の確認が必要である。

　続いて片山氏は，これまでの論理の展開を踏まえて資本の動化→資本の動員は私的・個別的資本の結合が同時に，社会的な総体的資本の結合を可能ならし

めるものとなる，と次のように主張される。

「出資力の拡大は，個々の機能資本家について該当するだけではない。それは，銀行や金融機関，同系会社などによる株式会社の設立にもあてはまるものであること，さきにみた昨今の会社設立の実情が示すとおりである。たとえば銀行についてみると，銀行はもともと産業に出資することの困難な貸付資本であるが，その銀行が産業株式会社の設立に参加しうるようになるのである。なぜなら，資本の動化がゆきあたったのちは，銀行は，産業株式会社の設立後，長短の期間にわたって，その株式を市場に売り放ち，もって投下資本を回収することができるからである。銀行にとっては，いわば回収の保証された出資が可能となっているのである。同様の理由で，資本の動化が銀行の固定資本信用を容易にするものであることも，いうまでもないところである。増資の大部分は，これによって行われるとみてよいであろう。いずれの過程においても，銀行は産業支配に必要な株式数を保有することができるであろうし，創業者利得を取得することもできるであろう。[19]」

「……近代的諸産業の，株式会社としての設立は，少数の産業資本家や銀行資本家の結合によって調達されるものでありながら，同時にそれは，当初から，多数の貨幣資本家の肩代わりされるべきものとして予定されているということが分かるのである。すなわちそれは，自己資本という私的な個別的な資本の結合でありながら，同時に，貨幣資本あるいは貸付資本という社会的な総体的な資本の結合でもありえているのである。個別的な存在としての産業資本が，集中という外延的拡大によってではなく，出資力の増大という内包的拡大によって集中を代行し，もって，社会的存在としての貨幣資本を包摂しているのである。そのような過程が可能であるのは，資本が動化しているからにほかならないのである。

それ自体は私的結合でありながら，社会的結合を内包しえているこの発起設立にみられる出資力の拡大は，いわば集中を先取りした形である。それは，少数の機能資本家の信頼と協力に基づく結合を維持したまま，集中を可能にしているのである。したがって，よくいわれるように，株式会社は資本を集中して支配する機構であるというよりも，むしろ集中する前にすでに支配を確立している，あるいは少なくともその可能性を確保している，そういう機構であると

いった方が，より正確であるとさえ思われるほどである。そこでは，私的・個別的資本が，発起設立という方式を通じて，既に社会的・総体的資本を支配しえているのである。」[20]

　片山氏の見解は実際的であり，論理的でもある。興味ある鋭い指摘であるが，なお疑問なきをえない。配当の利子化の成熟段階では，株式資本は現実資本と等値関係にある額面総額に等しく設定されるのではなく，予測利潤が各個の株主の投じた資本に利子程度の配当を分配できるように擬制資本額（株価総額）に等しく設定される方式が一般的に採用されるのであり，その際の擬制資本化した株式資本マイナス機能資本＝現実資本（額面総額）との差額が創業者利得として発起人＝支配的株主集団に一括先取りされるのである。設定された株式資本は持分に分割証券化され，株主は出資額に応じた持分にふさわしい大きさの人格をもつ存在となるのである。

　会社資産＝現実資本はそのすべてが出資者の払込資本から成っており，したがってその所有は出資者＝株主の所有以外のなにものでもない。この所有は各個の出資者の所有を構成要素とする結合・共同所有である。この所有を法形式上，個々人から法人化した会社に移し，会社を単一の所有主体とする。それに基づいて支配主体，責任主体および経営主体として法形式的存在となる。それは法的構成による法形式であり，擬制であり，逆立ちした現象形態である。株主の共同所有は人格化されたすべての株主を構成メンバーとする株主総会に集約される。株主総会は全株主の所有を代表し，その所有意思の決定・合意の形成を行う機関——会社の経営・管理および組織に関する基本方針の決定，重役・取締役の任免，残余財産の処分等々——である。全所有＝共同所有の意思形成は会社意思として現れ，その実現のための結合資本機能＝執行機関が取締役会であり，資本機能の全運動過程の担い手が，株主総会＝所有の意思によって選任された取締役・経営者である。所有と機能の統一であり，所有による機能の支配であり，私的所有による社会的生産の支配である。

　発起設立の場合は，こうした条件ないし過程は前提となり基礎をなす。しかも一定の信頼関係にある少数者による所有—支配の問題がまず発生する。それは片山氏が指摘されるように発起業務のなかで新会社の経営・管理および組織に関する基本合意が形成され，取締役＝経営者の顔ぶれも事実上決定されるだ

ろう。後は形式上の手続きが残るだけであろう。しかし，そうだからといって「株式会社の資本は，自己資本の結合としては私的に個別的にのみ形成されうるのである。けっして社会的集中によって形成されるものではないのである。それは募集設立についても発起設立についても同様である」ということにはならないのではないだろうか。

いまでは，資本の流動化による資本の動員と結合が株式会社の資本調達方式の特質である。その対象は募集設立であれ，発起設立であれ，自己資本の動員と結合であり，社会的集中を特徴とする。募集設立と発起設立は，いずれもいまでは資本の流動化を基礎・前提とした資本の動員と結合による設立方式であることには変わりない。両者の相違は本質的なものではなく形式上の相違であるが，それが生産力の発展段階に対応した時宜性・効率性を獲得しうるかどうかであり，それによって発起人に大きな利害の相違をもたらすかどうかである。

片山氏が指摘されるように，募集設立方式は企業の設立が巨額の資本額を一挙に調達する必要はなく部分的に，ないしは段階的に設立可能な業種において主として用いられてきたが，重化学工業のように機械設備装置などが有機的に関連し，しかもその設立に要する資本額が巨額であり，一挙に調達しなければならない事情のもとでは，発起設立つまり同時設立でなければならない。だから巨額の資本を「少数の機能資本家の共同出資によって一挙に調達しなければならない」ということになる。片山氏の指摘される通りである。しかしこの場合も，株式会社は資本の流動化を基礎・前提とした資本の動員と結合を実現しているのである。それは自己資本の結合として「私的・個別的にのみ形成されうる」のではなく「社会的集中によって形成される」のである。

自己資本の結合形態としての株式会社の資本は，いまでは形態変化＝機能変化をとげた資本である。この資本は同一主体のうちに所有としての資本と機能としての資本とが合一し一体化した産業資本＝機能資本ではないのである。両者の合一は廃棄され統一は崩壊しているのである。したがって，かかる合一した資本の人格化としての産業資本家は存在しないのであり，その形態変化＝機能変化をとげているのである。株式会社の資本は二重化し，それに対応して所有も二重化して現れている。所有としての資本は機能から分離・解放されて株式資本を形成し，機能資本＝現実資本の名目価値を表す。機能としての資本は

所有から分離・解放されて機能資本＝現実資本を形成する。株式資本は出資額に応じて持分に分割・証券化されるが，株主はその持分に相応しい大きさの人格化されたものとして株主総会の構成メンバーとなり，全所有＝共同所有の意思決定に参加する。各個の株主はかかる共同所有の意思行為を通じて自己の個別的所有の意思の実現をはかることになるし，また持分に分割・証券化された株式を支配または結合関係の維持に必要な分だけ残して証券市場で売却し，それを通じて投下資本の一部を回収し，併せて創業者利得を手に入れることができるのである。

　他方では，結合資本＝現実資本の出資者であり，所有者である株主は，その所有を個々人から法人としての会社に移すことによって，会社自体が単一の所有主体となり，所有と機能の分離に基づく統一の媒介環となる。しかし会社自体は法的構成による法形式であり，擬制的存在である。こうして所有から切り離された現実資本は法人としての会社自体の直接的所有として現れ，株主との関係は間接的なものに転化し潜在化する。こうした株式会社の制度的確立段階における発起設立は，少数の拠出資本家の共同出資によって巨額の設立資本を一挙に調達する方式であるが，それがどのような形式をとったものであれ，私的・個別的資本の社会的集中の一環であり，その一形態にすぎないのである。如何に自己資本の結合形態であるとしても，また如何に巨額資本の調達であるとしても，それは同一主体のうちに所有としての資本と機能としての資本とが合一し一体化したものではなく，資本は二重化し，それに対応して所有も二重化して現れるのである。結合資本は一方では所有としての資本＝株式資本を形成し株主の所有となる。他方では機能としての資本＝現実資本に転化し法人としての会社自体の直接的所有となる。少数の拠出資本家の共同出資による結合資本はこのように二重化して現れ，それに対応して所有も二重化して現れるのである。

　発起人グループを構成する少数の出資者は巨額の出資額に応じた持分に相応しい大きさの人格化された株主として支配集団を形成し支配集団の所有意思を株主総会を通じて全所有＝共同所有の意思行為として具体化する。他方現実資本＝会社資産の所有は個々人から法人としての会社に移され，法人が単一の所有主体となる。株主総会の所有意思はこの法人を媒介環として自らが任命した

機能資本の人格化としての取締役＝経営者と結合するのである。発起人＝支配者集団が保有する株式が証券市場において公開され，株式は擬制資本に転化し，擬制資本化した株式資本の流通運動を形成する。配当の利子化が進行する。発起人＝支配者集団は現実資本＝機能資本と等値された額面総額とそこから乖離した株価総額との差額として創業者利得を手に入れる。と同時に会社全体の支配によるいわゆる支配諸利得を独占的に手に入れることになる。

　現代の設立方式──発起設立──のもとでも資本の社会的集中および少数の大株主＝支配的株主集団による支配集中機能が疑問の余地なく貫徹しているのである。そうした意味内容において「そこでは私的・個別的資本が，発起設立という方式を通じて，既に社会的・総体的資本を支配しえているのである」という片山氏の見解は興味ある指摘ではあるが，なお疑問なきをえない。

II 「共同」所有→「共同」支配→経営者支配

1 結合資本の所有と「共同」所有・支配──「共同所有」と管理・運用形式

　株式会社の資本は自己資本の結合であり，最高次元の結合資本の形態である。したがって，株式会社における所有と機能・経営の問題は，この論理段階における自己資本の結合形式に関わる問題である。結合した自己資本の所有と機能の問題である。では北原氏はこの問題をどのように把握されているのだろうか。

　該書第3章「株式会社における所有と決定」2「株式会社における資本所有の形式と実質──所有と支配の重層構造化──」において，北原氏は次のように述べている。

　「株式会社では，複数の出資者＝株主によって出資されたそれぞれの資金（潜在的資本）が結合されて一つの資本となり，現実資本として貨幣資本→生産資本→商品資本→……と形を変えつつ自己の価値増殖を無限に繰り返していくことになるのであるから，この現実資本を構成するさまざまな形態の資本＝さまざまな企業資産は，本来，出資者＝株主の共同所有物にほかならない。」[21]「株式会社におけるこの共同所有は，法律上はつぎのような特有の形式を与えられている。」[22]

　こうして，共同所有の経済理論的分析に向かわずに，もっぱら，共同所有の

法形式とその実質化に焦点を向けた議論が終始展開されることになる。以下，最少必要な限りにおいて北原氏の「共同所有の法形式とその実質化」の論理に即して歩を進めることにしよう。

「複数の出資者＝株主の共同所有である企業資産は，『法人格』を認められた『会社』という単一主体による所有という形式をとっており，したがって企業資産にかんするあらゆる権利・義務（企業の債務をふくむ）はすべて，単一主体たる会社に帰属するという形式をとっている。」「それゆえ，個々の出資者＝株主は，会社資産に対して直接的権利をもつのではなく，法人の一構成員としての資格において間接的権利をもつという形式をとる。すなわち，会社資産の管理において，株主は直接それを行う権利をもたず，株主団体＝株主総会の決定に参加する権利＝間接的権利（いわゆる「共益権」）をもつ。また会社の運営から発生した利益・損失については，株主は直接の権利・義務をもっておらず，会社に対し利益配当権，残余財産分配請求権など（いわゆる「自益権」）をもつ。」

ここでは，北原氏は「この現実資本を構成するさまざまな形態の資本＝さまざまな企業資産は，本来，出資者＝株主の共同所有物にほかならない」と指摘されているが，それが何故に「会社所有」という法的形式を与えられるのか。むしろ何故に，「会社所有」という法形式を必要とせざるをえなかったのか。その場合，個々の出資者＝株主は「会社資産に対して直接的権利をもつものではなく法人の一構成員としての資格において間接的権利をもつという形式をとる」といわれるが，そのばあい，法人の全構成員である全株主あるいは各個の株主に対して共同所有物たる会社資産はどのような位置づけになるのか。法的形式の根拠・基礎である経済的関係はどのように把握されるのか。経済的諸関係を形成基盤とする前者＝法形式と後者＝経済的諸関係との関連をどう把握し，両者の相互規定関係をどうみるか。さらに法形式に基づく株式会社の所有―支配構造と経営管理方式の特質をどう分析的に解明されるのか。まず，株式会社とその構成員である株主との関係，株主相互の関係を経済理論的にどう位置づけるのか，が問われなければならない。北原氏の場合，この肝心要の分析が不十分のままで，直接法形式を前提とされ，もっぱらそのもとでの会社資産に対する会社と株主一般との関係，および企業資産管理，つまり会社の運営形式と

その実質化が問われることになる。

　株式会社の資本が出資形式による結合資本であるということは，いうまでもなく，その結合資本は出資者＝結合資本家の所有物であるということである。各個の出資者はその一構成員にすぎず，彼の資本はその一構成要素をなすにすぎない。出資形式による共同所有物であるということは所有の観点からいえば，その管理・運用に関しては当然に共同所有に基づく共同管理・共同運用が考えられるはずである。にもかかわらず，その管理・運用において「株主は直接それを行う権利をもたず，株主団体＝株主総会の決定に参加する権利＝間接的権利（いわゆる「共益権」）をもつ」にすぎないというのはなぜか。

2　「共同」所有と管理運用の多元性の止揚

　「共同」所有と管理運用の多元性：いうまでもなく，株式会社の管理運営に関しては当然共同の管理・運営方式が採用されざるを得ない。なぜなら共同所有物である結合資本は出資者個人の所有ではなく共同出資に基づく出資者全体の結合・共同所有形態であるからである。どのような大出資者（＝大株主）でも部分的所有者にすぎないのである。したがって，それは結合形態に対応した結合所有＝共同所有の形式であり，しかも同時に経営管理の一元性を可能にする共同所有に基づく共同支配の形式でなければならない。それは個人所有に基づく支配の論理を超えた共同所有に基づく，いわば一元的共同支配の論理を基本的特徴とするものでなければならない。なぜなら，部分的所有に過ぎない株主の存在意義は，それが部分的・分散的な存在，独立の個別的形態のままでは，資本として何一つその意義を実現できないからである。資本所有に基づく資本機能——価値増殖機能——を発揮できないからである。むしろそれは，かかる結合的共同所有形式によってはじめて実現されうる，いわば疎外された潜在的な貨幣資本，つまり遊休している資本だからである。結合からの離脱はその経済的意義の喪失であり，法的権利の放棄であり，利子生み預金者への，または遊休化した貨幣所有者への「後退」を意味するからである。しかし，そのことはまた結合・共同所有に対しては，この「共同出資に基づく結合・共同所有」の部分的所有者である各個の株主の介入・干渉は許されないということになる。なぜなら，介入・干渉を許すならば，共同所有形式の崩壊に導く恐れが生ずる

からである。結合・共同所有形式は安定的・継続的でなければならない。

　株式会社の資本が出資形式による結合資本であるということは，複数（単なる複数ではなく多数という意味の複数である）の出資者を構成メンバーとする共同出資形式の資本結合形態であるということである。それが，この論理段階における資本所有の私的・個人的制限の止揚要請に応える唯一の完成された結合形態であるわけであるが，この結合形態は，しかし複数の出資者の資本の結合であるとはいえ，合資・合名会社の結合様式による結合の在り方，その枠組みを踏襲するものではなく，むしろその個人的信頼関係に基づく共同出資，共同管理・運用方式からの全面的な解放であり，いわばその枠組みの否定のうえに，多数者の共同出資に基づく一元的な共同管理・運用方式を特徴とするものである。

　「共同」所有と共同管理・運用方式：論理的にみても，「株式会社が諸資本家の一会社であり，それは資本の払い込みによって設立される」が，ここでは各個の出資者は株式会社の資本の所有者ではない。株式会社（の資本）は彼らの払い込み，拠出による資本の結合形態であり，各個の出資者はその拠出資本額で表示されるその程度に従って，株式会社の設立に参加するその程度も与えられるという，そうした相互規定関係にある。それは各個の株主にとっては自己資本としての私的個別的資本であると同時に，その私的・個人的性格を止揚した結合的・社会的性格をもつ私的所有としての存在であり，それが資本所有の株式資本所有への転化──所有の証券化──によって貨幣資本との形態的同一性を付与され，貨幣資本化している社会的資本形態でもある。つまり私的・個人的資本であると同時に結合的資本であり，かつ社会的性格をもつと同時に私的存在物であるという矛盾する二側面の包括的規定である。すなわち，このような経済的諸関係の内的諸矛盾＝資本結合の内的諸矛盾の展開に対応した法的構成による法形式が会社法人化である。では共同出資に基づく結合資本の一元的な共同管理・運用方式はどのような具体的展開形態を取りうるのか。この点に関説するものとして，北原氏は「企業資産の運用」の法的形式について次のように述べている。

III 法人格・「会社それ自体」と「単一的」所有・支配(1)
　　――結合資本と会社法人――

1 「企業資産の運用」の法的形式

　「株式会社における右のような企業資産の運用は，法律上つぎのような形式を与えられている。株式会社は企業資産を単一の意思のもとにおいて運営する必要がある――結合資本が一つの資本として運動する以上，この単一意思による支配が不可欠である――が，株式会社において，共同所有者たる株主の意思を統一して『会社意思』を決定する仕組みは，株主総会として制度化されている。株主総会は株主を構成員とする合議制の意思決定機関であり，株主が株主として参加する唯一の機関である。そこでの決定は，原則として，一株一票の多数決原理によって行われる。株主総会の権限は，時代によって異なり，漸次縮小されてはいるが，それが会社の基本的事項にかんする最高意思決定機関であることに変わりはない。」[27]

　また「会社の業務執行にかんする意思決定と実行については，株主総会で選任された取締役の合議体である取締役会が業務執行上の意思決定を委任されて担当し，この決定の実行は，取締役会が選任した代表取締役および最高経営職員がこれを担当することになっている。これは，株主総会の構成員たる株主が非常に多数になりうるうえ，株式譲渡によって日々交代しうるのに反し，企業活動は単一意思のもとで継続的に遂行されねばならないという関係の，制度上への反映である。」[28]

　最後に「企業資産の運用から発生する利益の取得関係については，まずそれが企業資産の法的所有者たる会社に帰属したうえで，株主総会の決議を経て，その一部または全部が配当として株主へ配分されるという形式になっている。このばあい，利益の配分は，各株主の株式の数に比例して，平等に配分される原則が定められている。」[29]

　株主総会――重役・取締役会――利益の配分形式について北原氏の見解に異議を挟む余地はないように思われる。むしろそれは原則であり，「共通の認識」ともいえる。が，しかしそれだけでは株式会社の構造分析とはいえない。

株式会社論はなによりも経済理論的分析による基本体系の把握でなければならない。

2 所有構造の経済理論的分析と管理・運用の法的形式

　株式会社論を展開するうえで，肝要なのは株式会社を経済理論的にどう把握するかである。ここではまず，北原氏は法形式に株式会社の特質を求めており，もっぱらその実質化を問題にされることになるが，肝要なのはその現実的根拠を分析的・理論的に解明することこそが必要ではないか。株式会社の法形式の現実的根拠は何かが問われなければならない。繰り返し述べてきたように，株式会社は資本を二重化し，それに対応的に所有も二重化するが，この資本と所有の二重構造化の機構的確立の過程が近代株式会社の法制の成立過程である。資本と所有の二重構造を機構的特質とする近代株式会社を経済理論的に如何に解明するか。その論理的・分析的解明が求められるのである。法形式はかかる経済諸関係の過程進行を形成基盤として把握されなければならない。

　近代株式会社における資本の二重構造化に伴う所有の二重化のもとでは，株式会社の資本は現実資本と株式資本とに二重化して現れる。株式資本は現実資本を根拠として形成されるその名目価値＝名目資本であり，額面総額で表示される。この場合，名目価値＝額面総額は現実資本に等しく設定されている。名目価値である株式資本が持分に分割・証券化され，証券市場において擬制資本化した株式資本の循環的運動 $A-G_2-A$, $A-G_3-A$, $A-G_4-A$……を形成し，各個の株主にとっては利子生み資本の運動形態を取って現れるというわけである。この論理段階では名目資本価値＝額面総額と株価総額とは一致せず乖離しており，その差額が創業者利得または発起利得を形成する。それは「水増し」ではなく利潤＝配当によって裏付けられており，事後継続して配当（利子化した配当）されることによって最終的に実現される性質のものである。すでに資本所有は株式資本所有に転化されており，したがって株式会社における資本の所有関係は，元来の所有資本家との直接的関係を止揚した株式資本所有として間接的な形態に転化しているのである。私的・個人的所有の制限と社会的生産の発展との矛盾，つまり資本所有の私的・個人的制限と資本機能の飛躍的発展，機能機構の量的拡大・質的高度化の矛盾であるが，この矛盾を資本所有の株式

資本所有への転化による所有の機能からの分離，機能の所有からの解放によって止揚したのが株式会社制度である。

$$\text{擬制資本の運動}\begin{cases} A-G_1-W<^{Pm}_{A}\cdots P\cdots W'-G'_1(G_1+g) \\ G_2\cdots G'_2 \text{マイナス } G_1 = 創業者利得 \\ A \end{cases}$$

（上部に「産業資本（現実資本）の運動」）

　本来，株式所有は現実資本に根拠を置くものであり，その持分名義であり，したがって，それはそのものとして現実資本に依存することを示すものである。現実資本＝機能資本の運動と擬制資本化した株式資本の運動とについては，前者は機能としての資本の運動＝産業的集積・集中運動として再生産過程において価値増殖のための循環・回転運動を展開し，後者は所有としての資本の運動，すなわち機能資本の再生産過程を基礎に，しかもそこから相対的に分離・独立し，証券市場において所有集積・集中運動として擬制資本化した株式資本の自立的運動を展開するが，その点に関しては繰り返し述べてきたので省略する。にもかかわらず，この資本の単なる名義が機能資本（現実資本）との関係においても，株式会社に固有の重層的な所有構造を媒介とする支配力として現れるのである。この転倒性は何故に，また如何にして自立的現象となるのか，が問われなければならない。，北原氏の場合，そうした問題視角から株式会社＝結合資本の論理展開の方向はみられないのである。

　北原氏も述べているように，「結合資本が一つの資本として運動する以上，……単一意思による支配が不可欠である」[30]が，「株式会社において，共同所有者たる株主の意思を統一して『会社意思』を決定する仕組みは，株主総会として制度化されている。」[31]ここでは株式会社の意思決定についての基本原則が指摘されている。以後もっぱら，株主総会の空洞化・無機能化が強調され，株主所有の実質の形骸化，実質の喪失から「会社それ自体」の法形式的所有の実質化が論述されることになる。さて議論を本筋に戻そう。

　株主総会は株式資本の人格化としての株主を構成員とする。しかしそれは株主の平等性・同等性を意味するものではけっしてない。所有株式数に相応しい

大きさの人格としての株主を構成要素とするのである。そのようなものとして株主総会は株主平等主義ではなく株式平等主義に基づく所有意思＝全所有＝共同所有意思の決定機関であり，それが結合体を構成する多数の株式資本の競争原理であり，株式会社における意思決定の基本原理である。その決定原理は，一株一票の多数株議決制による株式民主主義である。したがって，率直にいえば，株主総会は「株主を構成員とする合議制」という法形式のもとに多数株所有による会社意思の決定，多数株所有の支配を可能ならしめる機関である。むしろそのことが予定された機関である。それが「株主を構成員とする合議制」の内容規定である。それはまた，株式会社が資本の集中機構であると同時に多数株所有に基づく支配集中機構であることを意味する。それこそは株主総会が「会社の基本的事項に関する最高の意思決定機関であること」の本質的な内容である。そしてここでは，「株主を構成員とする合議制」は一株一票の多数株議決制を媒介することによって，株主の意思は株主一般という抽象的・一般的規定から所有株式数に比例した大きさの人格化として各個の構成員意思を踏まえた，多数株所有の株主意思を必然的に反映したものとなるが，それが株主の全体意思＝会社意思として現れるのである。一株一票の多数株議決制に基づく株式の同等性＝平等性は同時に，株主総会における多数株議決制に具体化され，株主は少数の多数株所有者と多数の中小株主とに分裂・分解し，支配と被支配，収奪と被収奪の関係が成立する。つまり資本による資本の支配集中メカニズムが全的に機能し，多数株所有者の支配＝支配株主が必然的に形成されるのである。それは完全に合法的であり，株主総会の所有意思＝全株主の所有意思＝会社所有意思として現れる重層的・多層的な株主所有の支配構造が形成されるというわけである。

　すでに指摘したように，株式会社の結合資本＝自己資本についていえば，資本の証券化によって所有と機能との統一が崩壊し，制度的に分離・分裂しており，それに対応して所有資本家と機能資本家とが分離・分裂し自立的定在を獲得しているが，前者＝所有資本家を代表するものは株主総会であり，それは「株主を構成員とする合議制の意思決定機関」である。つまり共同所有＝全株主所有＝株主総会→多数株議決制・多数株所有者の意思＝所有資本家の意思→株主全体の意思＝会社意思である。後者＝機能資本家を代表するものは取締役

会であり，それは「株主総会で選任され，業務執行の意思決定を委任された取締役の合議体」である。つまり機能の代表＝取締役の意思＝機能資本家の意思である。両者の関係は株主総会が「会社の基本的事項に関する最高の意思決定機関」であり，後者は「総会で選任され，かつ業務執行を委任される」という規定関係——所有の代表→所有資本家の意思＝株主全体の意思＝会社の意思に基づく機能の代表＝業務執行の意思決定を委任された取締役——にある。

このように取締役会は株主総会を基礎・前提とし，それに規定されて成立する関係機関であり，資本機能として独立した機関ではない。総体的関係としては両者は分離・独立ではなく，分離に基づく統一の関係にある。

（1） 片山伍一・後藤泰二編著『現代株式会社の支配機構』ミネルヴァ書房，1983年，30頁。
（2） 同上，24頁。
（3） 同上，26頁。
（4） 同上，24頁。
（5） 同上，24-25頁。
（6） 同上，27頁。
（7） 同上，26-27頁。
（8） 同上，27頁。
（9） 同上，27-28頁。
（10） 同上，28-29頁。
（11） 同上，29頁。
（12） 同上。
（13） 同上。
（14） 同上，29-30頁。
（15） *Das FinanzKapital*, SS.165-166. 訳，㊤248頁㊦240頁。
（16） a.a.O., SS.166-167. 訳，㊤249-250頁㊦240-241頁。
（17） 片山伍一『前掲書』30-31頁。
　　　なおこの点に関説したものとして後藤泰二「株式会社論覚え書」（『証券経済学会年報』第32号，証券経済学会，平成9年5月，114-115頁），同「経営者支配」（後藤泰二編著『現代日本の株式会社』ミネルヴァ書房，2001年）等がある。
（18） 同上，31頁。
（19） 同上。

(20) 同上, 32頁。
(21) 北原勇『前掲書』93頁。
(22) 同上。
(23) 同上。
(24) 同上。
(25) 同上。
(26) *Das FinanzKapital*, S.157. 訳, ⓐ 236頁① 230頁。
(27) 北原勇『前掲書』93-94頁。
(28) 同上, 94頁。
(29) 同上。
(30) 同上, 93-94頁。
(31) 同上, 94頁。

附論： 「支配＝従属」に関する若干の論点

　北原氏は株主間での「支配＝従属」の関係に強い疑問を持たれ,「支配権争奪に敗れた大株主はどうなるのか。非支配・非収奪の立場に置かれるのか？この点をどう考えるか」と問われる。議論の余地はないと思われるが, ごく簡単にいえば, 支配者集団から離脱または排除され, 支配的諸利得の取得機会を奪われるということになる。支配的諸利得が被支配集団からの収奪・横奪によるものであれば, 当然, 支配・被支配関係から免れえないであろう。ただ持分証券の所有の実体そのものには本質的変化はないので, 持分相当の地位を確保するであろうし, 状況の変化によっては支配株主集団に参加し, その一員となることもありうるだろう。株主の所有権の実体は本質的に変化はないし, 株主の実質的所有が喪失して, その喪失部分が「会社それ自体」の法形式としての所有の実質化となり, そこに固定化されてしまうという性質のものではないからである。しかし, この点を含む当該箇所の北原氏の所説には若干問題がある, と思われる。すなわち,

　「これ〔支配＝従属〕では『支配株主』不在の型の会社を分析できないというすでに指摘した問題ばかりではなく, そもそも株主の間に『支配＝従属』の関係が成立するとみてよいのかという問題がある。全体意思の決定において積極的・能動的な者と消極的・受動的な者との間は『支配＝従属』関係なのだろ

うか。大株主の中にも会社経営に最初から消極的でたんなる配当受領者の地位に甘んじている株主もあれば，勢力争いに敗れて心ならずも経営中枢から排除されているばあいもあるが，このような大株主をも『従属株主』というのだろうか。これらの大株主もふくめ，多数の弱小株主もすべて，消極的であれ『支配』に参加していることを見失ってはならないと考える。株式会社を『一つの資本が他の資本を支配する機構』と把握することによって，株式会社に結集した資本が総体として賃労働を支配するという基本関係を軽視することになるとすれば，大きな誤りといわねばならない。」(北原『前掲書』120頁)

①「支配株主」不在の型の会社は，実際的にも論理的にも存在しない。②株主間の「支配＝従属」関係は，全体意思決定における「能動的・積極的な者」と「消極的・受動的な者」との間の関係を指すわけではない。そうした主観的な行動分析から「支配＝従属」関係を論ずるべきではない。「支配＝従属」関係の成立は全体意思決定における一株一票の多数株議決に基づくものであり，株式の分散化を基礎・前提とする多数株所有者による支配集中という，客観的事実に基づく必然的な形態である。だからこそ，株主間に多数株所有をめぐる株式の争奪戦が展開されるのである。株式は出資額に応じて持分に分割・証券化された企業所有権であり，ただその数こそが力であり，すべてだからである。多数株所有―支配株主・支配株主集団の形成―企業支配のもとでは「消極的・受動的な者」も関係なく支配の網に包摂されてしまうのである。「会社それ自体」は客観的事実に基づく必然的な現象形態であるが，それは法形式であり，擬制であり，事実関係の転倒した現象形態である。かかる「会社それ自体」が所有に基づく支配主体であり，経営主体・行動主体であるというのは，「転倒した現象形態」に囚われてその「形態」を「真なるもの」として受け入れたことによって生じた観念的な現象形態である。

ここで規定的なことは「会社それ自体」が所有の「実体―実質」を伴わない法形式・擬制的存在であり，株式こそが企業所有（権）の実体であり，株式所有者＝株主こそが企業資産の所有者―支配者であるということである。所有の証券化に基づく株式の所有は通常，間接的・実質的であり，潜在化しており，一体誰が支配株主・支配株主集団であるか容易には分からない。「会社それ自体」が所有主体であり，支配主体であり，経営・行動主体として現れているか

らである。しかし巨大企業の支配者は「会社それ自体」ではなく多数株所有者＝大株主である。大株主には法人株主や機関株主あるいは個人株主などが存在する。支配株主・支配株主集団の形成は一般的にはこれらの株主間の競争と協調を通じて達成されるであろう。株主の実質的所有の喪失化、その反面としての「会社それ自体」による法形式としての所有の実質化、かかる所有の実質化に伴う株主からの「会社それ自体」、経営者の自立の論理は破綻せざるをえない。

　次に、経営中枢から排除されていたり、経営管理に消極的で配当受領者の地位に甘んじていたりする大株主を含め、多数の弱小株主もすべて、消極的であれ「支配」に参加していることを見失ってはならない、といわれる。が、この場合の「支配」とは何を意味しているのだろうか。「支配＝従属」の支配を指しているのだろうか。そうだとすれば、弱小株主もすべて「支配」に参加しているということである。しかしその支配は株主すべてが支配に参加しているわけであるから、支配の対象を欠く支配ということになり、支配そのものが成立しないであろう。支配は対立を表す関係概念である。対立する対象、関係する対象を欠けば、支配そのものが成立不能である。このように考えると、ここでの「支配」は「支配＝従属」の支配ではないのではないか。

　そうだとすれば、この支配の論理が成立する対立する対象、関係する対象は何か。賃金労働者ということになろう。この場合には、株主のすべてが賃金労働者の支配に参加する、ということになるだろう。そうすれば、「株式会社に結集した資本が総体として賃金労働者を支配する」という文脈とぴったり整合するかに思われる。だが、株主のすべてが賃金労働者の支配に参加するということは、資本が総体として賃金労働者を支配するということとは同義ではなく、まったく意味内容を異にするものである。そもそも株主は如何なる者であれ、賃金労働者の支配に直接参加することはありえないのである。株主は賃金労働者との直接的な関わりを一切有していないのである。株主は資本機能から分離した資本所有、つまり所有としての資本の人格化としての所有資本家である。賃金労働者との直接的な関わりは、この所有から分離・解放された資本の機能、つまり機能としての資本の人格化としての機能資本家でなければならない。

　機能資本家＝経営者こそは、価値増殖の最大化のために他人労働（賃金労働

者）の最大限の支配・搾取・抑圧を客観的な使命，規定的目的とするものである。株主が賃金労働者と関わりをもつとすれば，それは株主総会での取締役（＝経営者）の任命とその経営管理・運用の承認という形態で間接的に関係するということである。したがって「株式会社を『一つの資本が他の資本を支配する機構』として把握することによって，株式会社に結集した資本が総体として賃金労働者を支配するという基本関係を軽視することになるとすれば，大きな誤りといわねばならない」という北原氏の「資本」把握もきわめて抽象的であり，無内容のものといわざるをえない。株式会社の資本は同一主体のうちに所有としての資本，その人格化としての所有資本家と機能として資本，その人格化としての機能資本家とが合一し一体化した資本，その人格化としての資本家ではないのである。両者は分裂し分離してそれぞれ自立した独自の運動態様を定立せしめているのである。こうした客観的事実に基づく資本の内容規定が求められるのである。しかし生産過程においては，機能資本家は生産手段の所有者として資本所有と資本機能とを自身の内に合一し一体化した企業家＝経営者として現れる。彼は労働者を雇用し生産手段と結合させて支配し抑圧し搾取する資本の人格化としての資本家なのである。

第10章 株式会社における資本支配の論理(2)
―― 北原勇氏の所説の検討 ――

I 法人格・「会社それ自体」と「単一的」所有・支配(2)

1 「会社それ自体」→「法形式の実質化」の論理

北原氏は,法人たる「会社それ自体」による所有という法形式も,それはさしあたり複数人からなる団体ないし組織体の権利・義務関係を単純化し明確化するための「法技術」あるいは「法的構成」の産物でしかないと指摘されながらも,その「法構成」―「法形式」の根拠たる経済諸関係および「法」と「経済」の関連性を徹底して追及されることはしないで,直ちに「法形式の実質化」を問題にされる。株式会社の経済理論的分析は形式的なものとなり,徹底した内在的把握は閉ざされることになる。北原氏は,問題は「法的形式が,実質的内容・関係をふくむものであるかどうか,ふくむとすればいかなるものとしてか,が問題である」(1)といわれる。以後その取り組みは,もっぱら「法形式」と「法形式の実質化」に焦点が向けられていくことになる。

「会社それ自体」の自立化論は,上述した株式会社の基本的な形態規定上の論理といかに切り結び,どのように理論的に関連づけられるのか。その理論的分析・解明がなされ,包括的な概念の内容が提示されなければならない。が,その点に関しては,北原氏の場合「法形式の実質化」なる観点から,もっぱら「実質化」の程度が問題にされるにすぎないのである。しかも,「法形式の実質化」の論理それ自体,客観的・理論的分析を通して株式会社に関する一般的傾向として分析的に解明されているのではなく,自己の論理の展開如何によって,その都度,ある場面では当該対象部分を「形式の実質化」として強調されるかと思えば,他の場面では同一対象部分を「実質の空洞化」として説くといったように,その見解は一貫性を欠くものとなっている。(2)

そのうえ問題は「法形式の実質化」論においてその「実質化」が「株主の所

有(権)の実質的破損」との表裏の関係として把握されている点である。「株主総会の権限の縮小」から直ちに，株主総会が「会社の基本的事項に関する最高の意思決定機関」である，その制度的存在意義さえも否定され，会社意思の決定過程から株主総会の所有意思の「実質的」喪失を説く一方で，株主＝所有から独立した「会社それ自体」の自立化による独自的な会社意思の形成（「法形式の実質化」）を主張されるのである。こうして他方では，資本所有から分離した取締役会は，株主総会で選任された取締役の合議体として，業務執行上その意思決定を委任されて担当するという機関規定から解放され，全体所有・株主総会（所有の全体意思）から自立化し独立した「会社それ自体」の所有意思→その代行者としての取締役会という，「会社それ自体」の所有に基づく支配を主張されるのである。

　株主の社団である会社に生きた個人に擬制して結合資本＝現実資本の人格化として法人格を付与された「会社それ自体」の所有意思とは何か。会社はそれが如何なる規模のものであろうとも，個別具体的な結合資本形態の企業組織である。その意思と意識とは単なる資本一般の論理に解消できるものではない。それは，かかる個別的特殊性を有する企業としての株式会社の基本的な経営戦略に関する意思と意識でなければならない。あるいはより具体的な経営方針と運用に関する意思と意識をも包含するのでなければならない。しかし北原氏の所説の如く，そうした「意思と意識」は「会社それ自体」の所有意思に求めることができるであろうか。それは否である。なぜなら，北原氏は「会社それ自体」はもともと意思と意識とを持ちあわせていないといわれるからである。したがって，激しい資本間の競争場裡において自己の意思と意識を必要に応じて，その都度，個別具体的に発揮することなどできるはずなどないからである。結局，それは機能資本の人格化としての，取締役会の合議に基づく経営者の意思と意識であり，その経営者の意思と意識に基づく経営戦略であり，経営方針である。すなわち，「会社それ自体」の所有意思とは「取締役会の合議に基づく経営者の意思」ということになる。株主総会の所有意思の実質的喪失を説く北原氏の見解は，株主総会の所有意思の制約から解放された取締役会→代表取締役・経営者の専一的支配を意味する。しかも肝要なのは，この経営者は非所有者であり，資本家でも機能資本家でもないということである。文字通りの「経

営者支配」論である。が，このような論理が「所有に基づく支配」の論理として「会社所有→会社支配＝企業支配」の論理を正当化できるだろうか。したがって，「会社資産は各株主の出資によって形成されたものではあるが，株主の完全所有下からはなれて一定の独立を獲得し，この関係を基盤として，会社自体も株主からの一定の独立性を獲得する」という北原氏の見解もまた，いかに逆立ちした論理であるか，容易に理解できるであろう。

2 「会社それ自体」の独立性とは何か

まず第一に「他の共同所有企業とは違って，株式会社においてのみ，会社自体が外部の第三者に対しても，内部構成員たる株主に対しても，強い独立性をもった一個の主体的存在たりうる」という点である。北原氏は，①まず，「一定の独立性」→「強い独立性」……となり，「一個の主体的存在」……になると述べ，株式会社が株主から基本的に解放された自立的な存在となるというわけである。その結果，②「外部の第三者に対しても，内部構成員たる株主に対しても強い独立性をもった一個の主体的存在たりうる」と述べ，株式会社においては，「第三者」と内部構成員である「株主」とが株式会社に対して「他者の存在」として，まったく同列に置かれ，同じ位置づけを与えられているという点である。すなわち，資本所有の株式資本所有への転化──所有の証券化──の論理段階では，所有の形態は出資者＝株式資本の所有者＝株主→株主総会＝全構成員所有＝全株式所有・その意思であるはずであるが，北原氏はこの株式会社の構成原理をいわば有名無実化し，かくして株式会社の内部機構から所有を代表する株主総会を形骸化・無機能化したものとして，事実上放逐し去ってしまい，「会社それ自体」が意思と意識をもつ現実資本の所有者であり，文字通りの所有主体であり，支配主体であり，経営主体・行動主体であると主張されるのである。

北原氏の観点，すなわち，「一定の独立性」→「強い独立性」→「一個の主体的存在」という会社自立化の論理の展開方向は「会社それ自体」による法形式そのものが，すでに一定の実質を含んでおり，そのうえに株主による所有の実質の喪失が，その反面として法形式としての所有の実質化をもたらす・いわば実質的所有の喪失→法形式的所有の実質化・その成熟という過程進行に伴う

「会社それ自体」の株主からの独立であり，その理論的解明である。

「会社それ自体」の株主からの独立の論理は，なによりも「会社所有」→「法的形式的所有」→「一定の実質化を含むもの」→「実質の拡大」→「実質の成熟」に求められた。そしてそれを論拠にして直ちに，「会社それ自体」が「会社資産の実質的な所有主体であり……企業活動に対する支配主体である[8]」とされて，法形式的所有とともに経済的実質的所有をも併せもつ「完全な独立的存在[9]」であると主張されるのである。かくして資本所有→株式資本所有→全株主所有＝株式総会から完全に独立した「所有主体」である「会社それ自体」は「……それ自体が現実資本の直接的かつ実質的所有主体であり，その所有に基づく支配力をもった経済主体であり，それゆえに行動主体でもある[10]」と定義されるのである。さてこのような定義が「会社それ自体」を正当化し，株式会社の一般理論として成立するだろうか。

そもそも資本の人格化としての資本家は，資本家としての意思と意識を付与された自然人であってこそ，個性を持つ人格として所有に基づく支配力をもつ自立的な経済主体であり，生きた行動主体たりえるであろう。経済主体であれ，経営主体・行動主体であれ，いずれも等しく資本の人格化としての「意思と意識」を不可欠の要件とするのでなければならない。法的構成による法形式にとどまるならばともかく，「意思と意識」を欠く自立的存在，主体的な独立的存在などはありえないからである。ではその点に関して，北原氏は法形式としての「会社それ自体」をどのように捉えているのだろうか。

「会社自体による所有が，たんなる法的形式にとどまるのではなく一定の実質をふくむことを意味する[11]。」こうして「会社それ自体」は会社資産の法形式上の所有者であるだけでなく「実質的な所有主体であり，かくして，企業活動に対する支配主体でもある[12]。」すなわち「株式会社においては『会社それ自体』が現実資本の直接的所有主体であり，その所有に基づく支配力をもつ経済主体であり，それゆえに行動主体でもある[13]。」

しかしこの場合，一個の自立的存在でありながら自らの意思と意識とを持っていない「会社それ自体」がどうして支配力をもつ経済主体であり，行動主体であるといえるだろうか。そもそも自らの意思と意識を持っていない「会社それ自体」がどうして支配力をもつ「一個の自立的存在」でありうるだろうか。

しかし他方では，北原氏は「会社それ自体」は意思と意識をもつ」といわれる。

北原氏によれば，法人である「会社それ自体」は「自然人の媒介」，「自然人の肉体を借りること」によってはじめて，自己の意思を形成し，またそれを実際の行動に移すことができる。これを可能にするのが，会社の内部機構としての経営管理組織である。(14)実をいえば，「会社それ自体」は「自己の意思」をもたないが，「自然人の媒介」，「自然人の肉体を借りること」によって「自己の意思を形成する」というわけである。法人としての「会社それ自体」は，元来，意思と意識をもっていないのであるが，「自然人の媒介」，「自然人の肉体を借りること」によってはじめて「自己の意思を形成する」というのである。すなわち，元来は「客体」でありながら，「外的強制」，つまり「自然人の媒介」，「自然人の肉体を借りること」によって，意思と意識を持つ「主体」に転成するそのような存在であるというわけである。では「自然人の媒介」，「自然人の肉体を借りる」とは何か。それはどのようにして可能であろうか。

北原氏によれば，取締役代表つまり経営者は，会社それ自体の意思と意識を代行するにすぎないとされている点からみても，「自然人の媒介」(15)という，その自然人とは「取締役またはその代表」を指すのであろうか。そうともとれるが，そうでもないのではないか。ここでははじめに「会社それ自体」ありきであり，また突然，自然人が登場する。が出資者がつくった社団としての会社に法形式である法人格を付与したのは一体誰か。したがって，ここでいう自然人と如何なる関係にあるのか，ということが当然問題になるであろう。なぜなら，会社に法人格を付与したのは出資者＝株主の全所有・共同所有に基づく意思行為だからである。しかし北原氏はその点にはまったく触れずに，直ちに自然人の媒介によって「会社それ自体」の意思と意識が形成され，その意思と意識を代行する者が取締役またはその代表・経営者であるとされているからである。つまり自然人の媒介→会社それ自体の意思と意識の形成→その意思と意識の代行者＝取締役（会）ということになるのではないか。あるいは次のようにも考えられる。

ここではすでに会社の意思と意識が前提されており，それを単に代行する者として取締役＝経営者が位置づけられているから，自然人は取締役＝経営者ではないであろう。しかしこの場合には「会社それ自体」は意思と意識とを有し

ていないという北原氏の主張とは相容れないものとなる。あるいは社団である会社に「法人格」を付与した者が社団を設立した出資者＝株主であるとすれば，株主こそは北原氏のいう「自然人」ではないのか。そうだとすれば，自然人とは出資者＝株主であり，自然人の意思と意識とは株主の共同所有に基づく共同の意思と意識ということになるだろう。そしてそれは株主総会における多数株議決制に基づく全所有の意思決定であるから，必然的に支配株主の意思と意識を反映したものである。しかしこうした理解もまた，北原氏の「会社それ自体」の意思と意識→自立化の論理とは相容れない矛盾したものであろう。いずれにせよ概念構成の曖昧さが論理的に矛盾した表現となっているのではないだろうか。

3 「会社それ自体」の擬制的性格とは何か

　北原氏の場合，上述のような論理的に矛盾した展開がみられるが，その点は後述するとして，「会社それ自体」が自己の「意思と意識」を持ち合わせていないとすれば，「会社それ自体」なるものが，「支配力をもつ経済主体であり，それゆえに行動主体でもある」というわけにはいかないであろう。むしろそれは「会社それ自体」の実質的自立化ではなく，法形式であり，擬制的自立化以外のなにものでもないからである。つまり「会社それ自体」は擬制そのものである。取締役＝経営者が「会社それ自体」の意思と意識を代行するということは，予め「会社それ自体」が自分の意思と意識をもっているか，あるいは代行として取締役＝経営者を選任する意思と意識をもった自然人が存在しなければならないだろう。なぜなら，「代行する」にも代行を可能にする「会社それ自体」あるいは自然人の意思と意識が存在しなければならないからである。しかし「会社それ自体」は意思と意識とをもっていないので，「自然人の媒介」によって，あるいは「自然人の肉体を借りること」によって自己の意思と意識とを形成する，と北原氏は主張される。上記の如く「自然人の媒介」とは取締役またはその代表ではないとすれば，それは一体何者だろうか。それは自然人でなければならず，資本の人格化としての自然人ということになる。なぜなら，その自然人の意思と意識とは「肉体に精神を宿す個人としての市民の意思と意識」＝「一般的・市民的常識」を意味しないからである。それは資本の人格化とし

ての自然人資本家の意志と意識でなければならない。なぜなら，直接的かつ実質的な所有主体であり，それに基づく支配主体であり，経営主体・行動主体である「会社それ自体」の意思と意識とを身をもて付与される「特殊な存在」であるからである。ここではその自然人が所有資本家→株式資本家＝株主ではないとすれば，それに該当する存在は見当たらないことになろう。

　しかし実際には，北原氏の場合，その代行者である取締役＝経営者が会社それ自体の意思と意識の形成を媒介する自然人であるということではないか。北原氏は別の箇所においてこの自然人が経営者に当たることを次のように述べている。経営者が「会社それ自体」と一体化しその大脳中枢部分を形成することによって意思と意識とを形成し，それを実際の行動に移すことができる。経営者がそれを代行する(16)，と。そうだとすれば，それはまた，それで問題が残るであろう。なぜなら，元来資本の意志と意識を持っていない，したがって資本の魂を欠いた「客体」にすぎない「会社それ自体」に所有主体・支配主体，経営主体・行動主体としての意思と意識を付与するのが取締役＝経営者であるとすれば，取締役＝経営者——自然人——による媒介であり，その媒介によって会社の意思と意識とを形成し，その意思と意識をまた取締役＝経営者が代行する，あるいはその意思と意識を踏まえて自己の意思と意識を持って経営者が代行する，ということになるのだろうか。そう考えざるをえない。しかしそれは，理由の如何を問わず同義反復というものである。取締役＝経営者の意思と意識→会社自体の意思と意識→その代行者としての取締役＝経営者の意思と意識…となるからである。取締役＝経営者はすでに単なる個人・自然人ではないのである。機能資本の人格化された自然人であり，資本の魂そのものである。「代行」とは取締役（会）＝経営者への白紙委任・全権移譲であるとすれば，「会社それ自体」の意思と意識とは，まぎれもなく取締役＝経営者それ自身の意思と意識のことである。しかしこの場合，「白紙委任・全権委譲」の是非はまったく問題にならない。「会社それ自体」の意思と意識とはもともと取締役＝経営者の意思と意識そのものであるからである。

　しかしさらに留意すべきは，取締役＝経営者は「資本家的存在」ではあるが，資本家ではないということである。「資本家的存在」であるのは「会社それ自体」の意志と意識を代行し実行する存在であるからである，といわれる。「会

社それ自体」の意志と意識とは何か。それは如何にして形成されるのか。それは資本家の範疇規定の枠外にある取締役＝経営者が「会社それ自体」と一体化し，その大脳中枢部分を形成することによって意志と意識を形成しそれを実際の行動に移すことができる」というものである。つまり「会社それ自体」の意志と意識は資本家ではない取締役＝経営者の意志と意識のことである。「会社それ自体」は資本の人格化としての意志と意識をもつ資本家ではないということになる。資本家の概念規定から外れた資本家的存在にすぎない，ということになる。ここでもまた論理の破綻は明白である。そこで，再度，「会社それ自体」とは何か，経営者とは何かが問われなければならない。

　北原氏の場合，肝要な「会社それ自体」の概念の内容が首尾一貫しておらず，論理的整合性に欠ける。そうした問題点は，次の北原氏の見解からもまた容易に読み取ることができよう。すなわち，「念のために注意するならば」，と前置きしたうえで，北原氏は「『会社それ自体』とは，あくまでも現実資本の人格化であって，法律上の会社すなわち株主の社団に与えられる法人格ではない」[17]と主張される一方で，「『会社それ自体』は『人』に擬せられた存在（＝法人）でしかなく，その実体は感性的に捉えにくい」[18]ともいわれる。「会社それ自体」は法人なのかそうでないのか，概念の内容が矛盾したものとなっている[19]。そうした整合性を欠く矛盾した存在として『会社それ自体』が把握されており，したがって，基軸となる論理も一貫性を欠き，また論理の展開も皮相性・便宜性を免れえないものとなっている。

II　「会社それ自体」論と所有概念

1　「会社それ自体」論と所有概念の変容(1)

　「『会社それ自体』の所有という法形式については，この法的形式を必然化した現実を考えると，この法的形式自体のなかに，すでに株主の所有権の実質の一部が失われ，その反面，『会社それ自体』による所有が一定の実質をそなえていることがふくまれている」し，また「株式会社における所有の法的形式が，さまざまな実質的関係の成立を可能にしていく作用をはたす」[20]のである。「法的形式の実質化」について，北原氏はこのように述べているが，法的形式とし

ての「会社それ自体」の所有が所有の概念規定のうえでどのように把握されるのか，まず，その位置づけが明確にされなければならない。

しかし北原氏の場合，理論的・分析的作業過程は無視され所有という法的形式から直ちに「法的形式の実質化」への論理の展開方向が開示され，もっぱらそのことの如何が問われることになる。問題は，そこから直ちに「株主による実質的所有の内実のほとんどが失われ，会社それ自体にそれが帰属するようになることを可能とする」[21]と論定されている点である。この論定自体，その根拠をまったく欠くものであるが，とくに論理の組立，その展開方法に決定的な難点があるといわざるをえない。株主の所有とは何か。つまり株主による実質的所有を問うまえに，まず株主の所有とは何か。概念の内容が明確でない。それゆえに株主所有の理論的・一般的規定性が実質的にはいかなる具体的な内容規定を獲得するのか，一向に明らかにされないのである。この肝心要の所有形態の内在的分析がまったく見られないが故に，株主一般の論理段階でのみ株主所有が論じられ，その実質的所有が無内容のままで，もっぱら会社それ自体の所有と株主一般の所有との直接的な関連において株主による実質的所有の喪失が指摘され，株主一般の所有の喪失したものがその反面として直接的に「会社それ自体」へ移転し，「会社それ自体」による所有の実質化をもたらすと主張され，そこから直ちに「会社それ自体」が法形式にとどまらず実質的な所有主体となり支配主体となると主張される。[22]かくして株式所有に基づく株主支配を否定され，その反面として会社所有に基づく支配を結論づけられるのである。

株式会社の資本は多数の個別資本＝自己資本からなる結合資本である。この結合資本が株式資本に転化し，擬制資本化する。資本は所有としての資本＝株式資本と機能としての資本＝現実資本とに制度的に分離し，自立化した独自の存在様式を定立する。既述の如く株主は証券市場における擬制資本化した株式資本の流通運動を介して配当利益を，またはその売買差益＝差額益を取得する。株式は売買可能性を付与されており，投下資本は随時回収可能な制度的条件を確立しており，各個の株主にとっては利子生み資本の運動として現れる。つまり産業資本→株式資本→擬制資本によって擬制資本化した株式資本は貨幣資本化し，その人格化としての株主は貨幣資本家との形態的同一性を付与されている。株式会社における結合資本＝株式資本→擬制資本化の側面，所有とし

ての資本＝株式資本の所有運動の側面，すなわち証券市場における擬制資本化した株式資本の流通運動の展開に関する論理系譜をなす。この所有としての資本の運動は，機能としての資本＝現実資本の循環・回転運動から分離し自立化した独自の存在様式を獲得するのである。他方，結合資本＝現実資本はこの所有としての資本＝株式資本・擬制資本，したがってその運動過程から制度的に分離・解放されており，所有から自立した資本機能の循環・回転過程を確立している。しかしかかる制度的に分離した所有と機能とは完全に独立した，まったく無関係な存在態様を確立しているのだろうか。

　資本流動化機構の確立段階での資本所有の株式資本所有への転化——所有の証券化——による所有運動の展開は擬制であり，架空である。現実に存在するものは結合資本＝現実資本とその利潤だけである。証券市場での株式資本の価格＝擬制資本形成の基準は現実に分配される配当であり，その源泉は生産過程で産出される産業利潤以外には存在しない。つまりそれは同一利潤を基礎とする所有と機能との関係，結合資本の二側面すなわち所有としての資本＝株式資本と機能としての資本＝現実資本との関連の問題である。後者は資本機能を通じて利潤を産出し，前者はその利潤を間接的に証券市場での配当形式に従って受け取るか，あるいは企業者利得相当分を資本還元によって創業者利得形式で創出・獲得する。資本所有の株式資本所有への転化に伴う利潤＝収益の配分方式の形態変化である。

　資本所有の株式資本所有への転化によって資本所有者は株式資本の所有者となる。したがって，株式資本の所有者＝その人格化たる株主は，出資者としての，結合資本→現実資本に対する所有者から結合資本→株式資本の所有者に転化する。いまや資本所有は株式資本所有へ転化しており，したがって，株主の所有は「結合資本＝現実資本」との直接的関係から結合資本＝株式資本との間接的関係に転化し，潜在化したものとなる。かくして拠出資本のメンバーである出資者は結合資本＝株式資本の一構成員としての株主に転化する。つまり株主は結合資本＝株式資本の一構成要員として不完全な，部分的な所有者にすぎない。では結合資本＝現実資本の所有者は誰か。この論点はしばらくおき，いま少し株主の所有の問題に言及することにしよう。所有は機能から分離し資本所有者は機能としての資本から切り離された所有としての資本，その人格化と

しての所有資本家となり，したがって株式資本の所有者＝株主もまた機能資本＝現実資本との直接的関係を断たれている。が，しかしそれは資本所有の株式資本所有への転化——所有の証券化——によって出資者全体＝株主全体の所有に転化する。所有の証券化に関わるものである。つまり全出資者＝全株主の共同所有物であることにはなんら本質的変化はない。

　個々の株主は結合資本＝株式資本の一構成員であり，その持株数に応じた部分的所有者にすぎない。その所有意思は出資額に応じた持株数に相応しい大きさの人格化としての株主の意思となり，かかる意味での，一構成員意思である。したがって，彼の意思行為は独立した個別的・分散的な行為としてではなく，出資者全員の意思決定に基づく共同行為として行われる。つまりその個別性は全体の一要素として資本結合に基づく共同行為という形式を通じてはじめて実現されうる個別的意思である。個々の出資者＝株主はすべての他の出資者＝株主の決定に従わなければならない。出資者全員＝株主全員の意思決定に基づかない個々の出資者＝株主の所有行動はすべての他の出資者＝株主の所有の侵害，共同所有の否定となり，結合資本＝株式資本→現実資本の崩壊に導きかねない。いまや資本の価値増殖にとって結合的な資本力こそは要石であり，したがって，それは安定的・持続的，かつ客観的・効率的でなければならない。

　では株式会社の資本＝結合資本が出資者全員＝株主全員の所有・共同所有物であるとすれば，その所有意思はいかにして形成され，資本の価値増殖を目的とした運動体としての，独立した所有・意思の一元性を導出・実現しうるのか。

2　「会社それ自体」論と所有概念の変容 (2)

　ここでは結合資本の所有と機能とが制度的に分離し，自立化した独自の存在様式を確立にするのに対応して株式会社の結合資本＝現実資本に対する所有（権）の行使・取組は出資者全員＝全株主の所有意思に基づく共同行為として遂行されなければならない。それは何故か，また如何にして可能か。

　株式会社における結合資本の所有は資本所有の株式資本所有への転化に伴って出資者＝株主の共同所有である。結合資本→株式資本（名目価値）が持分に分割・証券化されており，出資者は出資額に応じた持分に相応しい大きさの人格化された株主であり，株主総会を構成する。結合資本＝会社資産の所有は各

個の株主の所有を構成要素とする株主総会＝全所有・共同所有と「会社それ自体」による法形式としての所有とに分離され，二重化して現れる。すなわち，一方は株式会社の内部構成であり，他方は法人としての会社自体である。前者は全出資者＝全株主の所有を表し，出資額に応じた持株数に相応しい大きさの人格化された株主を構成メンバーとする，いわば「実体－実質」を内容とする共同所有であり，「内的」契機をなす。後者は法形式であり，擬制された法人の直接的な個人所有であり，「外的」契機をなすといえる。所有としての資本＝株式資本と機能としての資本＝現実資本との制度的分離を介して所有の二重構造化を表している。かかる所有の二重構造化をどのように捉えるべきか。それは何よりも全所有，共同所有である株主総会の本質的規定性に関わる事柄である。

　株主総会は全所有・共同所有であるから，所有意思を必然的に内包する。しかしこの所有それ自体は各個の所有，したがってその数だけの所有意思を構成要素とするものである。当然，全所有の意思は合意形成によってはじめて可能となる統一意思でなければならない。つまり株主総会は共同所有であり，かつ，その所有意思の決定機構であるというわけである。しかしそれは，各個の所有を構成要素とする一株一票の多数株議決の所有意思からなっている。したがって所有の全体意思の決定は所有＝株式の完全な平等性に基づく多数株議決制の経済民主主義を介して導き出されうるものである。しかし問題はその所有意思の実行・実現過程が所有それ自体から切り離されているということである。株主総会は結合資本としての資本の運動体ではありえない。結合資本の運動体は所有意思＝結合・共同意思を体現した資本の人格化としての資本家でなければならない。しかしそうした存在は生きた個人としての自然人ではありえない。ここに自然人に擬制した会社法人格化が指定されるのである。それは全体所有＝全株主所有とその意思を体現した擬制的存在である。すなわち実質的所有と擬制的所有との分離であり，所有それ自体が二つ存在することになるわけではない。後者は前者を根拠にして現れるところの，擬制化された架空の所有であり，それ自体はなんら実質的存在ではない。前者こそが実体であり，実質であり，その本質には何ら変化はないのである。

　株主総会が所有とその意思の内部組織であるとすれば，会社法人はそれを体

現し独立した結合資本の運動体となりうるだろうか。この論理段階では所有は機能から分離し機能は所有から解放され，各々自立した独自の運動態様を獲得しているのである。それこそが，元来資本における所有としての資本と機能としての資本の合一それ自体を切り離し所有から機能を分離・解放させることによって，資本の流動化を実現し，自己資本としての資本を社会的に動員し結合せしめることを可能ならしめたのである。だから所有は機能とは直接に関係をもつことはありえないのであり，大株主であろうとなかろうと如何なる介入・干渉も許されないものとなるのである。所有による直接的介入・干渉は結合資本としての現実資本の運動を侵害することになり，その結果，共同所有に基づく共同行動→共同利益の妨げとなり，その破綻を余儀なくされるであろうからである。株主総会＝所有→《会社法人》→機能としての資本＝現実資本との関係が問われなければならない。所有から解放された機能としての資本の人格化が内部組織としての重役・取締役（会）である。それは結合所有＝共同所有に対応した結合機能＝共同機能の形態であり，機能の形態変化である。会社法人は分離した所有と機能との二側面を内部組織として包摂する法形式上の「会社それ自体」である。株主総会＝所有意思はこの会社法人を媒介環として所有意思を体現した機能としての資本＝現実資本の人格化としての機能資本家＝重役・取締役（会）の意思と意識に具体化されてはじめて実現するものである。

　結合資本―現実資本の所有者は一体誰か。もちろん株主である。正確には株主全体＝共同株主である。結合資本―現実資本の所有が所有の証券化に基づいて株式資本の所有に転化したのである。資本所有の形態変化であり，さらに株式資本の擬制資本化を介して資本所有は擬制資本化した株式資本所有に転化して現れる。かくして現実資本＝会社資産の所有は株式証券の所有形態をとって現れ，機能としての資本＝現実資本から分離した所有としての資本＝証券化した株式資本との関係に転化するのである。したがって「資本所有に基づく資本支配」も株式証券所有に基づく株式証券支配へと形態変化する。つまり資本所有は直接には証券所有として現れ，証券所有を介して間接的に現実資本の所有に関係するという・所有の間接化が確立し，所有の実体―実質は潜在化する。資本所有に基づく資本支配も直接には証券所有に基づく証券支配として現れ，証券支配を介して間接的に現実資本の支配に関係するという・支配の間接化が

確立し，支配の実体―実質は潜在化するのである。株式会社特有の所有構造に対応した所有と支配の形態的変化であり，その特徴である。が，それはいまだ，抽象的な規定であり，資本の運動体としての定在様式を獲得するには，より具体的な内容が付与されなければならない。

　株式資本の所有は持分に分割・証券化され，その人格化としての株主は出資額に応じた持株数に相応しい大きさの人格であり，そういう意味での，個別的存在である。したがって，株式会社の結合資本に対する株主共同の所有，株主全体の所有とは，かかる株主の個別的所有の結合体であり，その数だけの所有意思を構成要素とするものである。この所有意思は如何にして表現され，実践的になるのか。

　既述の如く所有はかかる人格上の個人から法人としての会社に移され，法人の単一所有となり，法人所有による所有と機能との統一が成立する。しかしそれは法的構成による法形式，擬制であり，いわば一種の法技術の問題である。この擬制のもとで株主共同の所有意思が保障されなければならない。そうでなければ株主全体の所有は統一されず，その所有意思は統一した全体意思として合意を形成できないであろう。全所有の統一，単一意思の形成が破綻すれば，結合は崩壊し，結合資本としての株式会社は成り立ちえないであろう。その役割を担う内部機構が株主総会である。株主総会は上記の個別的所有，それに相応しい大きさの人格化した各個の株主を構成要素とする。この個別的存在に基づく共同所有＝全株主の所有であり，その共同意思である。その合意形成＝意思決定は株式の平等性――一株一票――に基づく多数株議決制である。株式証券の所有制における所有と支配の原理である。株主総会の所有意思→全株主所有意思→会社所有意思→重役・取締役会の機能意思である。

　株式証券は株式の所有名義＝所有権を表すが，この所有権の主要な構成要素として，(1)利益配当請求権として直接一般的形態で具体化するもの，(2)議決権として会社経営に関する重要事項の決定と重役・取締役（会）の任免権，(3)新株引受権，(4)残余財産の請求権等がある。これらの権利は株式所有権の基本的事項である。それはまた，株式が企業所有権であることを示している。資本所有の証券化に伴う所有と機能の分離に基づく所有と機能の資本としての自立化は，まったく別個の独立した運動体＝存在形態となるわけではない。結合資本

＝株式資本の同一組織体における別様の表現形態＝分離に基づく結合の形式にすぎない。株式は現実資本の所有の株式証券化に基づく所有権であり，株式資本たる企業所有権を意味する。株式会社における資本の所有は，所有の証券化によって資本所有が資本機能から分離し自立化するが，それは一応の形式的分離＝擬制的分離であり，その分離がまた同時に，株式所有－企業所有権の所有によって機能との再統一を必然化せしめるのである。ではそれは如何にして行われうるのか。

　株式会社は所有と機能・経営の分離に基づいてその内部機関として，一方では所有の系譜上に株主総会を，他方ではそれに対応して機能・経営の系譜上に取締役会を措定し，所有と機能・経営の分離に基づく再統一の総合的体系化を実現する。そうした総合的性格を特質とする結合形態が株式会社である。ここでは，株式会社における所有と支配について，上記諸事項との具体的関連でいえば，(2)議決権がそれに当たるであろう。この議決権は一株一票を原則とする。株式の平等性・同等性であり，その所有－支配の平等性である。株主が誰であろうと，所有において平等・同等であり，平等・同等に支配の可能性を有するのである。所有の株式所有への転化の論理段階における「所有－支配」に関わる規定性である。肝要なのは，上述の如く株式所有がそれ自体支配を内包する所有であることを否定されているわけではないという点である。むしろ「資本所有－支配」は所有の証券化の論理段階では「株式所有－支配」に転化しているのである。「所有－支配」の形態変化である。

　ここでは，すべての株式は平等であり，同等である。肝要なのはただ所有株式数という量的差異だけである。このように株式は平等・かつ同等に資本支配の可能性を有しているのである。市民社会の基本原理を経済社会の資本の原理に準用しているのである。この論理段階では所有の証券化により，資本所有は株式資本の所有原理として現れる。そうだとすれば，当然，平等な所有間＝株主相互の自由な競争が展開されるであろう。株式会社内の競争は株主総会における一株一票という株式平等の原則のもとで多数株議決で行われる。その結果，多数株所有者＝大株主の支配が実現し，多数の中小株式所有者＝株主の被支配を必然化せしめるのである。

　株式会社においては結合資本＝現実資本に対する所有権・支配権は所有の証

券化に基づいて株式証券＝議決権として保持され間接化し潜在化しているにすぎないのである。ここでは議決権＝所有意思，つまり議決権の行使＝所有の意思決定が問題になる。株主総会＝全構成員の所有＝全株主の所有→多数株議決＝多数株所有の大株主あるいは少数大株主所有意思→株主総会（全構成員・全株主）の意思＝会社意思の形成である。多数株所有の大株主あるいは少数大株主の支配は全構成員・株主の意思として擬制化して現れでるのあり，したがって会社の意思であり，会社それ自体の支配として現れる。この論理系譜上に取締役（会）・経営者が措定されており，会社支配→取締役（会）・経営者が観念される。しかし「会社それ自体」が前提とされ，その前提のうえに会社支配→取締役会・経営者が措定されるわけではない。株主総会（全所有）における多数株所有の支配大株主・少数支配株主の所有意思→株主総会の所有意思→〈会社意思〉→取締役会・経営者（機能意思）である。多数株所有の大株主あるいは少数大株主の所有意思→取締役（会）・経営者である。そのことが株主総会における株式民主主義を原則とする多数株議決制に基づく所有と機能の再統一，所有の回復である。この所有の回復は同時に所有に内在する支配の回復であり，その実体こそは上記(2)議決権：会社経営に関する重要事項の決定と重役・取締役（会）の任免の具体的な過程であり，また(3)新株引受権の行使であり，(4)残余財産の請求権の行使である。そしてそのうえに(1)配当請求権：利潤配当がある。

Ⅲ　株式会社における資本の所有・支配構造の変容
——総括的見解——

1　「会社それ自体」と株主一般(1)

　繰り返しになるが，総括的な観点から，こてまでに議論されてきた「会社それ自体」と株主一般について論点を確認しておこう。株式会社＝結合資本の所有者は全出資者＝全株主である。資本の流動化メカニズムの確立——資本所有の株式資本所有への転化の確立——段階では，結合資本は二重化して現れる。すなわち，結合資本は所有としての資本＝株式資本と機能としての資本＝現実資本とに分離・二重化して，独自の存在様式を定立する。結合資本の所有は株

式資本の所有に転化し，結合資本の所有者はその出資者たる全株式所有者＝株主である。株主の所有権は出資額に応じた持分に分割・証券化されており，上掲の如く第二の資本としての運動形態（A—G_2—A）をとって現れる。株主の所有は再生産過程における現実資本＝機能資本の運動からは分離され，自立化した所有運動を展開している。したがって，株主の所有権は，現実資本との直接的関係から切り離され，株式証券に転化されることによって間接化し潜在化する。が，自立化した株式証券の所有運動を通じて現実化・具体化するという関係に立つのである。

株主は結合資本＝現実資本の直接的所有者ではなく，したがって，会社資本＝現実資本の直接的な所有主体・責任主体でないということになる。むしろ株主は個別的には自分の出資額についてのみ責任を負う，つまり有限の責任を持つだけであり，会社所有に対してはなんらの義務・責任を負うものではない。全株主の有限責任制の所以である。たとえ会社が倒産しても株主は債権者から弁済の義務・責任を問われることもない。その点，重役・取締役も株主同様に株式会社の所有主体ではない。したがって彼ら自身は責任主体として会社債権者に対して会社財産を処分し弁済に充てる資格を有していない。彼らは所有には関わりを持たず，それに介入・干渉することはできない。彼らは結合資本＝現実資本の機能を担当する機能専門家としての立場にあるものであり，本来株式所有者（もちろん株式所有者の場合もありうる）ではなく非所有者である。もし株式所有者であっても，結合資本＝会社資本の一構成員にすぎないし持株数に応じた有限責任を負うだけであり，その役職も長期的・安定的なものではなく任期制であり，自然人として交替の運命にある。重役・取締役も株式会社の所有主体，責任主体にはなりえないのである。

株式会社は私的・個人的資本に対する共同的・社会的資本である。ここでは，私的・個人的所有が止揚されて社会的所有に転化している。しかしこの止揚はあくまでも資本主義的生産様式の枠内での，あるいは資本主義的企業の枠内でのものであって，個人性を止揚した社会的性格をもつ私的所有としての存在に他ならない。結合資本は出資者たる株主の共同所有物であり，結合された出資者＝全株主による私的所有物である。したがって，この所有主体は所有の個人性を止揚した社会的性格をもった私的存在でなければならないというわけであ

る。しかしそのような主体は実際には自然人としては存在しない。そうだとすれば，株式会社の所有主体，責任主体は一体誰がなりうるだろうか。すなわち，「所有の個人性を止揚した社会的性格をもった私的存在」たる条件を満たし，単一の所有主体，責任主体として会社の円滑な取引，事業の継続および債権者の債券を保証し弁済責任を果たすに相応しいものは一体誰であろうか，というわけである。それが結合資本の人格化として，生きた個人に擬制して導出された会社法人である。会社法人は法的構成による法形式であり，擬制化された資本家であり，擬制資本化された結合資本家である(23)。それは擬制化された個人である。そしてその代行が株主総会＝所有によって選任され，業務執行の意思決定を委任された取締役＝経営者である。

　株式会社においては所有と機能との，所有としての資本と機能としての資本との分離が制度的に実現する。機能としての資本（現実資本）は，結合資本としての単一企業資本であるが，複数の出資者による自己資本の結合体であるがゆえに，経営機能の一元性要求に則して単一の現実資本として運動し，単一の主体として意思行為しうるのでなければならない。そこに単一の権利主体性が求められるのである。すなわち，制度的に分離した所有と機能とを基礎・前提として所有の意思を実現するにはどうしたらよいか。機能から分離したままでは所有意思の実現は不可能である。それは機能と結びついてはじめて可能となるだろう。だが，元来の如き同一資本における所有と機能の直接的統一はできない。株式会社の所有構造の否定を意味するからである。制度的に分離したものは制度的にその分離を解決する以外にない。それが会社の法人格化による単一主体における所有と機能との法形式上の擬制的統一であり，実在的には二側面の内的結合に基づく統一的運用である。全所有の意思行為として株主総会を，それに対応した結合資本の機能行為として前者の任命による重役・取締役会を設置し，それらを会社の内的機関として結合し統一的に運用するということである。所有と機能の分離に基づく再統一である。所有資本による機能資本の支配であり，その人格化としての所有資本家＝株主による機能資本家＝経営者の支配である。

　法人なる株式会社は生きた自然人としての個人に擬して人格化された結合資本にほかならない。他方，所有としての資本＝株式資本は，一応は現実資本＝

機能資本から分離・独立した，その名目価値たる資本であり，持分に分割・証券化され，擬制資本化した株式資本であり，個々の株主がその部分的所有者であると同時に，彼らを構成要素とする全所有が株主総会である。いわば全所有主体である。この場合，所有は各個の部分的所有を構成要素とする。したがって所有意思は合意の形成を不可欠の条件とする。結合資本の所有は出資者たる株主の共同所有であり，株主総会＝全株主＝共同所有も各個の部分的所有者＝各個の株式所有者を形成基盤にし構成要素にするものである。所有はこうした人格上の個人から法人としての会社に移され，法人＝個人の単一所有主体を形成し，責任主体として現れる。つまり「会社それ自体」における所有と機能との統一である。しかしそれは法的構成による擬制であり，一種の法技術である。だからこそ，上述の如くその代行を必然化せしめる。が，それもまた，「会社それ自体」の意思行為として現れ，取締役＝経営者は会社に雇用された機能者＝経営者であると観念される。しかしそれは「会社それ自体」という転倒した現象形態に囚われ，その現象形態を「真なるもの」として受け入れて成立した逆立ちした現象形態であり，その観念的形態である。

2 「会社それ自体」と株主一般(2)

上述のように，会社所有とは個人性を止揚した社会的性格をもつ私的所有である。会社所有という「私的・個人的所有」が止揚された「社会的」な所有形態は，結合資本の構成要素たる複数の私的所有の独立性・個人性，それに伴う無限責任性，経営管理の多元性の発生を資本所有の株式資本所有への転化――所有の証券化――によって止揚した，そのうえに成立したのであり，個々の所有主体の意思の独立性も株式の所有権化によって同時に止揚され，そのうえに「社会的」所有主体の単一的意思の形成を可能ならしめたのである。また，そうした過程の進行に対応して会社内部においては私的所有主体の意思は，一方では所有の証券化――等額株券制に基づく持分に分割・証券化――を基礎として株主総会の一株一票の多数株議決制→全株主の合意→会社意思の形成によって多数の所有権の個別性を止揚したうえに成立すると同時に，他方では持株数に相応しい大きさの人格化である株主として「社会的」所有の一分子として「社会的」所有主体の単一的意思の形成要素になることによって有限責任制に

基づく自己の個別的意思行為を可能ならしめるのである。[24]

　株式会社の場合，その内部構造＝経営体内においては複数の所有の意思から単一の経営主体の意思を形成しなければならぬという矛盾は，株主総会（全株主所有）→〈会社〉→取締役会（全機能）を通じて全株主の所有意思→〈会社意思〉→取締役会＝経営者の機能意思を形成をするのであり，所有意思が会社意思を規定し，会社意思が経営主体の意思となり，取締役・経営者の機能意思を規定する。かくして所有が〈会社〉を支配し取締役・経営者（機能）を支配するのである。また同時にこの規定・支配関係において全所有意思が持株数に応じた多数株議決で決定されるので，より大きな所有の意思が全所有意思の合意を規定し支配する。かくして支配的大株主が株主総会→〈会社〉→取締役会・経営者を支配するという規定関係，つまり支配と被支配関係が成立するのである。

　要するに，私的所有が資本としての機能を貫くためには，私的所有が元来個人的・分散的な独立した所有であることを自ら否定して，「社会的」な資本として結合されなければならないということである。この論点こそが大・中・小のすべての資本を包摂する結合の論理である。が，同時にそれは，結合→社会的資本と私的・個人的資本との対立・矛盾であり，前者による後者の事実上の否定であり，否定による矛盾の止揚である。それはまた，この矛盾が大所有による中・小所有の支配集中として展開することを意味する。私的資本＝私的所有による社会的資本＝社会的所有の支配である。とくに中・小所有は上述のように「社会的」所有主体の単一的意思の形成要素であることによって自己の個別的意思を保持し実行できるが，同時にその合法的形式を介して私的・個人的意思を否定されるのである。私的所有の自由に基づきつつ，その反対物としての中・小所有の被支配と大所有の独占的支配の形成，資本による資本の支配が確立する。しかしそれは強者の暴力による弱者の圧伏ではなく完全な株式の平等性・同等性に基づく合意の形成という民主主義的方式に基づくものである。これが所有の「社会化」の経済的意義をなすものといえる。[25]

3　「会社それ自体」と株主一般(3)

　会社＝社団の構成員たる株主は出資額に応じた持分に相応しい大きさの人格＝部分的所有者として株主総会＝共同所有の構成員となり，全株主の共同所有

に基づいて「会社それ自体」に間接的に関わるをもつことになる。同時に他方では，各個の株主の持分は分割・証券化されて，証券市場において随時売買可能性の規定性を付与されている。そこでは資本は流動化しており，産業資本の株式資本化，株式資本の擬制資本化が成立し，擬制資本化した株式資本の循環的な流通運動——各個の株主にとっては利子生み資本の運動として現れる——が継続的に展開されているのである。

　他方，機能としての資本は，再生産過程における価値増殖という機能過程に直接関わる資本であり，結合された資本であって特定人の私有物ではない，いわば個人性を止揚した社会的性格をもつ私的所有としての存在である。資本所有の株式資本所有への転化の論理段階においては，株式会社の資本＝結合資本の所有は各個の所有のすべてを構成要素とする所有＝共同所有であり，その構成条件を充たした所有形態こそは株主総会である。それは全構成員をメンバーとする単一機構としての結合・共同所有である。株主総会は結合・共同所有者としてその所有意思に基づき企業の経営・管理・組織に関する基本方針・基本事項を決定する。この所有意思の決定すなわち会社の経営・管理・組織に関する基本方針は実行に移さなければならない。しかし株主総会は個々の所有を部分的所有とし，それを構成要素とする「所有としての結合資本」＝全株式資本の所有であり，その所有意思の合意形成，決定機構としての内部組織である。が，それ自体は結合資本の運動体＝機能としての結合資本の運動体ではない。株主総会は所有として，かかる機能とは切り離されており，直接的関わりを持たないし，機能もまたかかる所有とは直接かかわりを持たない，という分離された関係にある。しかし所有の意思＝会社の経営・管理・組織に関する基本方針の具体化は，所有から分離した機能としての結合資本によって実行に移されなければならない。それが所有から分離した機能としての結合資本＝現実資本の運動であり，その経営・管理・組織に関する執行機関として重役・取締役会が設置されており，その全機能過程の担い手が取締役＝経営者である。したがって，この制度的に分離した二側面は制度的にまた，内的に結合され統一的に運用されなければならい。個人的大株主所有のもとでは，所有と機能の制度的分離にも拘わらず，両者の関係は未分離に近い状態が維持されていた。個人的大株主は，制度上，所有から分離・解放された機能としての資本運動の担い手

たる重役・取締役会において，いまだ中心的存在として参加している場合が多く見られるからである。

　上述の如く株式会社の資本は結合資本であるが，それは結合された所有資本家＝出資者全員＝株主全員の共同所有物であり，既存の分散的個人的な私的所有とは本質的に異なるものである。それは社会的資本であり，この資本の社会的性格に対応した執行機関たる取締役（会）もそのかぎりにおいて社会化され結合・共同形態である。これに対し株主なる経済主体に表現される「所有」としての資本は，株式資本として持分に分割・証券化されることによって私的所有が現実の再生産過程と切り離され，私的所有自体として擬制資本化した株式資本に転化されており，株式資本となった所有としての資本は，一方では高度に物神化した私的な資本であり，同時に他方では，一般的利子率を基準に擬制資本化した株式資本として貨幣資本との形態的同一性を付与され，高度に物神化した社会的資本であるという矛盾した二面性を有するものである。

　この論理段階では，貨幣資本家は再生産過程の外部に在って利子生み資本として産業資本家に対立しているが，個人企業の場合，産業資本家は如何なる事情のもとでも貨幣資本家と産業資本家，つまり所有資本家と機能資本家との二側面を合わせもつ資本家であり，再生産過程において機能資本家として賃金労働者と対立した関係，つまり資本と賃労働の人格化としての両者の敵対的関係にある。株式会社の場合，産業資本家自身による所有資本家と機能資本家という二側面の合一は崩壊し，廃棄されるが，この二側面は制度的に分離され，二重構造化することによって自立した独自の存在形態，運動様式を獲得するのである。しかしこの分離は二側面が完全に独立し，各々が無関係に無際限の独自的運動を展開していくと理解してはならない。それはたんなる形式的分離であり，擬制的存在にすぎないのである。

　別言すれば，本質的には統一されているものの擬制化された二重構造化であり，擬制的な制度的分離にすぎないのである。それは貨幣の直接貸付の場合のような，貨幣資本家（貸手）と機能資本家（借り手）とが分離されたままで対立するのとは根本的に異なる。所有から切り離された機能としての結合資本＝現実資本と機能から分離し，擬制資本化，貨幣資本化した株式資本とは，一応は別個の自立化した資本として二重化し，自立化した運動体として現れてはい

るが，同時に株式は現実資本に対する所有の証券化であり，それによって間接的所有に転化し潜在化するという意味にすぎないのである。すなわち，株主は，所有としての資本の主体であると同時に，直接には会社の法人格に表現されている機能としての資本についても，実質的所有関係を持つその間接的所有主体なのである。間接的所有とは資本所有が直接的所有から証券所有という間接的所有に転化し潜在化したことの表現にすぎない。いま一つは，現実資本＝会社資産の「会社それ自体」による直接的所有——法形式—擬制——に対して，それを媒介環とする株主の所有の間接的所有——実体—実質——への転化——所有と機能の分離に基づく統一——を意味するものである。しかしいずれも，資本制的私的所有制になんら本質的変化はないのである。

（1） 北原勇『前掲書』95頁。
（2） 「便宜性」の問題についていえば，例えば，①株主の所有権について，②株主による所有の実質と喪失について，③「会社それ自体」による法的形式と実質化について，④株主総会の形骸化について，⑤多数の分散的小株主の所有の実質と喪失について，⑥「会社それ自体」と取締役＝経営者について，⑦取締役と機能者について……などに特に便宜的扱いがみられる。
（3） 北原勇『前掲書』100頁。
（4） 同上。
（5） 同上。
（6） 同上。
（7） 同上。
（8） 同上，100-102頁。
（9） 同上。
（10） 同上，17頁。
 北原氏は「会社それ自体」について次のように述べている。
 「……本書で提起した新しい概念が『会社それ自体』である。すなわち，個人的所有者兼支配者の存在しない現代の独占的巨大企業においては，自然人ではなく『会社それ自体』が現実資本の直接的所有主体であり，その所有にもとづく支配力をもつ経済主体であり，それゆえにまた行動主体でもあるのである。」（同上）
（11） 同上，102頁。
（12） 同上，121頁。
（13） 同上，17頁。

(14) 同上，121頁．
(15) 同上，121-122頁．
(16) 同上，237頁．
(17) 北原勇「巨大企業における『所有と支配』」(一橋大学『経済研究』第31巻4号，296頁)
(18) 北原勇『前掲書』242頁．
(19) 勝村伸夫「『会社それ自体』論批判」(『経済評論』1985年12月号)．
(20) 北原勇『前掲書』96頁．
(21) 同上．
(22) 同上，99-100頁．
(23) 富山康吉『現代資本主義と法の理論』法律文化社，142-143頁．
　①「社員の結合体そのものが社団と観念されているから，社員なる法主体と社団なる法主体との関係は個人法上の関係にみられるような対立した主体間の関係ではなく，社員は社団の団体関係をつうじて社団財産のうえに観念的な権利を有し，こうして，所有としての資本（貨幣資本）の主体たる株主が経営される資本（現実資本）をも観念的に所有することが表現される．」(同上，142-143頁)
　②「所有が経営を従属させこれを所有に統一していることは，社会的な資本が私的な資本に従属することであり，社会的な生産の私的所有への従属を資本内部に示したものであって，社会的生産と私的所有との向自的対立自体はかえってつよめられている．けれども，ともかく，株式会社は，私的所有制を維持しつつその下で可能なかぎり私的所有に内蔵される矛盾を止揚したものとして，私的所有の最高の発展形態を示すものといいうるのである．」(同上，143頁)
　株式会社は分散した複数の個別資本を構成要素とする結合資本である．その結合資本が機能としての資本＝現実資本である．いまやそれは，既存の分散的・個人的な所有であることが止揚され「社会的」な所有形態に転成している．それは複数の私的所有を構成要素とする自己資本の結合形態でありながら，機能資本としては単一の個別資本として再生産過程において価値増殖のための循環的運動を展開している．それは，複数の私的所有者の意思にもとづきながら，単一主体として意思行為するものとして現れる．会社の法人格とは，このように，結合された所有主体の個人性・複数性を止揚した「社会的」な現実資本の資本機能そのものの人格化にほかならない．(同上，162頁)
(24) 同上，162-163頁．
(25) 同上，163-164頁．

附論： 現代巨大企業と経営者支配に関する若干の問題
　　　――北原勇氏の所説の検討――

I　現代巨大企業と経営者支配

1　「会社それ自体」と経営者支配(1)

　「現代巨大企業では，資本制個人企業におけるような個人『資本家』は存在しない。自然人としての所有者＝支配者，所有にもとづく支配者たる『資本家』が巨大企業から姿を消したこと――これこそ現代巨大企業における一大特徴である。現代巨大企業において資本制個人企業における『資本家』にあたる存在を求めるとすれば，それは，『会社それ自体』――正確にはその所有にもとづく支配を代行する経営管理組織をそなえた『会社それ自体』の他にはありえない。ここでは，所有の実質的主体であり所有にもとづく支配力の保有主体である……『会社それ自体』こそが，個人『資本家』にあたる存在なのである。」[1]

　「現代巨大企業における個人『資本家』にあたる存在が『会社それ自体』であるということは，現代巨大企業では，労働者を雇用し，支配し，剰余労働を行わせ，労働の成果を取得し蓄積していく主体が『会社それ自体』であるということでもある。また，独占的価格設定をつうじて非独占諸階層から独占的超過利潤を収奪していく主体が『会社それ自体』であるということでもある。それゆえ，労働者が労働条件改善や解雇反対などのために交渉し闘争する相手や，非独占諸階層が反独占や環境破壊などについて闘う相手も，『会社それ自体』である。」[2]

　叙上の如く現代巨大企業においては自然人たる個人「資本家」は存在しない。「会社それ自体」こそが個人「資本家」にあたる存在である，と北原氏は主張されているが，それが如何に誤った主張であるかは，すでに明らかにした通りである。が，さらにかかる観点から「会社それ自体」が労働者を雇用し，支配し，剰余労働を行わせ，労働の成果を取得し蓄積していく主体であり，また，独占的価格設定をつうじて非独占諸階層から独占的超過利潤を収奪していく主

体でもある，と主張されるのである．しかしこれもまた誤った観点からの逆立ちした論理である．この点は差し当たり言及しないでおく．

　株式会社は私的・個人的資本に対する結合的・社会的資本である．ここでは，私的・個人的所有が止揚されて社会的・共同的所有に転化されている．しかしこの止揚はあくまでも資本主義的生産様式の枠内での，資本主義的企業の枠内でのものであって，社会化された私的所有に他ならない．結合資本は出資者＝株主の共同所有物であり，結合された出資者＝株主による私的所有物である．したがって，この所有主体は所有の個人性を止揚した社会的性格をもった私的所有としての存在でなければならない．しかしそのような主体は実際には自然人としては存在しない．そうだとすれば，株式会社の所有主体，責任主体は誰がなりうるだろうか．「所有の個人性を止揚した社会的性格をもった私的所有としての存在」たる条件を満たし，単一の所有主体，責任主体として会社の円滑な取引，事業の継続および債権者の債券を保証し弁済責任を果たすに相応しいものは一体誰であろうか．生きた自然人では絶対ありえない．だとすれば，それに代わりうるものを人為的に法形式的に創造する以外にない．それが会社の法人化である．結合資本＝現実資本の人格化として，生きた個人に擬制して会社に法人格を付与し，所有を個々人から法人たる会社に移すことによって単一所有主体として措定し擬制的存在となる．『会社それ自体』は法的構成による法形式であり，擬制以外の何ものでもないのである．このような「会社それ自体」が現代巨大企業においては自然人たる個人資本家にあたる存在である，と北原氏は主張されるのである．だがそれは正鵠を射たものといえるだろうか．

　株式会社においては産業資本家自身に内包された所有としての資本と機能としての資本との合一，一体化が，分離・分裂し，崩壊するのである．つまり所有としての資本から機能としての資本が切り離され，機能としての資本から所有としての資本が外化し，両者は制度的に分離し自立化した独自の運動を形成する．この分離はまた，資本人格の分離・自立化を必然的に伴うものである．一方は，所有資本の人格化として所有資本家＝株式資本家であり，他方は，機能資本の人格化として機能資本家＝産業資本家である．前者は機能から分離し，後者は所有から解放され，機能変化・形態変化した資本であり，その機能変化・形態変化した資本の人格化としての資本家が，一方では株式資本家＝株主

であり，他方では現実資本家＝機能資本家である。株式資本家＝株主も現実資本家＝機能資本家も自然人資本家であり，いずれも株式会社における資本の二重構造を支える資本家である。

個人企業の場合，所有資本家＝貨幣資本家は再生産過程の外部に在って利子生み資本として産業資本家＝機能資本家に対立しているが，産業資本家は如何なる事情のもとでも貨幣資本家と産業資本家，つまり所有資本家と機能資本家との二側面を合わせもつ資本家であり，生産過程において機能資本家として賃金労働者と対立した関係に，つまり資本と賃労働の人格化としての両者の敵対的関係にある。株式会社の場合，叙上の如く産業資本家自身による所有資本家と機能資本家という二側面の合一は崩壊し，廃棄されるが，この二側面は制度的に分離され，二重構造化することによって自立した独自の存在形態，運動様式を獲得するのである。しかしこの分離は二側面が完全に独立し，各々が無関係に無際限の独自的運動を展開していくと理解してはならない。それはたんなる形式的分離であり，擬制的存在にすぎないのである。

別言すれば，本質的には統一されているものの擬制化された二重構造化であり，擬制的な制度的分離にすぎないのである。それは貨幣の直接貸付の場合のような，貨幣資本家（貸手）と現実資本家（借り手）とが分離されたまま対立するのとは根本的に異なる。所有から切り離された機能としての結合資本＝現実資本と機能から分離し，擬制資本化，貨幣資本化した株式資本とは，一応は別個の自立化した資本として二重化し，自立化した運動体として現れてはいるが，同時に株式は現実資本に対する資本所有の株式証券化であり，それによって間接的・実質的所有に転化し潜在化するという意味にすぎないのである。すなわち，株主は，所有としての資本の主体であると同時に，直接には会社の法人格に表現されている機能としての資本についても，実質的所有関係を持つその間接的所有主体なのである。間接的所有とは資本所有が所有の証券化という間接的所有に転化したことの表現にすぎない。資本制的私的所有制になんら本質的変化はないのである。つまり株主の所有権の実体には本質的変化はないのである。間接的所有については差し当たり，この指摘にとどめておきたい。

現代巨大企業においては自然人たる資本家が消え去り，自然人資本家にあたるものとして「会社それ自体」が存在するとすれば，「会社それ自体」は現代

の企業社会においては社会全体の支配的存在・支配的権力者ということになろう。自然人たる資本家は支配階級ではなくなり，完全に消え去ってしまった，というわけである。いまや巨大企業の支配下では，自然人たる資本家は被支配者の一翼を構成する中小零細企業の一部に存在するのみとなり，かくして社会の二大階級＝資本家階級と労働者階級，つまり支配階級と被支配階級のうち資本家階級＝支配階級が消滅し，社会階級の階級制それ自体の存否が問われることになろう。[3]

　北原氏も次のように述べている。「現代巨大企業では，個人『資本家』にあたる存在は，『会社それ自体』であるが，『会社それ自体』は自然人たる個人『資本家』のように自ら所有にもとづく支配を行うわけではなく，経営者をトップとする経営管理組織によってその所有にもとづく支配を代行してもらう関係にある。ここから，現代巨大企業の普及が，社会階級にいかなる変化を及ぼすかという問題が生じてくるのである。」[4]

2　「会社それ自体」と経営者支配(2)

「現代巨大企業の経営者は，資本の所有者でもなければ占有者でもなく，自らの所有にもとづく支配者でもない。……現代巨大企業の実質的な所有主体（＝占有主体）であり所有にもとづく支配力を保持する主体は『会社それ自体』であって，経営者は，『会社それ自体』の支配力の行使を『会社それ自体』の内部機構たる経営管理組織の最上部に位置して代行しているのである。

　だが，経営者は，他の誰からも指揮・命令されることはなく，その意味では全く自律的に自らの意思と意識とをもってこの巨大な『会社それ自体』の支配力の行使を代行できる存在である。」[5]

「……現代の巨大企業の経営者は，特定の『資本家』に雇われているわけでは決してない。ここでは，経営管理において，経営者に対して，自らの意思をおしつけ，自らの意思に反したばあいには経営者を直ちに解任できるような『人としての資本家』が存在しているわけではない。ここでは，所有の実質的主体であり所有にもとづく支配力の保有主体は『会社それ自体』であるが，『会社それ自体』は自らの意思・判断を形成するものではないので，経営者が『会社それ自体』と一体化しその大脳中枢部分を形成することによって，『会社

それ自体』の支配力を代行して行使していくのである。……経営者は，巨大企業の複雑な経営管理の頂点に位置し，それらの全組織を統括しつつ，自己の責任において当該企業活動の最高戦略を決定し実行していく存在である。経営者は『会社それ自体』の所有する会社資産＝現実資本の維持・増大を保障するという基本的方向で諸決定を行わなければならないという制約下にあるが，この基本的方向にそくしているかぎりでは，経営者は他人から何らの制約をうけることもなく自律的に諸決定を行うことができる。」(6)

「……現代巨大企業の経営者について，彼らの企業内での役割と権力，『会社それ自体』との関係，企業外での社会的役割と影響力，所得と私的所有，以上の総体から生ずるイデオロギー，――これらすべての側面を綜合してみると，彼らは，現代における資本家的支配階級のなかのもっとも活動的な部分であるということができよう。」(7)

正確を期すうえで煩雑を厭わずに長文を引用させていただいたが，この引用部分は「現代巨大企業における経営者」についての，北原氏の所説の核心的部分である。ここでは，経営者が「会社それ自体」の代行者として資本家的支配階級の主要構成メンバーであり，その中で最も活動的な存在であると規定されている。むろん現代の巨大企業社会では経営者以外には自然人たる資本家は存在しないのだから，資本家階級の存在しない経営者による資本家的階級が支配階級として現れるということになるだろう。このような階級規定が正当化できるだろうか。また「会社それ自体」も再規定を余儀なくされることになろう。

北原氏は，経営者が「会社それ自体」と一体化し，その大脳中枢部分を形成することによって，「会社それ自体」の支配力を代行し行使することになる，といわれる。そうだとすれば，「会社それ自体」の意志と意識とは資本の人格化としての資本家の意志と意識ではなく，資本家の範疇規定から除外された非資本家である経営者と一体化して形成された大脳中枢部分，つまり非資本家である経営者の意志と意識そのものである，ということになる。「会社それ自体」は「資本家」であるが，その意志と意識は資本の人格化としての資本家の意志と意識ではなく非資本家の意志と意識をもつ存在である，ということになる。しかも，かかる「会社それ自体」の意思行為＝支配力を代行し行使するものとして，「会社それ自体」がすでに「経営者をそなえている」，「雇用」し

ている，ということである。経営者と一体化して大脳中枢部分を形成するまえに，「会社それ自体」は「その役割を代行する経営者を「雇用」している，ということになる。要約すれば，経営者の意志と意識→経営者と一体化した「会社それ自体」の意志と意識→代行者＝経営者の意思と意識であり，そこに在るのは唯一，非資本家である経営者の意志と意識のみである。その経営者を「会社それ自体」が「そなえている」，つまり「雇用」している，といわれるが，そもそも，そうした意思行為を「会社それ自体」は行うことができないからこそ，代行＝経営者を必要としているのではないのか。ここでも論理の破綻は明白である。

　こうした論理的な混乱・破綻はなぜ起こりうるのか。北原氏の場合，それは，法形式であり，擬制的存在である「会社それ自体」が客観的事実に基づく必然的な現象形態であることから，「会社それ自体」をそのまま「真なるもの」として受け入れることによって生じた逆倒的な観念の現れである，といえる。「会社それ自体」は客観的な事実に基づく必然的な現象形態ではあるが，それは逆倒的な現象形態であり，「実体―実質」ではない「法形式―擬制」の存在である。かかる現象形態である「会社それ自体」がそのまま「真なるもの」であると受容されることによって，法形式的所有と実質的所有の一体化した完全な所有主体であり，所有に基づく支配主体であり，経営主体・行動主体である，という観念が生まれるのである。それは逆倒的な観念の現象形態である。そこから現代の巨大企業においては個人「資本家」＝自然人「資本家」は姿を消し存在しない，それにあたる存在は「会社それ自体」の他にはありえないという逆倒的な観念が展開することになる。現代の巨大企業においては，個人「資本家」にあたる存在は「会社それ自体」の他にはありえないという観点に立つならば，自然人であり，非所有者である経営者が如何に資本機能の全過程の担い手であるとしても，あるいは如何に機能資本家の資本機能のすべてを担う最高責任者であるとしても資本家の範疇規定から除外されることになる。経営者が資本家―機能資本家であると規定されるならば，「会社それ自体」が実質的所有主体であり，所有に基づく支配主体であり，経営主体・行動主体である，という「会社それ自体」の資本家規定，その基軸的論理は破綻せざるえなくなるからである。その特徴は株主からの「会社それ自体」の自立，その代行として

の経営者の自立化であるが，その論理系譜上には「株主→株主総会→〈会社法人〉」という所有の株式証券への転化による「株式所有―株主支配」の論理が完全に欠落していることである。しかし「会社それ自体」は，法的構成による法形式であり，擬制的存在であることを見据えたうえで「株主→株主総会→〈会社法人〉」→取締役＝経営者の論理系譜上に据えられることによってはじめて正当な位置を与えられることになろう。

　株式会社においては資本と所有が二重化して現れる。そのもとで一方では，出資者＝株主は機能から分離された単なる所有を代表する資本家＝所有資本家として現れ，他方では，産業資本家（および商業資本家）は所有から解放された単なる機能を代表する資本家＝機能資本家として現れる。この論理段階では機能としての資本が自己資本のみで構成されている場合でも，産業資本家＝機能資本家にとっては他人の所有する資本である。つまり非所有資本家としての機能資本家である。自己資本であれ他人資本であれ，それらが現実資本＝機能資本として機能資本家の占有下にあっても，彼自身の所有物ではなく法人としての会社のものである。したがってその貨幣資本もって購入した生産手段も，生産した生産物も，総利潤マイナス利子・配当である企業者利得さえも機能資本家の所有物ではなく会社の所有物である。機能資本家＝経営者が個人的に取得するのは企業者利得からの控除である役員報酬だけである。残余の企業者利得は会社資産として蓄積される[8]。

　このように機能資本家＝経営者は他人の所有する資本を自らの占有下におき資本の機能過程を管理運用するのである。かくして，株式会社制度の下では，「現実に機能している資本家が他人の資本の単なる支配人，管理人に転化し，資本所有者は単なる所有者，単なる貨幣資本家に転化する[9]」というわけである。が，留意すべきことは，ここでの「他人の資本の単なる支配人，管理人」は依然として「現実に機能している資本家」，つまり機能資本家である，ということである。それは所有から切り離された機能資本家の新たな形態規定なのである。

　しかし，肝要なのは機能資本家＝経営者は非所有者であるが，資本機能の担い手である。彼は出資・結合による貨幣資本をもって生産手段と労働力を購入し生産資本として機能せしめ生産を行い，他人労働を搾取し価値の増殖をはか

る機能資本家である。彼は現実資本＝機能資本を現実に支配・運用し経済的に所有しているのである。ここでは購入資金（G）も，生産手段（Pm）も，生産した生産物も資本であり，労働者に対しても他人の労働，他人の所有として対立する資本と賃金労働，その人格化としての資本家と賃金労働者の関係である。機能資本家は生産手段と労働者を結合させて支配し抑圧し搾取する資本の人格化としての資本家である。生産過程においてはまぎれもなく彼は生産手段の所有者として資本所有と資本機能を自身のうちに合一し一体化した企業家＝経営者として現れる。文字通り資本家と賃労働者，搾取者と非搾取者の敵対的関係が貫徹する。この分析視点に立つ限り，彼は資本家であるがゆえに資本機能＝経営管理を担う経営者であり，会社の最高責任者としてその経営管理に責任を負う機能資本家として規定されなければならない。

　個人企業の場合，――利子生み資本の一般化の論理段階――所有としての資本＝貨幣資本においては，一つの資本が 所有する資本と機能する資本とに分離し，資本の所有は，貨幣資本家＝貸付資本家が代表し，資本の機能は機能資本家が代表する。労働者は産業資本家＝機能資本家に対して生産手段の非所有者として対立する。彼は労働力を生産手段の所有者である産業資本家に販売するが，資本家の生産手段が自己資本で購入されたものか，借入資本で購入されたものかは，労働者にとってはまったくどうでもよいことである。両者の関係すなわち資本家と賃金労働者＝搾取と被搾取，支配と被支配の関係には何の影響も与えないのである。[10]

　貸借関係にあっては，貨幣資本の所有者は貨幣資本家から機能資本家に移る。貨幣資本家の所有権は債権に転化して維持されるが，貨幣資本は機能資本家の所有＝占有となる。機能資本家の占有下にあるその貨幣資本に対しても，また機能資本家がその貨幣資本で購入した生産手段に対しても，貨幣資本家が所有者として干渉することは許されない。その貨幣資本によって購入した生産手段も，生産された生産物もすべて機能資本家自身の所有物として現れる。貨幣資本家は直接それらに対して所有権を主張することはできない。貨幣資本家はただ債権者としてそれらの潜在的所有者であるに過ぎない。したがってまた，貨幣資本家が賃金労働者に対立するのは，機能資本家を通じて，つまり搾取結果の分配を通じて間接的に関わりをもつだけである。

肝要なのは以下の点である。所有と機能・経営が分離しており，したがって機能資本家の経営・管理機能は所有から分離したものとして現れ，貨幣資本家は機能資本家の経営・管理に直接干渉することは許されないという関係が成立するが，しかし再生産過程における機能資本家自身の生産活動 $G-W<{Pm \atop A}\cdots P-W-G'$ の側面において捉えれば，所有と経営，所有と支配は何ら分離しておらず，機能資本家自身のうちに合一し一体化したものとして現れる。したがって一体化した産業資本家＝機能資本家として賃金労働者に対立するのである。すなわち両者は支配と被支配＝搾取と非搾取の対立的関係として現れるということである。[11]

　こうした観点に立てば，巨大企業＝「会社それ自体」と経営者に関する次の北原氏の所説（叙上の「差し当たり言及しないでおく」）が如何に逆立ちした考え方であるか，容易に理解されうるであろう。

　巨大企業では，「『個人』『資本家』にあたる存在が『会社それ自体』である」とか，「労働者を雇用し，支配し，剰余労働を行わせ，労働の成果を取得し蓄積していく主体が『会社それ自体』である」とか，また，「独占的価格設定をつうじて非独占諸階層から独占的超過利潤を収奪していく主体が『会社それ自体』である」とか，それゆえ，「労働者が労働条件改善や解雇反対などのために交渉し闘争する相手が『会社それ自体』である」[12]とか，といった北原氏の主張がいかに逆立ちした考え方であるか明白であろう。

　株式会社においては産業資本家の二側面の統一，すなわち所有資本家と機能資本家との合一，一体化が破棄され，前者から後者が切り離され，後者から前者は分離し外化する。一方は所有としての資本＝株式資本とその人格化としての株式資本家である。他方は機能としての資本＝現実資本＝機能資本とその人格化としての機能資本家である。この両者は分離し自立化して独自の運動態様を定立せしめている。すなわち株式会社においては自然人「資本家」は存在しないのではなく，株式資本家＝株主と機能資本家とに人格的にも分離し異なった資本人格として二重化して現れるのである。また生産過程の内部においては所有から分離した機能資本家は資本所有と資本機能とを合一し，一体化した産業資本家として現れ，生産手段の所有者として労働者を雇用し支配し，剰余労働を行わせ，労働の成果を取得し蓄積していく主体であり，それゆえ，労働者

が労働条件改善や解雇反対などのために交渉し闘争する相手でもある。こうした機能過程全体の主体的担い手が経営者である。経営者は文字通り機能資本家である。続いて「内部留保と経営者支配」の問題についての検討に移ろう。

3　「会社それ自体」と経営者支配(3)——内部留保と経営者支配

内部留保と経営者支配：株式会社の場合，上述の如く貨幣資本をもって購入した生産手段も，生産した生産物も，総利潤マイナス利子・配当である企業者利得さえも機能資本家の所有物ではなく会社の所有物である。機能資本家＝経営者は企業者利得からの控除である役員報酬を取得するだけである。残余の企業者利得は会社資産として蓄積される。そこで問題は「会社それ自体」における所有をどう把握すべきかということになる。

北原氏は基軸論理として株主による実質的所有の喪失，その反面としての「会社それ自体」による法形式としての所有の実質化を主張された。この論理系譜上に「会社それ自体」が法形式にとどまらず実質的な所有主体となり，この所有に基づく支配力の保有主体となると位置づけられ，その支配力を代行し行使するものとして経営者が措定された。巨大企業においては自然人資本家は存在せず，自然人資本家に当たるものとしては「会社それ自体」であるとみなされ，経営者は資本家の範疇規定から除外された存在である。しかしこうした見方がいかに皮相的なものであり，根本的な難点のあるものであるかはすでに明らかにされたところである。もう一つ問題は内部留保＝内部蓄積による「会社それ自体」の実質的所有の拡大である。叙上の如くこの二側面から，「会社それ自体」が法形式にとどまらず，実質的な所有主体となり，この所有に基づく支配力の保有主体となると把握され，その支配力を代行し行使するものとして経営者が措定されたのである。この論理段階では株式の分散化が一層進展し株主は無機能化し株主総会も形骸化する。「会社それ自体」だけでなくその代行者たる経営者も株主から独立する。経営者は「他の誰からも指揮・命令されることなく」「企業の活動全体についての諸決定を行い，企業活動すべてをコントロールする最高権限をもつ」存在となる。北原氏はこのように述べている。[13]
続いて内部留保と経営者について検討しよう。

重要なことは内部留保＝内部蓄積部分は自己資金として会社資産に組み込ま

れ現実資本の構成要素となるという点である。資本所有の株式資本所有への転化によって，会社資本は一方では所有としての資本＝株式資本を形成し，他方では機能としての資本＝現実資本を形成する。会社資本は二重化し，それに対応して所有も二重化して現れる。株式資本は出資額に応じて持分に分割し証券化される。内部留保も現実資本の構成部分であり，株式資本に転化しその一構成部分となる。それは持分に分割し証券化される。法人による株式所有の成立である。つまる法人株主である。法人株主も株主である。彼もまた持株数に相応しい大きさの人格化された株主となり，共同所有＝全所有の部分的所有者として株主総会の構成メンバーとなる。法人は持株数に応じた配当を受けるし議決権も付与される。株主として株主総会に出席して議決権を行使し全株主の共同行為としての合意の形成に参加する。法人株主も他の株主と同様に全株主の所有意思に基づく共同行為を通じて自己の所有意思を反映させることになる。すなわち，①会社の経営・管理・組織に関する基本事項の決定，②取締役の選任，③収益権としての配当請求，④残余財産の分配，⑤会社の縮小・解散，⑥新株発行，合併……等がある。このように内部留保を位置づけることができよう。ここでは法人株主が登場するが，その部門，その業種の如何を問わず，如何なる法人であろうと，出資者となり，株式資本の所有者となれば，法人は出資額に応じた持分に相応しい大きさの人格化された株主となり，株主総会の構成メンバーとして全所有＝共同所有の意思決定に参加するのである。

　しかし利益の留保としての内部留保の形成とその処分・使用は「会社それ自体」との直接的な関係，つまり「会社それ自体」の意思行為として直接行われるものではない。それはもっぱら，経営者との直接的な関係において利益が再投資され，それを通じて蓄積された資本部分として機能するのである。

　「会社それ自体」は法的構成による法形式，つまり擬制的存在であり，意思と意識もつ自然人資本家ではないが，叙上の如く株主総会の全所有＝共同所有意思を反映した〈会社意思〉が形成される。もちろんそれは擬制化された〈会社意思〉である。全株主所有＝共同所有意思は間接化し潜在化して，〈会社意思〉が単一所有主体の意思として現れる。北原氏はそこから直ちに株主所有から独立した「会社それ自体」の所有意思→その意思の代行者として経営者を位置づけられた。しかしそれは逆立ちした見方であることを指摘してきた。基

本的理解は全株主所有＝共同所有→株主総会（所有）意思→取締役＝経営者（機能）意思である。が，所有と機能は制度的に分離しており，直接的関係を断たれている。この両者が分離に基づいて再統一を実現するには，〈会社それ自体〉を媒介せざるえないのである。〈会社それ自体〉は単一所有主体であり，支配主体として現れるが，それは法的構成による法形式，つまり擬制である。それゆえにまた，所有と機能の分離に基づく統一の媒介環をなす。

経営者は①会社の経営・管理・組織に関する基本事項の決定，②取締役の選任，③収益権としての配当請求，④残余財産の分配，⑤会社の縮小・解散，⑥新株発行，合併……等の株主総会意思を踏まえて，企業の経営・管理組織の最高責任者として全組織を統括し企業活動の実践的・戦略的方針を決定し実行していく存在である。結合資本機能の全運動過程を担う最高指導者である。経営者はかかる機能資本の人格化としての資本家である。内部留保の形成にあたっては，経営者は企業活動を通じて蓄積された会社資産のうち一部分を自己の判断と責任において自由に処分・利用することができる。

例えば，経営者は企業者利得（総利潤マイナス利子・配当）のうち蓄積部分の一部を株式に投資したり，借入資本を利用して株式を取得する場合もありうる。これらの投資活動はいずれも会社資産の処分・利用である。したがって，それは経営者個人の所有ではなく「会社それ自体」の所有として現れ，株式所有は経営者でなく「会社それ自体」となる。その場合留意すべきことは株式に投資した経営者は，内部留保・内部蓄積された資本部分＝貨幣資本を株式への投資資金として運用する貨幣資本家であり，かつその株式の所有資本家＝株主でもある。つまり，貨幣資本，株式資本の所有者＝貨幣資本家，株主であるということである。彼は資本の人格化した存在，資本家であるが，その資本家が所有資本家＝株主と機能資本家＝経営者との二つの人格に分裂し合一するということである。しかし株式に投資した資金が，経営者の自由裁量に委ねられているとしても，会社資産である限り，株式所有者は法形式上，経営者ではなく会社として現れ，配当も議決権も会社のものとなる。法人株主である。だがそうした事柄は法形式であり，擬制である。経営者は内部留保の形成とその自由な使用・収益・処分を自律的に行うことができるし，それを通じて収益をあげ，またその収益部分を自由に処分することができる。配当の処分権も議決権の行使

も「会社それ自体」ではなく自然人たる経営者の意思と意識において行われるのである。経営者は内部留保資金を占有し支配している。経営者は内部留保資金の実質的所有者であり支配者である。[15]

　内部留保の形成は巨額なものとなり，その巨額な内部資金の自由な使用・収益・処分が，経営者に委ねられ，経営者の実質的所有と支配が展開していくことになる。この論理系譜上に金融市場（株式市場と貨幣市場）を媒介とする機能資本—貨幣資本—株式資本—擬制化した株式資本，または逆に貨幣資本—株式資本—擬制化した株式資本—機能資本の運動が諸資本相互の複雑に絡み合った関係を展開せしめていくことになる。したがってそれは北原氏の所説，すなわち「巨大企業の経営者は資本の所有者でもなければ占有者でもなく，自らの所有にもとづく支配者でもない。……巨大企業の実質的な所有主体（＝占有主体）であり，所有にもとづく支配力を保持する主体は『会社それ自体』である」[16]とは本質的に異なるものである。かくして次のような関係が展開されていく。

　「こうして資本家階級内部において諸資本家は，個人所有のみならず法人所有（およびもちろん信用関係）を通じて貨幣資本家と機能資本家の相互関係の複雑な網の目に組み込まれ，諸資本は支配と従属，あるいは協調と対立の錯綜した利害関係によって結ばれ絡みあっている。法人間の人的結合（役員の派遣・兼任）や株式の相互持合の発展は，この網の目を一層緊密で複雑なものにする。」[17]

　この場合，経営者は実質的に貨幣資本の所有者として貨幣資本家の地位に立つ。彼は自らの判断で貨幣資本を投資し株式を取得する。経営者は貨幣資本家であり，株式資本の所有者としてその持ち分に相応しい大きさの人格化された株主として存在することになる。経営者は実質的な株主として配当の処分権も議決権の行使も如何なる他人の干渉・介入を受けることなく，自由に自己の判断に従って行うことができる。実際これらの所有運動の全過程が経営者自らの判断と責任において担われているのである。それが実質的関係である。この場合，経営者の貨幣資本＝投資資金の対象，つまり使用・処分対象が内部留保された会社資産であることによって，法形式上，株式所有者＝株主は経営者ではなく会社法人として現れ，配当も議決権も会社に属するという形式が貫かれる。

経営者は一方では所有資本家＝貨幣資本家として取得した株式資本の所有者＝株主となる。第一次取得者である場合には，結合資本の共同所有者＝部分的所有者となり，現実資本の名目価値に当たる額面価格の株式取得者となり，利潤配当を取得し，また支配者集団のメンバーとなり，創業者利得を取得しうる。たとえば共同出資での会社設立などの場合である。証券市場で擬制資本化した株式証券の取得の場合には利子化した配当を取得するし，また投資額に応じた持分に相応しい大きさの人格化された株主として株主総会の構成メンバーとなり，①会社の経営・管理・組織に関する基本事項の決定，②取締役の選任，③収益権としての配当請求，④残余財産の分配，⑤会社の縮小・解散，⑥新株発行，合併……等に関する共同所有＝全株主の意思決定──株主総会の合意形成──に参加する。こうして所有から分離した機能としての資本＝現実資本の全運動過程を担当する機能資本家も，所有としての資本＝貨幣資本の所有者として叙上の如く所有運動を担う株式所有者＝株主となるのである。かくして資本家階級内部において資本の所有は，所有の証券化を介して株式資本所有へ転化し，個人株主，法人株主・機関株主等の所有へと多層化・多面化して現れる。
　こうした多層化・多面化した所有関係を通じて貨幣資本家─株式資本家─機能資本家が相互に絡み合い，重層的・多面的かつ複雑で巨大な経済世界の網の目に組み込まれて証券市場＝証券取引所を中心とした金融市場において企業・経営の集積・集中を伴わない所有集積・集中が加速的に行われ，逆に産業においては所有の集積・集中を伴わない企業・経営集積・集中が行われていく。それは所有の機能がますます生産の機能から解放されたことの明白な表現である。(*Das Finanzkapital.* S.286, 訳，㊦ 45 頁② 36 頁) この集積・集中運動の過程は同時に支配集中の過程でもある。企業・経営内および企業・経営間における個人株主，法人株主・機関株主の間の競争を通じて支配と被支配，収奪と被収奪，あるいは協調と対立といった錯綜し，複雑に絡みあった重層的・多面的な利害関係が展開するのである。
　最後に，いわゆる配当政策の導入による内部留保の形成・増大と経営者による「自由な使用・収益・処分」は，やがて，財務上の事項の高度な専門化，技術化に伴い経営者の能力と方策とに委ねられることになる。内部留保は法形式上は会社資産の直接的所有者である「会社それ自体」の所有であるが，実質的

には所有も支配も株式資本の実質的所有者である経営者のものである。株式証券は企業所有権である。それが実体であり，その本質に変化がない以上，内部留保＝内部蓄積部分もまた最終的には株主の所有に帰するのである。

いずれにせよ，内部留保された部分の処分・使用は原則として株主総会（または取締役会）の決定事項となっている。株主総会は所有資本家＝全株主によって構成された所有意思の決定機構であり，取締役会は，株主総会（全所有＝共同所有の意思）で選任され，経営・管理・組織に関する全業務を委任された取締役を構成員とする執行機構である。

II 巨大企業支配下の経済諸現象と階級意識

北原氏は概ね次のように述べている。現代巨大企業においては自然人たる資本家は姿を消し，「会社それ自体」が資本家にあたる存在となっていること，そうしたなかで次のような諸現象がみられるようになっていると論述されている。

(1)労働者が被支配の屈辱や不平等分配への憎しみを向けるべき対象が「人」としては消えてしまうことによって「人」によって支配・搾取されているという実感そのものが失われていく。(2)金持ちは株主として生産の場＝支配と搾取の現場から離れてはるか後景の中に去った存在であり，彼らによる支配・搾取もまた労働者にとって実感されにくい形のものとなっていく。(3)「会社それ自体」による資本蓄積＝企業成長が従業員全員に利益をもたらすものとして現象する。(4)経営者による管理については，有能なリーダーによるリーダーシップの発揮という側面がもっぱら認識され，それが同時に資本による支配・搾取の機能なのだという側面が見失われていく。[18]

しかしこうした現象は現代巨大企業において一般的な傾向であろうか。けっしてそうではあるまい。そうした現象は経済の成長期に現れる一時的な現象であり，それを恰も恒常的・構造的な一般的傾向である，と北原氏自身が錯覚されたことによるものである。なぜそうした錯覚＝皮相的把握が生じたのであろうか。それは「会社それ自体」を法形式にとどまらず，実質的な所有主体とみなし，その所有に基づく支配主体であり，経営主体・行動主体であるとして労

働者と直接的雇用関係，つまり資本と賃労働の関係に置いたからである。
　「巨大企業では，個人『資本家』にあたる存在が『会社それ自体』である」とか，「労働者を雇用し，支配し，剰余労働を行わせ，労働の成果を取得し蓄積していく主体が『会社それ自体』である」とか，また，「独占的価格設定をつうじて非独占諸階層から独占的超過利潤を収奪していく主体が『会社それ自体』である」とか，それゆえ，「労働者が労働条件改善や解雇反対などのために交渉し闘争する相手が『会社それ自体』である」とか，……と北原氏は主張されているのである。[19]
　北原氏によれば，こうした関係の中で「『会社それ自体』は『人』に擬せられた存在〔法人〕でしかなく，その実体は感性的には捉えにくいものである。」かかる「会社それ自体」に「雇用された労働者はかくの如く自分が資本家によって支配・搾取されていることさえも実感できなくなる。」つまり自分は人間らしく働いて人間らしく収入を得ていると感じるようになる，といわれるのである。しかし資本の再生産過程＝資本の全機能過程における資本と賃労働との関係は，率直にみれば，けっしてそのようなものではない。それは「会社それ自体」と賃労働者との直接的関係として展開されるわけではない。生産過程の内部においては機能資本家＝経営者は所有と機能とを合一した産業資本家として生産手段と労働力とを結合・合体せしめることによって労働者を支配し搾取し抑圧するのである。機能資本家＝経営者は「死活的」競争の強制圧力を背景に最大限の価値増殖を使命とし目的としており，そのために他人労働＝賃金労働（者）を可能な限り支配し搾取し，かつ抑圧することに努めていく。それこそが機能資本の人格化たる彼自身の使命であり，役割であるからである。
　たとえば現代巨大企業を代表するトヨタ自動車の場合，〈トヨタの生産方式と現場の疲弊〉といわれる生産現場の実態は，労働者が感性的には捉えにくいものであり，企業の成長が従業員全員の利益をもたらすものとして現れているだろうか。そうした「実感」なるものは多くの従業員の感覚とはまったくかけ離れたものではないだろうか。その点については多くを語る必要はあるまいし，分析的判断も必要あるまい。ただ２，３の事実を指摘すれば十分である。①正規労働者の「少人化」と非正規労働者の大量採用，②正規労働者の絶対的不足と過度の効率作業→過労死，精神疾患，③非正規労働者の超低賃金と雇用の調

整弁→労働者のジャスト・イン・タイム化である(「特集 どうなる自動車産業」『経済』No168. 2009.9.を参照されたい)。

現代巨大企業における生産現場の実態は, ①「労働者が被支配の屈辱や不平度分配への憎しみを向けるべき対象が『人』としては消えてしまうことによって『人』によって支配・搾取されているという実感そのものが失われていく」ようなものではないこと, ②「『会社それ自体』による資本蓄積＝企業成長が従業員全員に利益をもたらすものとして現象する」ようなものとは, まったくかけ離れた実態であること, である。

また残りの(2)(4)に関しても問題がある。まず(2)「金持ちは株主として生産の場＝支配と搾取の現場から離れてはるか後景の中に去った存在であり, 彼らによる支配・搾取もまた労働者にとって実感されにくい形のものとなっていく」ということについても, 北原氏の見解には論理的にも実際的にも問題があるといわざるをえない。

論理的には, 株式会社にあっては所有と機能は分離しており, 株主は再生産過程との直接的関係は有しておらず, 如何なる介入・干渉も許されない存在である。したがって株主による労働者の支配・搾取などという・両者間の支配・被支配＝搾取・被搾取関係はもともと存在しないのである。実際的にはお金持ち＝大資産家＝大株主による証券投機→賃金所得を資金源泉とする一般投資家の収奪・横奪が間接的に労働者の所得収入を収奪する結果になる, ということである。大株主の会社─経営者─労働者との関係については本文における既述の通りである。

最後の(4)「経営者による管理については, 有能なリーダーによるリーダーシップの発揮という側面がもっぱら認識され, それが同時に資本による支配・搾取の機能なのだという側面が見失われていく」という点についても, 一面的であり, 皮相的であるといわざるをえない。この点はとくに株式会社の理解に起因する。株式会社においては自然人「資本家」は存在しないのではなく, 株式資本家＝株主と機能資本家とに人格的にも分離し異なった資本人格として二重化して現れる。が, しかし生産過程内においては所有から分離した機能資本家は資本所有と資本機能とを合一し, 一体化した産業資本家として現れ, 生産手段の所有者として労働者を雇用し支配し, 剰余労働を行わせ, 労働の成果を取

得し蓄積していく主体であり，それゆえ，労働者が労働条件改善や解雇反対などのために交渉し闘争する相手でもある。こうした機能過程全体の主体的担い手が経営者である。経営者は文字通り機能資本家である。

　この観点は既に明らかにした事柄を繰り返したにすぎないが，こうした視点に立てば，生産現場の実態は「労働者が被支配の屈辱や不平等分配への憎しみを向けるべき対象が『人』としては消えてしまうことによって『人』によって支配・搾取されているという実感そのものが失われていく」とか，「会社それ自体」による資本蓄積＝「企業成長が従業員全員に利益をもたらすものとして現象する」とか，「経営者による管理については，有能なリーダーによるリーダーシップの発揮という側面がもっぱら認識され，それが同時に資本による支配・搾取の機能なのだという側面が見失われていく」とか，といった事柄は，けっして生まれてこないであろう。生産現場の従業員の感覚は現状を科学的に分析し本質的に把握するならば，けっして経済成長期の一時的現象を一般的傾向・構造的性格のものとして錯覚するようなことは生じえないはずである。

（１）　北原勇『前掲書』232 頁。
（２）　同上，233 頁。
（３）　同上，233 頁。
（４）　同上，233 頁。
　　　　この論点に関しては「会社自体」論の論理系譜上に位置づけられる石渡貞雄氏の見解は明解である。
　　　「経営者は，会社機関（＝取締役会）を構成し，経営活動をする。経営者は，株式の所有とは無関係である。経営者は，会社によって雇用され，会社資本が志向するところに向かって懸命に努力する存在である。会社資本の心をわが心として，会社資本のために働く存在であるし，またそれによってはじめて，その地位を保持できるものだ。この点で，経営者の心情は資本家の心情と大体同様とみてよい。資本家が労働者を支配・搾取するのと同様なことを経営者も行う。会社に雇われている関係では，経営者も労働者も同じだが，何のために雇われているのかの立場が全然異なっている。それゆえ，経営者は労働者と対立する。経営者は，経営者として成功し，かつその地位を維持してゆこうとするかぎり，会社資本の忠実な手先として行動する以外にない。経営者は固有の意味における資本家では全然ないが，階級陣営上から当然資本家階級の方に区分してゆかねばならない。

経営者は，巨大株式会社に雇用されるものだが，雇用する会社自体に自然人として会社人間がいるわけでない。いるのは経営者である。事実上，経営者を雇用するのは経営者である。会社での最高の地位を占める自然人は，経営者だからだ。経営者は，会社の意にそって経営者を雇ったり，自らをふくめて移動を行う。経営者は，巨大株式会社の最高の地位になり，権力と権威も絶大である。それは，個人株主によるコントロールもなくなり，比較的影響力ある会社や，機関株主も具体的には経営者が代理するもので，同じ穴の狢としてコントロールや牽制も甘くなるので，経営者の権力と権威によって会社への寄生化がある程度進行する。それゆえ，巨大株式会社になっても，会社の自立化は，促進されはするが，なお不完全である。

　以上から巨大株式会社における資本家階級の存在を判断すると，以下のごとくである。資本制企業にもかかわらず，自然人としての本物の資本家は存在しない。また支配株主の場合に存在する『本物ではないが，本物に近い資本家階級』も存在しない。存在するのは，資本家階級の陣営に区分すべき経営者である。……この事実とこの事実の一般化が法則的であれば，『資本家階級が存在しない資本主義』ということもいえよう。」（石渡「現代資本主義の構造的方向性」『社会科学年報』第20号，1986年，295-296頁）

　「会社自体」論の特徴――その論理的矛盾――を簡潔に表現されたものであり，北原氏の「会社それ自体」論に通じる性質をもつものといえよう。あえて一言いえば，「経営者を雇用するのは経営者である」といわれるが，そうだとすれば，雇用する立場の「経営者」を雇用するのも経営者であるということになろう。ではその「経営者」を雇用するのも経営者であり，そのまた「経営者」を雇用するのも経営者であるということになろう。それは際限のない繰り返しであり，論理をこえた不毛の議論であるといえよう。

（5）　同上，237頁。
（6）　同上，237-238頁。
（7）　同上，238-239頁。
（8）　稲村勲「前掲論文」62頁。
（9）　*Das Kapital*, Ⅲ, S.452. 訳, 557頁。
（10）　稲村勲「前掲論文」58頁。
（11）　同上。
（12）　北原勇『前掲書』233頁。
（13）　同上，237-238頁。

(14) 篠田武司「前掲論文」22頁。
(15) 後藤泰二「前掲論文」参照されたい。
(16) 北原勇『前掲書』237頁。
　「ここでは〔巨大企業の〕経営管理においては，経営者に対して自らの意志と意識をおしつけ，自らの意思に反したばあいには経営者を直ちに解任できるような『人としての資本家』が存在しているわけではない。」「経営者は他の誰からも指揮・命令されることなく，その意味では，全く自律的に自らの意志と意識とをもって……『会社それ自体』の支配力の行使を代行できる存在である。」「経営者は巨大企業の複雑な経営管理の頂点に位置し，それらの全組織を統括しつつ，自己の責任において当該企業活動の最高戦略を決定し実行していく存在である」（北原，同，237-238頁）と述べている。それは「会社それ自体」＝経営者の株主からの完全な独立であり，経営者支配の確立であり，かつ経営者支配論の展開である。
　だが，その一方では「経営者は『会社それ自体』の所有する会社資産＝現実資本の維持・増大を保障するという基本的方向で諸決定を行わなければならないという制約下にある」（同上）といわれる。それは経営者の株主からの「完全」独立，経営者の「絶対」支配の論理を否定するものである。何故か。この「基本的方向」こそは株主総会＝所有の決定である会社の経営・管理および組織に関する基本的事項を規定的内容とするものだからである。加えて所有の意思行為に重役・取締役の任免，財産の分配・処分もある。所有と機能の分離に基づく統一であり，所有による機能の支配であり，所有の証券化→株式所有＝株主総会→〈「会社それ自体」〉→取締役＝経営者を媒介とする株主による機能の間接的支配である。北原氏は「会社それ自体」＝経営者支配の論理を自ら否定されることになる。
(17) 稲村勲「前掲論文」72頁を参照されたい。
　この点に関連して後藤泰二は「内部留保」と「会社それ自体」の所有について次のように述べている。
　「内部留保の形成は……配当の利子化とその進展にもとづくものである。すなわち株主にとっての利回りの利子率化を意味するいわゆる配当の利子化と，その一般化に伴う経営者の配当政策の展開——高い利潤と従前どおりの配当額との差額の留保——内部留保はこうして株式会社の発展とともに形成され多額化し，自己金融としての資産の形成や取得を可能にするのである。
　そうするとここで新たな問題が生ずる。この多額の内部留保資金は誰の所有であろうかという問題である。それは配当された残りであるから一般的にはもはや配当されることはない。したがって株主のものではない。他

方，経営者のものでもない。経営者は本来，無所有者であるからである。とすると『会社それ自体』の所有あるいは同じことであるが，『法人』所有ということになる。しかしさきにもふれたよに『会社それ自体』あるいは『法人』は自然人ではない。したがって所有者と規定することはできても，所有とともに盾の半面をなす支配を行うことはできない。支配を行うことのできない所有者を所有者といえるであろうか。法形式的には所有者と規定することができても，経済的実質的には所有者とはいえないのではないか。」

「経済的実質的に所有者といえるのは経営者ではないか。経営者は内部留保資金を自由に使用しそこから収益をあげ，また自由に処分する。すなわち経営者は内部留保資金を支配している。しかし経営者はその所有者ではない。所有者でないものが支配する。これをどう考えたらよいであろうか。経営者支配論の核心はここにあるのではないか。」

「所有者でないものが支配している。支配が社会化しているのである。そのことは，支配の対象たるものの内実に何らかの変化が生じていることを示すものである。すなわち所有が私的所有でなくなりつつあることを示すものである。所有は社会化されつつある。だからこそ所有者でないものが支配できるのである。無所有者が支配できる対象，それは私的所有では無く社会的所有，あるいは同じことであるが，社会有に属するものである。」

「内部留保の形成とその自由な使用・収益・処分は，当初の出資者すなわち機能資本家とその一統の手中から，やがて，財務上の事項の高度な専門化，技術化に伴い専門経営者たちの能力と方策とに委ねられることになる。内部留保は所有も支配も経営者たちのもであることになる。この所有の社会化と支配の社会化とは，同時的にあるいは相前後して，相促的に進行する。それはまた当然のことながら，経営者集団による組織的複合的支配であり，自分たちの後継者を自分たちで選任する共同支配である。」

「かくて株式会社の発展は，原初の私的所有と私的支配から，内部留保の形成と支配を通して経営者支配を，すなわち社会的所有と社会的支配を展開させるのである。換言すれば，株式会社は成熟して私的所有と私的支配を低次元化させ会社企業から社会企業へと社会化の過程を進行するのである。」（後藤泰二編著『現代日本の株式会社』ミネルヴァ書房，2001年，8-9頁，後藤「株式会社論覚え書──30周年記念報告『証券経済研究の課題』──」『証券経済学会年報』第32号，平成9年5月）

(18)　北原勇『前掲書』242-244頁。
(19)　同上，233頁。

第3篇

株式会社論の史的展開

第11章 『資本論』と株式会社

I 「クレディ・モビリエ」と株式会社

1 株式会社の資本と産業王の権力

　マルクスの株式会社論については,『資本論』第三巻第5篇第27章「資本主義的生産における信用の役割」Ⅲ「株式会社の形成」がある。従来の研究にあってはこの部分に焦点が向けられてきたが,最近の研究では「経済学批判要綱」やそれ以外の株式会社に関する諸論説にも言及され,マルクスの株式会社論の形成を把握されるようになってきた。が,本章では『資本論』第三巻第5篇第27章「資本主義的生産における信用の役割」Ⅲ「株式会社の形成」,第Ⅳ「株式制度」(および第29章,第30章の株式資本に関する論述—以下略)と,初期の株式会社に関する彼の見解(クレディ・モビリエに関する記事に見られる株式会社について)を取り上げ,マルクスの株式会社論の基本論理——基本的特徴——を検討してみよう。差し当たり,それで十分であると考えられる。

　『資本論』第三巻第5篇第27章「資本主義的生産における信用の役割」Ⅲ「株式会社の形成」,Ⅳ「株式制度」に先行するところの,初期株式会社に関する彼の見解が,クレディ・モビリエに関する記述のなかに看取できる。当時の問題状況を踏まえて,時事論的に展開された諸論説ではあるが,そこでは,歴史的諸制約のもとで「株式所有の量的規定性」に焦点を向けながら,株式会社における資本の支配集中機能が集合機能と一体化したものとして鋭い批判的考察のもとに捉えられている。株式会社の結合生産力と資本の支配集中の展開に関心が向けられているが,同時に「株式所有の質的規定性」,すなわち,元来の,直接的な資本所有と株式所有との関係側面についても,不十分ではあるが,一定の基礎的概念の内容が提示されていると考えられる。マルクス株式会社論の展開方法を論ずるうえで,この側面をも視野に捉えておくことは,第27章

Ⅲ「株式会社の形成」，Ⅳ「株式制度」論との関連性を問う場合に重要である。マルクスの株式会社論に関するこの二つの見解に対して，基本的な面での差異性・差別性を指摘される論者も見られるからである。マルクスはクレディ・モビリエの記述の中で，株式会社に関して次のように述べている。その主要部分を引用しよう。

「ところで，産業への株式会社の適用が現代諸国民の経済生活に新しい時代を画していることを，否定することはできない。この株式会社の適用は，一方では，それ以前には予想されなかった結合という生産力を明るみに出し，個々の資本家の努力によってはとうてい達成しえないような規模で産業企業の創業をもたらした。そして，他方では，株式会社において結合（Assoziation）されるのは諸個人ではなくて諸資本であるということを忘れてはならない。このようなからくりで，所有者は株主つまり投機家にされたのである。」「資本の集積は加速化され，その当然の帰結として，小規模な中間階級の没落が促進された。一種の産業王ともいうべきものがつくりだされるが，彼らの権力はその責任と逆比例している。――彼らは自分の保持する株式の額にたいしてだけ責任をもち，しかも会社の全資本を支配する。」「多数の株主は不断に構成を変え更新されているが，産業王たちはある程度恒久的な集団を構成し，会社の集合的な力と富とを自由に利用することによって，個々の反抗的な株主たちを買収することができる。この寡頭的な取締役会の下に，会社の実際の支配人や代理人からなる官僚的な機関が設けられ，その下に，なんらの中間項もなしに，膨大で日に日に増大してゆく普通の賃金労働者が存在する。――彼ら労働者の隷属と無力さとは，彼らを雇用する資本の規模が大きくなるにつれて増大するが，しかしまた彼らは，この資本の代表者の数の減少と正比例してますます危険になってくる。フーリエの不滅の功績は，このような現代の産業の形態を産業的封建制〔Industrial Feudalism〕という名称で予言したことである。」

以上の，「産業への株式会社の適用」に関するマルクスの認識は，『資本論』の株式会社およびヒルファディング『金融資本論』の株式会社論において株式会社の基本的認識として継承・共有されているものといえよう。

上記見解の主要な論点は概ね次のように要約・整理できよう。産業への株式会社の適用が資本主義経済の新たな時代（新段階）を画すものであるという認

識のもとに,
(1) 株式会社の適用によって企業の生産力は結合生産力に転化する。それは個々の資本家の努力では達成できない規模の産業企業の創業を可能にした。
(2) 株式会社における結合は諸個人ではなく諸資本の結合である。この結合資本の所有者は株主＝投機者とみなされている。つまり「所有の株式所有への転化」がみられるが,「所有者は株主つまり投機家である」といわれるように,株式所有者は株主＝投機者とされ,両者は未分離の関係にあり,利潤＝収益配当と投機利得とは明確に区別されていない。
(3) 結合資本の所有形態については,未成熟ではあるが,一定程度機能から分離し自立化の進展がみられる所有であり,資本所有の株式所有への転化により,所有は現実資本との直接的関係から一応切り離され,株式資本＝株式との関係に転化している。
(4) 「株式会社において結合（Assoziation）されるのは諸個人ではなくて諸資本である」といわれる。それは株式会社の資本が合資・合名会社のように人的結合・人的信頼と一体化した資本の結合ではなく人的関係から解放された諸資本の結合であり,本質的に異なる結合形態である。
(5) 資本の集積・集中が加速し多数の小規模な中産階級の没落と極く少数の「産業王」の誕生をもたらす。
(6) ①産業王の権力はその責任とは逆比例的関係にある。すなわち産業王は保有株式額だけに責任を持つ一方,多数株所有者として会社の全資本を支配する。②多数の一般株主は不断に構成を変え更新するが,産業王は「恒久的」集団＝寡頭的な取締役会を構成する。③産業王は会社の集合的な力と富を自由に利用し,個々の反抗的な株主たちを買収することによってその支配を強める。
「ある程度の恒久的な集団」の形成＝「寡頭的な取締役会」の設置は結合・共同所有に対応した結合・共同機能機構であり,所有からの機能の分離,所有に基づく資本支配の下に資本機能の独自の担い手が寡頭的な産業王の支配下に登場していることが分かる。この論理段階では産業王＝支配大株主が同時に取締役を兼ねており,その支配下に支配人＝業務執行者が存在するということであり,所有としての資本と機能としての資本との分離が未成熟の

段階である。

(7) 寡頭的な取締役会の下に支配人や代理人からなる官僚的な機関が設けられ，その下に膨大で日々増大していく賃金労働者が存在する。

以上，(1)(2)(3)については叙上の指摘にとどめ，(4)(5)(6)(7)について補足すれば，この論理段階では未成熟ではあるが，一定の有限責任制と等額額面制とが採用されており，多数株議決制に基づく産業王による少数支配が指摘されている。が，しかし株式会社設立の主要要因・直接的契機は，一定の利潤動機も見られるようになるが，しかし再生産過程における産業企業の価値増殖を目的とした生産的投資というよりは，再生産過程外の証券取引利潤＝投機利得を主たる動機とするものであり，その直接的な契機に基づく産業企業＝株式会社の創設であったといえる。かかる歴史的諸制約下の株式会社創設の論理である。所有と機能の分離に伴う，一方における所有集中→産業王の形成と，他方における所有に基づく支配集中→産業王による恒久的支配集団の形成，資本機能の代表として寡頭的な取締役会・支配人の形成が明記されている。

また資本規模の厖大化につれて労働者の隷属と無力さとが増大するとともに資本の代表者の数の減少と正比例してますます危険も増大する。続いて当時の寄生的な投機利得を動機とする株式会社の有り様について次のように述べている。

「たしかに，イサーク・ペレール氏もエミル・ペレール氏もボナパルト氏も，この産業的封建制度の創始者ではありえなかった。彼らの時代より以前にも，産業株式会社に信用を供与する銀行はあった。彼らが案出したのは，それまで細分され多様だった個人の金貸しの業務を一手に独占するという目的をもち，生産的投資のためではなく，たんなる証券取引利潤を目あてに膨大な数の産業会社を創設することを指導原理とするはずの株式銀行であった。彼らが創始した新しい着想は，産業的封建制度を証券取引の貢納者にすることである。」[6]

2 株式会社と証券取引利得

ここでは，クレディ・モビリエの株価に関して次のような興味ある具体的な事例が呈示されている。

「この株式は最初1株500フランに決められていたが，1855年には6,000

万フランの資本金に対して 43.3％にあたる 2,600 万フランの利潤をあげ，1 株に対する 203.5 フランの利潤分配が行われ，株価は一時 1,900 フランに達した。しかし翌 56 年には，1 株の利潤分配は 115 フランとなり，この額は資本金の 23％にあたるが，もし株主の雑魚たちは平均して 1,500 フランで株を買入れたのだということも考慮すれば，1856 年度に彼らが受け取った実質的配当はやっと 7 ％になる程度であろう(7)。」

すなわち，1 株 500 フランの額面額に対して 115 フランが 23％（配当率 115/500 = 0.23）にあたることを指摘し，さらに平均して 1,500 フランの時価でこの株式を取得した群小株主にとっては利回りが 7 ％程度（115/1,500 ≒ 0.077）にすぎなくなっている，と記している(8)。

ここでは株価＝時価が額面額から乖離すること，したがって，利潤配当は額面に対する場合と，株価に対する場合とでは大きく異なることが明示されている。この差はどうして生まれるのか。ここでは理論的な解明はなされてはいない。が，この問題の解明はヒルファディングの『金融資本論』第二篇第 7 章「株式会社」，第 8 章「証券取引所」に継承されることになる(9)。

しかしすでに，この論理段階において株式資本が擬制資本化され，その擬制資本化に対応して配当が利子化して現れることが，明確に指摘されている。いまだ配当の概念規定が与えられておらず，したがって，創業者利得も析出・解明されてはいない論理段階にあって，額面価格からの市場価格＝株価の乖離を把握し額面配当と株価配当における差異性を分析し，後者の「配当の利子化」を事実上，明らかにしている。当時は「生産的投資」を主たる目的とするのではなく「証券利潤」を目当てに産業会社を創設することにあったし，株式会社は特定事業諸部面の創設にとどまっていた。それはなによりも資本の事業としては産業資本の再生産運動は未発達であり，企業活動も持続性・安定性に欠ける存在であった。株式会社にあっては，利潤は内容的にも形態的にも利子程度の域を脱皮し切れてはいなかったのである。既述の如く株式会社設立の主要要因・直接的契機も，再生産過程における産業企業の価値増殖を目的とした生産的投資というよりは，再生産過程外の証券取引利潤＝投機利得を主たる動機とするものであり，その直接的な契機に基づく産業企業＝株式会社の創設であった。かかる歴史的諸制約下の株式会社の論理である。とはいえ，叙上の如く証

券市場における株式資本の擬制資本化に伴う株価の額面価格からの乖離，擬制資本化した株式に対する「配当の利子化」が指摘されていること，この指摘は証券市場が単なる投機取引の場ではなく企業者利得を源泉とする配当を目的とする株式会社，株主の存在が未発達ながら指摘されているといえる。

しかしなおこの論理段階では信用・銀行制度の発展もいまだ不十分であり，一般的利子率の決定機構の確立を基礎・前提とする株式擬制資本の運動も未発達であり，その法則的理解にまでは至っていなかったといえる。とはいえ，こうした歴史的な諸制約下にありながらも，そこから株式会社の社会・経済的な分析を通して『資本論』第三巻第5篇第27章「資本主義的生産における信用の役割」Ⅲ「株式会社の形成」，Ⅳ「株式制度」の論理の前提・基礎諸要因として継承され，株式会社の基本原理とその究極的姿態についての「天才的スケッチ」を行ったといえよう。

Ⅱ 『資本論』と株式会社

1 株式会社の形成——Ⅲ「株式会社の形成」を中心として

信用制度と結合資本(1)：次に『資本論』の株式会社についていえば，第三巻第5篇第27章「資本主義的生産における信用の役割」Ⅲ「株式会社の形成」，Ⅳ「株式制度」が検討の対象となる。まずⅢ「株式会社の形成」に焦点を向けることにしょう。マルクスは次のように述べている。

Ⅲ 株式会社の形成。これによって——

「(一) 生産の規模の巨大な拡張，そして個別的諸資本にとっては不可能であった諸企業（の出現）。同時に，従来は政府企業であったこのような諸企業が会社企業となる。（〔第一論点〕とする）

(二) それ自身社会的生産様式に立脚して生産諸手段および労働諸力の社会的集積を前提とする資本が，ここでは直接に，私的資本に対立する社会資本（直接に結合した諸個人の資本）の形態をとるのであり，このような資本の諸企業は，私的諸企業に対立する社会的諸企業として登場する。それは，資本主義的生産様式そのものの限界内での，私的所有としての資本の止揚である。（〔第二論点〕とする）

(三) 現実に機能している資本家の，他人の資本の単なる管理人・支配人への転化，資本所有者たちの，単なる所有者たち・単なる貨幣資本家たちへの転化，彼らの受け取る配当が利子および企業者利得すなわち総利潤を含む場合でも（というのは，管理人の給料は，一種の熟練労働者の単なる労賃であるか，またはそうであるはずだからであり，その労働の価格は，他のすべての労働の価格と同様に労働市場で調整される），この総利潤は，いまでは利子の形態でのみ，すなわち資本所有の単なる報償としてのみ受け取られる。この資本所有がいまや現実の再生産過程における機能から分離されることは，この機能が管理人の人格において資本所有から引き離されるのとまったく同様である（〔第三論点の1〕）。こうして利潤（もはや利潤の一部分，すなわち借り手の利潤からその正当性を引き出す利子だけでなく）は，他人の剰余労働の単なる取得として現れる——この剰余労働は，生産諸手段の資本への転化から，すなわち現実の生産者たちにたいする生産諸手段の疎外から，上は管理人から下は末端の日雇労働者にいたるまで，現実に生産において活動するすべての個人にたいする他人の所有としての生産諸手段の対立から生じる。株式会社においては，機能が資本所有から分離され，したがって労働も，生産諸手段および剰余労働の所有からまったく分離されている（〔第三論点の2〕）。資本主義的生産様式の最高の発展のこの結果こそ，資本が生産者たちの所有に，ただし，もはや個々ばらばらな生産者たちの私的所有としての所有ではなく，結合された生産者である彼らの所有としての，直接的な社会的所有としての所有に，再転化するための必然的な通過点である。他方では，それは，これまではまだ資本所有と結びついていた再生産過程上のすべての機能が，結合された生産者たちの単なる諸機能に，社会的諸機能に転化するための通過点である(10)（〔第三論点の3〕；〔第三論点〕とする）。

　信用制度と結合資本(2)：①かかる所有は個々の私的所有としての個人性の止揚であり，結合的・共同的な社会的所有としての私的所有物である。②所有と機能の分離，所有から解放された機能と労働との関係，つまり結合的・共同的機能と結合的・共同的労働との関係への転化，所有から解放された労働である。しかしそれは資本主義的生産様式の枠内でのことである。すなわち，再生産過程は資本の再生産過程であり，資本の価値増殖過程であり，この過程全体が資本主義的生産様式の網の目に包摂されて展開しているのである。つまり資本主

義的私的所有の支配の下に最大限の利潤の追求が資本と労働との搾取と被搾取関係を基礎に，資本による資本の支配までその支配を拡げた独占的資本の支配が展望されているのである。

　上記第三論点に続いて「さらに論を進める前に，なお，経済学的に重要な次の点を注意しておかなければならない。――利潤はここでは純粋に利子の形態をとるのであるから，こうした諸企業は，それらが単に利子を生み出すだけの場合にもなお可能であり，そしてこのことこそ，一般的利潤率の低下を阻止する原因の一つである。というのは，可変資本に比べて不変資本が巨大な比率を占めるこれらの企業は，必ずしも一般的利潤率の均等化には参加しないからである。」[11]（〔第四論点〕とする。）

　（一）（二）では，個々の私的所有としての個人性の止揚で，結合的・共同的な社会的所有としての私的所有（物）である。かかるものとしての所有と機能の分離，所有から解放された機能と労働との関係，つまり結合的・共同的機能および機能機構と結合的・共同的労働および労働組織との関係への転化である。しかし所有から分離・解放された機能は単なる機能に転化し，その担い手は単なる機能者となる。労働も所有－支配から解放される。つまり結合的・共同的所有－支配から解放された最高次元の，単なる結合的・共同的機能と単なる結合的・共同的労働所有の関係に転化するというわけである。

　この転化の形態こそは第二論点すなわち「それ自身社会的生産様式に立脚して生産諸手段および労働諸力の社会的集積を前提とする資本が，ここでは直接に，私的資本に対立する社会資本（直接に結合した諸個人の資本）の形態をとるのであり，このような資本の諸企業は，私的諸企業に対立する社会的諸企業として登場する」ということであるし，第三論点の２，すなわち「株式会社においては，機能が資本所有から分離され，したがって労働も，生産諸手段および剰余労働の所有からまったく分離されている」ということ，３すなわち「資本主義的生産様式の最高の発展のこの結果」こそ，①「資本が生産者たちの所有に，ただし，もはや個々ばらばらな生産者たちの私的所有としての所有ではなく，結合された生産者である彼らの所有としての，直接的な社会的所有としての所有に，再転化するための必然的な通過点である」ということ，他方では，②「それは，これまではまだ資本所有と結びついていた再生産過程上のすべて

の機能が，結合された生産者たちの単なる諸機能に，社会的諸機能に転化するための通過点である」ということ，である。すなわち，その結合的所有としての社会的所有へ転化する「通過点」に対応して結合される機能の単なる諸機能としての社会的諸機能へ転化する「通過点」が対応的に把握されている。

擬制資本としての株式会社：しかし忘れてならないことは，第二論点の最後の一節である。すなわち「それは，資本主義的生産様式そのものの限界内での，私的所有としての資本の止揚である」という点である。この論点こそは，株式会社における所有と機能の分離に基づく両者の再統一，つまり所有による機能の支配の論理に関連するものといえる。それは資本主義的生産様式の枠内でのことである。つまり再生産過程は資本の拡大再生産であり，資本の価値増殖過程であり，この過程全体が資本主義的生産様式の網に包摂されて展開しているのである。資本の蓄積様式が前提にされているということは，資本制的私的所有の支配下にあって，最大限の剰余価値・利潤追求のために最高次元の労働支配，労働搾取機能が経営者の管理・運用・指揮を通じて再生産過程において展開されているということを意味する。株式会社においては資本と賃労働との，搾取と被搾取との関係を基礎にして資本による資本の支配に至るまでその株式所有による支配を拡げていくことになるのである。

以上の如く，ここでは，株式会社の基本的諸特徴が特定事業部門における企業の株式会社化の分析を通して提示されている。株式会社にあっては，資本の所有と資本の機能とが制度的に分離されること，前者は再生産過程における現実資本＝機能資本の運動から分離され，この過程の上部構造としての証券市場において資本所有の自立的運動を展開する方向性が明示されている。しかし，この論理段階では株式会社は，特定の事業部門における企業経営組織，たとえば水道・鉄道会社，鉱山業などであり，資本の事業としてはいまだ支配的な企業形態となっているとはいえず，持続性・安定性を欠く個別的存在であったといえる。

マルクスの株式会社論は株式会社が鉄道業・水道業などの公共的部門から化学・電気・鉄鋼業などの一般的産業部門へ進出する過度期を対象としたものである。株式会社は未だ平均利潤率の形成に参加せず，利潤も利子程度のものに過ぎなかった。利子率決定メカニズムの未成熟段階にあっては，企業者利得は

不安定・不確実であり，その資本還元による擬制資本の形成も未成熟であり，株価の変動に伴う売買差益の創出もまた投機性の強いものであった。株式会社が平均利潤率の形成に参加し，資本制的生産の内部装置として見直されるのは産業への重化学工業の進出と一定の信用・銀行制度および株式会社・証券市場の発展を待たなければならない。

　株式会社にあっては，利潤は内容的にも形態的にも利子程度の域を脱皮し切れてはいなかった。とはいえ，資本所有と資本機能との制度的分離に伴う，再生産過程における資本機能の担い手たる機能資本家・経営者を，所有から分離することによる「たんなる他人の資本の支配人，管理人」への転化として的確に指摘し，非所有資本家＝経営者による資本機能の把持を明示している。この論点はクレディ・モビリエの株式会社においては産業王のグループ＝「寡頭的な取締役会」の下に置かれていた「会社の実際の支配人や代理人」が所有からの機能の解放，機能からの所有の分離の展開に伴って，資本機能の単なる担い手たる資本機能者＝「単なる他人の資本の支配人，管理人」として捉えていること，この論理段階では，産業王と寡頭的な取締役会との一体的関係は，切り離され，一方では株主所有＝内部機構としての株主総会に資本所有者＝大株式所有者＝少数の支配的大株主として産業王を捉え，他方では産業王＝所有資本家＝株式所有者（株主）から取締役（会）を分離し資本機能の内部機能機構として取締役会を，その管理・運用・指揮者として取締役を措定するという論理である。

　上記の論理段階は，一般的利子率の決定機構が未発達であり，生産価格・一般的利潤率の形成メカニズムが未成熟であることを物語っている。株式会社の収益は，総利潤を含む場合でも平均利潤（率）ではなく利子（率）程度のものであり，資本還元による擬制資本の創造に伴う創業者利得の生ずる条件・余地は未成熟であったといえる。このような株式会社は，一方では，利子程度の利潤の産出の場合でも，なお存続可能であり，そのことによって一般的利潤率の低下を阻止する原因の一つであり，また他方では，可変資本に比して不変資本＝固定資本が大なる比重を占めることによって一般的利潤率の均等化に参加しない原因でもある，といわれる。このように，この論理段階の株式会社は，未だ再生産過程の外部装置として証券取引利潤（投機的差額利得）を目当てにし

たものといえよう。[12]

　このようなマルクスの提示した株式会社論を継承し，理論的に発展させたのがヒルファディング『金融資本論』第二篇「資本の動員・擬制資本」第7章「株式会社」，第8章「証券取引所」である。その特徴は再生産過程における機能資本の運動＝産業的集積・集中運動から相対的に自立した証券市場における所有集積・集中運動＝擬制資本の運動を通じて配当の利子化と創業者利得の発生，およびこの過程の進行に寄生し吸着しながら自立的定在を獲得する投機取引を経済理論的に解明したものである。とくに留意すべき点は投機取引の経済理論的分析であり，新たな経済的範疇としての内容規定である。ヒルファディングの株式会社論は，株式会社の資本＝結合資本が所有の証券化に伴って二重化し，それに対応して所有も二重化して現れることを分析的に解明したうえで，一方では証券市場の論理系譜上に所有運動が措定される。そこでは所有資本＝株式資本の擬制資本化を媒介とする平均利潤を得る企業における配当（率）の利子化（率）と創業者利得の創出を理論的に解明し，他方では，再生産過程の論理系譜上に所有から切り離された機能資本の運動が措定される。そこでは内部装置としての株式会社における一般的利潤率均等化への参加による競争の激化，競争の外的強制下での産業的集積・集中運動・その過程進行に新たな内容規定を与えることになる。ヒルファディングの株式会社論については第12章「『金融資本論』と株式会社(1)」，第13章「『金融資本論』と株式会社(2)」，第14章「『金融資本論』と証券市場」であらためて取り上げるので，ここでは以上の紹介にとどめておこう。

2　株式会社の二乗・三乗化，新たな産業経営形態の発展

　さて次に，上記したマルクス自身の株式会社論に即して，エンゲルスはそれ以降の産業集積・集中の過程進行を主導する株式会社の展開に関して『資本論』第三巻第5篇第27章Ⅲ「株式会社の形成」をふまえたうえで，続くⅣ「株式制度」に入るまえに，次のように述べている。

　「以上のことをマルクスが書いてから，周知のように，株式会社の二乗三乗を表すような新たな産業経営形態が発展してきた。今日ではすべての大工業の領域で生産は日に日にますます速く増大することができるようになる……。生

産規模がそれを許したいくつかの生産部門では,この事業部門の総生産を集中して統一的な管理機関をもつ一つの大きな株式会社にするまでになった。アメリカではこれがすでにしばしば実行されており,ヨーロッパでは今日までの最大の実例はユナイテッド・アルカリ・トラストであって,これはイギリスの全アルカリ生産をただ一つの事業会社の手に収めた。」(13)

「これは,資本主義的生産様式そのもののなかでの,資本主義的生産様式の廃止であり,したがってまた自分自身を解消する矛盾であって,この矛盾は,一見して明らかに,新たな生産形態への単なる過渡点として現れるのである。このような矛盾として,それはまた,現象にも現れる。それはいくつかの部面では独占を出現させ,したがってまた国家の干渉を呼び起こす。それは,新しい金融貴族を再生産し,企画屋や発起人や名目だけの役員の姿をとった新しい種類の寄生虫を再生産し,会社の創立や株式発行や株式取引についての思惑と詐欺との全制度を再生産する。それは,私的所有による制御のない私的生産である。」(14)

既述のマルクスの株式会社論と同一水準のものとして比較検討すべきでものはなく次元を異にした論理の発展として捉えるべきである。これらの論点はマルクスの株式会社論とは論理段階を異にする競争の独占への転化過程に措定された株式会社に関する素描である。すなわち「株式会社の二乗,三乗を表すような新たな産業経営形態の発展」であり,この発展段階における株式会社の資本と生産の集積・集中の特徴をみごとに指摘されている。さらに,いわゆる「過度点」の株式会社がより具体的に提示されている。「生産規模がそれを許したいくつかの生産部門では,この事業部門の総生産を集中して統一的な管理機関をもつ一つの大きな株式会社にするまでになった……」,そしてこれらの事象は「いくつかの部門では独占を出現させ」,したがってまた「国家の干渉を呼び起こす」と述べている。こうした事柄は国家の経済過程への干渉をできるだけ避け,自由な競争,原子的な諸資本間の競争を促進することにあったマルクスの時代とは明らかに異なるものである。すなわち,「新しい金融貴族」を再生産,「新しい種類の寄生虫」を再生産,「会社創立や株式発行や株取引についての思惑と詐欺との全制度」を再生産することが特徴的現象となる。これらの再生産は,金融資本と独占形成の論理段階における資本蓄積様式の特徴であ

り，その寄生性，腐朽性および賭博性を鋭く指摘したものであり，資本制的生産様式がかかる寄生性・腐朽性および賭博性を深める経済過程への国家の干渉・介入なしには維持できなくなる，ということである。まさにそれは「私的所有による制御のない私的生産」であり，「新たな生産形態」への「過渡点」に達するに至る，と指摘したのである。そうした状況認識を踏まえてⅣ「株式制度」は把握されている。

3　株式制度
——Ⅳ「株式制度」を中心として　信用制度・株式制度—利子生み資本→株式擬制資本。資本の集中と支配集中＝収奪機構

　長文ではあるが，正確を期すうえで煩雑を厭わずに引用することにしよう。
「Ⅳ　株式制度——それは資本主義体制そのものの基礎の上での資本主義的な私的産業の廃止であって，それが拡大されて新たな生産部面をとらえて行くのにつれて私的産業をなくしていくのであるが——この株式会社のことは別としても，信用は，個々の資本家に，また資本家とみなされる人々に，他人の資本や他人の所有に対する，したがってまた他人の労働に対するある範囲では絶対的な支配力を与える。自分の資本ではなく社会的な資本に対する支配力は，資本家に社会的労働に対する支配力を与える。人が現実に所有している，または所有していると世間が考える資本そのものは，ただ信用という上部建築のための基礎になるだけである。……資本主義的生産のより未発達な段階ではまだなにか意味のある諸観念も，ここではまったく無意味になる。成功も失敗も，ここではその結果は同時に諸資本の集中になり，したがってまた最大の規模での収奪になる。収奪はここでは直接生産者から小中の資本家そのものにまで及ぶ。この収奪は資本主義的生産の出発点である。この収奪の実行はこの生産様式の目標であり，しかも結局すべての個人からの生産手段の収奪である。すなわちこれらの生産手段は，社会的生産の発展につれて，私的生産の手段でも私的生産の生産物でもなくなるのであって，それは，それが結合生産者たちの社会的生産物であるのと同様に，彼らの手にある生産手段，したがって彼らの社会的所有でしかありえないのである。ところが，この収奪は，資本主義体制そのもののなかでは，反対の姿をとって，少数者による社会的所有の取得として

現れる。そして，信用はこれらの少数者にますます純粋な山師の性格を与える。所有はここでは株式の形態で存在するのだから，その運動や移転はまったくただ取引所取引の結果になるのであって，そこでは，小魚は鮫に呑み込まれ，羊は取引所狼に呑み込まれてしまうのである。株式制度のうちには，すでに，社会的生産手段が個人的所有として現れるような古い形態に対する対立が存在する。しかし，株式という形態への転化は，それ自身まだ資本主義的な枠のなかにとらわれている。それゆえ，それは，社会的富という富の性格の間の対立を克服するのではなく，ただこの対立を新たな姿でつくり上げるだけなのである。」[15]

「信用制度は，資本主義的個人企業がだんだん資本主義的株式会社に転化していくための主要な基礎をなしている。」[16]

この引用部分は，Ⅲ「株式会社の形成」に続くⅣ「株式制度」の主要な内容であり，エンゲルス自身の手によるものである。行論の都合上，とりあえずこの点の指摘にとどめておく。

以上が『資本論』第三巻第5篇第27章「資本主義的生産における信用の役割」Ⅲ「株式会社の形成」，Ⅳ「株式制度」において開示された経済的諸事象であり，その理論的把握である。が，既述のⅢ「株式会社の形成」は資本主義的生産における信用の役割という問題視角から把握された株式会社論——そのスケッチ——であるという点である。[17]

ここでは，まずⅢ「株式会社の形成」について補足的にいえば，所有株式数の多寡（大株主か中小株主か）による株主の企業に対する関係については直接触れてない。しかし，そのことによってマルクスの株式会社論が資本の支配集中論とは無縁のものであると理解されるのは正しくないであろう。なぜなら，ここでの問題は，株式所有の量的規定性（多寡）にあるのではなく，資本主義的生産における信用の役割という問題視角から所有の証券化に伴う株式所有の質的規定性，すなわち利子生み資本範疇の成立，一般的利子率の決定機構の成立を踏まえて株式会社の形成を説き，その結合生産力の発展傾向と所有の直接的な社会的所有への転化方向，つまり通過点としての株式会社を展望しながら，しかし，資本主義的生産様式の枠内では株式会社の形成と役割を信用論の論理系譜上に措定することによって，直接的な資本所有と株式所有との関係，株式

所有の自立的な自己展開による最高に擬制資本化された経済関係の解明——そのスケッチ——を主要な課題とされたのである。が，それに続くⅣ「株式制度」はエンゲルスの手によるものである。

この論理段階では，マルクスの「株式会社の形成」の論理段階とは異なり，信用・銀行制度は近代的な利子生み資本の制度として発展し，いまやその制度的発展が「個人企業の株式会社への転化のための主要な基礎をなしている」とともに，株式会社における資本と所有の二重構造化を基礎として構造的変化をとげ，銀行は貨幣市場と証券市場とを構成要素とする金融市場の絶対的権力者＝支配者となっていること，他方，株式会社は資本の集中および支配集中機構として産業的集積・集中運動を推進し自らもまた株式会社の二乗，三乗を現すような新たな産業経営形態として発展してきたこと，かかる新たな状況認識を踏まえたうえでの，Ⅳ「株式制度」論であるといえるが，この点はすでに指摘した通りである。

Ⅳ「株式制度」では，Ⅲ「株式会社の形成」と同様に，「資本主義的生産における信用の役割」という問題視角から株式会社が信用制度論的に取り上げられているが，株式会社を別としても，信用は少数の資本家たちに他人の資本や所有，さらには労働に対する絶対的な支配力を与えると述べている。すでにここでは，株式会社は信用論——利子生み資本→〔株式資本〕→擬制資本——の論理系譜上に位置づけられ，それとの関連において，信用・株式会社が資本の集中と支配の主要な梃子として取り上げられている，と考えられる。したがって，この論理段階では，信用・銀行制度の発展は株式会社成立の基礎をなすが，この信用は株式会社の形成を前提とし，所有の株式所有への転化を媒介とする信用である点に留意する必要がある。

集積の発展→いくつもの部門における独占的結合の形成過程における最大級の資本集中・資本収奪が取り上げられているが，それは資本主義的生産様式そのものの枠内では，少数者による社会的所有の取得・収奪として現れる。この収奪は直接生産者から小中の資本家そのものに至るまで及ぶ。所有はここでは株式の形態で存在するのだから，小魚は鮫に呑み込まれ，羊は取引所狼に呑み込まれてしまう。こうした高次の資本の集中は資本所有の株式所有への転化によって，証券市場をその形成・展開基盤とするところに特徴がある。ここでは，

株式会社は信用制度論の分析視角から株式制度として措定され，社会的資本の集中と支配の機構として，単に個人企業の株式会社への転成，株式会社の創設だけでなく，むしろこの論理段階の特徴の一つとして，そしてこの点こそが最も重要な株式会社の特質の一つであるが，株式の証券化，企業自体の擬制資本化を媒介とする株式会社の二乗，三乗……といわれる企業による企業の集中，企業による企業の支配集中の展開を指摘している。企業合同を媒介する大規模な結合資本の形成段階における二乗，三乗化した株式会社の新たな経営形態の展開を示すものとして内容規定されているといえよう。

III マルクス・エンゲルス株式会社論の基本的特徴
──総合的見解──

1 信用制度と結合資本の形成

次に上記第5篇第27章III「株式会社の形成」，IV「株式制度」と先行の「クレディ・モビリエ」に関する記事の中でのマルクスの見解（「株式会社」に関する記述）との関連性を検討してみよう。既述の如く，これまでは個別的・部分的に検討を重ねてきたが，ここでは総合的な観点から全体の基本的特徴を明らかにすることにしよう。まず「クレディ・モビリエ」に関する記述からその関連を把握することにしよう。

「産業への株式会社の適用が現代諸国民の経済生活に新しい時代を画していることを，否定することはできない。この株式会社の適用は，一方では，それ以前には予想されなかった結合という生産力を明るみに出し，個々の資本家の努力によってはとうてい達成しえないような規模で産業企業の創業をもたらした。」[18]

この部分は第27章III「株式会社の形成」の次の叙述・第一論点に継承されたものであり，また続く第二論点の理論的基礎・前提となっているものである。

「(1)生産の規模の巨大な拡張，そして個別的諸資本にとっては不可能であった諸企業（の出現）。同時に，従来は政府企業であったこのような諸企業が会社企業となる」[19]ということ。

「(2)それ自身社会的生産様式に立脚して生産諸手段および労働諸力の社会的

集積を前提とする資本が，ここでは直接に，私的資本に対立する社会資本（直接に統合した諸個人の資本）の形態をとるのであり，このような資本の諸企業は，私的諸企業に対立する社会的諸企業として登場する。それは，資本主義的生産様式そのものの限界内での，私的所有としての資本の止揚である」[20]ということ。そしてさらに，続く(3)Ⅳ「株式制度」にも同様にこうした基本線が継承されていることは容易に理解できよう。すなわち，「クレディ・モビリエ」→Ⅲ「株式会社の形成」→Ⅳ「株式制度」と継承の関係にある。

　また次の叙述，すなわち「株式会社において結合されるのは諸個人ではなく諸資本である」，あるいは「結合資本の所有者は株主＝投機的である」というのは，「クレディ・モビリエ」におけるマルクスの指摘であるが，それは第27章Ⅲ「株式会社の形成」における株式所有の規定性に関わるところの，「直接に結合した諸個人の資本の形態……」〔第二論点〕，あるいは「資本所有者の単なる株式所有者，貨幣資本家への転化」〔第三論点の１〕に関するものであり，いずれも継承関係にあることが分かるし，また同時に，それらの論点はⅣ「株式制度」に及ぶものであることが容易に理解できるであろう。

　繰り返すが，「結合されるのは諸個人ではなくて諸資本であるということを忘れてはならない。このようなからくりで，所有者は株主つまり投機家にされたのである」[21]という論点が『資本論』第５篇第27章Ⅲ「株式会社の形成」，Ⅳ「株式制度」に直接的に継承されているわけであるが，それは重要な論点をなすものである。

　この叙述部分は１パラグラフ中２行にすぎないが，その内容は個人企業はもちろんのこと，合資・合名会社の場合の人的結合と一体化した個人的信頼関係に基づく資本結合＝結合資本とも本質的に異なるものであり，「所有の証券化」に基づく株式所有の質的規定性に関わる重要な論点が示唆されているといえよう。もちろん，この部分は理論的に分析されているわけではない。が，その分析は上述の第27章Ⅲ「株式会社の形成」において株式所有の質的規定性に関する内容把握となって現れているものと考えられる。

　株式会社においては所有と機能（経営）とが分離する。資本所有者は株式所有者に転化し再生産過程から切り離されて株主・投機家に転化する。つまり，所有と機能とが制度的に分離し，さらに株式資本と現実資本との，資本の二重

構造化が指摘され，資本所有の証券化＝所有の株式所有への転化によって，資本所有者と株式所有者の同一性と差異性とが明確に把握されていること，株式会社にあっては，株主は現実資本＝機能資本の直接的所有者ではなく株式所有者である。この論理系譜上に「資本主義的生産における信用の役割」という問題視角から「株式会社の形成」が説かれているのである。つまり，ここでの株式会社は信用との関連を切り離した企業形態論的な把握ではなく，信用・利子生み資本→株式資本・擬制資本の論理系譜上に信用制度論的に把握されたものである。

また叙上の如く，株式会社における結合は諸個人ではなく諸資本である。これは第一論点と共通の認識である。ここでは資本の同等性が株式の同等性に転化し，株式所有の量的規定性を媒介とする資本の支配集中が析出される。このように，一方では資本の質的規定性から信用の論理系譜上にⅢ「株式会社の形成」が措定され，他方，それを基礎・前提としてⅣ「株式制度」が資本の量的規定性の側面をも包括するものとして総合的に把握されることによって，「クレディ・モビリエ」に関する上記記事「株式会社における資本の支配集中」という企業形態論の論理系譜上に株式会社の二乗，三乗が措定されることになる。第27章Ⅳ「株式制度」では「クレディ・モビリエ」に関するマルクスの株式会社の見方および第27章Ⅲ「株式会社の形成」の基本論理が包摂され，集積・集中の発展→独占の形成過程に対応した新たな理論的展開――素描ではあるが――を見せているということができよう。

2　所有と機能の分離と分離に基づく統一
　　――寡頭的な取締役会・産業王の支配

株式会社の資本は出資形式による諸資本の結合である。資本の集積・集中は加速され，その当然の結果として，一方では小規模な中間階級の没落を加速し，他方では一種の産業王＝権力者をつくりだす。産業王の権力とはどのようなものか。その権力の形成基盤は何か。

株式会社においては結合されるのは諸資本であり，資本の所有者ではない。つまり質的には同等であり，ただ量的にのみ差異のある諸資本の結合は，資本所有の株式所有への転化様式を媒介することによって，資本の同等性を株式の

同等性に転化し，所有関係を結合資本＝諸資本家の所有・所有資本家から株式資本＝株式資本の所有者・株主に転化し，諸資本家相互の関係を株主相互の関係に転化し，その関係を媒介として株主間の関係を株式数の量的関係に基づく資本による資本の支配，つまり支配と被支配の関係に導く。そのことによって，少数の多数株所有者＝大株主による多数の中小株式所有者＝中小株主の支配集中を可能にしたのである。

このように，株式の量的規定性を媒介することによって，株主は一方では不断に構成を変え更新されている多数の中小株主を形成し，他方ではある程度恒久的な少数の集団を形成してこの少数の集団が会社の集合的な力と富とを自由にするのである。そのことによって，この少数の集団＝産業王たちは個々の反抗的な株主たちを買収することさえもできるのである。クレディ・モビリエの株式会社では，所有と経営とは一応分離してはいるが，未成熟の段階にあり，株主総会において選出された寡頭的な取締役会は産業王のグループによって構成されており，その支配の下に会社の実際の支配人や代理人からなる官僚的な機関が設けられ，その下に，なんらの中間項もなしに厖大な数の賃金労働者が隷属的に存在する。つまり，産業王の権力とは保有株式の額に対してだけ責任を持ち，しかも会社の全資本・全労働を支配するというものであるが，『資本論』の株式会社では，所有と機能が制度的に分離し，所有としての資本＝株式資本，その人格化としての株主と機能としての資本＝現実資本，その人格化としての取締役とに分離されたうえで，その位置づけが示されているその程度のものにとどまっている。したがって，所有と機能の分離に基づく両者の関連性——所有による機能の支配——にはふれていない。ここでは所有を代表する株主総会と現実資本の所有主体との関係性，つまり所有が個々の出資者の所有から法人としての会社に移され，単一所有主体となり，その会社資本が株主と如何なる関係をもつようになるか，といった議論は示されていない。したがって法人を媒介環とする所有と機能の分離に基づく統一，所有による機能の支配に関する論述はみられない。Ⅳ「株式制度」の論理段階ではそのための現実的諸条件は見出しえていたであろうと思われる。

もちろん『資本論』第5篇第27章Ⅲ「株式会社の形成」の基本論理は信用・利子生み資本→株式資本・擬制資本の論理系譜上に信用制度論的に把握さ

れたものであること，続くIV「株式制度」では企業形態論的側面と信用制度論的側面——株式資本・擬制資本——とが取り上げられてはいるが，それらは部分的・分散的な扱いであり，両側面が内的に関連した結合体としての総合的な分析というものではないということ，である。それは，ここでの株式会社論が叙上の如く信用・利子生み資本→株式資本・擬制資本の論理系譜上に信用制度論的に分析・把握されること——限定性——にあったからである。なお，叙上の諸課題はヒルファディング『金融資本論』第二篇「資本の可動化。擬制資本」第7章「株式会社」，第8章「証券取引所」において分析的に取り上げられ，理論的に展開されることになる。

『資本論』の株式会社では最高経営者として寡頭的な取締役会を構成していた産業王たちは少数の多数株所有者として経済過程に直接的に関わりをもたず，直接的な干渉も許されない存在となる一方で，取締役は所有から解放された単なる資本機能者＝非所有経営者として経営・管理機能の担い手となるというわけである。この論理系譜上に株式制度の発展に伴う所有と機能との制度的分離，所有としての資本＝株式資本の運動と機能としての資本＝現実資本の運動との有機的連結に伴う自立的な独自的発展に対応した展開方向が捉えられるのである。この論点はヒルファディングの株式会社・証券市場論に継承されることになる。

証券市場＝取引所は所有集積運動の場であり，現実資本と擬制資本との媒介環となるが，産業における巨大結合資本の形成過程において，所有集積・集中運動の担い手として株式資本＝擬制資本は再生産過程での現実資本の価値増殖運動から分離し，証券市場において独自の自立的運動を展開するわけである。そこでは，会社資本の擬制資本化による金融貴族，企画屋，発起人などの新種類の寄生虫が形成され，さらには会社の創立や株式の発行・株式取引等に関わる思惑や詐欺……といった諸利害の全制度を再生産するようになる。株式会社・証券市場はその合法的な社会的制度・経済的機構である。

ところで，一般的利子率の決定機構の未確立，配当の利子化の未成熟段階にあっては，配当の利子化を基礎とする収益の資本還元である擬制資本の創造，創業者利得も未成立であり，証券市場＝証券取引所は，擬制資本の自立的な循環的流通運動の場，所有集積・集中運動の場としての社会的制度，経済的機

構としては未成熟であり，産業王や金融貴族等の貨幣権力による投機性や賭博性の強いものであった。

ここでのマルクスの見解——クレディ・モビリエの株式会社について——は，上記第5篇第27章Ⅲ「株式会社の形成」に関する彼の見解に矛盾するかに見える。これまで多くの論者がそのように理解し主張されてきた。だがそうだろうか。すでに指摘されたように，両者はけっして矛盾するものではない。その論理構成の上からみても，後者は，前者を理論的前提ないしは継承・発展の関係として位置づけられるし，信用制度の論理系譜上——「信用制度は結合資本を生みだす」(22)——に，その史的過程の論理的帰結として措定されているものであると理解できよう。したがって，第5篇第27章Ⅲ「株式会社の形成」は株式所有の「量的規定性」を理論的・実体的に前提・基礎として，もう一方の側面である株式所有の「質的規定性」に焦点を合わせて信用制度論的なスケッチを試みたものと考えるべきであろう。なぜなら，株式会社の資本は結合資本である。その結合は元来の資本それ自身である所有としての資本の側面と機能としての資本の側面との合一・一体化したものを切り離し，分離させることによって，両者を二つの異なった自立的な資本の運動体として制度的に確立することによって実現されうるからである。したがってそれは信用を基礎に利子生み資本→株式資本・擬制資本論の分析視角から制度論的に展開することによってはじめて可能となるのである。より具体的にいえば，所有の証券化に伴う株式所有の質的規定性に関する論理は信用制度論的な株式会社論の系譜上に措定されなければ把握されえないからである。それはまた，近代株式会社の理論的展開が，一方における企業形態論の論理系譜上に措定されながら，他方における信用制度論の論理系譜上に位置づけられ，前者と連結し後者を基礎に一体化した株式制度としてはじめて展開されうるという点にある。近代株式会社はなによりも社会的・経済的機構・制度として把握されなければならない。資本所有の証券化＝所有の株式所有への転化－株式資本の擬制資本化を媒介とする資本の二重化，およびそれに対応した所有の二重化を特質とする社会的な貨幣資本の動員と結合の社会的制度・経済的機構である。資本の結合は株式形態の出資方式によるものであり，会社機関たる株主総会（所有）→取締役会（機能）を通じて必然的に資本の支配集中を伴うものである。否むしろ，資本の支配集中を

想定・予定したものとして理解すべきである。つまり，株式会社は資本結合の社会的制度・経済的機構であるが，それは同時に資本の支配集中の社会的制度・経済的機構であるといえよう。

3　信用制度・株式制度の発展→集積・集中の発展→独占的結合
──新たな金融貴族・寄生虫の再生産，思惑と詐欺の全制度の再生産　国家の干渉と「過度点」「通過点」

　周知の如く，ここからはエンゲルスの筆によるものでる。それは第27章Ⅲ「株式会社の形成」に，その後生じた新たな経済諸現象──集積・集中の発展→独占的結合の形成──を踏まえて株式会社を株式会社・証券市場の体系構成の中に位置づけたものであり，単なる企業形態論ではなく制度論的な分析視角から集積・集中の発展→独占形成の過程の主要な梃子であり，かつ自らが二乗・三乗……と集積・集中化する巨大企業体として株式会社を捉えたものである。が，それは理論的に分析され体系化されるまでには至っていない。しかしここでは重要な論点が提示されている。Ⅲ「株式会社の形成」〔第二論点〕では，株式会社の資本は私的資本に対立する社会資本の形態をとり，株式会社は私的諸企業に対立する社会的諸企業として登場する」を踏まえて，それは，資本主義的生産様式そのものの限界内での，私的所有としての資本の止揚である」と規定されたが，この概念規定は，その後生じた新たな経済諸現象──産業的集積・集中→独占的結合の形成──によって新た内容を付与される。すなわち「これは，資本主義的生産様式そのもののなかでの，資本主義的生産様式の廃止であり，したがってまた自分自身を解消する矛盾である〔る〕」と規定される。

　そして「この矛盾は……新たな生産形態への単なる過渡点として現れる」(24)と述べて，Ⅲ「株式会社の形成」〔第二論点〕で「通過点」として規定された株式会社における所有と機能の二側面の私的・個人的性格の止揚→この二側面の社会性すなわち一方の社会的所有と他方の社会的諸機能の展開に「新たな経済諸要素」を取り込む。一方では「その後生じた新たな経済諸現象──集積・集中の発展→独占的結合の形成──という機能の最高度の社会化であり，他方ではこの過程から分離した所有の最高度の社会化であり，そこに「その後生じた

新たな経済諸要素」を取り込み，所有の社会化に新た内容が付与されたのである。エンゲルスは概ね次のように述べている。「このような矛盾として，それはまた，現象にも現れる。それはいくつかの部面では独占を出現させ，したがってまた国家の干渉を呼び起こす。それは，新しい金融貴族を再生産し，企画屋や発起人や名目だけの役員の姿をとった新しい種類の寄生虫を再生産し，会社の創立や株式発行や株式取引についての思惑と詐欺との全制度を再生産する。それは，私的所有による制御のない私的生産である。」(25)

　この論理段階ではいくつかの部面に独占の形成が見られる。叙上の如く①独占的な巨大企業としての株式会社の成立，②株式会社の二乗，三乗をあらわすような新たな産業経営形態の発展，③重工業部門における生産規模の巨大化，④事業部門の総生産を集中して統一的な管理機関をもった巨大株式会社」があらわれ「アメリカではこれが，すでにたびたび実行されている」し「ヨーロッパでは……最大の事例はユナイテッド・アルカリ・トラスト」であり，「これはイギリスの全アルカリ生産をただ一つの事業会社の手に収めた」(26)ということであった。そしてこれらの事象こそは「資本主義的生産様式そのもののなかでの，資本主義的生産様式の廃止であり，したがってまた自分自身を解消する矛盾であって，この矛盾は一見して明らかに，新たな生産形態への単なる過渡点として現れるのである」と述べ，「過度点」の内容規定が与えられている。この矛盾についてはさらに次のように述べている。「いくつかの部面では独占を出現させ，国家の干渉を呼び起こす。」(27)この指摘は重要である。それは国家の経済過程への干渉をできるだけ避け，自由な競争，原子的な諸資本間の競争を促すという基本的な資本関係の基盤のうえに，個人企業の株式会社への転化，産業への株式会社の進出が見え始めたマルクスの株式会社の時代とは明らかに発展段階を異にする。

　社会的生産力の著しい発展が資本の私的・個人的所有と鋭く対立するようになる。その矛盾の産物として登場してきたのが株式制度であるが。その株式制度は集積の発展→独占の形成期における「新たな金融貴族」の再生産，「新しい種類の寄生虫」の再生産，「会社の創立や株式発行や株式取引についての思惑と詐欺との全制度の再生産……が指摘されている。これらの再生産は金融資本と独占形成の論理段階における新たな資本蓄積様式の特徴であり，その寄生

性・腐朽性および賭博性を鋭く抉り出したものといえよう。資本主義的生産様式は叙上の如き私的所有による制御のない私的生産によってかかる寄生・腐朽および賭博を一層深化せしめていく。この過程の展開に伴う諸矛盾の潜在的進行、累積こそが、国家の経済過程への干渉・介入を呼び起こすことになる。すなわち金融資本の支配と再生産の最大限の社会化と寄生・腐朽・賭博化は国家の経済過程への干渉・介入なしには維持できない、まさに「過度点」に達するに至るという「新たな経済諸現象」の分析的解明である。

　マルクスの株式会社論＝「通過点」──Ⅲ『株式会社の形成』──は自由競争の資本関係から再生産と信用・株式会社を分析し、そこから論理的必然として自由競争の独占への転化、株式会社発展の論理的帰結としての「通過点」を提示した。それに対してⅣ「株式制度」は次元を異にする継承の関係である。いわば「クレディ・モビリエ」→第5篇第27章Ⅲ「株式会社の形成」→Ⅳ「株式制度」というように、上記論理の道筋を踏まえれば、Ⅳ「株式制度」は、Ⅲ「株式会社の形成」と論理段階を異にしており、株式会社は、利子率の範疇的確立、貨幣資本と現実資本との制度的分離、さらには擬制的資本の成立、それに対応的な信用・銀行制度の発展とその手元への利子生み預金としての貨幣資本の集合・集積→過度の準備金の形成という信用論の論理系譜上に措定される一方で、信用・株式会社を梃子として資本と生産の集積・集中、株式会社の二乗、三乗を表すような大規模な産業経営形態の発展という、産業における結合資本の企業形態論の論理系譜上に措定されているということができよう。それら二側面が連結し総合的関係を形成・展開する場として、つまり媒介環として金融市場＝証券市場が歴史的には一定の発展過程にある。が、ここでは信用制度が一方では利子生み資本の制度としての信用・銀行制度と、他方では株式資本・擬制資本の制度としての証券市場との二側面から把握されており、事実上の金融市場が提示されており、それが全体として投機性の強いものとして位置づけられているということである。すなわち、

　「ここでは所有は株式の形態で存在するのだから、その運動や移転はまったく取引所投機の結果になるのであって、そこでは小魚は鮫に呑み込まれ、羊は取引所狼に呑み込まれてしまうのである。株式制度のうちには、すでに社会的生産手段が個人的所有として現れるような古い形態に対する対立が存在する。

しかし，株式という形態への転化は，それ自身また，資本主義的な枠のなかにとらわれている。それゆえ，それは，社会的な富と私的な富という富の性格のあいだの対立を克服するのではなく，ただこの対立を新たな姿につくり上げるだけなのである。」[28]

しかし上記二系列の論理の展開過程とその内的連関および総体的関係に関しては理論的に分析・体系化されているわけではけっしてない。ことに「媒介環」をなす証券市場は信用・銀行制度とともに金融市場に組み込まれ，全体として投機性の強いものとして位置づけられている。したがってここでは，株式会社における資本の二重化，所有の二重化に対応した所有の集積・集中運動，つまり株式の証券化・擬制資本化，$A-G_2-A$ の独自的流通運動の場としては，いまだ本質的把握に止まり，基本論理の開示の域を出ていない。この論理段階では「株式会社の二乗，三乗を現すような新たな産業経営形態が発展」し，「いくつかの部面では独占が出現」したというように，19世紀後半期の主要な産業部門における巨大結合資本の形成過程を捉えたものであり，かつこの過程の進行を主導する株式会社を提示したものである。そこからはしかし，不十分ながら，株式会社が証券市場と連結し一体化した総体関係の中に位置づけられることによってはじめて，上記株式会社の諸特質を付与されるものとなるということであり，その基本的な特質は資本の動員と結合であり，その動員と結合は必然的に資本の支配集中に導くものであるということである。そのことが疑問の余地なく明示されているといえよう。

株式会社に関するエンゲルスの所説は第5篇第27章Ⅲ「株式会社の形成」に続くⅣ「株式制度」においてのものであり，その特徴は上述の如くであるが，それゆえにまたそれは「理念的平均」を旨とする『資本論』の基本論理からみれば，いわば「はみだした」内容のものとなっているかにみえる。が，それは抽象化されることによってマルクスの株式会社論を共有――共通の基盤に立つ――する一方で，異なる発展段階における特殊的条件を反映したものとなっている。が，ごく簡単な内容把握――スケッチ――に止まっており，理論的分析的に展開されているわけではない。最後に信用・利子生み資本→株式資本・擬制資本の論理系譜上に信用制度論的に把握された株式会社・証券市場を包摂した金融市場としての「包括的」信用制度について，Ⅳ「株式制度」の最終部分

から抜粋・引用しこの章の締めくくりとしよう。

「信用制度は資本主義的個人企業がだんだん資本主義的株式会社に転化して行く為の主要な基礎をなしているが，それはまた，多かれ少なかれ国民的な規模で協同組合企業がだんだん拡張されて行くための手段をも提供するのである。資本主義的株式企業も，協同組合工場と同じに，資本主義的生産様式から結合生産様式への過度形態とみなしてよいのであって，ただ一方では対立が消極的に，他方では積極的に廃止されているだけである。」[(29)]

「信用制度が過剰生産や商業での過度な投機の主要な槓杆として現れるとすれば，それは，ただ，その性質上弾力的な再生産過程がここでは極限まで強行されるからである。

そして，これが強行されるのは，社会的資本の大きな部分がその所有者でない人々によって充用されるからである。すなわち，これらの人々は，所有者自身が機能する限り，自分の私的資本の限界を小心に考えながらやるのとはまったく違ったやり方で仕事に熱中するからである。こうして，ただ次のことが明らかになるだけである。すなわち，資本主義的生産の対立的な性格に基づいて行われる資本の価値増殖は，現実の自由な発展をある点までしか許さず，したがって実際には生産の内在的な束縛と制限とをなしているのであって，この制限は絶えず信用制度によって破られるということである。それゆえ，信用制度は生産力の物質的発展と世界市場の形成とを促進するのであるが，これらのものを新たな生産形態の物質的基礎としてある程度の高さに達するまでつくり上げるということは，資本主義的生産様式の歴史的任務なのである。それと同時に，信用は，この矛盾の暴力的爆発，恐慌を促進し，したがってまた古い生産様式の解体の諸要素を促進するのである。」[(30)]

「信用制度に内在する二面的な性格，すなわち，一面では資本主義的生産のばねである他人労働の搾取による致富を最も純粋で最も巨大な賭博・詐欺制度にまで発展させて，社会的富を搾取する少数者の数をますます制限するという性格，しかし，他面では，新たな生産様式への過度形態をなすという性格，——この二面性こそは，ローからイザーク・ベレールに至るまでの信用の主要な告知者に山師と予言者との愉快な雑種性格を与えるものである。」[(31)]

以上，『資本論』における株式会社について分析的に検討してきたが，その

基本的内容は北原氏の『近代資本主義における産業資本の一形態としての株式会社〔一般〕」の論理とは基本的位置づけ，その展開方法において基本的に異なるものである。

（1） *Marx-Engels* werke, Bd.12, Dietz Verlag, Berlin 1962-1964. 邦訳『マルクス＝エンゲルス全集』大月書店版を用いる。邦訳の頁は，たとえば次のように記す（*Marx-Engels*.12, S.33. 訳，㉕ 12, 176 頁）。
　　クレディ・モビリエの株式会社に関する論説を取り上げたものとしては武田信照『株式会社像の転回』（梓出版社，1998 年，196 頁，198-210 頁），高山朋子「企業者利得と創業者利得」（『東京経大学会誌』第 134 号，1983 年）などがある。参照されたい。
（2）　クレディ・モビリエの株式会社論と『資本論』の株式会社論に関して 両者の共通点と相違点に言及された労作として，武田信照『株式会社像の転回』梓出版社，1998 年がある。武田氏は次のように述べている。
　　「……『資本論』における株式会社像を，時事論文での株式会社像と簡単に比較しておこう。株式会社が企業規模と生産規模の非常な拡張，生産力の巨大な増進を可能にする点で経済的進歩を促す積極的意義をもつという認識では，二つの株式会社像に相違はない。『資本論』の第二論点，株式資本の社会資本という性格については時事論文では強調こそされてはいないが，株式資本が連合資本として把握されていることを考慮すれば，両者に相違を認める必要はないであろう。また時事論文で最も強調されていた株式組織の企業における詐欺的行為や投機の横行などの道徳性と団体的良心の欠如については，『資本論』では信用制度の二面的性格を論じるなかで関説されている。しかし株式会社の支配構造をめぐる認識には，少なからぬ相違がある。むしろ対立的認識の併存というべきであろう。時事論文では大株主への支配の集中が当時の株式会社の実態として析出されていた。いわば『大株主支配』論である。しかし『資本論』では，資本所有と機能が完全に分離し，現実資本への支配が経営者を指揮者とする生産者に移行することが論じられていた。一種の『経営者支配』論である。この『資本論』での株式会社支配の構図を，これと対立する構図をもつ時事論文との対比においてどのように理解するべきなのであろうか。」（同上，196 頁）
　　このように述べたうえで，武田氏はマルクス株式会社論についての先行諸研究を 4.「二つの株式会社像をめぐって――解釈と評価――」において論述されている。以上の観点は私見とは理解を異にするものである。
（3）　a.a.O., S.34. 訳，㉕ 12, 33-34 頁。

ここでは，株主はもっぱら投機利得を目的とする投機者として捉えられている。
(4) a.a.O., S.34. 訳, ㊤ 12, 33-34 頁。
　一種の産業王が現れ，支配株主＝支配権力として会社の全資本を支配するが，産業資本や社会的な貨幣資本の形成は未成熟であり，取引所における投機的な利得の取得が主たる動機となっている。
(5) a.a.O., S.33. 訳, ㊤ 12, 32-33 頁。
　結合資本の所有形態に対応した結合資本の機能の構成原理として「寡頭的な取締役会」が設けられており，それによって産業王の支配権力が「会社の集合的な力と富」を自由に利用できることを可能にしている，といわれる。
(6) a.a.O., S.33. 訳, ㊤ 12, 34 頁。
　株式銀行：細分・多様な金貸し業務を集中・独占。生産的投資のためではなく単なる証券取引利潤を目当てに膨大な数の産業会社を創設。産業全体を証券取引の貢納者にする巨大な貨幣権力である。
(7) a.a.O., S.203. 訳, ㊤ 12, 191 頁。
　この点に関説した論文として高山朋子「企業者利得と創業者利得」(『東京経大学会誌』第 134 号，1983 年) がある。
(8) a.a.O., S.203. 訳, ㊤ 12, 191 頁。
(9) Das Finanzkapital, S.144. 訳, ㊤ 214-216 頁 ① 213-214 頁。
(10) Das Kapital, Ⅲ, S.452-453. 訳, 556-557 頁。
(11) a.a.O., S.453. 訳, 558 頁。
(12) 生川栄治『イギリス金融資本の成立』有斐閣，1956 年，15-19 頁。
(13) Das Kapital, Ⅲ, S.453-454. 訳, 558-559 頁。
(14) a.a.O., S.454. 訳, 559 頁。
(15) a.a.O., SS.454-457. 訳, 559-563 頁。
(16) a.a.O., S.456. 訳, 562 頁。
(17) Das Finanzkapital, S.146. 訳, ㊤ 221 頁 ① 218 頁。
(18) Marx-Engels.12, S.34. 訳, ㊤ 12, 33-34 頁。
(19) Das Kapital, Ⅲ, S.452. 訳, 556-557 頁。
(20) a.a.O., S.452. 訳, 556-557 頁。
(21) a.a.O., S.452. 訳, 556-557 頁。Marx-Engels. 12, S.34. 訳 ㊤ 12, 33-34 頁。
(22) この点に関しては武田信照『前掲書』を参照されたい。
　「信用制度は資本主義的個人企業がだんだん資本主義的株式会社に転化して行くための主要な基礎をなしているのである。」(a.a.O., SS.457-457. 訳, 562-563 頁)。また「信用制度は結合資本を生みだす。」(a.a.O., S.458. 訳,

597頁)
- (23) *Das Kapital*, Ⅲ, S.454. 訳, 559頁。
- (24) a.a.O., S.454. 訳, 559頁。
- (25) a.a.O., S.454. 訳, 559頁。
- (26) a.a.O., S.453-454. 訳, 558-559頁。
- (27) a.a.O., S.454. 訳, 559頁。
- (28) a.a.O., S.456. 訳, 560-561頁。
- (29) a.a.O., S.457. 訳, 562頁。
- (30) a.a.O., S.457. 訳, 562-563頁。
- (31) a.a.O., S.457. 訳, 563頁。

附論：新たな生産様式への《通過点》に関連する若干の論点
——所有と機能の分離―機能資本家―機能者―賃金労働者——

　株式会社の資本は出資形式の結合資本であり，それが二重化し，それに対応して所有も二重化して現れる。一方では機能としての資本＝現実資本として，他方では所有としての資本＝株式資本（名目価値）として現れる。機能から分離した所有としての資本＝株式資本は出資・持分に分割・証券化される。この株式証券の人格化として株主は，証券市場における株式資本の擬制資本化を媒介して資本の単なる所有者，つまり単なる所有資本家として貨幣資本家との形態的同一性を付与される。株主は単なる貨幣資本家へ転化するのである。他方，所有から分離・解放されることによって，機能としての資本＝現実資本は，資本の単なる機能＝単なる機能資本として現れる。資本の単なる機能を代表するもの，かかる資本の人格化として機能資本家は生産過程＝労働過程において単なる資本の機能者・管理人・支配人へ転化し，自ら労働者として現れる。ここで留意すべきことは，機能資本家（＝産業資本家）が自己資本のみの場合でも，または自己資本と借入資本から成る場合でも，あるいは借入資本のみの場合でも彼が機能せしめる資本は他人の所有になる資本であるということである。機能資本家はこの他人の所有になる資本を統一し結合機能資本として管理運用するのである。

　マルクスは次のように述べている。「現実に機能している資本家が他人の資

本の単なる管理人・支配人に転化し，資本所有者は，単なる所有者，単なる貨幣資本家に転化する」(Das Kapital, Ⅲ. S.452. 訳, 557)。ここでは資本の所有と機能とが分離し，所有資本家と機能資本家とへの資本の範疇的区別が成立している。所有資本家〔＝株主〕は「単なる所有者」へ，「単なる貨幣資本家」へ転化し，「彼らの受け取る配当が利子と企業者利得すなわち総利潤を含む場合でも……この総利潤は利子の形態でのみ，すなわち資本所有の単なる報償としてのみ受け取られる。」配当の利子化であるが，留意すべきは，この配当が「資本所有の単なる報償」，つまり資本所有＝株式所有の単なる報償であり，現実の再生産過程から自立し無関係なものとして現れ，他方，総利潤マイナス利子（利子化した配当）は単なる資本機能の報償として現れるということである。つまり，資本機能が資本所有から分離・解放されることによって，管理人の人格において取得するこの報償は，生産過程における他人の剰余労働の単なる取得として現れる。したがって労働も生産諸手段および剰余労働の所有からまったく分離されて現れる。かくてこの論理段階では資本所有者は単なる貨幣資本家へ転化し，利子（利子化した配当）を受け取り，他方，現実に機能する資本家は他人の資本の管理人――経営者――へ転化し，他のすべての労働と同様に単なる賃金労働として現れる，というわけである

「他人の資本の単なる管理人・支配人」とは，資本所有と資本機能との分離に伴う所有資本家と機能資本家とへの範疇的確立段階における機能資本家の規定であり，所有から分離・解放された機能資本家の形態規定上の特徴を表すものである。したがって，もはや本当の意味での機能資本家ではなくなった存在となる，と理解されがちであるが，そのように考えるとすれば，それは誤りである。「他人の資本の単なる管理人・支配人」は「現実に機能する資本家」，つまり機能資本家であることには何ら変わりはないのである。なぜならそれは次のようにいえるからである。すなわち，機能資本家の充用する資本＝現実資本が自己資本ではなく，もっぱら借入資本からのみ成っている場合でも，つまり機能資本家がまったく資本の非所有者であると仮定しても，彼が充用する貨幣資本をもって購入する生産手段も，産出した商品も資本であり，賃金労働者に対しては他人の所有であり，疎外された所有として対立するのである。生産過程においては機能資本家はかかるものとして賃金労働者を支配し搾取し抑圧す

る存在なのである。それゆえ，生産過程の内部にあっては，機能資本家は賃金労働者に対しては生産手段の所有者として所有を代表しており，したがって所有と機能とを統一した資本家として現れ，かかる資本の人格化として機能資本家なのである。かかる機能資本家として彼は賃金労働者と対立しているのである。このように考えると，機能資本家が管理機能を担い，経営者として企業の最高権力を行使しうるのは，彼が経営管理の専門家だから経営者として資本機能の担い手となるのだというのではなく，かかる意味での資本家だから彼は経営者となるのだ，ということになる。

 所有と機能の分離・自立化の，さらなる発展段階では，生産過程が労働過程として現象し機能資本が存在意義を失い，機能資本家は単なる機能者・労働者として現れ，機能資本家の機能の代行者たる管理人もまた単なる機能者・労働者として現れる。かくて資本家はよけいな人物として生産過程から消えてなくなる，と考えられるようになる。しかし上述のように機能資本家の労働者への転化は所有としての資本＝株式資本家に対する機能資本家の関係であり，株式資本家は貨幣資本家との形態的同一性を付与された資本家として単なる所有を代表し，それに対応して機能資本家は資本の単なる機能を代表するものとして現れる。所有から分離・解放された生産過程は労働過程として現れ，機能資本家概念が喪失すれば，そこには機能者，労働者だけが残り，資本家は余計なものとなり消えてなくなる，と考えられるようになる。マルクスは次のようにも述べている。

 「借り入れによってであろうとその他の方法によってであろうと，どんな権源によっても資本の所有者でない単なる管理者が機能資本家そのものに属するすべての実質的な機能を行うことによって，残るのはただ機能者だけであり，資本家はよけいな人物として生産過程から消えてしまうのである。」(a.a.O., S.401. 訳, 487頁)

 「資本の所有者でない単なる管理人」は，前述の「他人の資本の単なる管理人・支配人」と同義である。本来の，所有としての資本と機能としての資本との合一した資本，その人格化としての資本家は「よけいな人物として生産過程から消えてしまう」が，所有から分離した資本の所有者でない管理人が機能＝「すべての実質的な資本機能」を遂行する機能者として残るというわけである。

この機能者こそは，所有資本家＝株式資本家から分離した機能資本家なのである。すなわち，彼は「機能資本家そのものに属するすべての実質的な機能」を行うわけであるから，この管理人はすべての実質的な資本機能を遂行するというその意味内容において，機能資本家であり，自らの搾取機能を行う管理人・労働者としての機能者なのである。

　所有から機能が分離すれば，生産過程は労働過程として現れ，機能資本は存在意義を失う。機能資本家は単なる機能者であり，管理人・支配人として現れる。いまや彼は機能資本家自身の機能＝搾取機能を直接遂行する資本家としてではなく，単なる機能者・管理人・支配人として，したがって労働者として観念されるのである。もちろんそうした現象は仮象である。この機能者・労働者は依然として資本の全機能の担い手としての，他人の労働の搾取者としての，特別な種類の労働者なのである。マルクスは「貨幣資本家に対して機能資本家は労働者であるが，しかし，資本家としての，すなわち，他人の労働の搾取者としての労働者なのである。」(a.a.O., S.401. 訳，486頁) と述べている。

　所有の株式所有への転化によって株式会社の資本は二重化し，所有も二重化して現れる。一方では拠出資本家＝株主は株式所有者として所有を代表する所有資本家＝貨幣資本家として現れ，他方では機能資本家は拠出＝出資された諸貨幣資本を結合し現実資本に転化せしめ，その機能を代表する資本家として企業の活動を管理する。この場合，機能資本家は資本の非所有者であり，他人の所有になる資本の管理者である。企業活動の管理者，つまり経営者として彼は，その資本を用いて事業に必要な生産手段と労働力を購買し結合せしめ，その機能を管理・監督する。この過程において彼は他人の労働の搾取者として賃金労働者を支配し搾取する。生産過程内においては機能資本家は賃金労働者に対しては生産手段の所有者＝資本の所有者であり，所有の代表である。したがって彼は賃金労働者に対しては所有と機能とを統一した資本の人格化としての資本家であり，その代表である。ここでも資本と賃労働との関係，支配と被支配，搾取と被搾取との関係，つまり資本の人格化としての資本家の意思と意識が疑問の余地無く貫徹すると理解すべきであろう。

　しかしこうした関係は，上記の如く転倒して現れる。株式会社それ自体の擬制資本化が発展すると，株式会社の結合資本は次のように転倒して現れ，利潤

は利子の形態で，資本所有の単なる報償として受け取られる。例えば結合資本＝現実資本100億円で，年利潤率15％が予測でき，一般的利子率が5％であるとすれば，その利潤＝収益15億が一般的利子率5％を基準とする資本還元によって会社資本＝現実資本100億円が300億円に資本化される。つまり擬制資本300億円が創造され，自立化する。会社資本（100億円）＝現実資本＝機能資本の株式擬制資本（300億円）への転化であり，利潤を産む資本の利子を生む資本への転化である。

　資本所有が「唯一の資本」として現象するとすれば，資本所有の株式所有への転化の論理段階では株式所有が「唯一の資本」として現象するのである。資本所有＝株式資本所有→貨幣資本家＝株主である。この株式資本が再生産過程から分離・独立した証券市場において独自の循環的流通運動を展開する。投下資本の随時回収可能性が付与され，配当は利子化し，配当率の利子率化＝利子率の利回り化が一般化する。「利子」が資本所有＝株式所有の単なる報償として受け取られる。株主は貨幣資本家との形態的同一性を付与され，株主の同等性・平等性が確立する。他方，それに対応して，株式会社においては機能が所有から分離・解放されており，したがって労働も生産手段および剰余労働も所有から分離・解放されている。資本の生産過程は労働過程として現れ，機能資本の存在意義は消え去る。現実に機能する資本家なる者は単なる機能者，管理者，つまり労働者へ転化し，労働賃金を受け取る単なる労働者として現れる。

　このように所有が機能から分離し外化して本来の所有と合一・一体化している機能が切り離されれば，生産過程は労働過程に，資本機能は単なる一機能に解消され，機能者は単なる「資料的担い手」として労働者に，賃金取得者に転化する。機能者が労働者に転化すれば，資本と賃労働の対立は解消される。しかしこうした現象は仮象であり，事実関係の転倒であり，逆立ちした現象形態である。それはまさに最高次元の擬制化による狂った資本世界の仮象現象である。とはいえ，マルクスは，この逆立ちした現象形態は主観的な見方ではなく客観的な事実に基づく必然性である（a.a.O., S.387. 訳, 469）と述べている。

　だからといってマルクスは，生産過程において機能資本の存在意義が消え去り，その人格化としての機能資本家が消えてなくなると主張しているわけではない。こうした逆立ちした現象形態が客観的な事実に基づくものであるからと

いって，この現象形態に基づいて成立する観念形態の必然性とを同等視してはならない。両者はまったく別のことがらである。前者はそれがいかに本質を歪曲し隠蔽するものであるとしても，それ自体は主観的な見方ではなく客観的な事実に基づく必然性であり，人間の意識から独立した客観的な事実に基づいて成立した現象形態である。それに対して後者はかかる現象形態に囚われた見方であり，逆倒的な観念形態であり，錯覚・幻想以外の何ものでもないのである。

　機能を分離した所有としての資本＝株式資本は貨幣資本へ転化し，その人格化としての株主は貨幣資本家との形態的同一性を付与される。それは擬制であり，現実には擬制資本以外には何一つ存在するものはないのであるが，それは客観的な事実に基づく必然性なのである。この擬制化による株主の貨幣資本家化に対応して所有から分離・解放された機能資本の機能は単なる機能に，その人格化としての機能資本家は単なる機能者に，単なる管理人・支配人に，そして労働者に転化し賃金労働者となる。こうした現象形態は主観的なもではなく客観的な事実に基づく必然性なのである。が，それは事実関係の転倒であり，本質の逆立ちした現象形態である。留意すべきことは，この転倒した現象形態に囚われて，この現象形態をそのまま「真なるもの」として受け入れてしまうことである。それは逆に，客観的事実に基づかないで，そのまま「転倒した現象形態」を「真なるもの」とする主観的認識であり，一つの幻想，一つの錯覚以外の何ものでもない。こうした認識に立つ限り，現象から本質，本質から現象へという科学的分析の過程は閉ざされることになる。

　かくして次のような物神性に囚われた観念形態が必然化する。すなわち，株式会社においては自然人資本家は存在しない。所有から分離・解放された機能資本の機能は単なる機能となり，その機能過程は単なる労働過程である。機能資本家は「質料的担い手」として単なる機能者となり，単なる管理者・支配人となり，労働者となる。賃金労働者として資本家の労働も労働者の労働も同じものである。かくして株式会社では資本機能，管理労働は賃金労働者によって担われる……と。しかしこのような認識は正当化できるだろうか。それは客観的事実に基づいて必然的に成立する逆立ちした現象形態をそのまま「真なるもの」として受け入れた観念的見方であり，かかる現象形態に囚われた幻想であり，錯覚以外の何ものでもない。

こうした現象形態は仮象ではあるが，しかしそれは単に主観的な観念でなく客観的な事実に基づく転倒した現象形態であり，かかる物神性に囚われた観念的現象こそが主観的な錯覚や幻想によってつくり出された，それ自身錯覚・幻想形態であるといわざるをえない。資本主義的生産の最高の発展のこうした結果こそは，資本が生産者の所有に，しかしもはや個々の生産者の私的所有としてではなく，結合された生産者としての彼らの所有，直接的な社会的所有に再転化されるための必然的な《通過点》である。他方では従来はなお資本所有と結びついていた再生産過程上のすべての機能が結合された生産者たちの単なる諸機能に，社会的機能に転化されるための《通過点》である（*Das kapital*, Ⅲ. S.452. 訳, 557 頁）。

第12章 『金融資本論』と株式会社(1)

I 問題の所在

　ヒルファディングによれば，「現代」資本主義の発展は「株式会社の勝利とその諸理由なしにはまったく把握されえない。」したがって，株式会社の経済的諸特質の解明こそは「最近の資本主義的発展の理解にとって決定的な重要性をもつ。」それゆえに，「最近の資本主義的発展の経済的諸現象の科学的把握」は，なによりもマルクスによって把握された株式会社の理論——資本主義的生産における信用の役割の天才的スケッチ——をいかに継承し発展させるか，マルクスの株式会社論の論理段階をこえて措定される近代株式会社制度の経済的諸特質をいかに解明できるか，その経済理論的分析が要請されたのである。では，『金融資本論』第二篇「資本の可動化。擬制資本」第7章「株式会社」論はどのように把握されるべきか。そこでまず，「株式会社」論の検討に先だって，「株式会社・証券取引所→信用・銀行制度の構造的変化」を基軸論理とする第二篇「資本の可動化。擬制資本」論の論理構成を極く簡単に示しておこう。ヒルファディングはまず「現代」資本主義の特徴について次のように述べている。
　「『現代』資本主義の特徴をなすものは，かの集積過程であって，それは，一面ではカルテルやトラストの形成による『自由競争の止揚』において，他面では銀行資本と産業資本とのますます緊密なる関係においてあらわれる。この関係を通じて，資本は金融資本という形態をとる。」
　ヒルファディングはまた次のように述べている。「産業における集積は同時に銀行の集積をもたらす。銀行の集積は銀行業自身の発展条件により，いっそう強められる。……銀行の集積とともに銀行が信用供与者および金融機関として参加する産業企業の範囲も同時に増大する。」

このように,「現代」資本主義の特徴をなすこの集積過程は,一方での(1)産業的集積・集中→独占形成と他方での(2)銀行集積・集中→銀行連合・独占形成という二側面の集積過程であり,この集積過程に対応し,この二側面の集積過程を媒介する(3)「銀行資本と産業資本の緊密化」→資本の金融資本への転化過程からなるものとして「現代」資本主義の論理体系化,その支配資本範疇たる金融資本の論理体系化を試みている。

『金融資本論』第三篇第11章「利潤率の均等化における諸障害とその克服」で論述されているが,前者＝産業的集積の過程は次のような論理展開を特徴とする。すなわち,重工業部門における結合資本――株式会社――の形成→生産規模の飛躍的拡大→資本の有機的構成の高度化→固定資本の巨大化・最低必要資本量の厖大化→資本の部門間流出入困難・利潤率の部門間格差→少数化・同等化した大規模資本間の死活的競争→利潤率の低下→競争制限」という産業的集積・集中の論理であり,それは,かかる再生産過程における競争諸条件の構造的変化に基づく「自由競争の独占への転化」という産業における集積→競争制限・独占形成の論理系譜を形成するものである。またそれは,所有の集積・集中から分離・解放された産業的集積・集中＝経営・企業集中の展開であり「競争戦の結果が先取りされる」過程であり,それによって「生産力の無益な破壊と浪費とが省かれる」集積・集中過程のことである。他方,後者＝銀行集積の過程は次のような論理展開を特徴とする。すなわち,前者の過程の展開に対応して「信用→株式会社・証券取引所→信用・銀行制度の構造的変化（銀行資本の再規定）→銀行集積・集中→銀行連合の形成」という信用・銀行制度の構造的変化の論理であり,それは,かかる構造的変化に基づく「競争の独占への転化」という銀行業における集積→競争制限・独占形成の論理系譜を形成するものである。またそれは,産業的集積・集中過程から分離された金融市場＝証券市場における純然たる所有集積・集中の展開過程のことである。この二側面の過程的進行に伴う連携・結合関係の展開過程は「銀行資本と産業資本との緊密化」→「資本の金融資本への転化」という競争制限・独占段階における支配資本の析出,その範疇的規定の論理系譜を特徴とするものである。

ヒルファディングによれば「産業と銀行の二側面の集積の進展につれて,銀行資本と産業資本との諸関係はますますもつれあって」複雑な重層的諸関係を

なして展開していくと同時に，後者の過程的進展がさらに前者の過程を促し，それがまた後者の過程を制約．促進しながら，一面ではカルテルやトラストの形成による「自由競争の止揚」と，他面では，信用・銀行制度の構造的変化→銀行連合・銀行独占の形成，およびこの二系列の内的関連を媒介する銀行資本と産業資本とのますます緊密なる関係を通じて「資本の金融資本への転化」とが導きだされる，という論理構成を特徴とする。この論理的道筋が「最近の資本主義的発展の経済的諸現象」の特徴をなすものであり，その理論的分析・科学的把握は，なによりも株式会社の経済的諸特質の解明を，したがって，その経済理論的把握を要請されるというわけである。

　ヒルファディングはそのような株式会社の理論的解明を「個人企業の株式会社への転化」，「個人企業と株式会社の根本的な経済的差異」の分析的検討を通じて明らかにする。しかし従来の経済学は，両企業形態の単なる組織形態の差異とそれから直接に生じる諸結果とに求めるだけで，その根本的経済的差異に立ち入ることを怠った[4]。ここでもマルクス主義における経済理論の継続的形成の問題が指摘される。したがって，最近の「経済的諸現象」を科学的に解明するためには，なによりも「資本主義的生産における信用の役割の天才的スケッチにおいて株式会社の形成を信用制度の帰結」として把握したマルクスの理論をいかに継承し発展させるのか，換言すれば，近代的資本主義の発展の理論的解明に決定的重要性をもつものとして，マルクスの株式会社論――『資本論』と株式会社――の論理段階を超えて措定される近代株式会社の根本的・経済的諸特質をいかに経済理論的に把握できるのか。ヒルファディングの株式会社論の分析課題はこの点にあったといえよう。

　『金融資本論』第二篇「資本の可動化。擬制資本」第7章「株式会社」においては，「擬制資本」としての株式会社の一般理論化が試みられている。ここでの擬制資本とは株式擬制資本のことであり，したがって，その理論的解明には何よりもまず，資本流動化の論理が解明されなければならない。その論理的解明によってはじめて産業における現実資本＝産業資本の株式資本化，株式資本の擬制資本化，擬制資本の貨幣資本化が析出され，産業資本→株式資本→擬制資本，つまり擬制資本化した株式会社の一般理論の形成が分析的に解明される。株式会社の結合資本は株式資本に転化することによって所有と機能とが分

離し自立化する。結合資本は所有としての資本＝株式資本と機能としての資本＝現実資本とに二重化し，独自の存在様式を確立するのである。結合資本としての現実資本は結合資本→株式資本化，擬制資本化を介して所有から切り離された機能としての資本に転化しているのである。産業企業者の機能からの産業資本家の解放であり，産業資本家の機能変化である。

　そのようなものとしての株式会社の理論形成にあたって，最少必要な限りで，この論理段階において予め資本流動化の形成・展開場面である証券市場における株式資本の擬制資本化が説かれているのである。株式会社の一般理論的分析を課題とするこの論理段階では株式会社の成立の必然性は前提であり，したがってその成立諸条件もまた前提にしなければならない。産業資本→株式資本→擬制資本への転化は論理的前提として株式会社の分析がなされなければならないということである。それはまた，証券市場の一般理論的分析のためには最低必要な限りで産業資本→株式資本→擬制資本への転化が論理的に確認されていなければならないのである。

　資本所有の株式資本所有への転化，つまり所有の証券化に伴う「産業資本家の機能変化」と「株式の売買可能性」の形態規定とは資本の流動化──資本の二重化およびそれに対応した所有の二重化──の論理に基づくが，同時にそれは一方における機能としての資本＝現実資本の再生産過程における価値増殖＝剰余価値・利潤の産出と，他方ではそれを形成基盤とする産業資本→株式資本→擬制資本への転化，擬制資本化した株式資本の証券市場における配当取得として現れる。すなわち，証券市場においては「平均利潤を生む資本の平均利子を生む資本への転化」→配当の利子化が析出され，それとの関連において創業者利得の形成メカニズムが明らかにされているが，それはまた資本所有の株式資本所有への転化──所有の証券化──によって，株式会社の一般化の段階における資本の平等性・同等性の株式資本の同等性・平等性への転化の論理である。こうして諸資本の競争は証券市場における擬制資本化した株式資本の流通運動を介して利潤配当，創業者利得，売買差益（この次元では省略する）をめぐる株主間の競争に転化する。こうした論理の展開は資本の流動化によって実現するが，資本の流動化は証券市場を形成・展開基盤とする。

　資本の流動化メカニズムの確立段階では，生産過程への投下資本の固定化に

よるその制約が解除される。証券市場において資本の流動化が実現し資本の動員と結合が可能になったからである。「株式会社には……すべての自由な貨幣資本が用立てられる」という資本の流動化に基づく資本の社会的動員と結合とが可能となったのである。このように資本の流動化→資本の動員と結合こそは株式会社の基本的特質である。資本の社会的動員と結合は，一方では現実資本＝機能資本を形成し，他方ではその名目価値である株式資本を形成する。株式資本は所有としての資本であり，機能としての資本である現実資本から分離・解放され，証券市場において擬制資本化した株式資本の所有運動を展開する。他方現実資本＝機能資本は所有としての資本から分離・解放され，再生産過程において価値増殖のための循環的運動を展開する。所有の証券化に伴って所有は株式証券に転化し株式資本を形成する。所有としての資本＝株式資本は持分に分割・証券化される。各個の株主はその持株数に相応しい大きさの人格化した株主として株主総会の構成メンバーとなる。株式会社にあっては各個の所有は全所有＝結合・共同所有の構成要素となり，株主総会→〈会社法人〉→取締役会──いわば所有→所有と機能の擬制的統一→機能──という重層的な総合的機構を媒介とする所有と機能の分離に基づく再統一，所有による機能の支配，したがって多数株所有者＝支配株主の全資本支配が貫徹する。所有として結合は結合所有であり，結合所有の証券化である。したがって株主総会における全所有の意思決定＝合意形成が株式民主主義を原則とする一株一票の多数株議決制によって実現するのである。つまり多数株所有者＝支配株主＝支配的株主集団による全資本支配が必然的なものとなる。ヒルファディングの株式会社論の基本的特徴である。

　この論理段階では銀行との関連は問題にはなりえない。しかし，動員すべき社会の貨幣および貨幣資本がほとんどすべて銀行に集合・集積されている発展段階では，株式会社の資本の調達は銀行に依存せざるをえない。「出資」と「貸付」との二様の方式による「銀行資本の産業資本への転化」がそれである。銀行制度は発行業務・金融業務を新たな機能（第三の機能）として取り込み，本来の信用業務と一体化・兼営化することによって構造的変化をとげた。銀行は貨幣資本を産業資本，株式資本および擬制資本に転化し，かつこの転化を自ら実行することによって，この論理段階における産業側の貨幣資本要請に積極

的に応えたのである。銀行は一方では貸手の代わりに，すべての貸手を集積しその代表者として対応し，他方では借手を集積しすべての借手に代わって貸手に相対する貨幣市場の絶対的支配者として信用業務を担当してきたが，さらに発行業務・金融業務を契機とする個人資本の結合資本への転化，個人企業の株式会社への転化を媒介し産業企業の構造的変化に対応していく。銀行は発行業務を第三の機能として担当することによって，証券市場を擬制資本化した株式資本の循環的流通運動の展開市場として捉え，資本市場と連結し金融市場の構成要素とするのである。証券市場は擬制資本化した株式資本の流通運動の場面として，さらにはこの擬制資本の運動過程に吸着し寄生しながら自立的な独自の運動態様を獲得する投機取引の場面として重層的・複合的機構として制度化される。こうして証券市場は資本流動化機構として所有集積・集中のための新たな投資，新たな投機の場面となり，この論理段階特有の銀行資本と産業資本との新たな結合的諸関係を展開せしめるのである。ヒルファディングによる近代株式会社の一般理論的分析である。

II 株式会社論の展開方法

1 株式会社論の論理構成の概要――所有の株式所有への転化，資本の流動化。株式資本の貨幣資本化・株主の貨幣資本家化

　ヒルファディングの株式会社論は株式会社・証券市場論である。それは『金融資本論』第二篇第7章「株式会社」と第8章「証券取引所」との一体的関連性において展開されており，株式会社論は企業形態を核とする擬制資本論である。それは資本の二重化，それに対応する所有の二重化による「所有の株式所有への転化」＝資本の流動化，資本の動員と結合の三機能を併せもつ近代株式会社であり，証券市場と連結した株式会社制度として信用制度論的に把握されている。証券市場論は後述するように株式会社論を論理的に前提とする位置に措定されているが，それは近代的な株式証券市場に関する経済理論的分析・その一般理論化であり，その特徴は一般的利子率の決定機構の発展を基礎に再生産過程から相対的に自立した，その最も上部の構造として資本の流動化→擬制資本の流通運動――所有集積・集中――の場＝機構であり，かつ投機取引がこ

の流通運動に吸着・寄生しながら自立した独自の存在様式として特有の機能を付与される場＝機構でもあるという点である。なお，擬制資本市場としての証券取引所の本来的諸機能に関しては，第7章第1節「配当と創業者利得」において擬制資本としての株式会社の一般理論化における配当の利子化――利潤を生む資本の利子を生む資本への転化――と，それに伴う創業者利得の形成メカニズムの理論的解明に予め最少必要な限りで考察されているが，そうした諸論点に関しては，第8章第2節「取引所の諸機能」において詳細な分析的検討が試みられている。

　『金融資本論』第二篇第7章「株式会社」論は第1節「配当と創業者利得」，第2節「株式会社の金融。株式会社と銀行」，第3節「株式会社と個人企業」，第4節「発行活動」から成っている。第1節では，まず資本の流動化――所有の株式所有への転化――に伴う貨幣資本→産業資本→株式資本→擬制資本への転化，擬制資本化した株式資本の貨幣資本化，したがって，その人格化としての株主の貨幣資本家化が分析的に明らかにされている。所有の株式所有への転化は，一方では再生産過程――内在的諸要因――の分析視点から資本の流動化に基づく産業資本家の機能変化と，他方では，それと有機的，あるいは一体的関連で証券市場――外在的諸要因――の分析視点から株式の売買可能性に基づく産業資本→株式資本→擬制資本への転化，擬制資本化した株式資本の貨幣資本化，したがってその人格化たる株主の貨幣資本家化とが説かれている。この二側面の一体的関係を通じて資本の流動化を説き，その機構である証券市場における一般的利子率を基準とする企業者利得の資本還元・擬制資本の創造による配当の利子化と創業者利得の発生が解明されている。

　株式会社の資本は多数の個別資本の出資による結合資本である。この結合資本は証券市場を介して株式資本に転化し擬制資本化される一方で，所有と機能が制度的に分離し，各々自立化した独自の運動様式を確立する。それは，一方では現実資本となり，再生産過程において機能資本の循環的運動を行い，剰余価値・利潤を産出する。他方ではその名目価値たる株式資本が持分に分割・証券化され，証券市場において資本還元されて擬制資本となり，自立化した擬制資本の循環的流通運動を行い，利子化した配当と創業者利得を可能にする。後者すなわち証券市場こそは，所有の株式所有への転化による所有運動の具体的

な展開の場＝機構であり，配当の利子化と創業者利得の発生市場＝機構である。そこでまず，資本の二重化，それに対応する所有の二重化のうち，基底的・実体的側面である現実資本＝機能資本の再生産過程における循環的な価値増殖運動については，差し当たりそれを前提にして，この現実資本＝機能資本の循環・回転運動過程から切り離された，所有としての資本である株式資本の運動，株式資本の擬制資本への転化，および擬制資本化した株式資本の流通運動の機構的分析に焦点が向けられる。なぜなら，その分析的解明こそが会社企業それ自体の擬制資本化に基づくその特徴を解明できるからである。

2 『資本論』の理論の継承と発展

株式会社の理論的分析にあたって，留意すべきことは配当と創業者利得の源泉・実体は剰余価値・利潤であるが，そのための資本主義的生産過程＝価値増殖・蓄積過程の分析はヒルファディングの場合，マルクスが『資本論』第一巻であますところなく与えている，という視点に立脚していることである。彼は株式会社・証券市場の分析の際には，生産過程・価値増殖過程の分析に関しては『資本論』第一巻の分析を基礎・前提としたのである。すなわち，この論理段階ではマルクスの分析的解明以外にあえて付け加えるべきなにもないと彼は考えたからである。また同時に，株式会社は上述の如く企業形態であるが，企業それ自体，株式資本→擬制資本化され，その資本と所有は二重化して現れる。したがってその分析的解明は，産業資本→株式資本→擬制資本であり，それゆえにまた擬制資本→株式資本→産業資本として擬制資本化した株式会社が対象でなければならない。そうだとすれば，ヒルファディングによるマルクス経済学説の修正＝歪曲の端緒的かつ基底的性格は，かれがその分析において生産過程を回避し，資本主義の内的関連の隠蔽されている交換や市場，すなわち流通過程を出発点としたところにあったとする従来の批判は正鵠を射たものとはいえない。

差し当たり，配当と創業者利得発生のメカニズムを『金融資本論』の理論に即して分析的に解明するが，その際，証券市場はその解明に必要な限りでのみ前提にされている。この資本の流動化は第2節の資本支配の論理——所有の株式所有への転化——による所有集中に基づく支配集中の理論的前提条件をなす

ものである。それはまた第1節の，産業資本の株式資本化，株式資本の擬制資本化＝貨幣資本化，したがって，株式所有者としての株主の貨幣資本家化をなすものであり，そこから，この節の主題である「平均利潤を生む資本の平均利子を生む資本への転化」による「配当の利子化」と「創業者利得の発生」とが導出されているのである。

3 株式会社の三機能（資本の流動化・動員・結合）

ところで，資本の流動化――所有の株式所有への転化――の論理は，株式会社における資本の動員と結合にとって理論的な基礎・前提条件をなすものである。この三機能（資本の流動化および動員と結合）の関連は，資本の流動化を基礎，前提として動員と結合およびそれに伴う所有構造の変容と支配の形態変化とが説かれている。そしてさらに，これら三機能の有機的な総体的関係をふまえて，社会的な資本の動員と結合とを一体化した株式会社の結合資本が一方では機能から分離した所有の側面として産業資本（機能を分離）→株式資本→擬制資本の形成と他方所有から分離した機能の側面として産業資本（所有から分離した機能としての資本）→現実資本・機能資本の形成が解明されている。

資本の流動化に基づく資本の動員と結合とによって株式会社の結合資本が形成されるが，結合資本→株式資本→擬制資本化を介して株式会社の資本は，一方では，機能から分離して，証券市場において株式資本の擬制資本への転化，擬制資本化した株式資本の流通運動――所有集積・集中運動――を，他方では所有から分離・自立して，再生産過程において現実資本＝機能資本の循環・回転運動――産業的集積・集中運動――を形成すること，株式会社制度はこの二側面を包摂した社会的・経済的機構であること，さらに所有の内部機構として株主総会と機能の内部機構として重役・取締役会とを併設し，それらを内的に結合し統一的に運用する，いわば総合的企業形態であるということである。

かくして株式会社制度は次の二側面――集積過程の二側面――の論理展開上の主要な梃子としても位置づけられる。集積過程とは一方における産業集積・集中と他方における銀行集積・集中の二側面の過程である。すなわち「産業における集積は同時に銀行の集積をもたらす。」この二側面の集積は「銀行資本と産業資本との緊密化」を加速させる。この集積過程は一方での「株式会社制

度の発展→生産の飛躍的拡大→資本の有機的構成の高度化→固定資本の巨大化・最低必要資本量の厖大化→資本の流出入困難→利潤率の部門間格差→少数化・同等化した巨大資本間の死活的競争→利潤率の平均以下への低下」という競争諸条件の構造的変化→競争制限・独占的諸結合の形成の過程である。他方，この過程進行に対応的に「株式会社・証券市場→信用・銀行制度の構造的変化→銀行業の集積・集中→銀行連合・独占の形成」の過程であり，そして同時に，この二側面の集積過程は「銀行資本と産業資本との緊密化」→資本の金融資本への転化の過程である。ヒルファディングの株式会社・証券市場論はその一般理論的分析を踏まえて，このような金融資本論体系の基礎理論をなすものとして位置づけられている。

III 株式会社の基本論理

1 産業資本家の機能変化

『金融資本論』第二篇「資本の可動化。擬制資本」第7章「株式会社」は，第1節「配当と創業者利得」，第2節「株式会社の金融。株式会社と銀行」，第3節「株式会社と個人企業」，第4節「発行活動」からなっている。「配当の利子化→創業者利得の形成」の論理段階では，一方における産業諸部門間の諸資本の自由な競争を媒介する利潤率の均等化・平均利潤率の形成と他方における利子生み資本の運動を媒介する一般的利子率の決定機構の確立，それを基礎・前提とする資本の流動化機構＝証券市場が擬制資本の流通運動の場として発展する。が，そうした諸関係の発展に伴って株式会社は平均利潤率の形成に主導的に参加すると同時に，証券市場における株式の擬制資本化による配当の利子化と創業者利得の発生・獲得を可能にするのである。

株式会社は出資形式に基づく結合資本であるが，それが株式資本を形成し擬制資本化される。そのことによって株式会社の資本は所有としての資本＝株式資本と機能としての資本＝現実資本とに切り離され，制度的に分離し自立した独自の存在様式を確立する。株式会社制度特有の方式による自己資本としての結合資本の形成は産業企業者の機能からの産業資本家の解放をもたらす。それは株式会社の本質的性格をなす。なぜなら，所有からの機能の解放，機能から

の所有の分離によって，株式会社は社会的生産の拡大と私的・個人的所有の制限との矛盾，つまり生産力の発展→生産規模の拡大＝産業構造の量的発展と質的構造化と資本所有の私的・個人的制限との矛盾を止揚し，生産規模の飛躍的拡大を実現し，個人的・個別的諸資本には不可能だった諸企業を会社企業として実現できるからである。それは資本主義的生産様式そのものの限界内での私的所有としての資本の止揚である。したがってまず，株式会社およびその所有者の諸特質が明らかにされなければならない。つまり，「資本所有の株式資本所有への転化」──「所有の証券化」──に基づく資本所有者の機能変化が明らかにされなければならない。それは最近の資本主義的発展を科学的に解明するうえでの株式会社の経済的諸特質の理論的な基礎概念──それ自体株式会社の経済的特質の一つであるが──を解明することであるからである。ヒルファディングは次のように述べている。

「われわれが第一に考察する株式会社は，なによりもまず産業資本家の機能の変化を意味する。なぜなら，それは個人企業によっては偶然的に現れるにすぎないこと，すなわち，産業企業者の機能からの産業資本家の解放を原則として伴うからである。この機能変化は株式会社に投下される資本に，その資本家にとっては純粋な貨幣資本の機能を与える。」[9] 産業資本家の機能変化とは何か。それが産業企業者の機能から産業資本家を解放し，株式会社に投下される資本にとって貨幣資本の機能を，したがって，その所有者＝株主にとって貨幣資本家の機能を与えるとはどういう意味なのか。

株式会社にあっては，産業資本家は元来の企業者，つまり個人企業の企業者のように資本所有と資本機能との一体的存在である必要性から解放されること，所有資本家兼機能資本家として資本機能と資本所有とを合一した独立の個別的存在である必要性が失われ，廃棄されることである。すなわち，それが資本所有からの資本機能の解放，資本機能からの資本所有の分離による産業企業者の機能からの産業資本家の解放ということになる。この分離・解放は機構的・制度的なものであり，株式会社にとっての原則であり，基本的な特質をなすものである。しかし個人企業の場合，所有と機能の分離，産業企業者からの産業資本家の解放は原則としてありえない。ここでの資本家は両機能を一身に兼ね合わせている資本家であるからである。したがって，個人企業にあっては株式会

社におけるそのような分離・解放は偶然にしか生じえないのである。

　個人企業の場合,「産業資本家は,産業資本家としては彼の全資本を一定の企業に投下する。そのための前提は,彼の資本がこの産業部門で独立に機能しうるということである。……産業企業者は彼の資本を彼の企業に固定させた。彼はこの企業において生産的にのみ活動し,これと永続的に合生している。企業の収益——産業利潤——は彼の手に帰する。彼が資本を引き戻すには,企業全体の売却によるよりほかはなく,……これは一産業資本家が他の産業資本家によって代わられることを意味するにすぎない。彼は貨幣資本家ではなく産業資本家である。」(10)

　株式会社に投下される資本に貨幣資本の機能を,その所有者＝株主に貨幣資本家の機能を与えるとはどういう意味なのか。この論点の十全な解明は,第8章「証券市場」での資本の流動化の論理において展開されている。が,ここでは予めそれを論理的前提として最低必要な限りで取り上げられている。ヒルファディングは「産業資本家の機能変化」について株式会社が所有資本家と機能資本家との直接的統一の廃棄,その制度的分離を特徴とするものである点を指摘したうえで,まず,分離し相対的に自立した存在＝運動体となる二側面のうち所有資本＝株式資本の貨幣資本化,したがって所有資本家＝株主の貨幣資本家化の側面に焦点を向けて分析的に検討する。何故か。それこそは株式会社論の当面の課題であるからである。マルクスの株式会社論を継承し,それを超える株式会社に関する理論的展開の必要性が強く求められていたからである。理論的には上記の論理系譜上に株式会社を措定することによってはじめて,株式会社が擬制資本として信用制度論的に展開されうるからである。しかしそれは株式会社の主要な側面ではあるが,株式会社論としては分離された他の側面,つまり株式資本の規定的な形成基盤たる機能としての資本＝現実資本の運動,すなわち,再生産過程における機能資本の循環・回転運動 $G-W<{Pm \atop A}...P...W-G'$,したがってこの過程における機能資本の管理・運用との統一的関連の分析は,この後に残された課題として続いて検討されるべきものだからである。上記の如く,この側面は『資本論』第一巻第27章「資本の蓄積過程」を理論的に前提としているのである。なぜなら,「この過程分析はマルクスが『資本論』第Ⅰ巻であますところなく与えている」(11)からである。この点はヒルファデ

ィングが『金融資本論』の中で再三指摘されている通りである。

株式会社に投下される資本に貨幣資本の機能を，したがってその所有者＝株主に貨幣資本家の機能を与えるという産業資本家の機能変化を説くにあたって，ヒルファディングは一転して，まず貨幣資本，したがって貨幣資本家の性格規定について必要な確認を行う。なぜなら，産業資本家の機能変化は貨幣資本の人格化としての貨幣資本家との形態的同一性に求められるからである。そのうえで株主が貨幣資本家と同様の立場にあることの指摘から始められる。

「貨幣資本家は債権者としては，生産過程における彼の資本の使用にはなんら関するところはなく……彼はただ彼の貨幣資本を引渡して，一定期間の経過後に利子とともに回収しさえすればよい。……同様に株主も単なる貨幣資本家として機能する。彼が貨幣を引き渡すのはその代わりに……ある収益を受け取るためである。[12]」

かかる意味において，両者の類似点，つまり同等性が指摘される。この点がまず，「株主にとって貨幣資本家の機能を与える」というその機能の内容を示すものといえよう。とはいえ，しかしそこには二つの違いがある。株式に投下された貨幣資本は，第一には企業収益に対する請求権であるから，確定利子付投下の場合とは異なり，利子率はあらかじめ確定されているわけではないこと，第二には投下資本の還流（回収）が直接規定されてはいないこと，である。この二点はいずれも両者の本来的性格に由来する差異性である。ここでは両者の本質的差異性が指摘されている。が，区別されるべきこの二点において，実は逆に，株主は貨幣資本家と同様のものとなる。ここでは，かかる「差異性」をふまえた両者の形態的同一性把握の観点が明確に示されている。ではいかなる根拠に基づくのか。それには単なる事実の確認ではなく分析的解明が要請される。ヒルファディングは概ね次のように述べている。

まず第一の点について，株式に投下された貨幣資本に対する収益は，利子のように確定されたものではないにしても，まったく不確定なものではない。なぜなら，株式の収益は産業利潤によって規定され，産業利潤は一般的には平均利潤によって規定されるからである。この論理段階では株式会社は平均利潤率の形成に主導的に参加しているのである。とはいえ，貨幣資本家に比して株主は不確定性が大きい。したがって，株主にある程度の危険割増がつかざるをえ

ない。第二の点について，株主が貨幣資本家である——形態的同一性の付与——ためには，その資本を，随時，貨幣形態で回収しうるのでなければならない。しかし，彼の資本は生産資本に転化されており，この資本そのものは，もはや回収できない。とはいえ，株式は収益請求権であり，随時，売買されうるという「株式の売買可能性」の形態規定性を付与されている。株主は株式の売却によって，その資本を，随時，回収しうるのである。つまり，貨幣資本家と同様な地位にあるというわけである。そしてこの株式の売買可能性は証券取引所によってつくりだされる。したがって，この市場の成立・発展が株式資本に貨幣資本の性格を，したがって株主に貨幣資本家の性格を与えるのである。

このように，株式会社に投下される資本に貨幣資本との形態的同一性が付与されるということは，逆にそれによって，いまや産業企業者の機能からの産業資本家の解放を全面的に可能にすること，したがって，産業企業者の機能の変化を意味することになる。(13) 元来の産業企業者は所有資本家であるが故に，機能資本家であった。所有と機能とが合一し産業企業者の機能を構成していたのであるが，いまや，所有から機能が切り離されて外化し，一方では所有としての資本は株式資本に転化し，したがって資本の人格化としての企業者＝産業資本家は株式資本家＝株主となり，他方では機能としての資本は現実資本として，したがって資本の人格化としての産業企業者は単なる機能資本家＝機能者となるということである。

このようにみてくると，株式資本の貨幣資本化，したがって，株主の貨幣資本家化とは原則としてかかる両者の形態的同一性において見出されうるということができる。またその導出の論理的特徴は，一方では結合資本内部における直接的な産業資本家の機能変化の過程と，他方では「株式の売買可能性〔の成立〕」→産業資本家の機能変化の過程とから成っているものということができよう。前者は，株式形態による結合資本の形成→所有資本からの機能資本の分離・解放による産業資本家の機能変化→単なる機能者への転化であり，再生産過程の内在的諸契機をなし，外的契機と結合するものといえよう。後者は，機能資本からの所有資本の分離・解放による証券市場における所有資本＝株式資本——持分に分割・証券化された株式の売買可能性の成立——→株式資本の擬制資本化，擬制資本化した株式資本の貨幣資本化，その人格化としての株主

の貨幣資本家化であり，再生産過程の内的契機と結合・連動した外在的諸契機をなすものといえよう。

しかしながら，これらの過程がどのような論理必然的展開を通じて，一方では産業企業者からの産業資本家の解放を可能ならしめ，他方では株式の売買可能性の成立→株主の貨幣資本家化を導き出しえたのか，また，この両過程がどのような内的・有機的関連性をもち，全体としてどのように株主の貨幣資本家化が導きだされうるのか，といった株式会社・証券市場の一体的な成立の論理的必然性は論述されていない。しかしこの論理段階の分析課題は株式会社の分析的解明による近代的株式会社の一般理論の体系化であり，その必然性の論理は考察の対象外に置かれているものと考えられる。

2 資本と所有の二重構造化→利潤分配構造の変容——産業利潤と「収益の利子化」=「配当の利子化」

株式の売買可能性が成立・発展し，株主が貨幣資本家との形態的同一性を確立すると，逆にこんどは，貨幣資本家はその性格を株式形態で資本を投下する場合にも保持する。したがって，この論理段階では，自由な貨幣資本は確定利子付貸付への投下を競争するのと同様に，利子生み資本として株式への投下を競争することができるようになる。株式の売買によって，一方では株主はいつでも投下資本を回収して貨幣資本家となりうるし，他方では貨幣資本家はいつでも株式を購入して株主となりうる。こうして種々の投下可能性をめぐる競争は，株式の価格を確定利子付投下に接近させて，株主にとっては産業利潤からの収益を利子に帰着させる。つまり，株式の価格は支配的利子率で資本還元された額にまで接近し，それに対する配当は利子程度にしか当らなくなるということである。したがって，「この利子への帰着は，株式制度および証券取引所の発展とともに進行する一つの歴史的過程である。株式会社が支配的形態でなく，株式の売買可能性が発達していない間は，配当のうちにも利子だけでなく，企業者利得も含まれているであろう。」[14]

ここでは配当の利子化と創業者利得の発生は，信用・銀行制度の発展→利子率決定機構の確立と株式会社・証券市場の発展を基礎・前提とする。つまり再生産過程における生産価格－平均利潤率の形成・一般化と他方一般的利子率を

基準とする株式資本の擬制資本化とその自立的流通運動とを通じて推進されるのである。しかし「株式会社のもとでは，産業は産業資本へのその転化がこれらの資本家に平均利潤ではなく，ただ平均利子をもたらしさえすればよいという貨幣資本をもって経営される。」なぜなら，「配当の利子化→利子化した配当」・「利子率化した配当率」の「成熟」段階では，株式会社に投下される資本には貨幣資本の性格が付与され，したがって，その資本の所有者たる株主にも貨幣資本家と同じ地位が，つまり，その形態的同一性が付与されているからである。株式会社の資本がそうしたものとして規定される限り，いまや産業はこれらの投下資本に，したがって，その所有者たる資本家，つまり株主に平均利子（利子化した配当）をもたらしさえすればよいという貨幣資本をもって経営されるというわけである。

　産業資本は株式資本に転化し株式資本は擬制資本に転化され，この擬制資本化した株式資本に対する配当は利子化しており，各個の株主は持分に分割・証券化された株式に対して利子化した配当を取得し，あるいは株式を売買することによって投下資本を回収しうるという地位を獲得しているのである。つまり株主はこの二つの条件を手に入れることによって貨幣資本家との形態的同一性を付与されるのである。そうだとすれば，しかしここに明朗な矛盾が生ずる。配当が利子化すれば，総利潤マイナス利子＝企業者利得部分は一体どこへ消えたのか，ということになる。そこから「配当の利子化」に伴う企業者利得部分の行方の分析を通じて創業者利得の析出という論理的展開の方向が，再生産過程における機能資本の循環的な価値増殖運動との関連において提起される。ヒルファディングは次のように述べている。

　「しかしここに一つの明朗な矛盾が生ずるようにみえる。株式資本として用立てられる貨幣資本は，もちろん，産業資本に転化される。……この資本は正常な事情のもとでは，やはり平均利潤をあげるであろう。株式会社が，ただ利子だけを株主にもたらすような収益を分配するために，その商品を平均利潤以下に売り，利潤の一部を自発的に放棄するということは，不可能な仮定である。なぜならば，資本主義的企業は，いずれも，最高可能な利潤の獲得に努め，そしてまさにこの努力こそが，生産価格での，すなわち，費用価格プラス平均利潤に等しい価格での，販売を結果させるのだからである。それゆえ，株式形態

で投下される貨幣資本に主観的に貸付資本，すなわち，利子付資本の性格を与える前述の諸要因は，株式収益の利子への帰着を説明するには十分でないかのようにみえる。」[16]

そうだとすれば，「利潤の他の部分はどこに消えたのか，は不可解のままである。」「配当の利子化」に伴う企業者利得部分の行方が問題になる，というわけである。そしてこの行方は「産業資本の擬制資本への転化」，「利潤を生む資本の利子を生む資本への転化」の論理を通じて，つまり，企業者利得相当分の資本還元による，その一括先取りの形態である創業者利得析出を通じて明らかにされることになる。

そこでまず，この点についての検討にあたって，ここでいわれている「配当の利子化」としての利子とはなにかを確認しておかなければならない。ヒルファディングによれば，それは配当として支払われる利潤が株主にとつては利子として受け取られるという意味での利子である。資本の二重化およびそれに対応した所有の二重化の論理段階にあっては同じ一つの利潤が，一方では機能資本→利潤として生じ，他方では同時に擬制資本→利子〔利子化した配当〕として受け取られるということである。したがって，配当の利子化とは，配当が産業利潤が企業者利得とともに分割せられるところの利子にまで「縮減」されることを意味していると理解してはならない。ヒルファディングは個人企業の株式会社への転化，所有の株式所有への転化による「資本と所有の二重化」の論理を明らかにしたうえで，先に自らが「提起」した「一つの明朗な矛盾」を解決するための注目すべき論点を提示する。そこでまず，次項では「資本と所有の二重化」の論理とはどのようなものかを確認することからはじめよう。

3 「配当の利子化」と資本の二重構造化

「個人企業の株式会社への転化によって，資本の二重化が生じたようにみえる。しかし，元来の株主によつて前貸された資本は，決定的に産業資本に転化されていて，ただかかるものとしてのみ現実に存続している。貨幣は生産手段の購買手段として機能し，生産手段に支出され，したがって決定的にこの資本の循環過程から消え去った。生産による生産手段の商品への転化と，この商品の販売とがはじめて貨幣——まったく別の貨幣——を流通から還流させる。」[17]

個人企業の株式会社への転化についていえば，例えば，株式会社への転化によって20%の利潤率が期待できるとすれば，年2億の利潤を定期的に獲得できると見なされる。市場利子率が5%だとすれば，この利子率5%で資本還元すると40億の資本化＝擬制資本の創出を可能にする。つまり元来の株主によって前貸しされた10億の資本と資本化によって導出された40億の資本との「資本の二重化」である。しかし現実に存在するのは，前貸しされた資本10億だけであり，40億の資本はまったく実体のない架空の資本である。擬制資本40億とはそういう資本である。だから「資本の二重化が生じたようにみえる」ということになる。しかし「この資本は純粋に擬制的であり，現に存在するのは産業資本とその利潤だけである」というわけである。では何故に「資本の二重化」が生じたようにみえるのか。つまり資本の二重化とは何か。

出資形式によって投下された貨幣資本は結合資本を形成する。結合資本は株式資本を形成し，それが持分に分割・証券化されることによって証券市場で随時売買可能性を付与され，市場価格を形成し擬制資本化する。この過程を媒介して株式会社の資本は機能としての資本と所有としての資本とに制度的に分離し，自立化し独立する。一方は現実資本に転化し，他方は株式資本に転化する。前者は機能としての資本であり，後者から分離・自立して再生産過程において機能資本の循環的運動 $G-W<^{Pm}_{A}\cdots P\cdots W'-G'$ を展開する。他方後者は所有としての資本であり，前者から分離・自立化して証券市場において擬制資本化した株式資本の流通運動 $A-G_2-A$ を展開する。各個の株主にとっては利子生み資本の運動 $G-A-G'$ として現れる。つまり株主は貨幣資本家との形態的同一性を付与される。後者は擬制資本化した株式資本であり，その流通運動である。それは純粋に擬制であり，架空資本であり，かかるものとしての擬制資本の運動である。現実に存在するのは現実資本とその利潤だけである。だからヒルファディングは「元来の株主によって前貸しされた資本は決定的に産業資本に転化されていて，ただかかるものとしてのみ現実に存続している」と述べ，その資本は，上記の如く現実資本として再生産過程において価値増殖運動を継続的かつ循環的に展開するというわけである。

しかしいまや，この現実資本は所有から切り離された単なる機能としての資本に転化していることに留意しなければならない。他方，擬制資本は現実には

何ら資本ではないが，その形成基準は配当であり，配当の源泉は生産過程で産出される利潤である。したがって会社の総資本＝現実資本から利潤を予測し，その配当収益を利子とみなして資本化すれば，擬制化された株式資本が形成され，株式資本の所有運動を展開するということになる。続いてヒルファディングは次のように述べている。

「それ〔以後の株式の売買に際して支払われる貨幣〕は，株式会社の資本の，企業の資本の構成部分ではない。それは資本還元された収益証券の流通のために必要な追加貨幣である。同様に，株式の価格〔擬制資本〕もけっして企業資本の部分として規定されているのではない。それは，むしろ，資本還元された収益取分である。かかるものとして，それは，企業に固定されている総資本の可除部分，したがって，相対的に固定的な大きさとして規定されるのではなく支配的利子率で資本還元された収益であるにすぎない。それ故，株式の価格は現実に機能しつつある産業資本の価値（または価格）に懸るのではない。なぜなら，株式は企業において実際に機能しつつある資本の一部に対する指図証ではなく収益の一部に対する指図証だからである。したがって，その価格は，第一には利潤の大きさに……第二には支配的利子率に懸っている。」[18]

繰り返すが，「株式は……将来の生産に対する債務請求権，収益指図証である。この収益が資本還元されて，このことが株式の価格を成立させるので，この株式価格において第二の資本が存在するかのようにみえる。この資本は純粋に擬制的である。現実に存在するものは産業資本とその利潤だけである。」[19]

こうして「現実に機能しつつある産業資本」とは別個に第二の資本，つまり，擬制資本が成立する。しかし，この資本は純粋に擬制的であり，現実に存在するものは産業資本とその利潤だけであるというわけである。しかし，このことは，この「擬制資本」が計算上では，現に存在していて「株式資本」としてあげられることを妨げるものではない。ここでは株式会社と証券市場とが連結しており，その一体的把握としての株式会社制度の基本的構造，つまり，資本の二重構造化とそれに対応した運動態様とが明らかにされている。資本の流動化メカニズムの確立段階では，元来の株主によって前貸しされた資本は，上述のように，一方では産業資本に転化され，再生産過程において産業資本としての循環運動 $G-W<^{Pm}_{A}\cdots P\cdots W'-G'$，つまり，機能資本としての価値増殖運動を

通じて剰余価値・利潤を産出するが，他方ではこの貨幣資本額を表示する株式資本が持分に分割・証券化され，資本還元された収益請求権として証券市場において売買されうるものとなり，再生産過程の外部に，つまり，そこから最も疎外された証券市場において第二の資本が成立し，それが擬制資本化した株式資本として独自の流通運動 $A-G_2-A$ を展開するというわけである。

このように，証券市場における株式資本の流通運動 $A-G_2-A$ が形成・展開されるようになると，それは各個の株主にとっては，貨幣資本・利子生み資本の運動形態 $G-A-G'$ をとるものとしてあらわれる。なぜなら，株主は定期的収入として利子化した配当を取得し，株式の売却 ($A-G$) を通じて，投下資本を随時回収できるからである。株式には「売却可能性」「譲渡可能性」の形態規定性が付与され，株主は貨幣資本家との形態的同一性を獲得しているからである。「資本の二重化」はこのように理解されなければならない。証券市場における擬制資本の独自的流通運動が成立し，そこにおいて資本還元された収益請求権としての株式の売買＝株式取引が展開されるようになる。「配当の利子化」――「利子化した配当」――の論理段階にあっては，各個の株主にとって株式への資本の投下は形態的にも内容的にも利子生み資本としての資本の運動としてあらわれることになる。こうしていまや，事実関係は次の如く逆立ちしたものとなる。

会社の総資本＝現実資本から利潤を予測し，その配当収益を利子とみなして資本化すれば，擬制化された株式資本が形成され，株式資本の所有運動を展開する。「それ〔以後の株式の売買に際して支払われる貨幣〕は，株式会社の資本の，企業の資本の構成部分ではない。それは資本還元された収益証券の流通のために必要な追加貨幣である。同様に，株式の価格〔擬制資本〕もけっして企業資本の部分として規定されているのではない。それは，むしろ，資本還元された収益取分である。かかるものとして，それは，企業に固定されている総資本の可除部分，したがって，相対的に固定的な大きさとして規定されるのではなく支配的利子率で資本還元された収益であるにすぎない。それ故，株式の価格は現実に機能しつつある産業資本の価値（または価格）に懸るのではない。」[20] 事実関係の転倒である。この転倒した擬制資本の蓄積運動が証券市場を通じて現実の経済社会を支配する資本力となって現れるのである。

以上は擬制資本市場＝証券市場・証券取引所の一般理論的把握であり，近代株式会社の基礎規定をなすものといえよう。この点に関しては後述する。このように，個人企業の株式会社への転化による「資本の二重化」の論理を展開したうえで，上述のように，ヒルファディングは先に提起した「一つの明朗な矛盾」を解決するための注目すべき論点を析出する。すなわち，「それ故『株式資本』の総額，したがって資本還元された収益請求権の価格総額ははじめに産業資本に転化された貨幣資本と一致することを要しない。」[21]そこで，どうしてこの差が生じうるのかが問われなければならない。

IV　株式会社の資本蓄積様式

1　創業者利得と利潤生み資本の利子生み資本への転化

　ヒルファディングは，上述の「この差」の追跡によって，先の問（自問）に対する解明を試みると同時に，「一つの明朗な矛盾」の解決を図るのである。
　「100万マルクの資本をもつ一産業企業があるとしよう。平均利潤〔率〕が15％，支配的利子率5％とする。この企業は15万マルクの利潤をあげる。しかし15万マルクという額は，年収として5％で資本還元されれば，300万マルクという価格を持つだろう。5％では貨幣資本は，おそらく確定利子付の確実な証券しか引受けようとしないであろう。しかしわれわれは高い危険割増をつけることにし，これを2％としよう。さらに管理費・役員配当等を考慮せねばならない。これらは企業の利潤から支出されなければならないものであり，個人経営ならば株式会社とちがって省かれたであろうものである。これらのために，処分可能な利潤を2万マルクだけ削減するとすれば，13万マルクが分配されることになり，これが株主に7％の利子を提供すべきものとなる。そうすれば，株式価格は……約190万マルクに等しい。しかし15万マルクの利潤を生むためには，100万マルクの資本しか必要ではなく，90万マルクは自由である。この90万マルクは利潤を生む資本の利子を生む〔配当を生む〕資本への転化から生ずる。それは，株式会社形態から生ずる比較的高い管理費が利潤を減らすことを考慮しないとすれば15％で資本還元された額と7％で資本還元された額との差に，すなわち平均利潤を生む資本と平均利子を生む資本

との差に等しい。この差が『創業者利得』としてあらわれるのである。それはただ利潤を生む資本の利子を生む資本形態への転化から生ずるにすぎないところの，利得の一源泉である。」[22]したがって，「企業者利得に等しい部分はどこに消えたのか」という先の問に対しては，企業者利得に相当する部分はどこかに消えたのではなく，資本還元されて創業者利得として一括してあらわれる[23]，というのである。ここでは『資本論』第三巻第5篇「利子と企業者利得とへの利潤の分裂。利子生み資本（続き）」，第29章「銀行資本の諸成分」(SS.482-484, 訳, 594-597頁)における擬制資本の一般規定を継承し，それを株式会社・証券市場の一定の発展段階における資本の流動化を媒介とする，貨幣資本→産業資本→株式資本→擬制資本への転化，つまり擬制資本化した株式資本の流通運動の形成に具体化したということができよう。

2 配当利回りの利子率化と資本の平等性

資本の流動化メカニズムの確立段階では，株式会社の資本は，一方では現実資本＝機能資本として再生産過程における価値増殖のための循環的運動を行うが，「自由競争」の論理段階にあっては，それは部門間の資本移動を通じて生産価格－平均利潤（率）を取得し，そこにおいて資本の同等性・平等性を見出す。しかし，他方では所有としての資本＝株式資本は，証券市場において擬制資本化した株式資本として独自的な流通運動 $A-G_2-A$ を形成・展開し，そこでの利子率（利子率化した配当率）において資本の平等性・同等性を見出す。いまや，資本の同等性，平等性は，この後者の側面において達成されるものとしてあらわれる。なぜなら，株式会社においては資本は所有としての資本と機能としての資本とに分離し，前者は株式資本として再生産過程から外化，持分に分割・証券化され，証券市場において擬制資本化した株式資本として流通運動 $A-G_2-A$ を展開し，各個の株主にとっては利子生み資本の運動として現れる。他方所有としての資本から分離・解放された機能としての資本＝現実資本は再生産過程において機能資本として価値増殖運動 $G-W<{Pm \atop A}\cdots P \cdots W'-G'$ を展開している。この再生産過程において産出・取得された剰余価値・利潤は直接所有資本家としての株主が取得するのではなく，株式市場における擬制資本化した株式資本に対する利潤＝収益配当に転化している。配当の利子化に伴っ

て企業者利得に相当する部分は資本還元され創業者利得として発起人，支配株主集団の取得するところとなる。こうして資本の平等性・同等性は各個の企業・株主の収益率＝配当率と創業者利得の高さに現れることになる。つまり証券市場における配当（率）の相違＝不平等，創業者利得の相違＝不平等として現れる。かくして利潤率の相違＝資本の不平等はいまでは株主にとっては配当率の相異に反映し，その相違が「配当において見出される」ので，貨幣資本の投資競争を通じて絶えず克服されうるものとなる。したがって，そこに資本の同等性，平等性が実現される(24)，というわけである。

さらに，「重化学工業部門における生産力の発展→生産規模の飛躍的拡大→資本の有機的構成の高度化→固定資本の巨大化・最低必要資本量の厖大化→資本の部門間流出入困難→利潤率の部門間格差」という競争諸条件の構造的変化に伴う資本の不平等があらわれるこの論理段階では，株式会社が支配的な企業形態となり，その資本運動が証券市場において擬制資本化した株式資本の流通運動の一般化した発展過程にある。そこでは「配当の利子化」→「利子化率した配当率」と，それにおいて見出す資本の同等性・平等性は，唯一の資本の平等性の実現過程としてあらわれてくることになる。しかしそれはけっして利潤率の不均等やその均等化あるいは固定資本巨大化の論理段階における利潤率の部門間格差といった現実の運動そのものには直接ふれるところはないのである。にもかかわらず，証券市場における擬制資本の循環的な流通運動の一般化した論理段階では，いまや，産業部門間の利潤率の相違は配当の高さと株式の相場価値とにあらわれるので，新たに投下されるべき資本には行くべき道が明示されることになる(25)。

この場合，利潤率の相違はその利潤（企業者利得相当分）が資本還元されて創業者利得の形態をとるが故に，この創業者利得の高さにあらわれ，平均以上の利潤（率）の産業企業では特別に高い創業者利得を約束するものとして捉えられるし，またそれが配当の高さと株式の相場価値に影響を与えることになる。こうして，この産業部門に新たな資本投下を誘うことになり，この部門における諸資本の競争を激化させ利潤率をおし下げ，それがまた配当の低下に作用し株式の相場価値に影響を与えることになり，利潤率の相違＝不均等が均されていく。それは株式会社に固有の資本の流動化，資本の二重化に基づく利潤率均

等化＝平均化メカニズムの複雑な重層構造の特質を現している。しかし，また固定資本の巨大化，最低必要資本量の厖大化の論理段階ではこれとは異なる形態を示すようになる。この点は次節で論述する。この産業資本の運動と擬制資本の運動とへの資本運動の二重構造化への論理の特徴は，創業者利得との関連において示された「擬制資本の流通図」において最も単純化した形で総括的に提示されていることを見出す。またそこでは，こうした根本的，経済的特殊性こそが近代株式会社の経済的諸特質をなすものとして「なによりもまず，株式会社の経済政策的諸作用」の考察・信用の役割の天才的スケッチ・にとどまらざるをえなかったマルクスの「株式会社」論を継承し，それを超えるものとなっていることが明確に理解されるであろう。

3　株式会社の資本構造と創業者利得

この単純な「擬制資本の流通図」からは近代株式会社の資本蓄積様式の特徴が容易に読みとられうるであろう。創業者利得はその主要な一環であり，資本と所有の二重化の確立段階における利潤の取得形態として把握されているのである。

第Ⅰ図（基本図式）
$$\begin{array}{l} A-G_1-W<^{Pm}_{A}\cdots P\cdots W'-G_1' \\ |\\ G_2\cdots G_2-G_1=g_1 \\ |\\ A \end{array}$$

第Ⅱ図（展開図式）
$$\begin{array}{l} G_1-W<^{Pm}_{A}\cdots P\cdots W'-G_1' \\ A<\\ g_1 \\ |\\ G_2\\ |\\ A \end{array}$$

第Ⅱ図式の「創業者利得」形成の論理段階は，支配的利子率で資本還元された収益請求権の価値総額・擬制資本が「株式資本」としてあげられうるということ，つまり，投下資本＝現実資本との等値関係にある株式資本（額面総額）が証券市場における株式資本家間の競争によってではなく，その競争の結果を先取りしてはじめに擬制資本（株価総額）に等しいものとして設定されうるということである。ここでの「株式資本」は，それをふまえて産出された「擬制資本化された株式資本」のことである。この「株式資本」は，利潤が個々の株式所有者に利子程度の配当をもたらすように算定されるというものである。そ

の算定図式が第Ⅱ図（展開図式）である。そうした意味内容において，ここでの株式資本と擬制資本の関係性は「株式会社・証券市場の発展→配当の利子化の一般化，つまり，「利子率化した配当率」・「利子化した配当」という意味内容における「配当の利子化」の「成熟」段階での問題であり，そこに創業者利得の新たな形態規定が付与されているのである。この点については次節で考察する。だからこそ「株式会社が普及する限りでは，いまや産業は産業資本への転化がこれらの資本家に平均利潤ではなく，ただ平均利子をもたらしさえすればよいという貨幣資本をもって経営される」(26)ということになるわけである。それはしかし，いわば再生産過程の外部装置として，いまだ平均利潤率の形成に参加しないマルクスの株式会社論とは論理段階を異にするものといえる。

　ここではまず，株式会社の創業に際して株式資本の算定方法が示され，それによって株式会社の蓄積構造と利子化した配当と創業者利得形成の形態的特徴が明らかにされる。繰り返すが，ヒルファディングは「株式会社の創立に際して株式資本は企業の利潤が，個々の株式所有者に，彼の投じた資本に対する利子をもたらすような配当を，株式資本に対して分配するに足りるように，算定される」(27)と述べている。つまり，株式資本は企業の利潤が株式所有者の投下した資本に対して，利子程度の配当をもたらすように算定されるということである。この点が彼の創業者利得論の形態的特徴を示したもの，ということができよう。

　それは，自由競争を前提としながらも，重工業部門における生産力の発展→生産規模の飛躍的拡大→資本の有機的構成の高度化→固定資本の巨大化・最低必要資本量の厖大化に伴う産業構造の量的発展，質的高度化と他方での擬制資本化した株式資本の流通運動を媒介する金融市場の発展の論理段階に措定されうる創業者利得形態である，と考えられる。すなわち，資本所有の株式資本所有への転化――所有の証券化――によって利潤＝収益が産業資本・機能資本に対する関係から株式資本（額面総額＝機能資本額を表示）に対する関係へと転化し，そしてさらに，それの擬制資本化した株式資本（株価総額＝擬制資本額）に対する関係へと転化するという，いわば「配当の利子化の未成熟」段階→「成熟」段階＝「利子率化した配当率」「利子化した配当」という配当の利子化の展開過程を示す一定の発展段階を考察の対象にしているものと考えられる。

そこにおいては「いまや産業は，産業資本へのその転化がこれらの資本家に平均利潤ではなく，平均利子をもたらしさえすればよいという貨幣資本をもって経営」されるということであり，こうした資本構造が株式会社の資本構造をなすものとして措定されていることにある。したがって，ここでの創業者利得の特徴は「創業時」に創業者が取得する利得の析出にあるということができよう。しかし，この場合には，次の諸点が論理的前提をなすのでなければならない。

　株式資本として提供される貨幣資本の産業資本への転化が株主に平均利潤ではなく，平均利子をもたらしさえすればよいということ，また株式資本の総額とはじめに産業資本に転化された貨幣資本とは一致することを要しないということ，つまり，株式資本（額面総額）が産業資本（機能資本額）に等しくなるように設定されているのではなく，むしろ，そこから乖離し，擬制資本（株価総額）に等しくなるように設定されることもあるということである。むしろ株式会社・証券市場の発展は後者の「設定」方式を支配的・一般的な形式にしていく。ここではそのような後者の設定・算定方式によって，創業者利得論が説かれていると考えられる。すなわち「株式会社の創立に際して，株式資本は……企業の利潤が個々の株主の投じた資本に利子程度の配当を分配できるように算定されうる」[28]ものとなる。この株式資本（額面総額）が擬制資本（株価総額）に等しく設定されることによって生ずる機能資本との差額が創業者利得として一括先取りされるということである。

　しかし，配当の利子化を「株式会社の利潤から企業者利得を差し引いたものにあたる」という文字通りの「縮減」であるとの見方[29]からは，ヒルファディングの「創業時」創業者利得論を理解することはできない。せいぜい，それは「文字通りの利子」を利子率で資本還元した擬制資本に等しく額面価格が設定されたものであり，機能資本額を超えうるものではない，したがって，そこからは創業者利得は生じえないという理解＝ヒルファディング批判にとどまることになるであろう。まったくの誤解に基づく批判である。

4　創業者利得と株式資本の「水増し」

「名目的株式資本が大きくて，発行の際のその相場が名目的価値以下に，つまり，額面以下にさがれば，株式の水増し」[30]である。ヒルファディングによれ

ば，株式資本の水増しは「創業者たちの分け前を創業者利得以上に高めるための金融技術的手段である」が，それは創業者利得とは本質的に異なるものである。すなわち，総株式の相場価値は前提とされる企業収益によって規定される。したがって，総株式資本が多数の株式からなればなるだけ，個々の株式に割り当てられる可除部分はそれだけ小さくなる。また彼は次のように述べている。

「水増しは創業者利得とは関係がない。創業者利得は株式会社の創立に際して，利潤を生む資本の利子を生む資本への転化から生じうるものである。実際，水増しは，なんら本質的なものではなく，したがって，通常は法律によって防止されうる。…しかし，事情によっては水増しは，創業者たちの分け前を創業者利得以上に高めるための金融技術的手段となる。」

このように，ヒルファディングは創業者利得と株式資本の水増しとを峻別していることが分かるであろう。しかし創業者利得の場合と同様に，株式資本の水増しも同じ過大資本化としてあらわれるので，両者はしばしば混同されるが，前者はその株式価格が資本還元による企業者利得の一括先取りという意味での「過大資本化」であり，後者は文字通りの「水増し」という意味での「過大資本化」であり，本質的にはまったく異なる内容のものである。創業者利得はすでに明らかにされたように，企業者利得の資本還元による一括先取りであり，かかるものとしてそれは経済的一範疇であると規定されうる。しかし株式資本の水増しは，創業者利得の創出過程に吸着し寄生することによって出現されうるものであり，「経済的範疇」とはまったく関係のないものであり，詐欺的手段による継承取得者＝一般株主からの横奪・収奪利得である。したがって，通常は法律によって防止されうる対象である。

例えば，優先株の場合，配当は限定されており，大体の場合，5％〜7％確定利子付程度の累積配当が分配されるといわれるように，その株価は擬制資本（株価総額）に等しく設定された額面相当額となる。すなわち，「優先株の額は創業の際に現実に機能することを必要とされる資本よりも大きくなるように算定されるのが普通である。」つまり，過大資本化される。が，それには再生産過程において産出される利潤（予測されうるもの）を基盤とした安全性，確実性が付与されており，「水増し」としての過大資本化とは本質的に関係がないというわけである。

合衆国の場合では，大企業の創立に際しては，株式証券の種別化に基づいて，通例，優先株および普通株の二種類の株式が発行され，前者は企業利潤のうち利子相当分を配当として優先的に支払い，後者には残余利潤（平均利潤マイナス利子）を配当として分配するということである。だから，この両者を構成要素とする株式資本（額面総額）が擬制資本（株価総額）に等しく設定され，それによって，この場合，擬制資本相当額の株式資本から機能資本（額）を差し引いた額だけ，したがって，創業者利得分だけ過大資本化が行なわれているのである。が，しかし，この場合，株式資本（額面総額）は擬制資本（株価総額）に等しく設定され，株価はほぼ額面相当額の水準を保持するが故に，それは産業企業が事後的に生産過程で産出・取得する利潤（の実現）によって保証されうるものであり，したがって「水増し」はまったく行われていないということができる。

これに対して「株式資本の水増し」とは，上述のような株式資本（額面総額）の設定とは異なり，「期待されうる利潤」の枠を超えて，いわゆる架空的な，その意味で予測を超える過大な利潤が設定され，この「架空利潤」なるものが，実際に期待されうる利潤であれば，これを基礎にして設定されたであろう擬制資本「株価総額」に等しくなるように株式資本「額面総額」が設定される場合のことである。例えば，同じアメリカ合衆国の事例であるが，ヒルファディングは次のように述べている。

「優先株の額〔額面総額〕は創業の際に，現実に機能することを必要とされている資本よりも大きくなるように算定されるのが普通である。優先株にはすでに，創業者利得の最大部分が含まれている。そればかりか，さらに大抵の場合には，ほぼ同額の普通株が加わる。……大抵の場合，優先株と普通株とを併せて，いくらか額面価格よりも高い。」[34]

このように，株式資本の水増しは実際に期待されうる利潤の枠を超えた「架空」利潤をもって，資本化が行われることである。したがって，このように設定された株式資本（額面総額）から産業企業成立の際に，期待されうる利潤が個々の株主の投下した資本に利子プラス危険割増し程度の配当を分配できるように，逆算して設定された株式資本（額面総額＝機能資本額を表示）を差し引いた額だけ，株式資本の水増しが行われたことになる。なぜなら，この場合の

「過大資本化」の設定に基づいて導き出された株式資本（額面総額＝擬制資本額を表示）なるものは，実際に期待されうる利潤を基礎にして形成される擬制資本としての市場価格を超えて過大に資本化されているからである。すなわち，「名目的株式資本が大きくて，発行の際のその相場が名目的価値以下に，つまり，額面価格以下にさがる」ことになるからである。したがって，「大抵の場合，優先株と普通株とは，併せていくらか額面価格（実際に期待されうる利潤を資本還元して得られる擬制資本額に等しく設定されたもの）よりも高い」という先の事例はこのような場合に起こりうるのである。

いうまでもなく，この場合，株式資本（額面総額）の設定にあたって，それの水準に等しくなるように，「架空的」基準に設定された擬制資本（株価総額）は，実際には収益力のない，したがって，利潤保証のない株式であるが故に，それは事後的な利潤の実現によって，その社会的実現が保障されるという性質のものではない。そのものとしては事後的利潤の裏づけがない，文字通り水増しされた架空資本であるが故に，独自的な経済的範疇として成立しえないものである。証券市場では期待される利潤を基礎にして形成されている擬制資本（株価総額）だけが，その株式資本（額面総額）の株価総額として市場価格をあらわしうるのである。したがって，「総株式資本をなす個々の株式が多ければ多いほど，個々の株式にはそれだけ小さい可除部分が割り当る」ことになるわけである。「株式資本の水増し」は創業者利得とは関係がなく，ただ擬制資本の創造過程に吸着し「水増し」によって成立し，「水増し」することによって「利得」をうるものである。それが一般株主からの詐欺的手段による横奪，つまり，「詐欺」以外のなにものでもないのは，このような意味・内容のことである。しかし現代資本主義の金融・経済諸現象は，金融資本市場にける投機取引に先導される株式の「過度の水増し」，「金融の証券化」を媒介して「すべてのもの」が証券化され，実体経済から大きく乖離した状況・架空世界が全面的な展開を見せている。それはまさに寄生的であり，腐朽的であり，その規模と内容において類例を見ない詐欺と賭博，収奪と強奪を特徴とするものといえる。

（1） Das Fianzkapital, S.137. 訳, 上205頁① 205頁。
（2） a.a.O., S.1. 訳, 上9頁① 49頁。
（3） a.a.O., SS.274-275. 訳, 下24-25② 19頁。
（4） a.a.O., S.137. 訳, 上205頁① 205頁。
（5） a.a.O., SS.195-196. 訳, 上288頁① 273-274頁。
（6） a.a.O., SS.166-167. 訳, 上249頁① 241頁。
（7） a.a.O., S.144. 訳, 上215-216頁① 213-214頁。
（8） a.a.O., SS.274-275. 訳, 下24頁② 19頁。
（9） a.a.O., SS.137-138. 訳, 上206頁① 206頁。
（10） a.a.O., S.139. 訳, 上208-209頁① 208頁。
（11） a.a.O., S.74. 訳, 上115頁① 132-133頁。
（12） a.a.O., S.138. 訳, 上206頁① 206頁。
（13） a.a.O., SS.139-140. 訳, 上207-210頁① 207-209頁。
『資本論』の株式会社は平均利潤率の形成には参加しないが，『金融資本論』の株式会社は平均利潤率の形成に参加する点で，両者は発展段階を異にしているといえる。
（14） a.a.O., S.141. 訳, 上211頁① 210頁。
（15） a.a.O., S.141. 訳, 上211頁① 210頁。
（16） a.a.O., SS.141-142. 訳, 上211-212頁① 210-211頁。
（17） a.a.O., S.142. 訳, 上212頁① 211頁。
（18） a.a.O., S.142-143. 訳, 上212-213頁① 211頁。
（19） a.a.O., S.143. 訳, 上213頁① 212頁。
（20） a.a.O., SS.142-143. 訳, 上212-213頁① 211頁。
（21） a.a.O., S.144. 訳, 上214頁① 213頁。
（22） a.a.O., S.144. 訳, 上215-216頁① 213-214頁。
（23） a.a.O., S.144. 訳, 上215-216頁① 213-214頁。
（24） a.a.O., SS.195-196. 訳, 上288-289頁① 274-275頁。
（25） a.a.O., S.195-196. 訳, 上288-289頁① 274-275頁。
（26） a.a.O., S.141. 訳, 上210頁① 210頁。
（27） a.a.O., S.150. 訳, 上224-225頁① 221頁。
（28） a.a.O., S.150. 訳, 上224-225頁① 221頁。
（29） ヒルファディングの創業者利得論が「創業時」創業者利得論であることを理解されずに，いわゆる「縮減説」として理解（誤解）されて，成立不能であると批判された論者の研究の中には次のようなものがある。
岡部利良「ヒルファディングの創業者利得説の批判序説(1)(2)(3)」（京都大学『経済論叢』第82巻第6号，第83巻第4号，第6号，1958年，1959年）

長坂聡「創業者利得の一考察」(東京大学『社会科学研究』第10巻第4号，1958年)
森岡孝二『独占資本主義の解明』〔増補新版〕新評論，1987年。
詳しくは拙著『擬制資本論の理論的展開』未来社，1993年を参照されたい。

(30) a.a.O., S.153. 訳，㊤230頁①225頁。
(31) a.a.O., S.153. 訳，㊤230頁①225頁。
(32) a.a.O., SS.153-154. 訳，㊤230頁①225頁。
(33) a.a.O., S.154. 訳，㊤231頁①225頁。
(34) a.a.O., S.154. 訳，㊤231頁①226頁。
(35) a.a.O., S.153. 訳，㊤230頁①225頁。
(36) a.a.O., S.154. 訳，㊤231頁①226頁。

附論： ヒルファディングの創業者利得の「設例」について

ヒルファディングの創業者利得論は，本文で論述した如く「創業時」創業者利得を基本的内容とするものである。そうだとすれば，周知の創業者利得の「設例」は次のように理解すべきであろう。

$$創業者利得 = \frac{処分可能利潤}{支配的利子率＋危険割増率} － \frac{利潤}{平均利潤率}$$

$$\frac{13万マルク}{7\%} － \frac{15万マルク}{15\%} ＝ 190万マルク － 100万マルク ＝ 90万マルク$$

「設例」は，こうした事情に基づく論理的制約のもとに位置づけなければならない。ここではまず，彼が創業者利得の定式化に先立って，先の「設例」を踏まえて考察した擬制資本の特有の流通形態＝「流通図」〔第Ⅱ図〕との関連で理解することが必要である。

第Ⅰ図

$$A-G_1-W<{Pm \atop A}\cdots P\cdots W'-G_1'$$
$$| \atop G_2\cdots G_2-G_1=g_1$$
$$| \atop A$$

第Ⅱ図

$$A<{G_1-W<{Pm \atop A}\cdots P\cdots W'-G_1' \atop g_1}$$
$$| \atop G_2$$
$$| \atop A$$

ヒルファディングは次のように述べている。すなわち,

「株式（A）が発行され，したがって貨幣（G）と引換に売れる。この貨幣は二つの部分に分かれる。一つの部分（g_1）は創業者利得をなし，創業者のものとなって，この循環の流通から脱落する。他の部分（G_1）は生産資本に転化されて産業資本の循環を描く。株式は売られている。株式そのものが再び流通すべきものとすれば，そのためには追加貨幣（G_2）が流通手段として必要である。この流通 A－G_2－A は，その場所を特有の一市場，取引所にみいだす。」(a.a.O., S.147. 訳, 上 219-220 頁 ① 216-217 頁)

この「擬制資本の流通図」〔第Ⅱ図〕にあっては，A－G_1〔第Ⅰ図〕ではなく A<${G_1 \atop g_1}$ となっているところに創業者利得形成の論理的制約と特徴がある。この株式Aがあらわすものは現実に機能する資本（G）だけではなく，すでに創業者利得（g_1）をも含んでいるということである。つまり，株式資本〔額面総額〕は機能資本と「等置」の関係にあるのではなく，擬制資本（株価総額）に等しく設定されているということである。このばあい，株式会社の創立に際して株式資本は企業利潤（予測利潤）が，個々の株主の投下した資本に利子プラス危険割増程度の配当を分配できるように算定されていることをあらわしている。したがって，先の「設例」における株式（額面総額）は，機能資本100万マルクと「等置」の関係ではなく，擬制資本（株価総額）190万マルクに等しく設定されていることになる。このことは，擬制資本が計算上では現に存在していて「株式資本」としてあげられることを妨げるものではないからである。すなわち，それはあらかじめ「予測される利潤」＝「可能利潤」――配当総額を設定しそれから各個の株主の投下した資本に利子程度の配当を分配できるように算定すること，つまりこの「予測利潤」を支配的利子率で資本還元して創出される資本が擬制資本化した株式資本のことを指している。したがって，擬

制資本190万マルクと機能資本100万マルクの差額である創業利得90万マルクは擬制資本化した「株式資本」の一部分を構成しているということになる。

　他方では，機能資本100万マルクの産み出す可能利潤13万マルク，したがって，配当総額13万マルクにあっては，配当率は企業者利得率プラス利子率である13％から各個の株主にとっては利子程度にしか当たらぬような，支配的利子率プラス危険割増率＝7％へと低下──配当率の利子率化──することになる。この場合，機能資本の稼得する全利潤（処分可能利潤）を配当として分配するが，株価は額面価格を維持する。つまり，額面価格を超えて上昇することはない。なぜなら，配当が確定利子以下に低下することはありえないからである。かくして会社の創立に際して，株式を発行するまさに創業時において創業者利得が形成されるということである。このように考えれば，先の「設例」，すなわち，

$$創業者利得 = \frac{処分可能利得}{支配的利子率 + 危険割増率} - \frac{利潤}{平均利潤率}$$

において，その被減数は会社創立に際して，株式資本（額面総額）が擬制資本（株価総額）に等しく設定されたものであるがゆえに，それは処分可能利潤13万マルクが各個の株主にとっては利子程度にしか当たらないように配当率が設定され，それでもって資本還元されたものである。したがって，「設例」の被減数の分母（支配的利子率プラス危険割増率）7％は，かかる配当率をあらわしており，それは株式資本190万マルクに対する配当13万マルクを内容とするものである。かくして「設例」は，

$$創業者利得 = \frac{処分可能利得}{配当率} - \frac{利潤}{平均利潤率}$$

ということになる。この配当率は「利子率化した配当率」のことである。

　ヒルファディングは，こうした論理の道筋をふまえて，この論理段階の創業者利得を次のように定式化したのである。すなわち，「創業者利得（g_1）の定式を考慮すれば，次のような式が生ずる。この場合，平均利潤をP，配当をd，企業収益をEとする。また資本は利子の百倍を利子率で除したものに等しい

ことを想起する。

$$Gg = \frac{100E}{d} - \frac{100E}{p}$$

株式資本の収益が高い管理費のために削減されるものとみるならば，第一のEの代わりにE－nを置けばよい」(a.a.O., S.148. 訳，㊤ 221〔218〕頁)

　しかしながら，この創業者利得（Gg）の定式は，これまで多くの論者によって取り上げられ，きびしい批判・疑義ないし論難の対象とされてきた。最近の研究でも，その再版に等しい誤った議論が見られる。ここで肝要なことは，ヒルファディングの提示した条件，すなわち，定式の内容を構成する諸要因，配当d，利潤p，収益E……は，各々，どのように把握しなければならないか，被減数あるいは減数は何をあらわし，そこでの両者の関係からは何が求められているのか，こうした論点が，なによりもヒルファディングの所説に内在して明らかにされなければならない。

　ヒルファディングの創業者利得論の基本的観点に従えば，被減数は，産業株式会社の創業に際して株式資本（額面総額）が擬制資本（株価総額）に等しく設定されたものであると考えられる。そうだとすれば，分母は分子に当たる処分可能利潤が各個の株主にとっては利子程度にしか当たらないように設定された配当（したがって配当率の利子率化）であるが故に，それは支配的利子率プラス危険割増率に等しく設定された配当率で表示されるものである。つまり，分母は配当率である。分子の収益はその内容において処分可能利潤である。ここではその全額が配当＝分配に当てられる。

　次に減数は機能資本をあらわすものであると考えれば，その分子は機能資本に対する関係において捉えるものであって，そこでの稼得利潤（平均利潤）をなしており，したがって，分母は平均利潤ということになる。かくて，創業者利得の定式にはなんらの内容的な修正を加えることなく，一貫した論理的な筋道においてヒルファディングが提示した「定式」によって彼の創業者利得の説明が可能であることが明らかになる。つまり，それは，株式会社の創業時に創業者利得を先取りするというそうした意味における「創業者利得」の概念の内容を定式化したものである。

ところで，この創業者利得の定式は，これが株式会社制度の発展に伴う「配当の利子化」の過程的展開を通じて，その「成熟」段階を形成基盤とするが故に，それによって逆に制約され，形態的にも規定されざるをえないものとなっている。すなわち，ヒルファディングの「創業者利得」の定式は，次のようになる。

$$Gg = \frac{100E}{d} - \frac{100E}{p}$$

そこでは，被減数の分子は処分可能利潤として捉えていたが，この論理段階では，利潤の分配は個人企業者＝産業資本家の場合とは異なり，株式会社にあっては株式資本＝株式を直接の支払対象とする「利潤」分配の形態をとる。つまり，出資者に対してはその資本持分に応じてなされる「利潤」分配であるということである。

こうした意味・内容の分配形態がこの論理段階の配当に当たるのであるが，それは，他方での，株式資本の貨幣資本との形態的同一性という規定との関連で，利子化した配当としてその形態・内容も一定の制約を余儀なくされている。この利子化した配当の一般化した段階がこの論理段階の特徴であり，それがこの論理段階の創業者利得形態・内容を規定するということである。このように考えれば，処分可能利潤として捉えた被減数の分子は株式資本＝株式を直接の支払対象とする利潤分配に当たるものとしての配当規定が与えられうるであろう。

分母の配当率は，株式資本が貨幣資本との形態的同一性を付与され，株主が貨幣資本家とまったく同様な地位にあり，「利子化した配当」――利子率化した配当率――が一般化しているもとでは，文字通り，利子率において表示されうるものとして，「支配的利子率プラス危険割増率」に置き換えうるものとなる。つまり形態的同一性を与えられるのである。だからこそ，先の設例は「配当の利子化」の論理によって導き出される創業者利得の概念の内容に包摂されうる内容をもっていながら，なぜ，あえて誤解されるような創業者利得の定式化を行ったか，についても納得がいくにちがいない。つまりこの場合，重要なことは創業者利得の一般的定式の析出が問題なのではなく産業株式会社の創業

時における創業者利得の先取りという，いわば歴史的にも論理的にも資本主義の特定段階における「創業者利得」の形態的特質を解明し，その概念の定式化を試みることになったのである。なぜなら，そのことによって，競争段階から独占段階への比較的長期にわたる転化過程を主導する大企業の資本蓄積様式の特徴的傾向を，したがって，この独占化過程の主要な蓄積様式の形態とその特徴を明らかにしようとしたからである。そしてそのことは，同時に，独占段階における金融資本の蓄積様式の基礎的メカニズムの解明を意味するからである。なお，創業者利得の一般的定式〔第Ⅰ図〕は，上述の「定式」から容易に導出されうる関係にある。

第13章　『金融資本論』と株式会社(2)

I　株式会社における所有構造の変化と支配の論理

1　株主の平等性と多数株議決制

「株式会社は諸資本家の一会社である。それは資本の払込によって設立される。各資本家が参加する程度は，彼の拠出する資本の大きさによって与えられている。したがって，彼の評決権または支配力は当然のこととして彼の払込の大きさに準ずる。資本家は資本をもつ限りにおいてのみ資本家であり，ただ量的にのみ他の各資本家から区別される。」

叙上の如く株式会社は多数の個別資本の出資・結合によって成立するものであり，全出資者＝諸資本家の一会社，つまり共同所有物である。したがって，それは出資者個人の所有ではなく共同出資に基づく共同所有の形態をとる以外にない。どのような大出資者＝大株主でも部分的所有者にすぎないのであり，彼らはそれぞれの資本所有量（額），つまり所有株式数に応じて区別されるにすぎない。つまり「ただ量的にのみ他の各資本家から区別される」というわけである。株式所有者＝株主は株式の人格化——資本所有を逆立ちして体現する株式の人格化——として所有株式数に見合った大きさの人格で他の各株主＝諸資本家から区別されるのである。

株式会社の資本は結合資本であり，結合資本→所有としての資本＝株式資本と機能としての資本＝現実資本とに二重化して現れ，それに対応して所有も分離・分裂し，二重化して現れる。つまり株式会社の資本は所有と機能との統一が破棄され，制度的に分離されているのである。まずここでは，株主が資本所有者として現れるのは現実資本＝機能資本の所有者としてではなく，その持分を表示する株式資本の所有者としてである。所有の証券化に伴って現実資本の貨幣資本額を表示する株式資本が持分に分割・証券化され，資本還元された収

益・配当請求権となる。株主はこの収益・配当請求権としての株式証券の所有者である。収益・配当請求権は「所有の株式所有への転化」による資本所有権としての株式証券化の一つの側面をなすものである。所有権＝株式証券のもう一つの側面は所有に内包されている所有意思＝支配権である。「所有の株式所有への転化」によって株式所有者として株主は現実資本の持分所有名義を有し，株式総会において会社経営に関する重要事項の決定に参加する権利（議決権）をもつ。この点こそが「所有の株式所有への転化」に関する他の側面，株式資本とその所有者＝株主が，株主総会を媒介して現実資本＝機能資本とその機能者との再結合に，つまり所有と機能との再統一，したがって所有による機能の支配に係わる理論的側面を構成するものである。

　既述の如く「元来の株主によつて前貸された資本は，決定的に産業資本に転化されており，ただかかるものとしてのみ現実に存続している。貨幣は生産手段の購買手段として機能し，生産手段に支出され，したがって決定的にこの資本の循環過程から消え去った。生産による生産手段の商品への転化と，この商品の販売とがはじめて貨幣──まったく別の貨幣──を流通から還流させる。」[2]

　「所有の株式所有への転化によって，所有者は不完全権利の所有者となる。株式所有者として彼はすべての他の株式所有者の決定に従わなければならない。彼は一総体の一構成員（必ずしも従属的一員ではないにしても）であるにすぎない。だから株式制度の拡大につれて，資本主義的所有はますます次のような制限された所有となる。すなわち，資本家には単なる剰余価値請求権だけを与えるにすぎず，生産の行程に決定的に干渉することを許さない所有となる。しかし同時にこの制限は多数株式の所有者に少数〔持株所有者〕に対する無制限支配権を与え，かくして大多数の小資本家の所有はますます制限され，生産に対する無制限の処理権は除かれ，生産支配者の範囲はますます狭くなる。資本家たちは彼らの大部分がその管理について容赦しえないような一会社を形成する。生産資本に対する現実の処理権は，そのただ一部分を現実に拠出したにすぎない人々の手に帰する。生産手段の所有者はもはや個々のものとしては存在せず，彼らは各自がただその収益の可除部分に対する請求権をもつにすぎないような一会社を形成する。」[3]

株式会社における所有構造の変容を明らかにし，それに対応した支配の形態変化を説いている。株式会社の資本は多数の個別資本の出資形態＝結合資本である。所有の株式所有への転化によって資本所有者は株式資本の所有者＝株主となる。株主はしかし，結合資本の所有者ではない。彼は一総体の一構成員にすぎない。つまり所有者＝株主は不完全権利の所有者である。一総体＝結合資本の所有者は出資者全体＝全株主であるというわけである。全株主の意思決定・合意の形成は，全株主を構成メンバーとする，所有の代表機関＝株主総会である。その合意形成・意思決定の在り方は，資本所有の株式証券化を基礎とする所有意思の表現形式である。それが株式民主主義——一株一票の多数株議決制——を原理・原則とする。すなわち「株式所有者として株主はすべての他の株式所有者の決定に従わなければならない。[4]」「生産手段の所有者はもはや個々のものとしては存在せず，彼らは各自がただその収益の可除部分に対する請求権をもつにすぎないような一会社を形成する。[5]」「生産の行程に決定的に干渉することを許さない所有となる[6]」のである。どのような大株主でさえ，株主は一総体＝株主総会の一構成員にすぎないからである。株主総会は所有そのものであり，所有を代表する。その意思は全株主の合意形成に基づく統一された全体意思である。

2　株式会社における所有構造の変化と会社法人格

　株主総会が所有そのものであり，全構成員の合意として所有を代表し，その全体意思の唯一者であるとしても，その実体的・形式的な制度的性格からして現実資本である結合資本を直接所有し代表することは不可能である。その内部構成は各々持株数に相応しい大きさの人格化した，種々雑多な多数の株主から成り，その構成は重層的・多層的であるが，その内部にあっては可変的であり，流動的である。機能から分離した所有としての株主総会自体，結合資本の運動体とはなりえない。ヒルファディングはさらに次のように述べている。

　資本の流動化機構——所有の株式所有への転化——の確立段階では「現実の生産手段の所有は，諸個人から一つの法律上の会社に移る。この会社はこれらの個人の総体から成っているのであるが，そこでは個人そのものはもはや会社財産の所有権を有していない。個人は，むしろただ収益請求権をもつにすぎな

い。個人の所有，それはかつては生産手段に対する事実上の無制限的支配を意味し，したがって生産の管理を意味したが，いまでは単なる収益請求権に変ぜられており，個人からは生産に対する支配は奪われている。」[7]

叙上のように各個の株主は会社財産の所有権を有しておらず，生産手段の所有者でもない。したがって個別的には株式資本の所有は生産手段に対する支配，生産の管理，生産行程への決定的干渉，つまり資本の価値増殖過程，資本の機能過程に決定的に干渉しえない所有である。[8]

いずれの株主にとっても自分自身では直接管理できない会社，諸株主個人の総体である会社を形成したのであるから，それを管理・運用するには，結合資本としての一元的な単一意思による共同的・結合的な組織形態でなければならない。しかしそうした「結合資本と個人資本」，「社会的・共同的性格と私的・個人的性格」との矛盾を止揚し，一元的な単一意思を結合資本の人格化として生きた自然人に見出すことは不可能なことである。そこで自然人に擬して会社それ自体に人格を付与するという法的構成による法形式が導入されたのである。会社法人とはそういう形式的なものであり，純粋に擬制的存在である。かくして「現実の生産手段の所有は諸個人からこの法律上の会社に移る」というわけである。ここではその基本的原因に基づく会社法人格化の法形式の論理が疑問の余地なく指摘されている。この法人格は擬制化された人格である。法人格を付与された株式会社の法形式的規定である。[9]

北原氏の「会社それ自体」論は株式会社が法人として現実資本の所有主体となると，それは実質的なものとなり，会社それ自体が所有に基づく支配主体となり経営主体・行動主体となる。経営者は所有主体となった「会社それ自体」に雇われ，その意思と判断を代行し現実資本の管理・運用を担うというわけである。かかる「所有に基づく支配」の論理が「会社それ自体」論の特徴である。しかしマルクス・エンゲルスの株式会社論を継承したヒルファディングの所説はかかる「会社それ自体」論とは基本的に異なる。

3 所有の証券化→所有の意思と会社法人格――所有に基づく支配集中

上述の如く株主は結合資本の直接的な所有者ではない。どのような大株主でさえ，株主は一総体の一構成員にすぎない。一総体＝結合資本の所有者は出資

者全体＝全株主である。だから株式所有者＝株主はすべての他の株主の決定に従わなければならない。結合資本は全株主の所有であり，その所有意思の決定は合意の形成に基づく意思統一である。その保障機構が全株主を構成メンバーとする，全所有の代表＝株主総会である。その合意形成・意思決定の在り方は，株式民主主義――一株一票の多数株議決制――を原理・原則とするものである。その意思は全株主の合意形成に基づく統一された全体意思すなわち会社意思である。所有と機能の制度的分離に基づくこの二側面の再統一である。所有それ自体が元来有する支配の最高次元の展開である。この点こそが株式会社における株式民主主義の制度的特徴である。しかしそれは株式の民主主義であり，株式の平等性であり，資本の論理，資本の魂そのものである。それは資本所有の株式資本所有への転化に基づく資本の所有－支配への転化の，資本民主主義の最高次元の形態・制度である。所有に基づく支配の論理が鉄の如き意思をもって貫徹するのである。したがって所有の株式所有への転化が資本の論理，資本の魂さえをも骨抜きにするようなものではけっしてないのである。

　上述の如く「現実の生産手段の所有は，諸個人から一つの法律上の会社に移る。この会社はこれらの個人の総体から成っているのであるが，そこでは個人そのものはもはや会社財産の所有権を有していない。」(10)このように株式会社の所有構造は二重化し，それに対応して結合資本→株主総会→〈会社法人〉という立体的・重層的な構造的変化を遂げるが，同時にかかる所有構造の変化に対応して支配構造も構造的変化を余儀なくされる。ヒルファディングは次のように述べている。

　「株式会社は諸資本家の一会社である。それは資本の払込によって設立される。各資本家が参加する程度は，彼の拠出する資本の大きさによって与えられている。したがって彼の票決権または支配力は当然彼の払込の大きさに準ずる。資本家は資本をもつ限りにおいてのみ資本家であり，ただ量的にのみ他の各資本家から区別される。しかし，このことによって，全企業に対する支配力は株式資本の過半を所有する者の手に与えられる。したがって株式会社を支配しうるためには資本の半分を必要するだけで，個人企業の支配におけるように全資本の所有を必要とするのではない。このことは大きな資本家たちの力を倍にする。その個人企業を……株式会社に転ずる資本家は，完全な支配力を保持する

ためには彼の資本の半分でこと足りる。他の半分は自由となってこの企業から引揚げらる。……しかし，取引所における株式の所有運動への影響については，他人の資本に対する支配力が最大の重要性をもち，他のなにを措いても企業の支配が最大の意義をもつ。」[11]

「しかし実際には，株式会社を支配するに足りる資本額は，普通はもっと少なく，資本の3分の1ないし4分の1またはそれ以下にすぎない。しかし株式会社の支配者は，それ以外の他人の資本をも自己資本と同じに支配する。この種の支配は決して他人資本一般の支配とは同じではない。資本主義的に発展した社会では，各々の自己資本が信用の発展によって同時に他人の貸出資本の指数である——そして他の事情が同じならば，信用の大きさは自己資本の大きさに懸かり，自己資本の大きさよりも急速に増大する——とすれば，大株主の自己資本は二重の点でかような指数になる。彼の資本は自余の株主たちの資本に対する支配力をもち，そして企業の総資本力は，さらにまた企業の受け入れる他人資本，貸付資本にとっての引力となる。」[12]

「所有の株式所有への転化」機構の確立段階では資本の所有者は株式資本の所有者として，株式資本の所有者は株主として規定される。この株主は持分に分割・証券化された株式の所有者として，その持ち分に相応しい大きさの人格化された株主として規定される。この論理段階では誰であれ「資本をもつ限りにおいてのみ資本家であり，ただ量的にのみ他の各資本家から区別される」[13]ものとして観念される。株主間の関係は，等額株券制に基づく「株主の平等性」を原則として現れる。いわゆる民主主義に基づく「一株一票の多数株議決制」という「株式平等の原則」において具体化されている。しかしそれは，多数株議決制を採るがゆえに，同時に支配と被支配とへの分裂を必然化せしめる。むしろその必然性を予測・前提した合意形成→全体意思→会社意思の決定機構である。ここでは株式資本の所有は株主の支配力を意味するが，各個の株主の支配力はその払込の大きさに，株式所有の程度に依存するがゆえに，支配株主は「株式資本の過半を所有する者」という量的関係において必然化される。しかし，実際には，一定の株式の分散化が前提とされているので，普通はもっと少なく，資本の3分の1ないし4分の1またはそれ以下にすぎない[14]。

このように，ここでは資本の支配構造が個人企業の株式会社への転化，した

がって「所有の株式所有への転化」に伴って根本的に変化し，所有資本→株式資本の人格化としての株主がその持分の程度に応じた大きさの人格という量的関係を通じて支配と被支配とに対極化──資本による資本の支配──されるという資本関係が成立し，それが同時に，株式総会→〈会社法人〉→取締役会を媒介する間接的な所有に基づく支配集中であることによって，「会社自体」の所有主体，責任主体の法的形式を媒介環とする少数大株主の会社支配が貫徹するのである。この点に株式会社における資本所有と資本支配の論理の基本的特徴がある。

　株式会社固有の所有構造に対応した支配集中の展開については，支配者集団の形成と重層的・多層的な支配集中機構の形成にその特徴がある。ヒルファディングは株式会社における支配者集団の形成について概ね次のように述べている。

　株式会社制度の発展と所有集中の増大に伴って，その資本をいくつもの株式会社に投じる大資本家が増大する一方で，大株式所有は会社の指導機関において自己を代表させる力を与える。大株主は役員会の一員として，第一には役員配当の形で利潤の分け前を，第二には企業の管理に影響を及ぼす機会を，与えられる。つまり，株式会社は諸資本家の一会社であり，各資本家の支配力はその払込の大きさに準じ，ただ量的にのみ他の各資本家から区別される[15]。それは文字通り株式会社における資本関係の構造的特質に基づく支配者集団の形成の論理を明示したものといえる。

　ここでは「各資本家が設立に参加する程度は，彼らの拠出する資本の大きさによって与えられている[16]」というように，支配者集団に参加する程度も彼らの拠出する資本の大きさ，つまり，資本力によってのみ与えられているのである。しかし，それは，彼ら自身の資本力によるものであろうと，他人資本の集積された力の代表であろうと事態には変化はない。それはただ量的にのみ他の各資本家から区別されうるというだけである。ここに，株式資本の特質の一つがあるし，その人格化としての株主の性格規定の特徴の一つがある。かかる意味において，銀行もまたその資本を出資して産業株式会社の設立に参加すれば，その構成メンバーである諸資本家の一人であり，彼がその設立に参加する程度，その支配力は拠出資本の大きさに，つまり，払込の大きさによって与えられる

のである。だからこそ,「彼ら自身の資本力によって,また他人資本の集積された力の代表者(銀行役員)として,多数の株式会社において,役員として代表される人々の一団が形成される」ということになる。

このように,ここでも資本所有の株式資本所有への転化の論理段階における株主,つまり所有資本→株式資本→その人格化としての株主が正面に据えられており,各資本家の設立に参加する程度,その支配力は拠出資本の大きさ,したがって,その持分の程度に応じて与えられるということ,したがってまた,多数株式所有=ごく少数の大株主による人々の一団=支配者集団が形成され,その一員として彼らは役員配当の形で利潤の分け前を取得し,企業の管理運営に関与する機会を「所有の意思→会社意思→機能」という,分離した所有と機能との内的結合による統一的運用によって与えられるということである。しかし,ここでは差し当り,企業形態としての株式会社の資本形成の特徴と資本関係・資本の所有と支配の基本論理が説かれているにすぎない。既述の如く株式会社における資本支配の構造は所有構造の構造的変化に対応して展開する。さらにその支配集中の展開に関してヒルファディングは次のように述べている。

ここでは「大株式所有は会社の指導機関において自らを代表させる力をあたえる」,「大株主は役員会の一員として役員配当の形で利潤の分け前を与えられる」などと株式所有と支配とが直接的関係に置かれ,所有と機能の分離に矛盾するかのようにみえるが,そうではなく,むしろ逆である。所有と機能の制度的分離を前提としたうえで,会社法人→役員会=重役・取締役会ではなく株主総会(全所有意思)→〈会社法人〉→役員会=重役・取締役会であり,したがって株主総会=全所有意思=支配大株主の所有意思→役員会=重役・取締役会として「所有―支配―機能」の関係が位置づけられているのである。

しかし株式会社固有の所有構造に基づく株式資本の支配集中の問題は,それが一個の株式会社の事柄に関するものである限り,なお不十分である。なぜなら,「一株式会社を支配する大資本が一個の株式会社ではなく相互に依存する諸会社の一系統に関する場合」の資本支配の問題,つまり株式会社による他の株式会社の株式の所有による二重,三重の支配集中(ピラミッド型)の問題が,看過されているからである。この,いわば「出来る限り小額の自己資本で,出来る限りり多額の他人資本の支配を可能にする」という株式会社における支配

集中の論理の特徴は，1890年代から1900年代はじめにかけての，アメリカの鉄道業における集中運動に典型的に現れている。ヒルファディングは次のように述べている。

例えば，「資本家Nが，500万の株式の株式所有をもって株式資本900万の株式会社Aを支配するとしよう。この会社が株式資本3000万の子会社Bを設立して，そのうち1600万を保有するとする。この1600万を保有するための貨幣を払い込むために，会社Aは票決権を有しない確定利子づき社債を1600万発行するものとする。いまや会社Nは彼の500万をもって両会社を，したがって3900万という一資本を支配する。会社Aと会社Bとはいまや同じ原理に従って新会社を設立することができる。会社Nは比較的僅少な資本をもって異常に大きい他人資本に対する支配権を握ることになる。株式会社の発展とともに，能う限り少額の自己資本に能う限り多額の他人資本の支配を保障することを任務とする独特の金融技術が形成される。この技術はアメリカの鉄道系列の金融において完成する。」[20]

このような株式会社の史的展開は，アメリカ諸産業における資本と生産の集積・集中→独占化の過程——企業合同運動の展開——に関連する。さらに証券市場の展開に伴って所有集積・集中運動は同一産業部門の企業資本相互の合同・結合だけでなく，異種部門間の資本の合同・結合運動，したがって複数部門にわたる巨大な結合資本の重層的な支配網の形成・発展に導く。繰り返すが，ヒルファディングは次のように述べている。

「一面では株式会社が発展し，他面では所有集積が進むに従って，その資本をいくつもの株式会社に投下している大資本家の数が増大する。そして，強大な株式所有は，会社の指導機関において自己を代表させる力を与える。役員会の一員として大株主は，第一に役員配当の形で利潤の分け前を与えられ，第二には企業の管理に影響を及ぼす機会，あるいは企業における諸事件に関する知識を投機取引や他の事業取引なりに利用する機会を与えられる。彼ら自身の資本力によって，また他人資本の集積された力の代表〔銀行役員〕として，一群の多数の株式会社において役員として代表されている人々の一団が形成される。かくて第一には種々の株式会社相互のあいだに，第二にこれらの株式会社と銀行とのあいだに一種の人的結合が生ずる。こうした事情はこれらの会社の政策

にとって最大の影響をもつものとならざるをえない。というのは種々の会社のあいだに一つの共通な所有上の利害関係が形成されるからである。」[21]

「役員会における産業の代表者は別の一役を演じる。この場合には事柄は二つの会社の事業関係の結合に関する。例えば，一製鉄業の代表者が炭坑の役員会に席を占めて，製鉄業がその石炭をこの炭坑から購入するようにする場合がそれである。同時に少数の大資本家の手中における役員地位の累積をも意味するこの人的結合は，それが従来は相互に独立していた諸会社の緊密な組織的結合の先駆者または促進者となるときに，重要なものとなる。」[22]

II 株式会社における所有構造の変化と資本機能の展開

1 所有構造の変化と資本機能の展開

「株式会社がその創業の際に依拠するのは，所有機能と企業者機能とを一身に兼ねなければならない機能資本家および機能能力ある資本家の相対的に狭い層ではない。株式会社はこれらの人的資格からははじめから独立しており，またその存続するあいだ常にそうである。その所有者たちの死亡，遺産分割などは株式会社には何ら影響を与えない。しかしこれらは個人企業に対する決定的差異ではなく，個人企業もある程度の発展に達してからは，その所有者に欠けている人的資格を有給の使用人によって補いうるのである。文献において株式会社と個人企業とのあいだにある他の対比も，実際には意味がない。それによれば，一方では主観的に全責任を負う完全に独立した一人の企業者が支配し，この企業者がまた全部的に利害関係をもっているが，他方ではあまり知識も能力もない多数の企業者（株主）たちが命令し，部分的にしか利害関係をもたず経営管理については何も分からない，というのである。かような対比が無意味であるというのは，株式会社，しかもまさに最も重要な，最も収益の多い，最も開拓者的な株式会社こそは，一つの寡頭政府によって，あるいはただ一人の大資本家（または一つの銀行）によってさえ支配されるのであり，彼らは現実にはやはり全部的に利害関係をもち，かつ小株主群から独立しているからである。そのうえに経営管理者，すなわち産業官僚の頂点は役員配当を通じても，またとりわけ，通例は大きな株式所有を通じても，企業に利害関係をもってい

るのである。」[23]

　叙上の如く，この論理段階では，なおまだ銀行は株式会社を構成する諸資本家の一員であり，その払込資本の大きさによって支配者集団に参加する一員として捉えられているにすぎない。銀行はその資本を貸付資本という本来の機能において確定利子付貸付へ投下するのと同様に，そのものとして株式へ投下することが可能となっているのである。銀行がその資本を株式形態で投資することによって株式会社の設立に参加し，その払込の大きさによって支配者集団の一員となっているということにすぎない。株式会社は諸資本家の一会社であり，各資本家が設立に参加する程度は，拠出する資本の大きさによって与えられているということ，したがって，彼の票決権または支配力は当然にその払込の大きさに準ずるということである。ここでは，文字通り，「資本家は資本をもつ[24]限りにおいてのみ資本家であり，ただ量的にのみ各資本家から区別される」[25]だけである。しかし，このことによって，各個の資本家＝株式の支配力はその払込資本の大きさに，株式所有の程度に依存することになり，したがって，支配株主は「株式資本の過半を所有する者」という量的規定関係として措定されるのである。産業企業としての株式会社の設立と資本支配の基本論理が明確に把握されていることが理解できるであろう。この論理段階では株式会社の一般理論が問われているのであり，銀行との関係は考察の対象にはなっていない。この論理段階の株式会社がもっぱら銀行によって設立されている[26]，と考え，その観点からヒルファディングの株式会社論を批判されるのは正鵠を射たものとはいえない。なおここでは銀行の発行活動による資本支配の論理はまだ取り上げられてはいない。

　株式会社においては機能資本家は個人企業のように「所有機能と企業者機能とを一身に兼ね備えねばならない機能資本家」ではないし，したがって「機能能力ある資本家の相対的に狭い層」からなるものでもない。株式会社にあっては個人企業のように機能としての資本（家）は所有としての資本（家）と一体化した関係にあるわけでなく，また多数株所有者が機能資本家でなければならない理由もまったくない。「株式会社はこれらの人的資格からははじめから独立」しているのである。株式会社は資本機能を個人的ではなく他の機能資本家と共同で担当し遂行するのである。その共同性こそが株式会社における所有構

造の変化——共同・結合所有——に対応した機能および機能機構の変化——共同・結合機能——であり，その具体化されたものが重役・取締役会制である。重役会・取締役会を構成する重役・取締役（および）監査役）がそのような結合資本機能の共同的な管理運営を担当する結合機能資本家に他ならない。[27]

　しかし，(1) 所有と機能の分離は，上掲の引用文にあるように，株式会社に特有のものではなく，個人企業もある程度以上の経営規模になれば，資本家自身，単独で管理運営の全活動を遂行することが困難になってくる。資本家に欠けている人的資格を有給の使用人によって資本家の機能の一部を代行させるようになる。その意味では機能の所有からの分離である。したがって，所有と機能の分離それ自体は株式会社の個人企業に対する決定的差異ではない，というわけである。が，この場合使用人は雇用主である資本家の指揮の下で，与えられた権限の範囲内で管理労働を行う。彼らは所有資本家でも機能資本家でもない。したがって彼らの登場は個人企業における資本家自身の所有と機能・経営の未分離に変化を与えるものではない。ヒルファディングはこのように述べているのである。

　(2)　個人企業と異なり，株式会社においては取締役会＝経営者が登場するが，経営者の支配は北原氏が主張されるように株式の分散化，所有株式比率の低下に伴って生じた経済現象ではない。それは株式会社の所有構造に対応した経営・管理機能の必然的な展開形態である。

　(3)　ここでは不十分であるが，株式証券は単なる収益請求権ではなく「所有の証券化」によって資本所有の形態変化が生じたが，所有の本質的変化は生じておらず，元来所有に内在する支配機能は喪失していない。それはただ，株式形態特有の間接化によって潜在的に貫徹しているのである。したがって，ヒルファディングは次のように述べている。

　「株式会社……最も重要な，最も収益の多い，最も開拓者的な株式会社こそは，一つの寡頭政府によって，あるいはただ一人の大資本家（または一つの銀行）によってさえ支配されるのであり，彼らは現実にはやはり全部的に利害関係をもち，……そのうえに経営管理者，すなわち産業官僚の頂点は役員配当を通じても，またとりわけ，通例は大きな株式所有を通じても，企業に利害関係をもっている。」[28]

ここでは株式会社が資本流動化に基づく資本の動員と結合および資本の支配集中機構として捉え，とくにその支配集中の特徴を分析的に解明しているといえよう。

2　取締役会＝経営者支配と資本機能の展開

　ヒルファディングによれば，各個の株主は生産資本＝生産手段の所有者ではない。したがって株主は生産手段に対する支配，生産の管理，生産行程への決定的干渉，つまり現実資本の機能過程，機能資本の再生産過程に決定的に干渉することはできない。どんな大株主であれ株主は株式会社の企業者＝機能資本家ではないのである。つまり株式会社にあっては所有と機能が分裂し制度的に分離している。企業者＝機能資本家は結合資本としての資本の目的であるヨリ大なる利潤の取得を実現するために企業活動・資本の再生産過程全体を管理・運用し，その責任を負うものである。株式会社においてその役割を担うのは株主総会で選任された取締役会＝経営者である。取締役会＝経営者は企業内においては最高責任者として組織を管理し業務を執行し，その全責任を負うが，また企業の代表として，他企業との諸契約を締結し，社会的・経済的諸活動に参加し実行することができる。いずれも経営者に固有の資本機能である。

　ここでは所有と機能は制度的に分離し，統一は崩壊し，所有としての資本＝株式資本と機能としての資本＝現実資本とに制度的に分離し，それぞれ自立した独自の運動様式を確立している。株式資本は持分に分割，証券化されて，証券市場において擬制資本化された株式資本の流通運動を形成する。株式資本の所有者＝株主はその持分に相応しい大きさの人格をもった存在である。株主は個別的にその取引に関わり配当を取得する。他方では，所有からの機能分離によって結合資本＝現実資本の所有は出資者＝株主個々人から法人としての会社に移され，会社が法形式上，その単一所有主体，つまり直接的所有者となり，株主は間接的所有者となり，所有は潜在化する。会社資本＝結合資本の共同所有者として株主は株主総会＝所有の構成メンバーとなり，その持分に相応しい権限を行使する。

　ここでは「現実の生産手段の所有は諸個人からこの法律上の会社に移り」，そのことによって「会社法人」の個人所有＝単一主体となる。こうして所有は，

一方では個々の株主資本(家)から成る株主総会所有＝共同所有を形成し,他方では個々人から法人としての会社に移され,法人の単一所有を形成するということになる。前者が所有の実体＝実質をなし,後者が前者を基盤とする法的構成による法形式,つまり擬制化されたものである。元来,資本の所有に内在する支配(資本所有→資本支配)は株式所有→株式支配へ転化する。したがって株主総会所有→株主総会支配へ転化する。そこで株主総会所有→その所有・支配が問われなければならない。株主総会はそれぞれの持分に相応しい大きさの人格を持つ株主によって構成される。所有意識,したがって支配意識の決定方式は一株一票の多数株議決制である。多数株所有者＝大株主の所有意思が貫徹する仕組みになっているのである。かくして以上の論理の特徴ははじめに「会社それ自体」つまり法人格化された会社があるのではなく,したがって会社法人の意思→取締役の意思または取締役の意思→会社法人の意思→取締役の意思ではなく,結合資本の所有意思＝全株式所有＝全株主意思→株主総会意思→〈会社法人〉→重役・取締役会＝経営者意思が措定されるのである。

この「図式」の如く取締役会＝経営者は株主総会での選任(任免)を経てはじめて,会社法人の重役・取締役＝経営者に就任できる。会社の基本的な目標・事業計画および方針も株主総会の承認を受けねばならない。すなわち多数株議決制→支配株主の意思→株主総会の意思・全体の所有意思→会社の所有意思であり,この所有意思こそが基本方針・基本計画を決定したことの現れであり,その意思決定を具体的に遂行するうえで,最高の資本機能者＝重役・取締役が任命され,最高の権力者として経営者が登場するのである。取締役会はそのような所有意思に基づく資本機能,つまりその機能機構である。株式会社における高次の所有と機能の再統一が制度的・機構的に確立する。株式会社は所有と機能の制度的分離のうえに資本集中と支配集中の二側面の内的結合・統一の最高次元の機構である。

このように,株式会社においては所有から分離した機能資本の機能者が取締役(会)であるが,それはしかし,資本所有の「結合的」・「社会的」所有に対応した資本機能の展開形態である。資本所有と企業者機能とを一身に兼ね備えた機能資本家ではなく,そうした人格的資格からは制度上解放された,巨大結合力たる資本機能を遂行すべき共同性を特徴とする結合機能資本の人格化とし

ての，機能資本家＝企業資本家である。

III 株式会社の優越性
──個人企業との根本的差異性──

1 資本の調達と蓄積の優越性──「創業の容易さ」と「大きな膨張力」

　上述の如く株式会社における資本機能の諸特徴が明らかにされ，他の企業に比して株式会社の「絶対的」優越性が把握される。個人企業との根本的，経済的差異性が考察され，株式会社の諸々の優越性が明らかにされる。両者の根本的，経済的差異，したがって，株式会社の優越性は，なによりも①資本調達および資本蓄積の容易さ，それに伴う最新の諸成果の採り入れによる技術的優越性，②信用利用における優越性，③価格戦における優越性，および④資本の所有と機能の分離による経営・管理上の優越性などである。これらはすべて，株式会社の経済的諸特徴をなすものであるが，それらが競争戦における株式会社の優越性をなすものであることはいうまでもない。こうした諸特質から株式会社にあっては，純粋に経済的な諸条件と諸要求とが個人的・私的所有の諸条件に反しても貫徹されうるものとなる。

　株式会社は個別資本の大きさから独立している。個人企業の場合，個別資本が産業資本として機能しうるには，予め一つの手の中に合一されていなければならない。しかし株式会社の場合，「一定の最小限を超える貨幣」がいずれも他の諸資本と合一されて産業資本として充用される能力を付与される。このことは株式会社に個人企業とまったく異なる創業の容易さと既存株式会社により大きな膨張力を与える。この面からの創業の容易さと大きな膨張力の付与に加えて蓄積の容易さがある。すなわち資本調達の容易さ──資本所有の私的・個人的制限の止揚──は蓄積を容易にする。[29]

　個人企業では，蓄積は利潤から支弁されねばならない。しかし株式会社では，拡張は本来の蓄積から独立に直接増資によって行われる。もちろん，株式会社にあっても，利潤の諸部分を蓄積する可能性はある。株式会社特有の資本蓄積様式である。

　「株式会社には，その創業のためにと同様に，その拡大のためにもすべての

自由な貨幣資本が用立てられる。株式会社は，それ自身の利潤の蓄積によってのみ拡大されるのではない。蓄積されて価値増殖を求めつつある資本は，すべて株式会社が自分の水車に導くことのできる水である。資本がその無差別的な担手のあいだに個人的に分散されていることから生じる諸制限は解消されている。株式会社は，直接に資本家階級の合一された資本に呼びかける。」[30]

このように株式会社は個人資本から独立し，所有の私的・個人的制限を止揚する。その大きさは個人的資本ではなく社会的資本の大きさによってのみ制限される。この個人資本からの独立・所有の私的・個人的制限の止揚によって，資本主義的企業は財産集積の既存の程度を顧慮することなく，その拡張を可能ならしめる。これが株式会社の本来的特質である。この株式会社の意義は，ことに，その発端において，最大の重要性をもつ。所要資本が大きいために個人企業の手におえず，発起されることがなかったか，国家によって実行されるよりほかはなかった諸企業が，株式会社によってはじめて可能になる。その顕著な例としては，鉄道が挙げられる。株式会社となった資本主義的企業は，いまでは個人的所有の桎梏から解放されて，純粋に技術の要求に従って拡張されうるものとなる。新たな機械の採用，同系産業部門の吸収，特許の利用は，それらの技術的・経済的適当性の観点に従ってのみ行われる。ここでは必要な資本を調達するための配慮は後退す。[31]

このように株式会社に関するヒルファディングの見解は，既述のマルクスの株式会社論の第一，第二，第三論点を継承し発展させたものといえよう。(但し「通過点」・「過度点」には言及していない。)

「私的・個人的所有の桎梏からの解放」・「個人資本からの独立」などという「資本所有の私的個人的制限の止揚」の論理は『金融資本論』第三篇「金融資本と自由競争の制限」第11章「利潤率均等化における諸障害とその克服」[32]での集積・集中→独占形成の論理に取り込まれ，その理論的前提となるものであり，かつこの論理段階での銀行資本と産業資本との内的，有機的関連性を併せて示すものである。

技術的発展は資本の有機的構成の高度化に伴う固定資本の増大をもたらす。固定資本の増大は，一般にはそれに応じて生産の拡張，企業の創設に絶対的に必要とされる資本量（最低必要資本量）を急速に上昇させるが，個別企業の自

己蓄積力の限界による資本形成の困難によって,「新たな資本の流入も不十分となるか,または遅れてやって来ることになる。」つまり「最低必要資本規模の拡張→資本形成の困難化」によって「資本の自由移転が制限される」というわけである。ヒルファディングの「競争の第二制限」である。

しかし,株式会社形態をとる産業企業は,資本の流動化を基礎・前提として資本を動員・結合することによって,一方では自己蓄積力の限界による資本形成の困難を取り除き,したがって「競争の第二制限」を緩和すると同時に,他方では固定資本の巨大化,最低必要資本量の飛躍的上昇を可能にする。そのことによって逆に「固定資本をより有利な部面に移転すること」をますます困難にし,逆にまた「資本の自由移転が制限される」ということになる。ヒルファディングの「競争の第一制限」である。かかる論理の展開過程が株式会社による「資本所有の私的・個人的制限」の止揚を理論的前提とする「固定資本の巨大化・最低必要資本量の厖大化→資本の流出入困難」という新たな経済的諸要因の形成・発展による競争諸条件の構造的変化の過程であり,より具体的には集積・集中の発展→競争の独占への転化の論理段階における再生産過程を主導する重工業部門の競争制限,その過程進行の構造的特質を示すものである。しかし,ヒルファディングにあっては,こうした論理は第三篇「金融資本と自由競争の制限」第11章「利潤率の均等化における諸障害とその克服」にいて展開される。

株式会社の特質を形成する上記の諸条件は同時に株式会社の優越性を意味すが,それは競争戦においても重要な意義をもつ。株式会社は創業の際にも拡張や新投下の際にも,自己の利潤が蓄積可能な大きさに達するまで待たねばならない個人企業とはまったく異なっている。そうした個人企業の制限から独立しており,純粋に技術的・経済的諸要求に従って行われうる。したがって,最良,最新の諸成果を採り入れることができ,技術的優越を常に確保することができる。このことは,技術的諸成果,労働節約的諸方法を,それらが一般に普及する前に応用しうることを意味する。かくして株式会社は個人企業に比して,(1)より大きな規模において,(2)改良された,より新しい技術をもって作業しうるので,個人企業に比して特別利潤をあげることができる。しかし株式会社が支配的になれば,競争は固定資本の強大化・最低必要資本量の厖大化の論理段階

における大企業相互間の死活的競争に転化する。この点に関しては差し当たり言及しない。

2　信用利用における優越性

　個人企業は，普通，流動資本の最高額だけの信用を要求しうるにすぎない。それ以上の信用供与は固定資本への信用を意味するので，事実上，この資本から貸付資本の性格が奪われる。したがつて，貸付資本は産業資本に転化されてしまう。それゆえ，個人企業への信用はこの産業資本家のすべての事情に精通している人々によってしか与えられえない。つまり個人企業への信用は事業関係の精通者として地域的・個人的銀行を基礎・前提とせざるをえない。しかし，「株式会社はもっと容易に信用を与えられる。なぜなら，その組織の仕方が銀行の委任代表の単なる派遣によって監督をきわめて容易にするからである。……さらに信用が……固定資本の調達に利用される場合にも，固定資本の現実の還流には係わりなく株式の発行によって資本を動員しえ，これを対銀行債務に充てうる。」これらの事情により，株式会社は「より大きい信用利用の可能性と，したがって競争戦における一つの新たな優越性とを付与される」というわけである。個人企業とはまったく異なる信用利用の展開である。

　一方では，いまや，株主は貨幣資本家の性格をもち，彼の投下資本から利子〔利子化した配当〕だけを期待する。事情に変化がなければ，収益は利子をはるかに超える。この高められた収益は必ずしも株主の利益になるというわけでもない。その一部分は企業の強化に，準備金の積立に当てられ，恐慌時に個人企業に比してより強い支柱を株式会社に与える。同時に大きな準備金は，より安定的な配当政策を可能にし，それによって株式の相場を高くする。あるいはこの収益のうちから一部分が蓄積されて現実に機能し，利潤を生む資本が名目資本を高めることなしに高められる。これもまた株式の現実価値を上昇させる。また不況で競争戦が激しくなれば，かような配当政策によって株式資本と現実に機能する資本との当初の差が，縮小・消失している会社は，その価格を生産価格 $K+P$ 以下に，$K+Z$（費用価格＋利子）に等しい価格まで引き下げられる。それでもなお，平均利子程度の配当を分配しうる。これによって株式会社の抵抗力ははるかにより大きい。

株主の所有と法人の所有とは敵対的な，対立的な競争関係にあるのではない。配当政策が直接的には株主の利益として現れないとしても，間接的，長期的観点に立てば，資本の論理として「企業の強化→株主の利益」の論理が貫徹するであろう。しかしこの論理は株主一般に共通する傾向であるが，株式資本＝株式の人格化としての株主はその持株数に相応しい大きさの人格として，その所有に応じた配当を取得する。したがって多数株所有者＝支配株主はその配当政策の恩恵を独占的に享受する。つまり配当政策そのものが所有支配の意思の貫徹なのである。それだけではない。肝要なのはそのこと——多数株所有——によって会社の全所有，したがって会社それ自体を支配する可能性を付与されるということである。何故そうなるか。それはすでに株式会社特有の支配集中メカニズムについて分析的に解明した事柄である。

3　経営・管理における優越性

　株式会社における資本の所有と機能の分離は，企業経営にも影響を及ぼす。能う限り大きく，かつ早い利潤の獲得に対する所有者の関心や乱掘衝動は，株式会社の経営者の場合には，経営上の純粋に技術的な諸要求の背後に，ある程度まで後退する。また彼らは経営の装備，設備の近代化，新領域征服のための競争戦の遂行を，個人企業者のなす以上に精力的に追求することができる。株式会社にあっては，他人の資本を管理するのであるから，より精力的な，より大胆な，より合理的な，個人的顧慮からより自由な運転が貫徹されうるであろう。かような政策は，通例，支配的な大株主の同意を得るであろうから，なおさらそうである。大株主たちは，彼らの利潤の一時的制限に容易に堪えうるとともに，結局は，より高い相場と，より高い利潤とにおいて犠牲の果実をも取り入れるからである。[41]

　ここでは所有としての資本＝株式資本と機能としての資本＝現実資本とが分離しており，現実資本の機能過程＝再生産過程の全体を統括管理し運営するものとして株主総会において取締役（会）＝経営者が選任されるが，取締役＝経営者は，株主総会で決定された会社の経営・管理および組織に関する基本的方針に基づいて具体的な経営政策を策定しそれを実行に移すが，肝要なことは，それらの重要政策が支配株主の同意を必要とすると指摘されていることである。

つまり所有と機能の分離に基づく両者の統一であり，所有による機能・経営の支配の貫徹である。さらに肝要なことは北原氏の所説とは異なり，「株式会社にあっては，他人の資本を管理するのであるから個人的考慮からより自由な運転が貫徹されるであろう」こと，「大株主たちは彼らの利潤の一時的制限に容易に絶えうる〔であろう〕」こと，こうした事柄が直ちに株主所有の実質の喪失→その喪失分の「会社それ自体」への移転→その所有の実質化に転化するわけではないこと，むしろ逆に，こうした「利潤の制限」等は経営基盤を強化・安定させ，競争戦の遂行に有利に作用するものであり，結局，支配株主の利益の増大と支配強化に導くことになるというわけである。したがって，そうした事柄が直ちに「株主所有の実質の形骸化・喪失→法形式的所有の実質化・実質の拡大」を意味するものであるという見方は誤りである。法形式と実質の概念の混同，両者の形態・内容面における同等化・同質化である。「個人的考慮からの解放」や内部留保などの「利潤の一時的制限」等は支配的大株主・支配的株主集団にとっては「結局はより高い相場とより高い利潤とにおいて犠牲の果実を取り入れるからである」と捉えているのである。そうした政策的選択は資本の人格化としての株主の意思行為に基づくものである。つまり多数の中小株主の実質の喪失化は法形式の所有の実質化ではなく，支配的大株主・支配的株主集団所有の実質の拡大であり，支配基盤の安定・強化に結果するのである。

　以上，(1)資本調達および資本蓄積の容易さ，それに伴う最新の諸成果の採り入れによる技術的優越性，(2)信用利用における優越性，(3)価格戦における優越性，および(4)資本の所有と機能の分離による経営・管理上の徹底した合理性→優越性などは，株式会社の経済的諸特徴をなすものであるが，それらが競争戦における株式会社の絶対的優越性をなすものであることが明らかにされている。こうした諸特徴・諸利点から株式会社にあっては，純粋に経済的な諸条件と諸要求とが個人的・私的所有の諸条件に反しても貫徹されうるものとなる。

　株式会社制度の出現は生産の飛躍的発展を可能にした。生産の拡大が進み資本の有機的構成が高度化し固定資本が厖大化するにしたがって，素材的諸要素として存在する生産資本設備の事実上の変更によって資本を取り替えることは，ますます困難となった。利潤率の均等化への傾向は固定資本を主要構成部分とする大規模生産設備を一生産部門から引き上げることはがますます不可能にな

ることによって，ますます強く抵抗を受けるようになる。この論理段階では実際の均等化運動は，主として新たに蓄積される剰余価値を利潤率のより高い部面に投下することと利潤率のより低い部面における新投資をやめることによってただ緩慢に，漸次的かつ近似的に行われるだけということになる。逆に，利子率は利潤率とは反対に与えられた各瞬間には同等であり，一般的である。あらゆる資本の同等——それは個別資本にとっては価値額の同等にではなく等大の諸価値の収益の同等に存する——は，利子率の一般性と同等性とにおいてはじめてその適切な表現を見出す。使用価値に対する資本家の無関心，自己の資本のその時々の具体的投下部面に対する資本家の無関心，すなわち資本は剰余価値を産む価値以外のなにものでもなく，ただこの量的関係においてのみ関心を示される。証券市場においては個別資本家＝株主の関心は利潤請求権である。ここでは，ただ利潤請求権であるにすぎないという事実，この事実は実際の収益（利潤）が異なれば，等大の諸資本価値に対する異なる評価を生ぜしめる。100なる価値の二つの資本があって，一方は10，他方は5なる利潤を産むとすれば，前者は後者の二倍に評価される。[42]

　この評価が実際的となり，資本家たちが資本家として現実に同等であり，利潤を産むすべてのものの同等が終局的に実現されるためには，この資本はいつでもこの評価基準に従って実現されなければならない。しかも社会的に妥当する形態において——貨幣として——実現されなければならない。そのときはじめて各個別資本家にとって利潤率の同等が実現される。この実現は同時に事実関係の転倒でもある。もはや資本は特定の大きさとして現れず，またこの大きさは利潤の大きさに対して決定的なものとしては現れない。むしろ利潤が特定の大きさとして確定されて現れ，この大きさに従って資本の大きさが規定される。この規定は，株式会社の創立において実際的となり，創業利得の獲得を可能にし，かつその高さを規定するものである。現実の諸関係は逆倒されて現れる[43]。

　かくして株式会社の創立に際して株式資本は次のように算定される。すなわちそれは「企業の利潤が個々の株式所有者〔したがって株主〕の投じた資本に利子程度の配当を分配できるように算定される。」[44]ヒルファディングの創業者利得論はこの論理段階における「創業時」創業者利得である。

補論1：銀行資本の産業資本への転化
―― 株式会社と銀行の関係 ――

　発行業務が銀行の機能（第三の機能）として捉えられるのは，『金融資本論』第二篇第7章第2節「株式会社の金融。株式会社と銀行」の後段（最終部分）においてである。それは第1節「配当と創業者利得」第2節「株式会社の金融。株式会社と銀行」において株式会社の一般理論を分析的に解明し，株式会社金融を把握したうえで，第2節の後段ではじめて株式会社と銀行の関係を分析対象に取り上げていると理解すべきであろう。ヒルファディングは次のように述べている。

　「一企業における諸資本の集積を実現するために，株式会社はその資本を個々の資本片から集める……しかし，注意すべきことは，株式会社の出現当初には，この集合がたいていは個別資本家への直接の呼び掛けによって行われている。しかし，発展の進行とともに個別資本はすでに銀行に集合され，集積されている。したがって，貨幣市場への呼びかけは銀行の媒介によって行われている。」(Das Finanzkapital, SS.161-162. 訳，上 243〔234-235〕頁)

　この論理段階においてはじめて株式会社の資本調達が，銀行に依存し「銀行資本の産業資本への転化」を通じて行われるようになる。この「転化」過程＝資本調達過程が，資本の流動化によって可能となる発行活動の過程として銀行の機能領域〔第三の機能〕に包摂されると，銀行は産業との関係において従来とはまったく異なった関係にはいることになる。すなわち，所有の証券化を媒介契機として産業企業との間の永続的な関係（支配を含む），産業企業の創設，貸付→利子取得だけでなく，出資→配当，発起業務→発起・創業者利得の獲得等の新たな関係にはいるのである。さらに銀行はその株式所有の支配により，はじめは反抗的だった会社においても，場合によっては代表をもつことができるようになる。すなわち，ここでは株式会社が資本を調達することは，銀行にとっては資本を前貸し持分に分割し，これらの持分を売ることによって資本を回収することであり，そしてこのこと・株式の「譲渡可能性」と「売却可能性」が銀行に株式会社の創立とその終局的支配の可能性を与え，併せて創業者

利得を手に入れる可能性をも与えるのである。株式会社と銀行との論理的関連性については，後述のⅤ「証券市場と銀行」において本格的に取り上げる。

補論2：産業的集積・集中運動の所有集積・集中運動からの分離

　株式会社制度の発展とともに経済的発展（産業的集積）は所有運動（所有集積）から解放され，各々，固有の法則性をもち，それを通じて諸企業の集積・集中は所有の集積・集中よりも急速に行われることになる。この場合，留意すべき点について，ヒルファディングは次のように述べている。
　「産業的集積運動の所有運動からの分離が，重要であるのは，これによって前者は個人的所有による制限から独立して，ただ技術的・経済的諸法則に従いさえすればよくなるからである。同時に所有集積でもないこの集積は，所有運動によって生じ，かつ所有運動と同時に生ずる集積および集中から区別されなければならない。」(Das Finanzkapital, SS.174-175. 訳，㊤ 260 頁① 250 頁)
　この論点は彼の「独占形成」の論理と「銀行資本と産業資本との緊密化」の論理，およびそこから析出される金融資本概念の定立に直接係わる重要な意味をもつ。
　ここでは集積概念に関する重要な論点が明示されている。すなわち，株式会社の発展に伴って産業的集積運動の所有運動からの分離による，この論理段階の集積運動は，所有運動と同時に生ずる集積および集中，つまり資本の所有と機能との一体性を論理的前提とする集積運動とは明確に区別された，株式会社に特有のより高次の展開形態・集積概念の理論的展開であるということができる。他方では所有の株式所有への転化による資本所有運動の新たな展開，すなわち資本所有の株式資本所有への転化による所有運動の株式所有運動への転化，機能から分離した新たな所有運動の展開とそれに対応した新たな所有概念の理論的展開とについても考察されているが，この点に関しては，その具体的な展開部面である次節の「証券取引所」論を待つことになる。
　こうしてこの論理段階では，産業において「所有集中を伴わない経営・企業集中」，つまり資本所有の制約から解放された産業の集積・集中運動――ことに大企業の結合・合同運動――の全面的展開を可能ならしめる。この論理系譜

上に，株式会社制度→産業の集積・集中→独占化が措定されるのである。が，他方では機能から分離した証券市場における擬制資本の独自的な流通運動を媒介とする「経営・企業集中を伴わない所有集中」の全面的展開を可能ならしめる。

そしてさらに，資本支配―支配集中―の論理は，所有の株式所有への転化によって，前者の過程，つまり産業の集積・集中運動から切り離されることによって，むしろ逆に，後者の過程，つまり証券市場における所有の集中運動に直接包摂され，所有集中に基づく支配集中という間接的な形態で貫徹すると同時に，社会的な貨幣および貨幣資本に対する集中と支配を可能ならしめるものとして把握される。そこでは大株主――個人株主であれ機関・法人株主であれ，事柄の性質には変化はない――は，上述のような所有に基づく支配が，全株主を構成メンバーとする全株主所有＝株主総会における一株一票の多数株議決による合意形成＝株主総会の意思→会社意思→取締役（会）・経営者……という株式会社の全体系＝総合的機構の内的連関を通して貫徹するのである。この「所有に基づく支配」の具体的展開は株式会社・証券市場における資本の二重化とそれに対応した所有の二重化の論理からすでに論述した通りであり，ここでは繰り返さない。

Ⅳ 株式会社と銀行資本論の展開

1 産業資本と銀行資本との緊密化(1)――株式会社と信用・銀行制度の構造的変化

『金融資本論』第二篇第7章「株式会社」第4節「発行活動」では，発行業務が銀行の機能として捉えられた先の第2節「株式会社の金融。株式会社と銀行」の後段〔最終部分〕の論述が，独自の分析課題として設けられている。まず，銀行の三つの機能との関連において，第一篇の信用論の論理段階での「銀行資本と産業資本との関係」が要約的に説明されている。

「〔第一に〕手形取引の媒介者として，銀行は銀行信用を商業信用に代位させる。〔第二に〕遊休貨幣の貨幣資本への転化の媒介者として，銀行は生産的資本家に新たな資本を供給する。第三の一機能〔発行活動〕において，銀行は，同様に生産的資本家に資本を供給するが，しかし銀行が彼らに資本を貸すこと

によってではなく，貨幣資本を産業資本および擬制資本に転化し，かつこの転化を自ら行うことによってである(45)。」

　こうして，発行活動（発行業務）が銀行の第三の機能として据えられ，資本の流動化を実行するものとして，その具体的内容が与えられる。そのことによって，『金融資本論』第一篇第五章「銀行と産業信用」においては「予めあげておかねばならない(46)」として予示されていた発行業務がはじめて理論的分析の対象として取り上げられ，その具体的内容が明らかにされる。この論理段階での発行業務とは，銀行が貨幣資本を産業資本→株式資本→擬制資本に転化することによって，生産的資本家に資本を供給することであり，したがって，それは本来の銀行業務＝信用業務の枠を超えたところに指定されるものである。それが金融業務である。この業務が銀行に取り込まれ，これら二つの相異なる業務が内的に結合され，統一的に運用されうるものとなる。銀行は「兼営」＝「総合」銀行として構造的変化をとげ，銀行資本は再規定される。

2　産業資本と銀行資本との緊密化(2)——銀行の産業支配について

　続いて，株式会社の資本調達源泉が明らかにされ，それがどのようにして株式会社に，したがって，産業的資本家に動員＝調達されうるのか。こうしたより具体的な論理段階の問題が取り上げられる。したがって同時に，発行活動がなにゆえに，またどのようにして銀行の第三の機能に据えられ，そのことによって，銀行はなにゆえに本来の信用業務に加えて，金融業務を取り込み，「兼営」＝「総合」銀行へと構造的変化をとげることになるのか。こうした論理の筋道が明確に提示されている。

　「一面では発展につれてますますいっさいの貨幣が銀行に流入し，ただ銀行の媒介によってのみ貨幣資本に転化されうるようになる。他面では銀行資本の産業資本への転化によって，資本は，貨幣形態で存在することをやめ，したがってまた，銀行資本の適当な構成部分であることをやめる。この矛盾を解決するものは，資本の動員〔流動化〕である。すなわち，擬制資本への，資本還元された収益指図証への資本の転化である。この転化と同時に，この指図証のための市場が発展し，したがってまた，この指図証が，随時，貨幣に転化されうるようになるので，それは銀行資本そのものの構成部分となりうるのであ

る。」(47)

　このように，ここでは，銀行は単なる信用関係に入るのではなく，産業資本に転化されるべき定められた貨幣資本を，株式資本・擬制資本の形態で市場に用立てることによって産業資本を供給するのである。だから，銀行資本の貨幣資本への転化の過程が貸付形態によってでない場合に生ぜるをえない問題，すなわち「資本は，貨幣形態で存在することをやめ，銀行資本の適当な構成部分であることをやめる」という問題が生じうるのであり，かつそれを資本の流動化によって解決するという新たな関係が生まれるのである。したがって，かかる諸側面・諸機能を包摂する資本としての銀行資本の再規定が与えられる。だからこそ，この場合，銀行は，したがって，銀行資本は「利子を実現」するのでもない。(49)」「産業資本の擬制資本への転化から生じる創業者利得を実現する(50)」といわれるのである。

　ところで，発行業務がかかる第三の機能として銀行に取り込まれるのは，社会のすべての貨幣および貨幣資本に対する銀行の支配に基づくのであるが，またそれは銀行の大きな自己資本を条件とする。後述するが，株式資本・擬制資本は貨幣資本との形態的同一性を付与されてはいるが，それは「売却によって貨幣に再転化される」という「独特の商品」であるが故に，一定の流通期間，販売期間を要し，その間，銀行の資本はこの商品に固定されることになる。しかし銀行の債務はいつでも貨幣形態で履行されなければならない。したがって，この取引のためには銀行の債務とならない資本，つまり大きな自己資本が条件となるとうことである。このことが，自己資本の拡大，そのための創業者利得の獲得としてあらわれる。なお，この点についていえば，「配当の利子化」が進展すれば，それに従ってますます多くの企業者利得部分が資本還元されることになるので，創業者利得はそれだけ大きくなるということができる。したがって，「銀行の力が強ければ強いほど，配当の利子化はより完全に達成され，創業者利得はより完全に銀行の手に帰する」というわけである。

　しかし逆に，「強大堅固な企業は，増資に際して，自ら創業者利得の一部を自己の企業に確保することに成功するであろう。かくて銀行と企業との間に，創業者利得の分配をめぐる闘争が展開され，したがって銀行にとっては，企業に対するその支配を確保すべき一つの新しい動機が生ずる。」また，この観点

は，産業企業の結合資本が「銀行資本の産業資本への転化」によって行われる場合でも，産業資本家の資本と銀行資本家の資本とから構成されていることを示すものであり，したがって，資本所有の株式証券化の発展段階では株式会社の結合資本は，一方では所有としての資本＝株式資本となり，他方では現実資本となるが，前者においては株主所有→株主総会→〈会社法人〉→取締役会・経営者という所有に基づく支配の論理が展開する。が，その支配集中のメカニズムを媒介とする彼らによる支配者集団の形成とその資本力に応じた創業者利得の取得・分配が行われる，ということである。しかしそれは，発行活動の過程が金融市場を支配する総合的銀行によって独占的に支配されている論理段階での，銀行と産業企業との，したがって銀行資本と産業資本との緊密化の問題であるということができよう。

（1） *Das Finanzkapital*, S.157. 訳，㊤236頁①230頁。
（2） a.a.O., SS.141-142. 訳，㊤212頁①211頁。
（3） a.a.O., S.176. 訳，㊤260-261頁①250-251頁。
（4） a.a.O., SS.174-175. 訳，㊤260-261頁①250-251頁。
（5） a.a.O., S.175. 訳，㊤260-261頁①250-251頁。
（6） a.a.O., S.175. 訳，㊤260-261頁①250-251頁。
（7） a.a.O., S.194-195. 訳，㊤287頁①272頁。
（8） a.a.O., S.194. 訳，㊤287頁①272頁。
（9） この点に関連して稲村氏は概ね次のように述べている。
　　株式会社は個々の株主の総体から成ってり，会社の資本（結合資本）は彼らの共同所有物であり，また彼ら自身の私的所有物でもある。このように多数の個別資本からなる結合資本の所有主体は，〔所有の〕個人性を止揚した社会的性格をもった私的な存在でなければならない。しかし，そのような矛盾した二側面を包摂した主体は実際上自然人としては存在しない。ここに諸資本家＝株主の社団として形成された会社そのものを生きた個人に擬制して，そのような主体として据えるという法的構成が一つの法技術的手段として登場するのである。株式会社における所有の社会的性格と私的性格の矛盾が会社自体の私的所有という法構成によって解決される。これが法人格の措定がもつ第一の意味である。（稲村勲「前掲論文」62-63頁。）
（10） a.a.O., S.194. 訳，㊤287頁①272頁。

(11) a.a.O., SS.157-158. 訳, ㊤ 236-237 頁① 230-231 頁。
(12) a.a.O., S.158. 訳, ㊤ 237-238 頁① 231 頁。
(13) a.a.O., S.157-158. 訳, ㊤ 236-237 頁① 230-231 頁。
(14) a.a.O., S.157-158. 訳, ㊤ 236-237 頁① 230-231 頁。
(15) a.a.O., SS.160-161. 訳, ㊤ 240 頁① 233-234 頁。
(16) a.a.O., S.157. 訳, ㊤ 236 頁① 230 頁。
(17) a.a.O., S.161. 訳, ㊤ 240 頁① 233-234 頁。
(18) a.a.O., S.158. 訳, ㊤ 238 頁① 231-232 頁。
(19) a.a.O., S.158. 訳, ㊤ 238 頁① 231-232 頁。
(20) a.a.O., S.159. 訳, ㊤ 238 頁① 231-232 頁。
(21) a.a.O., SS.160-161. 訳, ㊤ 240 頁① 1233-234 頁。
(22) a.a.O., SS.163-164. 訳, ㊤ 246 頁① 238 頁。
(23) a.a.O., SS.165-166. 訳, ㊤ 247-248 頁① 239-240 頁。
(24) a.a.O., S.157. 訳, ㊤ 236 頁① 230 頁。
(25) a.a.O., S.157. 訳, ㊤ 236 頁① 230 頁。
(26) 北原勇『前掲書』, 有井行夫「前掲論文」, 片岡信之『前掲書』等がある。
(27) 稲村勲『経営管理論史の根本問題』ミネルヴァ書房, 1989 年, 117-118 頁を参照されたい。
(28) *Das Finanzkapital*, SS.165-166. 訳, ㊤ 247-248 頁① 239-240 頁。
(29) a.a.O., S.166. 訳, ㊤ 248-249 頁① 240-241 頁。
(30) a.a.O., S.167. 訳, ㊤ 249-250 頁① 241 頁。
(31) a.a.O., SS.167-168. 訳, ㊤ 250-251 頁① 242 頁。
(32) a.a.O., S.263. 訳, ㊦ 7 頁② 5 頁。
(33) a.a.O., S.268. 訳, ㊦ 16 頁② 12 頁。
(34) a.a.O., S.268. 訳, ㊦ 15 頁② 11-12 頁。
(35) a.a.O., S.268. 訳, ㊦ 15 頁② 11-12 頁。
(36) a.a.O., S.268. 訳, ㊦ 15 頁② 11-12 頁。
(37) a.a.O., S.268. 訳, ㊦ 15 頁② 11-12 頁。
(38) a.a.O., S.170. 訳, ㊤ 254 頁① 245 頁。
(39) a.a.O., S.170. 訳, ㊤ 254 頁① 245 頁。
(40) a.a.O., S.171. 訳, ㊤ 255-256 頁① 245-246 頁。
(41) a.a.O., S.173-174. 訳, ㊤ 258-259 頁① 248-249 頁。
(42) a.a.O., S.195. 訳, ㊤ 288 頁① 273 頁。
(43) a.a.O., S.195. 訳, ㊤ 288-289 頁① 273-274 頁。
(44) a.a.O., S.150. 訳, ㊤ 224-225 頁① 230 頁。
(45) a.a.O., S.175-176. 訳, ㊤ 261 頁① 251 頁。

(46) a.a.O., S.118. 訳, ㊤ 180 頁① 185 頁。
(47) a.a.O., S.176. 訳, ㊤ 261-262 頁① 251 頁。
(48) a.a.O., S.176. 訳, ㊤ 262 頁① 251-252 頁。
(49) a.a.O., S.176. 訳, ㊤ 262 頁① 251-252 頁。
(50) a.a.O., S.176. 訳, ㊤ 262 頁① 251-252 頁。
(51) a.a.O., S.177. 訳, ㊤ 263 頁① 252-253 頁。
(52) a.a.O., S.177. 訳, ㊤ 263 頁① 252-253 頁。

第14章 「金融資本論」と証券市場
―― 証券市場を中心として ――

I 証券市場の位置づけ

　証券市場については，すでに『金融資本論』第二篇第7章「株式会社」第1節「配当と創業者利得」において，配当の利子化と創業者利得の解明に最少必要な限りで予め提示されている。第8章「証券取引所」においては証券市場が一般理論的に分析され，それをふまえたうえで，投機取引を主要な業務とする証券取引所が分析対象として取り上げられている。

　銀行による取引所取引の「取り込み化」が進み，取引所活動と銀行の活動との「重なり」・「共通部分」が拡がっていく特定段階の証券市場の分析が課題とされるのである。取引所活動の仕方とその機能とが構造的変化を余儀なくされ，投機が取引所取引における特有の活動として措定される。そしてそれとの関連において，本来的な取引所活動である擬制資本の流通運動が再規定される。すなわち，投機は株式証券＝擬制資本の流通過程に吸着し寄生しながら自己の自立的存在，その運動態様を獲得するが，逆に「それが捉える市場において常に受け入れ準備のある市場を作り出す」ということが明らかにされている。

　『金融資本論』の篇別構成，論理構成において証券市場が何故に株式会社に続いて措定されているのか，株式会社の一般理論との関連でその論拠を示すものといえる。こうした諸関係を通じて，この論理段階での証券市場が資本の流動化機能，資本の調達源泉＝調達機構として措定され，それが株式会社における資本の動員・結合機能と連結し，そこでの所有の集積・集中運動が次の二側面，すなわち証券市場の本来的機能としての株式資本→擬制資本，擬制資本化した株式資本の循環的流通運動と，その過程を基礎に，その過程に吸着・寄生しながら自立化した特有な機能である投機取引との総体的関係において把握されていること，そうした関係を媒介とする証券市場における所有の集積・集中

運動が産業的集積・集中運動から分離・解放されると同時に,「所有に基づく支配の集中」を意味するものであることが分析的に解明されている。また他方では, 産業企業における資本の動員と結合に対応した産業的集積・集中運動が所有集中運動から分離・解放されて企業集中運動として現れ, それが同時に, 支配の集中運動を意味するものであること, そういう株式会社制度に特有の資本の流動化→資本の動員と結合に関するその構造的諸特質を分析的に解明している。しかもこの論理段階では, 資本家階級の貨幣資本だけでなく, すべての諸階級の貨幣形態における所得までもが, 銀行に利子生み預金として集合・集積され, 貨幣資本の産業資本への転化が信用・銀行制度の媒介によって行われざるをえない, という銀行資本と産業資本の関係の新たな構造的変化が生まれているのである。したがって資本の二重化および所有の二重化に基づく資本の運動態様は, 貨幣資本の産業資本への転化, 産業資本の株式資本への転化および株式資本の擬制資本への転化を媒介とする「銀行資本の産業資本への転化」の条件を取り入れたものとして把握されなければならない。このことがこの論理段階での銀行資本と産業資本との関係を規定するものとしてあらわれる。

『金融資本論』第二篇「資本の可動化。擬制資本」第8章「証券取引所」では, 銀行による証券取引所の「取り込み化」が進み, 取引所活動と銀行の活動との「重なり」・「共通部分」の分野が拡がっていく論理段階においては, 取引所活動の仕方とその機能とが構造的変化を余儀なくされ, その本来的機能として擬制資本の流通運動が一般化すること, 投機が取引所取引における特有の活動として措定されると同時に, それとの密接な関連において本来的な取引所活動である擬制資本の流通運動が再規定されること, 換言すれば, 投機は株式証券=擬制資本の運動過程に吸着し寄生しながら, 自立し自己の存在・その運動態様を獲得すること, 逆にこんどは「それが捉える証券において常に受け入れ準備のある市場をつくり出す」ことである。そうした諸関係を通して証券市場の諸機能, したがって証券市場の構造的変化の諸特質が経済理論的に把握されている。こうして, 投機は産業的集積・集中運動から分離した, 証券市場における所有集積・集中運動に吸着・寄生しながら, それ自体が自立化した投機取引としてこの論理段階における金融市場の展開を特徴づける主たる要因として登場してくるのである。

II 証券市場の基本論理

1 証券市場＝取引所証券とその特徴——有価証券の種類とその特徴

　証券市場は証券のための市場である。その対象となる「有価証券」は二つのグループに大別される。第一グループは債務証券であり，手形によって代表される。第二グループは収益請求権であり，確定利付証券（国債，社債）と配当証券（株式）とに分類される。このように，第一グループは貨幣額を代表し，第二グループは収益を代表するものであり，本来的にはこの両者は異なるものである。しかし資本主義社会では規則的に反復される収益は，すべて支配的利子率で資本還元された収益に等しい大きさの一資本〔貨幣額〕の収入として考えられる。したがってこの論理段階では，本来的には貨幣額を代表するものではない第二グループの証券も第一グループと同様に貨幣額を代表するものとして捉えられている。ここにまず，両者の「形態的同一性」把握の端緒が明示されているといえる。とはいえ，この両者はもともと異なるものである。この本来的な性格の相違性はそのものとしては厳然として存在しながら，しかし一定の条件のもとでは，一方が他方の機能的諸特質を取り込むことによって形態的同一性を獲得し，それによって，新たな次元において両者の関係を展開せしめていく。が，そのためには本来的な相違，したがって，両者の基本的特質をとりあえず確認しておかなければならない。ヒルファディングは概ね次のように述べている[3]。

　第一グループの信用証券にあっては貨幣が本来的なものであり，この額の貨幣が現実に貸付られ，それが利子を生む。手形が満期になれば，資本は還流する。しかし，第二グループの収益証券はそうではない。貨幣は決定的に手放されている。国債証券の場合には，貨幣はとっくに不生産的に費消されてしまっている。また生産証券（株式証券）の場合には，貨幣は不変資本および可変資本の購入に支出され，購買手段として役立ったのであり，それは売手の手中にあって出発点には還らない[4]。

　株式証券とその特質：株式証券の場合には，それが代表する貨幣は決定的に手放されていて，出発点に還える必要がない。その貨幣は商品の売手（生産資

本の諸要素の売手）に渡ってしまい，この売手の所有となることからも，株式は貨幣を代表するものではない。またその価値は生産資本の諸要素において存在するが，株式は生産資本そのものを代表するものではない。なぜなら，第一には，株式所有者は生産資本のなんらかの部分について請求権をもつものではなく，ただその収益についてもつだけであり，第二には，株式は，もしそれが，現実に機能資本の一持分を表わすものならば，倉庫証券，積荷証券のようになんらかの具体的使用価値を代表すべきであるのに，ただある貨幣額についての請求権を与えるにすぎないからである。株式がそのようなものであること，このことがまさに産業資本の「可動化」なのである。しかし，この貨幣額は，そのときどきの利子率で資本還元された収益にほかならない。したがって，収益が，年々の収入が，株式証券評価の出発点であり，収益によって貨幣額が計算される(5)，というわけである。事実関係の転倒＝逆倒である。

　この点にこそ，産業資本の株式資本化，株式資本の擬制資本化した株式証券の特質の一つがある。その意味において，同じ収益を代表する証券であっても確定利付証券の価格はもっぱら利子率に懸り，株式の価格は利子率とその時々の収益の高さに懸っている。確定利子付証券と利潤証券とはその本来的性格において明確に区別される。この両者の概念上の差異性を明確にしたうえで，後述のように，逆に両者の形態的同一性が取り上げられることにある。しかし，そのまえに本節においては，株式証券の価格規定の「不確定性」による価格変動からそれが投機の主要目的物となることが指摘される。すなわち確定利付証券の価格は利子率に懸るので，比較的僅かしか変動しない。その変動も，より容易に予測しうる利子率の一般的変動に伴って漸次に生ずにすぎない。これに反して，株式証券にあっては収益の高さは不定であり，予測しがたい多様な変動に晒されており，激しい価格変動をひき起こす。この点こそ，この証券は「投機の主要目的物」をなす，という主要な原因である。かくして，ここでは投機取引に適したものとして，価格が収益と利子率とに懸り，価格変動の激しい予測困難な利潤証券が「投機の主要目的物」として析出される(6)。

2　証券市場＝取引所取引の構造的変化

　前述のように，手形に代表される第一グループ，および国債，社債，株式を

あらわす第二グループの有価証券について，各々その本質的規定性と特徴とを明らかにしたうえで，ここではまず，手形市場における取引所活動への銀行の介入による取引所の構造的変化について述べている。この論理段階では手形市場における取引所活動は，信用・銀行制度の発展に伴って，銀行が取引所の媒介なしにその資本を手形に投下し，取引所から手形の一部を取り上げ，手形信用の一部分が他の信用＝手形割引に代位されることによって，手形割引形態をとるものとして銀行信用の一形態を構成するようになる。その意味において手形市場における取引所活動が銀行の活動と一致することになり，手形取引は「取引所の特有の機能でない」[7]ものとなる。また同様に投資目的での有価証券の購入も，それが取引所でと同様に銀行でも購入することができるようになり，実際にもますますそうなることによって，この取引所活動も「取引所特有の機能ではない」[8]ものとなる。取引所に残されるものは「銀行間の媒介」と〔対外支払を媒介して為替相場を調整する〕外国為替取引だけとなる。しかしこの場合でも取引の大部分は直接銀行によって行われる。いまや「固有の取引所活動としては信用貨幣取引所の領域では為替相場投機以外には行われなくなる。こうして取引所は，ここでは信用貨幣取引に用立てられる貨幣額の包括的市場であるにすぎない」[9]ものとなる。このように，取引所諸機能の固有性・特有性の喪失の過程＝包括的市場への転化過程は同時に，銀行によってその大部分が取引所から横奪される過程である。

　ヒルファディングは，取引所の本来的機能とその特有の機能とを区別し，上述の観点に従って，後者，つまり新たな論理段階における証券市場における「特有の機能」を投機において捉える。彼は前者つまり「本来的機能」については，すでに明らかにしたように「本来の取引所活動の領域は，利子請求権〔収益請求権〕または擬制資本の市場である」[10]と次のように述べている。

　「ここではまず，第一に，生産資本に転化されるべき貨幣資本としての貨幣の投下が行われる。利子請求権〔収益請求権〕の購入において貨幣は決定的に手離され，再び返ってこない。取引所には，毎年得られた利子〔利子化した配当〕が還流するだけであり，したがって，資本そのものも返ってくる信用証券への貨幣投下の場合とは異なる。むしろ，利子請求権〔収益請求権〕の売買のためには，それ以上の貨幣が，取引所自体における流通に役立つものとして必

要である。」しかし「投資目的での有価証券の購入も取引所の特有の機能ではない。有価証券は取引所と同様に銀行でも買えるし，じっさいにもますますそうなる。特有な取引活動は，むしろ投機である。」[11]

　擬制資本市場としての証券市場については，本節以外には第7章第1節「配当と創業者利得」において一定の限定のもとで予めその一般的な概念把握が行われており，さらに第8章「証券取引所」第2節「取引所の諸機能」において，そこでの主題との関連で本格的に取り上げられ詳細に論述されている。投資目的での有価証券の購買という点においては，結局のところ，取引所活動と銀行の機能とが形態的同一性のもとに位置づけられ，両者が取引所活動の領域を構成するものとなり，したがって，それは取引所の特有の機能ではなくなるのである。繰り返すが，ヒルファディングは次のように述べている。

　「本来の取引所活動の領域は，利子請求権〔収益請求権〕または擬制資本の市場である。ここでまず，第一に，生産資本に転化されるべき貨幣資本としての貨幣の投下が行われる。利子請求権〔収益請求権〕の購入において貨幣は決定的に手離され，再び返ってはこない。取引所には毎年得られた利子〔利子化した配当〕が還流するだけであり，したがって資本そのものも返ってくる信用証券への貨幣投下の場合とは本質的に異なる。むしろ利子請求権〔収益請求権〕の売買のためには，それ以上の貨幣が取引所自体における流通に役立つものとして必要である。」[12]

　ここでは信用証券と利子請求権〔収益請求権〕（株式証券）との本質的相違性を指摘したうえで，収益請求権の取引が証券市場の本来的機能であると位置づけ，その取引＝流通のためには収益請求権の売買に必要な貨幣以上の貨幣が「流通に必要な貨幣」としてなければならないと論述している。つまり証券流通に必要な追加資本の規定に関する指摘である。

　ここではまず，取引所取引の一般的特徴が示されており，その本来的な取引所取引が擬制資本の流通運動であることが指摘されている。それをふまえて取引所活動の仕方とその機能とが取り上げられている。

　「そこで，取引所活動の仕方とその機能は何か，という問題が生ずる。われわれは，手形市場における取引所活動は銀行の活動と一致することをみた。同様に，投資目的での有価証券の購入も，取引所の特有の機能ではない。有価証

券は取引所と同様に銀行でも買えるし，実際にもますますそうである。特有な取引所活動は，むしろ投機である。」[13]

こうして，「銀行による取引所の取り込み化」の論理段階における取引所活動の仕方とその機能については，特有の取引活動として投機が取り上げられ，さらにそれとの関連において本来的な取引所取引としての擬制資本の流通運動が取り上げられる。すなわち，この論理段階における投機は，それが捉える証券において常に受け入れ準備のある市場をつくりだし，擬制資本を現実資本に転化する可能性をつくりだし，したがってまた，擬制資本における諸資本の不断の交替と擬制資本の貨幣資本への不断の再転化との可能性をつくりだす。このように，投機が取引所の特有の機能として把握され，証券市場＝取引所活動の領域に取り込まれ包摂されることによって，本来的な取引所取引である擬制資本の流通運動が再規定されるとともに証券取引所活動の重層的展開が明らかにされる。この点に証券取引所が何故に，株式会社の考察に続いて位置づけられているのか，その根拠がある。

このように，信用・銀行制度の発展に伴って証券市場をめぐる取引所と銀行との競合関係が展開し，従来，前者に特有の機能であったものが，他の信用に代位されるようになるとか，他の機能の一部分として取り込まれるとかによって，その特有性を失い，共有化・一般化していくのである。証券取引所特有の諸機能がその特有性を喪失していくなかで，にもかかわらず，そこにおいて，では一体，本質的な取引所活動とは何か，それを形成基盤として特有化する取引所活動とは何か，それらはどのような相互依存・相互規定関係にありうるのか。こうした観点から近代株式会社制度の構成要素たる証券市場＝取引所取引の特徴的傾向が，管見の限りではヒルファディングによつてはじめて，経済学的に分析・解明される。その特徴的傾向こそは「投機」である。

III 証券市場と投機取引

1 擬制資本の流通運動と投機取引──証券取引所特有の機能としての投機取引

投機取引の一般的規定性──利子請求権〔収益請求権〕と投機取引：投機とは何か。ヒルファディングは概ね次のように述べている。すなわち，投機は売買形

態をとるが,しかし,それは商品の買いではなく利子請求権〔収益請求権〕の買いである。(14) つまり,それは,いわゆるそれ自体の本来的使用価値の利用を目的とした商品の買いではなく,価格変動差の獲得を目的とする商品＝利子請求権〔収益請求権〕の買いである。生産的資本家＝産業資本家にあっては,$G-W \begin{smallmatrix} Pm \\ A \end{smallmatrix} \cdots P \cdots W'-G'$ にみられるように,貨幣資本 G をもって始まり増殖された貨幣資本 G' をもって終わる。つまり,投下された G は,G'＝増殖された資本として回収される。したがって,その規定的目的は $G \cdots G'$ である。その点に関する限りでは,この場合も,いわゆる「価格差を目的とする買い」であるといえるが,しかしまた,それは $G-W$,すなわち,貨幣資本の,生産資本の構成要素たる諸商品(生産手段 P と労働力 A)への転化＝購買過程であり,$G-W \begin{smallmatrix} Pm \\ A \end{smallmatrix}$ としてあらわされ,P,すなわち,購買された諸商品が生産的に消費される過程であり,また,それの価格 W よりも大きい価値をもつ商品 W' が生産される過程であり,さらに $W'-G'$ すなわち増殖された価値をもつ W' が販売によって,貨幣形態 G' に転化する過程であるところの,産業資本の物質代謝過程＝再生産過程である。

　産業資本は,こうした諸形態を順次に経過しつつ自己を増殖する価値の運動体にほかならない(産業資本からその販売機能を取り上げ分化・独立した商業資本もこれに準ずる)が,この過程のどこかで支障が生ずるとすれば,産業資本の自己増殖運動が撹乱されることになる。とりわけ,「商品に含まれている利潤は消費者への販売においてはじめてその全部が最終的に実現される」(16) というその点において,$W'-G'$ の過程は最も重要な要素をなすものといえる。しかし,投機は,売買の形態をとるといっても,こうした産業資本(および商業資本)のそれとは本質的に異なる。ではその本質的に異なる点とは何か。ヒルファディングによれば,それはまず,利子請求権〔収益請求権〕の買いである。

　ここでの利子請求権〔収益請求権〕とは,国債や社債の確定利子付証券であり,また株式の配当証券のことである。これらの証券の特徴は,本来,債権や出資を表示したものであるが,その収益が資本還元されることによってその価格をうけとるという点にある。このように,価格は資本還元された収益取分を表示するものであるから,株式価格の場合についても,それはけっして産業企業の資本部分として規定されているのではないということ,つまり,現実に機

能しつつある産業資本の価値（または価格）に懸るのではないということ，である。したがって，後述するように，その価格の変動は現実に機能しつつある産業資本には直接触れるところはなく，その収益と，この収益が資本還元される際の利子率の高さとに懸る（しかし，利子率は，その運動において個別産業資本の運命からはまったく独立している）ということ，である。

ところで，この株式擬制資本の流通 A−G₂−A は，その場所を証券市場に見出すのであるが，この流通形態は周知の如く次のように示されている。

「株式（A）が発行され，したがって貨幣（G）と引換えに売られる。この貨幣は二つの部分に分かれる。一つの部分（g）は創業者利得をなし，創業者，たとえば発行銀行のものとなって，この循環の流れから脱落する。他の部分（G₁）は生産資本に転化されて，……産業資本の循環を描く。株は売られている。株式そのものが再び流通すべきものとすれば，そのためには追加資本（G₂）が流通手段として必要である。この流通 A−G₂−A は，その場所を特有の一市場，取引所に見出す。かくしてその流通図は次の通りである。

$$A - G_1 - W < ^{Pm}_{A} \cdots P \cdots W' - G_1' \qquad G_1 - W < ^{Pm}_{A} \cdots P \cdots W' - G_1'$$
$$\begin{vmatrix} | & | \\ G_2 \cdots G_2 - G_1 = g_1 \\ | \\ A \end{vmatrix} \qquad A < \begin{matrix} g_1 \\ | \\ G_2 \\ | \\ A \end{matrix}$$

ひとたび創造されれば，株式は，それが代表する産業資本の現実の循環とはもはやなんら関係がない。株式の流通途上に待ち受ける諸々の事件や事故は，直接には生産資本の循環には触れるところがない。[17]」

ヒルファディングによれば，「商品売買は一つの社会的に必然的な事実である。これによって，資本主義経済では社会の生活条件が充たされる。それはこの社会の不可欠の一条件である。[18]」そして，いうまでもなく「商品は最後には消費し，市場から消える[19]」のである。つまり，この生産から消費へという一般商品の過程は直接的な物資代謝過程そのものであり，そのために，この商品売買過程は直接的にかかる物質的素材的制約をまぬかれえない。

これに対して，株式は，一般商品のように「最後には消費に帰し，市場から

消え去る」というものではなく，流通からは離れない。むしろ，その性質上，永久的である。株式が投資目的のために差し当たり市場から引き揚げられているとしても，それはいつでも市場に還ることができる。実際に，それは長短の期間の後には大小の数量で市場に還るのである。このようなものとして，株式は「配当の利子化」「利子率化した配当率」の論理段階においては，その所有が定期的に利子程度の配当を受取りうるという使用価値をもつものとしてあらわれ，かかるものとしての株式への投資目的が株式需要形成の重要なモメントになっている。そして，このことを基礎にして株式は価格をもち，それが変動することによって投機対象となる。すなわち，収益が資本還元されて株式は擬制資本としての価格をもつのであり，そうなってはじめて収益＝配当額の変化が株式価格の変動としてあらわれ，純粋にその価格変動に基づく価格差の取引である投機を可能にするのである。このように，株式投機は株式の擬制資本化にその発生根拠をもち，株式の所有転換，不断の流通に伴って現象するのである。

「それ〔投機〕は資本主義的企業には，経営にも，その生産物にも関しない。所有の交替，不断の流通は，ひとたび設立された企業には影響しない。生産とその収益とは，収益指図証が持ち手を替えることによっては，影響されない。収益の価格も，株式の価格変動によっては変動させられない。逆に他の事情が同じならば，収益の価値がこの価格変動を規定する。」[20]

投機取引と株式証券(1)——投機の主要目的物＝株式証券①：投機証券としての株式の購入は産業企業とは直接には係わりのない新旧株主相互の売買関係である。投機者にとって，投機証券としての株式は，株式が価格をもち，その価格が変動することによって価格差を収得しうるという可能性をもつものでなければならない。つまり，かかる意味において投機証券としての株式は使用価値をもつものである。したがって，それは，本質的には会社資本の経営活動への参加つまり経営権の取得を目的とするという意味での「株式証券」として産業企業との利害関係をもつのでもなければ，収益の一部分である配当の取得を目的とするという意味での「株式証券」として産業企業と直接的に係わりをもつというわけでもない。投機証券としての株式の購入は再生産過程の外部にある証券市場での株価の形成とその変動による価格差の収得だけを規定的動機としている

のである。だからその利得は，いかなる意味においても産業企業とは関係なく投機者相互間における授受にすぎない。それ故にヒルファディングは，投機は産業企業には，したがって経営にも，その生産物にも関係しない(21)，と述べ，また生産とその収益とは株式の不断の流通＝持ち手変換によってはなんら影響されることはないし，収益の価値も株式価格の変動によっては変動させられるものではない(22)，と述べているのである。

こうして，ヒルファディングによれば，投機証券としての株式の購入は商品の生産または販売利潤の実現にはなんら影響しない純経済的な一現象であり，私的所有分配における純粋な転位である。投機の利得や損失はただ株式証券のそのときどきの評価の差から生ずるにすぎない。それは利潤ではなく，剰余価値の分け前ではなく，企業から株式所有者の手にはいる剰余価値の分け前の評価の変動から生ずるものにすぎない。この変動はけっして現実に実現される利潤の変動から生ずる必要はない。それは純粋な差額利得である，というわけである。そこで，投機証券としての株式証券の購入が証券市場で惹起する株価変動の差額の収得だけを規定的動機とするとすれば，投機にとって問題は価格の変動であり，その利用でなければならない。ヒルファディングは次のように述べている。

「投機は価格変動の利用にある。しかし，商品の価格変動の利用にあるのではない。投機者にとっては生産的資本家にとってとは異なり，物価が下がるか上がるかは，どうでも構わない。彼にとっては商品価格は問題ではない。これは彼の考慮にははいらず，ただ彼の利子請求権〔収益請求権〕の価格だけが考慮にはいる。この価格は利潤の大きさに懸り，この大きさは，物価が不変でも，下がっても，上がっても上昇または下落しうる。なぜならば，利潤にとって決定的なのは，生産された商品の価格の絶対的高さではなく，その販売価格に対するその費用価格の比率だからである。しかし，投機者にとっては，利潤が上がるか下がるかも本質的ではない。彼にとって肝要なのは，ただ変動だけであり，またこれを予測するだけである。彼の関心は，生産的資本家のそれとはまったく異なるものであり，またできるだけ安定した，できればますます上昇する収益を望む貨幣資本家の関心とも異なるものである(23)。」

ここでは，投機は価格変動の利用にありながらも，それはけっして一般商品

の価格の利用にあるのではないということが強調され，投機による「利潤の再配分」がまったく不生産的，寄生的および詐欺的な性格そのものに基礎をおくものであることが指摘されている。もちろん，商品価格の変動が投機にまったく影響しないというのではない。商品価格の上昇が利潤の上昇を指す場合がそれである。それは先行すべき利潤変動あるいは予期されるその変動が投機を規定するということに基づく。だからといって，その利潤が投機利得を構成するわけではない。利潤は生産的資本の所有者，つまり産業資本家に，また利潤請求権の所有者，つまり株主にだけ分配されるからである。

「配当の利子化」→「利子化した配当」の論理段階にあっては，利潤の分配が株主にとっては利子にしか当たらない水準の点に株式資本（額面総額）が擬制資本（株価総額）に等しく設定されうることによって，一方では創業者が創業時にその利得（差額）を一括先取りし，他方では個々の株主には利子程度の配当が分配されるということであった。しかし，投機者はそれとは異なり，本質的にはその利潤を「上昇した利潤」から引き出すのではない。彼にとって決定的なのは利潤の上昇それ自体ではなく，もっぱら利潤の上昇または低下による株式価格の変動だけなのである。だからこそ，彼は利潤の低下によっても利得しうるのである。その意味において彼は上述の投資家・株主とは本質的に異なっているということができる。

いうまでもなく株主は「上昇した利潤」を取り込むことを期待して利潤請求権（＝株式証券）を保持するのであるが，投機者はそうではなく利潤請求権（株式証券）の売買によって利得しようとするのである。しかしその場合，彼は利潤へのなんらかの関与によって利得するのではなく，もっぱら，価格変動への関与による利潤請求権の売買によって利得しようとするのである。すなわち，両者は共に株式証券を対象とする取引であるが，株主と投機者との根本的相違についていえば，前者は配当を規定的目的とし，そのために株式証券を継続的に保持するが，後者は価格差を目的とする取引であり，そのために手元に保持せずに，たえず売買することを旨とする。

投機が価格差を目的とするということ，つまり，価格変動の利用にあるということは，端的にいえば，所与の一時点において，一体どれだけ「前に売ったよりも安く買いうるか，または前に買ったよりも高く売りうるか」[24]ということ

につきる。すべての投機者が，同時に利潤請求権＝株式証券をより高く評価するか，あるいはより低く評価するか，そのいずれかの方向，つまり，同じ方向に行動するとすれば，およそ投機利得は生じえない。投機利得の発生は相反する諸評価が行われることにある。つまり，「買手と売手との間で一定の時点に利潤請求権＝株式証券の諸評価の間に生ずる差額，これが一方の投機利得をなし，他方の投機損失をなす(25)」のである。すなわち，投機取引にあっては，「一方の利得は……他方の損失であって，生産的資本家の利得とは正反対である(26)」ということになる。

このように，投機的取引にあって「利得」は社会全体からみると完全に相殺されて零になってしまうのであり，したがって投機利得といっても，それは生産過程での「積極的な価値増殖」によるものではなく，もっぱら，証券市場における価格変動差のみを対象としたものにすぎないのである。資本家階級の利潤は労働者階級の剰余労働＝貢物ではあるが，それは「詐欺」ではないし，したがって，彼の損失ではない。労働者階級は正常な資本主義的諸関係のもとでは，労働力の価値よりも多くは受け取りえないのである。こうした生産的資本家＝産業資本家の利潤に対比してみれば，一方の利得は他方の損失であるとする投機取引，投機利得の基本的特質が明らかになるであろう。

産業資本家の利潤は，生産過程を通じて創造された新たな追加的価値に当たるものであり，プラスの価値である。また流通過程にある産業資本の諸機能の代行者として自立化した近代的商業資本の利潤については，商業資本は新たな価値を生産するわけではないが，産業資本の自己増殖運動を媒介する機能（G－W－G'）を受けもつことによって，産業資本の創造した剰余価値の一部を商業利潤として取得する。銀行資本もまた，再生産過程の外部からその過程内で機能する産業資本，商業資本に信用を供与することを通じて資本の再生産を円滑にし価値の増殖を促す機能を果たし，それによって利潤の一部を利子として取得するのである。ことに銀行資本の場合，産業資本の利潤のように，G－W $<^{Pm}_{A}$ …P…W'－G'に直接関わっているわけではなく，したがって新たな価値を創造したり，流通費用を節減したりするというのではないが，しかし，それは投機利潤のように社会全体としては完全に相殺されてしまって零になるというものではない。株式資本の場合も，機能資本額に等しく設定されていれば平

均利潤を，擬制資本額に等しく設定されていれば利子程度の配当を取得する。それは生産過程において産出される剰余価値・利潤を源泉とする。したがって，いずれの場合も投機利得のような売買差益で相殺されてしまって零になるというものではない。こうした点に，まさに上述の諸資本の利潤・利子および配当と投機利得との本質的な相違があるし，前者の諸利潤・利子に対比して投機利得の最大の特質がある。

　ところで，「投機は価格変動の利用にある。しかし，商品の価格変動の利用にあるのではない。投機者にとっては生産的資本家にとってとは異なり，物価が下がるか上がるかはどうでも構わない。彼にとっては商品価格は問題ではない」(27)といわれるように，投機はもっぱら価格差のみを目的とする取引である。しかし，そうだとすれば，逆に，このことはまた，産業利潤，商業利潤，地代，利子，株式配当，投機利得のいずれであるとを問わず，いっさいの資本主義的利得が等しく差額としてあらわれるという点からすれば，すべての商品が投機取引の対象となりうる可能性をもっているということを意味する。しかし，実際にも理論的にもすべての商品が投機商品となるわけではない。最も投機取引に適した「商品」が摘出され，それが投機商品としての地位を得ることになるのである。では，どのような商品が投機取引の対象として最も適しているといえるであろうか。

　投機取引と株式証券(2)——投機の主要目的物＝株式証券②：ヒルファディングは，第8章「証券取引所」第1節「取引所証券，投機」において，有価証券の形態規定を行った際に，確定利子付証券と利潤証券とを対比して後者が「投機の主要目的物」をなす，と次のように述べている。すなわち，前者の価格は利子率に懸り，後者の価格は利子率とその時々の収益の高さとに懸る。したがって，前者の価格は比較的僅かしか変動しないし，それも比較的容易に予測される利子率の一般的変動に伴って漸次に生じうるにすぎない。これに対して「後者は，収益の高さは不定であり，予測されえない多様な変動に晒されており，それが激しい価格変動を惹き起こす。」この点こそは，この証券を「投機の主要目的物」たらしめるということであった。つまり，そこですでに，投機取引に適した性格が摘出されていることが分かる。それは「価格変動が激しく，予測が困難であるもの」(28)ということ，したがって，それは価格が収益と利子率とによっ

て規定されるものであるということ，である。そうした性格をもつものは利潤請求権以外にはなく，株式証券が「投機の主要目的物」として析出さた所以である。繰り返すが，彼は次のように述べている。

「投機は価格変動の利用にある。しかし，商品の価格変動の利用にではない。投機者にとっては，生産的資本家にとってとは異なり，物価が下がるか上がるかは，どうでも構わない。彼にとっては，商品価格は問題ではない。これは彼の考慮にははいらず，ただ彼の利子請求権〔利潤請求権〕の価格だけが考慮にはいる。この価格は利潤の大きさに懸り，この大きさは，物価が不変でも，下がっても上がっても，上昇または下落する。なぜならば，利潤にとって決定的なのは，生産された商品の価格の絶対的高さではなく，その販売価格に対するその費用価格の比率だからである。しかし投機者にとっては，利潤が上がるか下がるかも本質的ではない。彼にとって肝要なのは，ただ変動だけであり，また，できるだけ安定した，できればますます上昇する収益を望む貨幣資本家の関心とも異なるものである。商品価格の上昇が投機に影響するのは，それが利潤の上昇の指標である場合に限る。投機を規定するのは，先行すべき利潤変動かまたは予測されるそれである。」

「実際，利潤は，生産資本の所有者に，または利潤請求権の所有者に分配される。しかし投機者は，そのものとしては彼の利得をけっして上昇した利潤から引き出すのではない。彼は利潤の低下によっても利得しうる。そもそも彼は利潤の上昇をあてにするのではなく，ただ利潤の上昇または低下による利潤請求権の価格変動をあてにするだけである。彼は，上昇した利潤を取り込むことを期待して利潤請求権を保持するのではなく――そうするのは投下資本家である――，彼の利潤請求権の売買によって利得しようとする。しかし，彼の利得は利潤へのなんらかの関与にあるのではなく――実際彼は場合によっては利潤が低下しても利得する――価格変動への関与にある。すなわち，与えられた一時点において前に売ったよりも安く買いうるか，または前に買ったよりも高く売りうるか，ということにある。仮にすべての投機参加者が同じ方向に行動するとすれば，すなわち，みなが同時に利潤請求権をより高く評価するか，または同時により低く評価するとすれば，およそ投機利得は生じえないであろう。相反する諸評価がなされて，そのうちの一つだけが正しいものと判明しうるこ

とによってのみ，投機利得は発生する。買手と売手との間で一定の時点に利潤請求権の諸評価の間に生ずる差額，これが一方の投機利得をなし，他方の投機損失をなす。一方の利得はここでは他方の損失であって，生産的資本家の利潤とは正反対である。」[31]

ここで，ヒルファディングは投機の基本的性格を析出し，その担い手である投機者を生産的資本家だけでなく貨幣資本家とも，さらには利潤請求権の所有者＝株主とも本質的に異なるものである，と指摘している。またここで，留意すべきことは，投機および投機利得の非生産的・寄生的かつ賭博的性格を剔出し，その概念の内容を明らかにしている，という点である。そこで次には，投機がその諸操作において顧慮する諸要因を考察せねばならない。

2　株式価格の変動とその不確実性——投機取引の「賭博的」性格

株式価格とその変動諸要因：ヒルファディングは投機の主要目的物は確定利子付でない証券であるとして，それを利潤請求権としての株式証券に特定する。それは株式証券の価格変動が本質的には二つの要因，すなわち，利潤の高さと利子率の高さに懸っているからである。彼は利潤について次のように述べている。

「利潤は，一般的には理論のうえで，平均利潤率によって与えられている。しかし，平均利潤率は無数の個別利潤の一系列の表現であるにすぎず，個別利潤の高さが平均水準から離れることは極めてありうることである。しかし，個別利潤の高さは局外者にはまったく不明である。剰余価値の大きさと前貸資本の大きさという利潤率の一般的規定要因のほかに，ここでは市場価格の変動とか企業者の個人的手腕による景気の利用とかのあらゆる偶然性が決定的な一役を演ずる。外部にはただ商品の市場価格があらわれるだけである。」[32]

このように，費用価格に対する市場価格の比率という決定的要因は外部には知られないし，しばしば企業者自身にも一回転期間の終りに精細な計算を経てはじめて分ることである。また利潤の現実の大きさを別とすれば，減価償却や役員報酬の高さおよび準備金の見積りなど，といった多かれ少なかれ一連の恣意的な諸要因が一役を演じ，価格に影響を与えるのである。ここでは市場価格の変動とか企業者の個人的手腕による景気の利用とかの偶然性・恣意性が決定

的な一役割を演じるのである。ヒルファディングは将来の利潤についての不確実性を指摘することによって，そこに予測される相場状況についての諸意見の背馳の存在を明らかにし，投機取引にとっての株式証券の最たる適性を説いている。続いて第二の価格規定要因である利子率について次のように述べている。

「これに反して，利子率は，商品の市場価格と同様に，与えられた各瞬間には一つの与られた大きさであり，したがって，すべての投機者に等しく知られているものである。また利子率変動の方向についても，少なくとも近似的公算をもって予め規定されうる。……しかも，利子率の変動が相場に及ぼす作用は減退する。不況期には利子率の低いのが普通である。この時期には投機は不振で，信頼は僅少であり，しかも産業証券の相場水準は利子率が低いにもかかわらず，低位にある。逆に，好景気で投機の盛んな時期には，高い利子率が相場水準の上昇の時期によって克服される。[33]」

このように，利子率およびその高さは利潤の予測よりも確実な要因である，といえる。そうだとすれば，投機の方向を指し，その強度を規定するものは，本質的には利潤の高さであるということになる。したがって，投機者たちが考慮に入れるべきものは，まさにこの不確実で予測しがたい要因＝利潤である。ヒルファディングはそのように述べているのである。

株式価格＝資本還元価格と価格変動：ところで，上述の如く「不確実で予測しがたい」諸要因はすべての投機者に等しく同じ程度に影響を与えるというわけではない。もしそうであれば，すべての投機者は同時に株式証券を，より高く，または同時により低く評価するといったように，同じ方向に行動することになる。そうすれば，およそ投機は成立しえず，投機利得は生じえないであろう。ヒルファディングによれば，これらの諸要因，ことに価格決定上の第一の要因（利潤）は投機者大衆にはまったく見当もつかないものである。僅少な価格差が問題になる場合，あるいは利潤変動によるそれの資本還元を通じて相場上に惹き起す振幅の大きさについては，彼らのような「皮相的，一般的な企業知識」をもってしては，極めて不十分であるといわざるをえない。[34] これに反して，これらの諸要因は企業幹部たちには収益の高さをある程度まで随意に決める可能性，力を与えるであろう。なぜなら，内情に精通し，彼らに大きな安全性・確実性を与え，その組織を危げなく投機利得のために利用する能力を与えるか

らである。かくして,一般的には「なんらかの確実な予想は投機には不可能」であり,「投機はその操作において暗中を手探りする」のであり,「取引所投機は賭博の性格をもつ。」が,しかし「この賭は精通者たちにとっては必中のかけとなる」というわけである。こうしてここでは,一般的に投機および投機利得の賭博的性格規定が与えられるが,逆に企業知識・内情に精通している企業幹部たちにはこの賭博は「必中の賭け」となるというわけである。

　株式価格は利潤配当額を市場利子率で資本還元した価格として成立する。したがって,この価格は利潤と利子率とによって規定されるが,その性質上,利潤を主たる規定要因としながら,利潤と利子率のからみ合いを通じてたえず変動する。それは資本還元価格の水準の点に落ちつこうとする傾向をもつ。その意味では,この価格が株式価格の変動の中心でありうる。しかし,それは一般商品の価格のように究極的には価値によって規定されるという価格規制力をもっているわけではない。すなわち,株式価格を規定する諸要因のうち利子率についていえば,産業企業と銀行との間における利子生み資本の需給関係に基づく利潤の量的な分割比率にすぎない。そこには利潤がこの二つの部分にいかに分割されるべきかの質的区別はまったく存在しておらず,それをどのように分割するかは,絶対的に純経験的な,偶然的領域に属する事実であるにすぎない。ヒルファディングはそのように述べているのである。

　さらに,利潤についていえば,借入資本を使用する場合には,産業企業にとっては利潤は分割され利子を超える部分,つまり超過分に当たるが,この分割は内在的な法則によって規制される分割ではなく,もっぱら競争によってのみ決定される純粋に経験的な,単なる量的な分割にすぎない。しかも,この利潤の配当に当たっての利潤額の規定要因は,商品価格の規定要因よりもはるかに複雑であり,かつ不確実である。また内部留保分を考慮に入れるとすれば,その分割比率は利子率ほどにも明確ではない。このように,株式の場合,一般商品に比較して価格変動の中心があいまいなものにならざるをえない。だからこそ,株式証券は一般商品と比較してはるかに投機に適しているといえるのである。そうだとはいえ,株式価格が利潤配当額＝収益を市場利子率で資本還元して受け取られる価格であること,つまり,利潤の高さと利子率の高さとに規定されて,その価格が成立することによって株式価格もその絶えざる価格変動を

通じて「資本還元」価格の水準の点に落ちつこうとする傾向をもっている，といえるのである。

投機取引と需給関係：すべての商品は使用価値たることを前提として交換価値＝価格をもっているが，そうした商品の価格におけると同様に，株式相場においても，本来の価格規定要因である利潤と利子率との高さのほかに，需給関係の変動に表現される偶発的諸要因がある。この偶発的要因それ自体は株式投資需給の変動という本来的取引に関わってあらわれるものとは異なり，投資需給を基礎として，その価格変動差の獲得を目的とする投機取引に関わって現われるものである。投機取引がその価格差の追及を規定的目的とする以上，肝要なのは価格変動であってその原因ではない。その原因がなんであろうとまったく構わないのである。[39]

例えば，その商品が人間の労働の生産物であろうと，そうではないが，土地の如く私的所有・譲渡の対象となり，その条件として価格をもつものであろうと，公・社債，株式の如く物質的富ではないが，私的所有・譲渡の対象となり，その条件として擬制的ではあるが価格をもつものであろうと，まったく構わないのである。肝要なのは価格をもち，それが変動することである。したがって，価格変動が激しく，しかもその見通しが困難である，という「不確実性」の高い商品ほど投機取引の対象としてふさわしいということになる。この「不確実性」とそれに基づく変化＝価格変動こそは，投機取引の特質をなす。投機にとっては投資にとっての利潤配当（利回り）のような株式価格の客観的評価基準は必要ではないのである。

ところで，投機は自ら価格変動要因をつくりだすことはできないが，その不確実性から必然的に生ずる変化をもって，絶えず変化する需給関係を自らつくりだす，という本質的機能をもっている。そしてこの変動する需給関係がまた価格を変化させ，さらにこの変化がまた変化する需給関係をつくりだす方向に作用する。この部面にあっては，すべての価格変動がまた新たな投機，新たな契約，地位変化の衝動であり，さらなる需要供給の新たな変化を必然化するのである。このようにヒルファディングは投機取引の本質とその機能を明らかにしたうえで，かかる投機との関連において証券取引＝擬制資本の運動の持続性の問題を取り上げる。

3 投機取引と擬制資本の流通運動——擬制資本の流通運動の再規定

投機取引と証券取引の継続性とその転倒性：ヒルファディングは次のように述べている。

「投機は，それが捉える証券において，常に受け入れ準備のある市場をつくりだし，かくして他の資本家群のために，彼らの擬制資本を現実資本に転化る可能性を与え，したがって，擬制資本の取引のための市場をつくりだし，それによって擬制資本における諸投資の不断の交替と擬制資本の貨幣資本への不断の再転化との可能性をつくりだす。」(40)

ここでは，産業企業とその株主との関係が問題にされているのではない。株式証券＝投機証券は利潤証券として企業から直接受取る配当の増減を予想し，その増加分そのものの獲得を目的としているのでない。投機利得は，利潤の直接的分配として企業からその所有者たる株主に引渡される増配分とは本質的に異なったものである。それは証券市場で生ずる価格変動に基づく価格差の獲得であり，証券市場において生起するものである。つまり，配当が市場利子率で資本還元され価格を受け取ることによって，はじめて配当額の変化が株式価格の変化としてあらわれ，投機を可能にし，逆に投機が需給関係を変化させ，この変化する需給関係がまた，さらなる価格の変動に作用するのである。この価格変動が，証券市場にあっては，新たな投機，新たな契約，地位変化への衝動となり，さらなる需給の新たな変化を伴うのである。そうした意味において，投機はそれが捉える証券において常に受け入れ準備のある市場をつくりだし，それがまた，擬制資本における諸投資の不断の交替と擬制資本の貨幣資本への不断の再転化の可能性をつくりだすというわけである。この点に，投機が投資を基礎に展開されながらも，逆に諸投資の不断の交替可能性をつくり出すことによる投資の継続性の媒介契機，その主要な要因に転化するという事実関係の転倒性が指摘される。投機が取引所取引における特有の活動として措定される論理段階では，こうした投機との関連において投資が捉えられることによって，本来的な取引所活動である擬制資本の流通運動が再規定されるのである。

このように，投機はそれ自体の運動によってはなんら価値を増殖しうるものではない。換言すれば，投機は擬制資本の流通運動に吸着し寄生しながら，自己の存在とその運動態様とを獲得し，ただ既存の富の再分配に賭博的に関わる

すぎない。その意味においては，投機は非生産的であり，非自立性・寄生性をその基本的特質とするものであるということができよう。しかし他方，そのことによって，資本主義社会の基礎上における，少なくとも資本主義的発展の一定の時期における投機の必然性が反論されることにはならない。むしろ，投機がその実質的内容において賭博と同じであるとしても，その運動様式 A―G_2―A――各個の株主にとっては利子生み資本の運動 G―A―G'として現れる――において擬制資本の運動とまったく同様に貨幣資本との形態的同一性を獲得することによって，社会的には投機取引として是認されうるものとなる。また「投機は，それが捉える証券において常に受け入れ準備のある市場をつくり出し，かくして他の資本家群のために彼らの擬制資本を現実資本に転化する可能性を与え，したがって，擬制資本の取引のための市場をつくり出し，かくしてまた，擬制資本における諸投資の不断の交替と，擬制資本の貨幣資本への不断の再転化の可能性をつくり出す」というその点において証券市場＝取引所取引を構成する主要な条件として投機の必然性とその意義が捉えられる。ヒルファディングはそのように述べているのである。

　大投機者の優越性といわゆる「道連れ」の可能性：ところで，投機は不確実性の故に，上述のような諸現象を必然的に生みだすのであるが，同時にまた，投機の不確実性はそうしたものとは別の一現象をつくりだす。証券市場における諸投資・諸投機をめぐる資本の競争が株式証券をその主要な対象として展開される論理段階にあっては，当然，株主は大株主と中小株主＝一般株主とに階層分化し，前者は少数化し後者は非常に多数化しており，投機者もまたそうしたなかで少数の大投機者と非常に多数の一般投機者とに階層分化し，前者が投機取引・投機活動全体に与える影響が決定的に強くなっているということができる。むしろ実際には，株式取引と投機取引とは混合・交錯し，形態的に同一した状態で証券市場において株式の売買＝流通運動として現れるのである。こうした事情のもとでは，とくに投機の不確実性は，大投機者をして投機方向に影響を与え，かつそれによって惹き起こされる投機の市場動向に多数の中小投機者を追随せしめるという，いわゆる「道連れ」の可能性をもつくり出す。ヒルファディングは次のように述べている。

　「彼ら〔大投機者〕は大量の買によって市場を固め，相場水準を高める。彼

らの増大した需要が価格を追い上げるからである。この運動が進行を続ければ大投機者はすでに関与しなくなっても，彼らに追随していると信じているすべての人々の買によって需要は増大し価格はさらに上昇する。いまや大投機者たちは，彼らの目的に応じて彼らの利得を漸次に実現することも，あるいは高められた相場水準を長短の期間維持することもできる。ここでは，より大きな資本に対する処分力は直接に市場における優越を生み出す。この資本の充用の仕方によって市場方向そのものが規定されるからである。」[41]

　生産の領域では，より大きな資本の有利性はより低廉な生産にあり，費用価格の引下げにあるが，しかし，ここでは価格変動が直接に資本の働きかけによって喚起されるというわけである。この事情を利用して，例えば証券発行人たる大銀行・金融機関は投機を一定の方向に駆りたてようとするのである。また，ヒルファディングは次のようにも述べている。

　「職業的投機にとっては，利得と損失とは相殺される。しかるに，ただ大投機者の支持する方向に追随し，彼らがすでに利得を実現して退いてもなおこの方向を追い続ける大衆，いまこそ自分たちが好景気の果実の分け前にあずかる時期だと信じているこの素人たち，彼らこそは損失を背負わねばならないのであり，景気の転変するごとに，あるいはただ取引所の気分が転変するだけでさえも，そのつど差額を支払わねばならない。」[42]

　いうまでもなく，投機にとっての「生産的活動」とは，この「差額を取り込むこと」である。投機は生産過程の価値増殖によるものではなく，もっぱら証券流通部面における価格変動差のみを対象とするものである。投機利得と損失の相殺関係についていえば買いまたは売りによって利得をしたり，損失を被ったりする機会は一般的には50％であるから，職業的投機のように，繰り返し行われる場合には「大数の法則」に従って利得と損失とが相殺されうるというわけである。しかしながら，実際にはそうはならずに大投機者は買いまたは売りの，いずれによっても利得をしえ，投機者は全体として存続する。それは，彼らだけが相互に投機しあっているからでなく，むしろ大投機者の支持する方向に追随し，彼らがすでに利得を実現して引き揚げた後もなおこの方向を追いつづけ，損失のみを背負わされる多数の一般投機者がたえず流出入し補充されることによるからである。このように，投機にあっては，一方の利得は他方の

損失であり，社会全体として相殺されて零になる。しかし，投機利得と損失とは，それぞれ特定の諸階層に，つまり，少数の大投機者には巨額の利得が，圧倒的多数の一般投機者には損失がいわば絶えず集中的に見舞う。この点に投機が賭博的であると同時に，少数の精通者・大投機者には「必中の賭け」であるが，圧倒的多数の一般投機者には「暗中の手探り」であるという，社会的に公認された詐欺的性格をもつものである[43]。ヒルファディングはそのように述べているのである。

IV 証券市場の発展と所有概念および所有形態の展開

1 所有運動の再生産過程＝生産過程からの分離・独立(1)——所有運動の再生産過程からの解放①

資本の流動化は証券市場によってはじめて一般的に可能となるが，それは，法律的には所有概念について，また経済的には資本の平等性について新たな理論的展開をもたらす。ヒルファディングによれば，資本の流動化は，法律的には「所有の移転とその二重化」である。それは次のように指摘されている。

「〔法律的には〕現実の生産資本の所有は諸個人から一つの法律上の会社に移る。この会社はこれらの個人の総体から成っているのであるが，そこでは個人そのものはもはや会社財産の所有権を持ってはていない。個人はむしろただ収益請求権を有しているだけである。個人の所有，それはかっては生産手段に対する事実上無制限的支配を意味し，したがって生産の管理を意味したが，いまでは単なる収益請求権に変化させられており，個人からは生産に対する支配は奪われている[44]。」

「しかし経済的には動員〔資本の流動化〕は，資本家が彼の投じた資本を随時貨幣の形態で引き揚げて他の部面に移しうるという可能性にある[45]。」

このように，出資形態で投下された資本は結合資本を形成し，それが生産資本に転化され，出資者諸個人の所有から会社の財産として会社の所有となる。この会社はこれらの出資者諸個人の総体からなっている。したがって所有は総体としての全株主の所有，つまり共同所有である。が，総体の構成員である各個の出資者＝株主は，その所有株式の量的差異——大株主であれ中小零細株主

であれ——の如何にかかわらず，会社財産に対する所有権をもっていない。そこでは現実資本に対する処分権は失われているというわけである。しかし他方，株主にとっては，投下資本は出資に転換され持分に分割・証券化され，売買可能性の規定性を付与された収益請求権である。資本所有の株式資本所有への転化に基づく所有の証券化である。それは，株式会社の資本が機能から分離された所有としての資本＝株式資本と所有から分離・解放された機能としての資本＝現実資本とに二重化し，それに対応して所有も二重化して現れるからである。つまり所有と機能とが制度的に分離し，自立して独自の運動様式を獲得しているということである。いまでは資本の所有は，機能から切り離された所有としての資本＝株式資本の所有に，したがって株式資本との関係に転化しているのである。

　このように資本機能から分離した資本所有は生産手段に対する直接的な無制限的支配を意味するものではなく，したがって生産の直接的管理を意味するものではなくなっている。それは単なる収益に対する請求権を意味するにすぎないものとなっている。ここでは各個の株主からは，生産に対する支配は完全に奪われ，いまや，所有は生産過程から解放され，生産手段に対する直接的関係を有していないというわけである。かような資本所有→株式所有の規定性は，一部の株主に関わるものではなく，すべての株主に等しく関わるものでる。産業資本の株式資本化→擬制資本化→貨幣資本化，つまり株式資本の貨幣資本化であり，その人格化としての産業資本家の株式資本家化＝株主化であり，その貨幣資本家化である。それだから株主の貨幣資本家化は中小株主のみを対象にしたものでなく，すべての株主に関わるものでなければならない。その根拠はまさにこの点にある。所有概念の理論的展開がみられる所以である。

　しかし，このような所有概念の内容からすれば，株式会社にあっては現実の生産資本＝生産手段の所有は一体誰にあるのか。ヒルファディングによれば，諸個人＝出資者から法律上の会社に移る。そこでは個人＝出資者そのものはもはや会社財産に対する所有権を持っていないというのであるから，所有の証券化＝資本所有の株式資本所有への転化という所有の形態変化をどう理解すべきであろうか。そのことは同時に，所有に基づく支配→所有の証券化に伴う株式所有に基づく支配をどう捉えるべきか。さらには「会社それ自体」の直接的所

有に基づく支配の論理をどう理解すべきか。いまや所有と支配をめぐる諸問題が「所有の証券化」という新たな論理段階における「事実関係の転倒」した経済関係として現れるのである。こうした論理系譜上に登場してきたのが，周知の如く「会社それ自体」論である。現実資本の所有主体となった「会社自体」が，所有に基づく支配主体，経営主体として生産資本＝生産手段に対する支配を有し現実資本＝機能資本の価値増殖過程全体を法形式のみならず，実質的にも支配するという・この「会社それ自体」論が理論的正当性を獲得しうるだろうか。

ここでは株式所有者＝株主は会社に対する何らの所有も有しておらず，支配から完全に排除される無関係な存在として位置づけられている。一方でヒルファディングは上述の如く資本所有の転化形態として所有の証券化を捉え，所有の証券化の論理段階における株式所有に基づく株式資本支配→会社支配を主張し，所有構造の変化に対応した資本支配様式の論理を展開している。つまり多数株所有者，大株主＝支配株主による会社支配の必然性である。しかしここではこの問題が考察の対象ではないので，さし当たり簡単な指摘にとどめておきたい。議論を本筋に戻すことにしよう。

次に，資本の流動化は，法律的には上述の如くであるが，経済的には「資本家が彼の投じた資本を，随時，貨幣の形態で引き揚げて他の部面に移しうるという可能性にある」[46]と述べている。ここでは，資本の流動化は証券市場における株式の随時売買可能性と同義のものとして把握されている。つまり，証券市場は資本の流動化機能を有する機構として位置づけられている。しかし他方では，資本の再生産過程＝生産部面では事情は異なる。生産力の発展→生産規模の拡大→資本の有機的構成の高度化→固定資本の巨大化・最低必要資本量の厖大化の論理段階では，資本の流動化――現実資本の流出入――は制限され，困難を余儀なくされるようになる。投下資本を随時貨幣形態で引き揚げ，それをまた随時他部面に移すという「資本移転の可能性」が制限され，困難化されるからである。この部面での「資本移転の可能性」は素材的諸要素として存在する大規模な生産設備・機械等の事実上の変更・転換として実現することを指すが，そうした変更・転換はますます困難になってきた。部門間の格差は拡大し，資本の部門間流出入を媒介する利潤率の均等化への傾向は妨げられ，ますます

困難となる。いうまでもなく巨大固定資本を主要構成部分とする生産資本＝生産手段を一部門から引きあげることがますます不可能になるからである。では実際の，利潤率均等化の運動＝生産価格＝市場価格形成の運動はどのような展開をみせるのであろうか。ヒルファディングによれば，それは主として新たに蓄積される剰余価値・利潤を利潤率のより高い投下部面に投ずること，および利潤率のより低い部面における新投下をやめることによって，ただ緩慢に，漸次的かつ近似的にのみ行われるだけとなる。

このようにして，この論理段階においては部門間の資本の流出入＝資本移動は制限され困難となり，利潤率の均等化は妨げられ，利潤率の部門間格差・不均等が生じ，結果として利潤率の低下を惹起せしめる。この利潤率の部門間格差・不均等に伴う利潤率の不平等は個別資本家にとって如何にして克服されうるであろうか。ヒルファディングは次のように述べている。すなわち，かような利潤率の不平等は個別資本家にとっては，利子率で資本還元された収益に基づく彼の資本の評価によって，絶えず克服されうるものとなる[47]。証券市場にあっては，資本の運動は，直接には生産過程にふれず，現実の資本の運動にも，利潤率の均等化を妨げる諸困難にもふれずに，もっぱら，株式の不断の所有変更，所有転換運動としてあらわれる。そこでは利潤率の格差を反映する配当率の相違が「個別資本家にとっては利子率で資本還元された収益に基づく彼の資本の評価によって絶えず克服」されることになる。すなわち，「等量の価値に対する収益の平等」という事実関係の転倒による利潤率の均等化・利潤の平等化が達成されるというわけである。

繰り返すが「利潤は，一般的には理論のうえで，平均利潤率によって与えられている。しかし，平均利潤率は無数の個別利潤の一系列の表現であるにすぎず，個別利潤の高さが平均水準から離れることは極めてありうることである。しかし，個別利潤の高さは局外者にはまったく不明である。剰余価値の大きさと前貸資本の大きさという利潤率の一般的規定要因のほかに，ここでは市場価格の変動とか企業者の個人的手腕による景気の利用とかのあらゆる偶然性が決定的な一役を演ずる。外部にはただ商品の市場価格があらわれるだけである[48]。」

既述の如く資本は，もはや特定の大きさのものとしては現れず，またその大

きさは利潤の大きさに対して決定的なものとしては現れない。むしろ利潤が特定の大きさとして確定されて現れ，その大きさに従って資本の大きさが規定されるのである。この規定は，株式会社の創立において実際的となり，創業者利得の獲得を可能ならしめ，かつその高さを規定するものである。現実の諸関係はシャチホコ立ちして現れる。(49)こうしてこの論理段階では，利潤は収益として，すべての収益は配当範疇において捉えられるようになる。そうなると，その配当は利子化することによって利子率化した配当率が成立し，かかるものとして利潤率の均等化――資本の平等性・同等性――が成立するというわけである。現実の諸関係が「シャチホコ立ちして現れる」ところの，かような利潤率の均等化なる現象は，証券市場における擬制資本の流通運動とそれを展開基盤とする投機取引といった所有集積・集中運動の全面的展開において全体的な現象形態となるのである。

　資本の流動化機構――資本と所有の二重構造化――の確立を前提とした固定資本の巨大化の論理段階における資本の平等性，同等性概念の理論的展開を提示したものといえよう。こうして，資本の流動化は資本主義的所有を収益指図証・収益請求権に転化することによって，資本の所有運動は資本主義的生産過程から自立化し，生産過程もまた所有運動から解放され，各々は相対的に独自の展開を示すことになる。

　2　所有運動の再生産過程＝生産過程からの分離・独立(2)――所有運動の再生産過程からの解放②

　所有運動の生産過程からの解放についてヒルファディングは次のように述べている。

　「資本の動員〔資本の流動化〕は，資本主義的所有をますます収益指図証に転化し，またかくすることによって，資本主義的生産過程をますます資本主義的所有運動から独立させる。なぜならば，取引所で行われるこの収益請求権の取引は，所有運動を意味するが，いまではこの所有移転は，生産の運動から独立に，かつ生産に影響することなしに行われうるからである。いまでは所有運動は独立していて，もはや生産過程によっては規定されない。(50)」

　以前は資本主義的所有運動は，同時に企業者機能の移転を意味し，企業者機

能の交替は所有交替の条件をなしたが，いまでは資本主義的所有は収益指図証に転化し，所有運動は収益請求権の取引に転化している。ここでは所有運動は同時的財貨運動なしに生ずる。すなわち，資本還元された収益請求権の取引，つまり株式証券（収益請求権）の流通にあたっては，同時的財貨移転を伴わない所有移転，単なる所有名義の流通が行われるからである。この所有それ自体のための市場，これが取引所である。こうして所有の移転は，生産の運動から独立に，生産に影響することなしに行われる。所有運動はいまでは独立した独自の循環的運動を形成し，生産過程に直接規定されえないものとなる。資本主義的生産過程は資本主義的所有運動から相対的に独立する。このように所有概念の内容と所有運動の形態に質的変化が生ずる。このように述べたあとで，ヒルファディングは，所有集積が産業的集積から独立に取引所において行われる，と説く。ヒルファディングは次のように述べている。

　証券市場は，いまでは資本の新たな投下部面として大きな意義をもつが，そこでの擬制資本の創造そのものが所有発生の重要な原因をなすのである。なぜなら，以前は資本主義的所有（の集積）は，主として利潤の蓄積によって生じたが，いまでは擬制資本の創造が創業者利得の可能性を与えるからである[51]。こうして，擬制資本の創造が，したがって，資本の擬制資本への転化がこの転化過程を担う「大貨幣力」＝「兼営銀行」に利潤の一大部分を，しかし，株主の配当のように年々の分散的収入としてではなく，資本還元された創業者利得として集積させる。いまでは所有の集積過程は産業における集積過程から独立に取引所で行われる。取引所は，擬制資本の市場として生産過程から独立した所有それ自体の流通部面，したがって，産業的集積運動から独立した所有集積運動の部面となり，資本の新たな投下部面となるのである[52]。

　前述したように，産業的集積・集中運動の所有集積・集中運動からの独立は，『金融資本論』第二篇第7章「株式会社」では所有の株式所有への転化による「所有と機能との分離」に基づくものとされたが，第三篇第11章「利潤率の均等化における諸障害とその克服」の論理段階では，産業的集積・集中運動は「所有集中を伴わない経営・企業集中」として取り上げられ，独占的諸結合の形成に導く集積・集中運動として把握されている。この産業的集積・集中運動から独立した所有集積・集中運動は，同じ第11章の「取引所における経営・

企業の集中を伴わない所有集中」として取り上げられ，第11章，第12章での「産業的集積・集中→独占形成」の論理を経て，第14章「資本主義的独占．資本の金融資本への転化」において銀行連合・銀行独占の形成に導く集積・集中運動として把握され，かつこの二側面おける集積・集中過程を銀行資本と産業資本との緊密化を通じて連結・結合し，総合的な集積・集中運動として位置づけられている。かくしてこの総合的な集積・集中→独占的結合の形成は必然的に総括的な資本範疇としての金融資本の成立に導くのである。しかしそれは最高次元の資本の擬制化であり，現実の諸関係が逆立ちして現れた資本の支配現象である。しかしこの問題はここでは取り上げない。分析対象ではないからである。

V 証券市場と銀行

1 証券取引（取引方法）の特殊性と投機信用──投機証券の利子生み証券化

　取引方法と投機商品＝投機証券の特殊性：取引所取引の本質的な諸機能の解明をふまえて，『金融資本論』第8章「証券取引所」第3節「取引所取引」では，投機商品および取引方法の諸特性から導きだされる信用利用の可能性と取引所取引への銀行の介入および証券取引所の構造的変化が明らかにされている。ヒルファディングは取引所取引の処理に関する特有の諸規定──取引所慣習──が意図するものは，最大範囲の信用利用，危険の制限，取引の迅速化であると述べている。信用利用について投機信用を取り上げるにあたっては，まず投機商品特有の性質の分析からはじめなければならない。というのは投機商品特有の性質から投機のための信用利用の可能性とその方法とが明らかになるからである。ヒルファディングは次のように述べている。

　「この商品〔投機商品＝証券〕は，はじめから貨幣指図証である。手形などのように直接にそうであるか，資本主義的利潤指図証のように間接にそうであるかである。かような貨幣指図証として，取引所諸価値は相互に同等であり，代替可能であり，ただ量的にのみ異なる。取引所証券のいわゆる質的差異，確定利子付証券と株式とのあいだのそれの如きも，また諸証券の確実性における差異も，取引所取引によって絶えず量的差異に転化され，そして評価の差異に

おける以外にはけっして表現されえない。ただ，ここでは価格の差異が，同種商品の質が異なる場合のようにまず第一に生産費の差異から説明されるのではなく，もっぱら需要供給関係の相違によって成立するだけである。」(53)

　ここでは，投機商品特有の性質から投機のための信用利用は最も広範囲に可能になるという観点から，まず，投機取引の対象とされる商品＝証券が取り上げられる。それは一般商品の取引のように生産と消費を媒介するという物質代謝的な意味内容をなすものではないということである。一般商品間の生産と流通においては，いうまでもなく商品形態（W）と貨幣形態（G）とは内容上，明確に区別されており，したがって，販売（W-G）と購買（G-W）にあっては，前者は生命がけの飛躍を意味し，後者は商品との直接的交換の可能性を意味するという，両者の本質的差別性が明示されているのである。一般商品の価格の差異はまず生産費の差異から説明される。しかし投機商品＝証券ははじめから貨幣指図証である。したがって，その取引所価値は「相互に同等であり，代替可能であり，ただ量的にのみ異なる」というものである。ここでは諸証券のいわゆる質的差異も収益の確実性の質的差異も絶えず量的差異に転化され，量的に表現されるにすぎない。その価格の差異はもっぱら需要供給関係の相違によって成立するだけである。したがって，貨幣指図証＝投機証券として商品形態（W）と貨幣形態（G）との内容上の区別はうすれ，したがって，販売（W-G）と購買（G-W）とにあっては，前者が生命がけの飛躍をなすわけではないし，後者も転形の本質的意味をもつわけでもない。このように，売と買とは質的には差異はなくなり，もっぱら需給関係の相違によって成立する価格の差異，つまり，価格の騰落方向に対処する行為にすぎなくなってしまうのである。このように，投機商品＝証券の性格を規定したうえで，ヒルファディングは投機信用を差し当たり，投機商品＝証券特有の取引所価値の代替可能性との関連において取り上げるのである。

　「かような取引所諸価値の代替可能性は，売買取引の大部分が相殺によって決済され，ただ僅少な一部分だけが差額の支払いによって清算されればよいということを可能にする。かくて，取引の締約には同時に信用供与が結合されていて，貨幣はただ信用貨幣として機能し，後に僅少な額が現金支払いのために必要であるにすぎない。」(54)

すなわち，投機取引それ自体が投機信用の一面を包含するのである。この投機信用は投機者相互間の信用授受であるという点では，いわゆる「内部信用」に当たる。それは単に当事者にとってばかりでなく社会的にも投機資本が節約されることを意味する。

ヒルファディングは，この投機信用との関連で諸債権の相殺のための固有の施設と公開的相場決定による取引所機能の問題とを取り上げ，そこから信用供与＝担保貸付の根本的容易性を析出し，投機証券の利子生み証券化の論理を展開し，投機取引・投機信用を経済学的にはじめて把握することを可能にしたのである。上記引用文にもあるように，彼は次のように述べている。

担保貸付と投機証券の利子生み証券化：「取引の締約には同時に信用供与が結合されていて，貨幣はただ信用貨幣として機能し，後に僅少な額が現金支払いのために必要であるにすぎない。そして，これらの支払いが最小限度まで縮減されうるようにするため，売買取引から結果する諸債権の相殺のための固有の施設が存在する。しかし，そのためには，取引所取引が締約される際の価格が周知されていることが必要である。したがって，相場の決定は公開的である。同時にこの公開的相場決定によってはじめて，取引所の機能が果たされる。すなわち，これらの取引所価値がいつでも周知の価格で取引されうるところの市場である，という機能が果たされる。随時実現されうる価格がかように決定されるのであるから，信用供与の別の形態，すなわち，支払相殺という以前の形態に対する本来の担保貸付も，根本的に容易にされている。信用授与者は，彼が担保にとる物件の価格を精確に知っているからである。投機者は，借りた貨幣で証券の代価を支払い，この証券を貨幣の貸手に担保に入れる。かくして同時，に貨幣資本を利子を生むように使用する一つの新たな確実な仕方が，取引所証券への担保貸付において成立する(55)。」

この「担保貸付」によって，本来「賭博の性格をもつ取引所取引〔投機取引〕」が「貨幣資本を利子を生むように使用する一つの確実な仕方」となる。ヒルファディングはそのように述べているのである。

ヒルファディングによれば，これらの支払いの最小限までの縮減，つまり，投機資本の最大限の節約とその節約を可能ならしめる諸債権の相殺の機動性，つまり，債権・債務の流動化のためには，「固有の施設が存在する」のでなけ

ればならない。それが手形（株式手形）交換の制度である。しかし，そのためには，取引所取引が一定の条件を確立しなければならない。それが相場決定の公開である。すなわち，証券取引所はその取引所価値がいつでも周知の価格で取引されうる市場として，その機能を果たしうるのでなければならない。なぜなら，取引所での取引価格が一般に知られていることが絶対的に必要であり，そのためには，相場の決定が公開的でなければならないからである。また，それは信用供与のいま一つの形態（本来の担保貸付）を根本的に容易化するというわけである。繰り返すが彼は次のように述べている。

「随時実現されうる価格がかように決定されうるのであるから，信用供与の別の形態，すなわち，支払相殺という以前の形態に対する本来の担保貸付も根本的に容易にされている。信用授与者は，彼が担保にとる物件の価格を精確に知っているからである。かくして同時に貨幣資本を利子を生むように使用する一つの新たな確実な仕方が，取引所証券への担保貸付において成立する。[56]」

元来，投機は賭博性ゆえに最も危険性を伴うものであり，それが信用供与を根本的に制約する原因であるが，その「原因→制約」は，公開的相場決定に基づいて，取引所価値がいつでも周知の価格で取引される可能性を確立して，担保貸付が根本的に容易になることによってはじめて止揚される。なぜなら，そのことによって信用授与者は担保物件の価格を精確に知りえるからであり，また投機証券が担保物件としての資格要件を取得するからである。

こうして投機者は，一方では借りた貨幣で証券の代価を支払い，他方ではこの証券を貨幣の貸手に担保に入れるということができるようになる。この取引所証券への担保貸付において，貨幣が利子を生む新たな確実な仕方が成立する。それと同時に，投機取引への銀行の介入という論理の展開方向が提示されたといえる。ここにはじめて投機証券は利子生み証券と同様な形態規定性を与えられる。取引所における手形（株式手形）の発行→銀行によるその割引という関係が成立し，投機者相互間の信用は銀行信用によって代位され，投機信用と貨幣・資本信用との交流が制度的に確立するのである。銀行にとっては，投機への信用供与は，投機が本来賭博的性格をもつ最も危険性の高い対象でありながらも，上記の制度的諸条件の確保に基づいて十分な担保をとること，つまり，担保貸付を可能にすることになれば，むしろ最も短期で高利な，最も安全な貸

付・増資を行うことができるようになる。投機信用は短期性を原則とする銀行信用に最も適した最も合理的なものとなる。この場合，銀行は買手・売方の双方から確実な担保を取り，信用を与え，より短期に，より確実に回収しうるし，併せてより高い利子を双方から得て増殖をはかることを可能にする。その一方では，いっさいの危険負担を投機資本家に転嫁することを可能にする。貨幣市場・割引市場の構造的変化を意味すると同時に，証券市場全体の構造的変化を引き起こすことになる。また，ここには銀行資本論の展開方向の一つが明示されている。

　投機取引と信用の展開―証券市場への影響：ところで，こうした信用供与は取引所取引にどのような影響を与えるのであろうか。ヒルファディングによれば，投機者は信用を利用することによって，第1に，自己の資本力をはるかに超えて投機的操作を拡大できるようになる。第2に，取引を拡張し，その継続性を強め，さらに随時市況を利用できるようになる。これらの事情は，いずれも投機者の投機利潤率を高める方向に作用する。しかし，第3に，投機的操作が常に反対操作を伴うことから，取引の拡張や継続性の強さ，ならびに随時市況の利用は，逆に価格変動を減らすことになる。価格変動の減少は取引利得の低下を惹き起こすが，投機者はこの取引利得の低下を投機操作の規模の拡張，取引の量的拡大によって対応しようと努める。その結果として，操作額は厖大化するに至るが，操作額が大きければ，ごく僅かな変動でも投機者たちの出動を促すに足りる，という状況をつり出すことになる。信用利用による二側面の矛盾した対立的諸要素が，後にみるように，取引所取引の発展のなかで表面化することになる。さらに，第4に，信用利用は大投機者の優越を甚だしくする。しかしまた，逆にこの優越性が一握りの資本家に材料の買い占めを許し，多数の投機者に独占的価格を押しつける可能性を与えるとすれば，それは「投機の死」に結びつく(57)。なぜなら，「投機は，まさに，一つの大きな，そう容易には征服されえない市場を前提する(58)」からである。

　この論理段階では，すでにみたように，投機取引には常に信用取引が結合されている。投機資本家は信用に依存しており，投機的操作の規模が拡張すればするほど，信用への依存は一層強まる。そこで次に，投機資本家と信用供与者としての銀行との関係が問題にされなければならない。そのためにはその関係

を規定する信用供与の形態がまず明らかにされる必要があるが，この点はこれまでに明らかにしてきた通りであり，以下ではそれを論理的前提として考え，最小必要な限りにおいてのみ言及する．

2　大投機者と大銀行との関係の緊密化(1)——担保貸付に基づく両者の関係の緊密化

証券担保による信用供与：ヒルファディングは次のように述べている．

「投機取引には……常に信用取引が結合されている．投機にあっては，買入れられる証券の相場価値の総額は問題ではなく，起こりうべき相場変動の大きさだけが問題である．信用授与者は，証券担保の場合には，それによって彼が相場変動に対して保障されている額までは，信用授与をなしうるであろう．その変動が比較的小さい 1 証券の相場が 110 であれば，投機者は随時この証券を担保にして，たとえば 90 を受け取るであろう．したがって 20 だけを自分で前貸すればよいことになる(59)．」

ここでは，証券担保による信用供与は，それが投機取引に対するものであるとしても，信用供与者にとっては安全性が確保され，その意味で，非投機的・非賭博的なものと同様になり，一般的・社会的な性格を獲得した対象と同じことになる．したがって，それは後述のように，投機信用の最も一般的形態をなすものとして捉えられている．そうした観点から，証券担保による信用授与はどの程度まで可能でありうるか，つまり，その限度について，したがって，その最大可能性について，ヒルファディングは簡単に例示をあげて説明している．投機取引にあっては起こりうべき相場変動の大きさだけが問題になるということから，証券担保の場合には，それによって相場変動の危険から免れうる額まで信用供与は可能であるというわけである．続いて，この証券担保による信用供与によって，銀行は取引所取引にどのような影響を与えるだろうか．

担保貸付と投機者——銀行による弱小投機者の収奪：ヒルファディングは次のように述べている．

「この信用供与形態は，取引所仲介業，銀行業者および銀行が彼らの顧客に取引所取引への参加を可能にする最も普通の仕方である．この信用を取り上げたり，困難にしたりすることは，これらの顧客を『彼らの取引から投げ出し』，

彼らの投機の続行を不可能にし，価格を問わずに証券を売りとばすことを彼らに強要することになろう。かくて，それはこの突然の供給によって相場を崩落させるための常套手段であり，同時に信用授与者にとっては，この証券を安価に入手するための一手段である。ここでも信用供与は弱小債務者を収奪するための一手段である。」(60)

　ここでは，証券担保による信用供与が，銀行などが与える投機信用の最も一般的な形態・方法であり，投機資本家の取引所取引への恒常的ないし随時参加を可能にしているものである。つまり，銀行は証券担保貸付という最も安全な方法によって，投機取引への銀行資本の投下を可能にしており——短期性資本の最大限の投下可能性——，それが同時に，株式市場への投機資本の持続的・継続的投入による株式の流通性の確保，株価の変動幅の拡大を促進するものになっている，ということである。銀行と投機者との関係の緊密化は一般的には証券担保による信用を通じて形成・展開されるが，同時にまた，こうした両者の関係を通じて銀行は信用を取り上げたり，困難にしたりすることによって，投機者の投機の続行を不可能にし，価格を問わずに証券の投売りを強要することを可能ならしめる。すなわち，それが突然の供給増——供給減による相場の崩落現象のことであるが，こうした信用操作は，銀行にとっては「相場崩落」のための常套手段となると同時に，証券を安価に入手するための有力な手段ともなる。こうして，証券取引所は，信用供与者たる大銀行にとっては，これらの条件を提供してくれる場として弱小投機者の収奪手段——所有集中の新たな展開形態——となるというわけである。しかし，証券担保による信用供与が，このような意味をもつのは，本来の大規模な投機の場合ではなく，むしろ弱小投機のための信用供与の場合である。そこで，次に，大きな投機のための信用供与の場合が問題になる。それはどのような形態の信用なのか。そして，それは取引所取引にどのような影響を与えるのであろうか。

3　大投機者と大銀行との関係の緊密化(2)——投機取引＝繰延取引に基づく銀行と投機者との関係の緊密化

　投機取引＝繰延取引と銀行の産業支配(1)——投機証券の二重機能：ヒルファディングによれば，大きな投機取引のための信用供与がさらに大きな意味を持つの

は，売買取引の形態をもつ信用取引である。では，この信用取引はどのような特徴をもち，取引所取引にどのような影響を与えるのであろうか。また，それを通じて大銀行と大投機者との関係は一体，どのように形成・展開されるのであろうか。彼はまずその形態上の特徴について次のように述べている。

「本来の大きな投機のための信用供与は，これ〔証券担保貸付〕とは異なって規制されている。ここでは投機者たちは必要な貨幣を繰延取引の方法で調達する。形式的には繰延取引は売買取引である。買煽りをする投機者が彼の証券を一期限を越して次の期限まで保持しようとする。というのは，その間に証券がさらに騰貴することを彼が期待するからであるが，その場合に彼はこの証券を貨幣資本家——銀行・証券会社——に売って，次の期限中にこれを買戻す。売り値との差のうちに，貨幣授与者にとっては彼の利子が含まれている。しかし，これは名目上のことである。現実には，単に貨幣授与者がこの特定の期間だけ証券を受け取って，投機者に代位しただけである。しかし彼は次の点で投機者から区別される。すなわち，彼はなんら危険を引受けず，投機利得を得ようとするのではなく，この期間だけ彼の貨幣を投下したのであって，それに対して利子を実現するのである。」[61]

ヒルファディングは，このように繰延取引の方法およびその形態規定上の特徴について述べているのである。続いて彼は次のように述べている。

「しかし，ここではこの前貸がなされる形態が重要性をもつ。なぜならば，ここではこの信用取引が売買取引の形態をもつことによって，中間期間中は，証券の所有が信用授与者に移るのである。このことは，彼が中間期間中は証券を任意に利用することを可能にする。このことは，事柄が産業株式に関する場合は，直ちに重要となりうる。銀行にとっては，総会に際して大きな株式所有によって総会決議への決定的な影響力を確保することが，関心事となりうる。繰延取引によって銀行は，一時的に株式を所得し，それによって株式会社を支配することができる。銀行が繰延利率の引下げによって繰延取引を容易にすれば，投機界からこの証券を入手することは，銀行にとって容易なことになる。その際，諸銀行が一定の証券について一定の期間繰延取引に関する競争を排除して互いに助け合うことは，しばしば行なわれることである。これによって，株式は，いわば二重の機能をもつことになる。一方では株式は，投機の目的物

およびその差額利得の基礎として役立つ。同時にまた，銀行にとっても，株式会社で支配的影響力を得て自己の意志を総会で貫徹しようとする努力に役立ち，しかもその際，銀行はその貨幣を長くその株式に固定することを余儀なくされることがない。」[62]

　ここでは，信用取引が繰延取引の方法で行われるが，留意すべきことは，この前貸がなされる形態が売買取引の形態をとることである。まず，それによって，その証券の所有（権）がその期間中，信用授与者に移り，この間，この証券を任意に利用することができる。重要なことは，そこに所有に基づく支配の問題が生ずるということである。この論理段階では，株式会社の資本は株式資本に転化しており，資本所有は株式資本所有に転化している。この所有は持分に分割・証券化されており，株式所有者はその持株数にふさわしい大きさの人格化としての株主である。個々の所有，その人格化である株主を構成メンバーとする総体としての所有こそが株主総会である。したがってこの所有意思＝全体意思は合意の形成を必要とする。つまり複数意思の統一である。株主総会が一株一票制＝株式の平等性に基づく競争原理——多数株議決——の所以である。それは必然的に多数株所有者の所有意思を反映する。むしろ株主総会はそれを予定した資本＝経済民主主義の制度である。しかし株主総会は資本の運動体ではない。機能から分離した所有それ自体である。したがってその所有意思＝総会意思は〈会社意思〉の実現として機能との結合を不可欠の条件とする。すなわち，所有意思（会社の経営・管理・組織に関する基本方針）→〈会社法人〉の意思，その〈会社意思〉を実現すべき所有と機能との結合が求められるというわけである。その機能・執行機構として重役・取締役会が設立されている。かくして会社法人を媒介環とする株式総会＝所有と重役・取締役会＝機能とが内的に結合し統一的に運用されることになる。多数株所有者の意思→株主総会所有意思→会社意思→重役・取締役会意思である。つまり会社意思→重役・取締役会意思は多数株所有意思→株主総会意思すなわち企業の経営・管理・組織に関する基本方針に規定され，それを間接的に反映したものである。

　信用授与者＝銀行はそれを利用して株式会社を支配することができるのである。この所有機能の特権を獲得することによって，投機証券としての株式は二重の機能を付与されることになる。それは売買差額を目的とした投機証券であ

りながら，同時に支配証券としての機能をもつということである。すなわち，この株式は，一方では投機の目的物およびその差額利得の基礎として役立つ。同時に他方では，銀行にとっても株式会社で支配的影響力を得て自己の意志を総会で貫徹させるのに役立つ。この場合，産業支配の論理は，繰延取引によって，銀行が一時的取得の株式を通じて，産業株式会社を支配することにある。それは本来の支配を目的とする証券の取得形態ないしはその存在様式とはまったく異なったものである。

　投機信用＝繰延取引と銀行の産業支配(2)：資本の流動化メカニズムの確立段階では，大銀行は信用的業務と金融的業務とを内的に結合し，統一的に運用する総合（＝兼営）銀行である。大銀行は，本来的な信用業務を基礎にして，一方では固定資本信用を展開させさながら，他方では株式の引受・発行活動に取組む。固定資本信用の供与自体，多額の資本を必要とするし，それが出資に転換され証券化されても，産業支配に必要な株式数を確保するとすれば，その部分は長期的・継続的に維持（産業に固定化）されなければならない。他方，産業企業の創設・拡張に伴う「出資→証券化→産業支配」の場合も，それに必要な株式数を保持することを余儀なされる。後者の場合は，銀行にとって，さらにより多額の資本，ことに長期的運用に適した自己資本を必要とすることであろう。このように，金融的業務に基づく銀行の産業支配の過程は銀行に絶えず自己資本の拡大を強制する過程としてあらわれる。この点はすでに明らかにされた通りである。

　ところが，投機信用取引が売買取引の形態をとる上記の論理段階では，繰延取引によって，銀行は，本来投機証券としての株式を一時的に取得し，それを支配証券に転化することによって産業企業を支配することができるようになる。しかも，この投機証券の一時的取得による産業支配は，銀行が繰延利率を引下げ，繰延取引を容易にすれば，銀行にとっては，投機界からこの証券を手に入れることは容易である。銀行は信用的業務と金融的業務とを内的に結合し，統一的に運用すること通じて可能にした，産業企業の創設・拡張に伴う「固定資本信用→出資・証券化→産業企業支配」においても，また「出資→証券化→産業企業支配」においても，いずれ必要な株式数の確保や保有には，厖大な貨幣資本量とその長期的運用のための自己資本とが要請されるが，ここではその諸

制約＝資本の拘束は一挙に解決される。それは繰延取引に基づく「一時的な株式取得→支配証券への転換→産業的企業支配」の論理によって取り除かれるからである。だから，いまでは「信用の最大の請求は繰延取引の方法で行なわれる[63]」というわけである。

　しかし，投機信用＝繰延取引に基づく銀行の産業支配の論理は，信用的業務と金融的業務とが内的に結合され，その統一的運用を通じて展開される二様の形態（「貸付」形態と「出資」形態）に基づく銀行の産業支配の論理に取って代わりうるものでない。なぜなら，投機信用がいかに銀行信用の本来的機能——短期性の原則——に適合したものであるとしても，それ自体は証券市場における擬制資本の流通運動を形成基盤としており，それに根本的に規定されながら，自立化した投機取引の主要な一形態であるにすぎないからである。したがって繰延取引は独立した基盤のうえに自立した運動体とはなりえない。結局，繰延取引も投機取引の一形態であり，その非自立性を止揚できるものではない。むしろ，こうした上記二様の形態に基づく銀行の産業支配を基軸論理として，はじめて投機信用＝繰延取引に基づく一時的取引による銀行の産業支配の論理が展開されうるのであり，いわば投機証券の一時的所有に基づく資本支配の論理はその派生的形態であるといえる。

　ところで，繰延取引を媒介契機とする銀行の取引所取引への介入と産業支配の展開とは，「証券の任意利用の可能性[64]」の成立に基づくものである。銀行は繰延取引によって株式を取得し，それによって産業企業を支配しうるが，それは，産業企業の株主総会に際して，「総会決議への決定的影響力を確保する[65]」という，株式の一時的取得・資本の拘束性の止揚によるいわば「瞬間的」な機会の最大限利用に基づくものである。その意味において，繰延取引を媒介・契機とする株式取得による銀行の産業支配の論理は資本の支配機能からみれば最高次元に位置づけられうるであろう。しかし，この銀行の産業支配の論理の特徴は，擬制資本の流通運動に基礎を置き，それに寄生しながら，自立化した投機取引の派生的形態としての繰延取引による一時的な株式取得に基づくものであり，それに根本的に規定されざるをえない極めて制限されたものである。つまり，それ自体は銀行と産業との関係の基本的要因ではありえず，産業支配の持続的要因とはなりえない。しかし肝要なことは，この場合，銀行はこの信用

取引によって産業企業との長期に固定的な支配関係を企図したわけではないということである。短期性の諸利得を最大限集中的に獲得することにあるからである。

　取引所投機に対する銀行の「絶対的」支配：ところで，この繰延取引の方法が信用取引として一般化すると，銀行は取引所投機に対して決定的な影響力を与えることができるようになる。取引所投機の大きさは主として投機者の処理しうる貨幣の大きさに懸っている。証券がどれほど頻繁に取引されるかは現存の証券数には関わりがないからである。ここにまず，取引所投機に対する銀行の影響力が作用し持続する要因がある。銀行は信用供与者としてあらわれ，信用の供与または拒絶によって投機の大きさに，直接強い影響を与えることができる。このように，信用取引が繰延取引の方法で行われるようになると，銀行の取引所投機に対する影響は決定的なものになる。ヒルファディングは次のように述べている。

　「この取引〔繰延取引〕には，大抵の場合，巨額の浮動資本が投下され，そしてこの投下は日貸に対する利子率の形成に影響を与え，また——貨幣流動性の少ない時期には——割引利率に，したがって，金の運動に影響を与える。したがつて，信用供与の制限によって，銀行は利子の高さに直接影響を与えうる。このことが可能なのは，ここでは信用供与がまったく格別に銀行の随意になるからである。」[66]

　ここでなされるのは，純粋に金融的な操作であって，それをやめても国民経済の運航に決定的影響を与えるようなことはない。産業資本家および商業資本家に対する信用供与の場合はこれとは異なり，その場合には突然の過度の信用取り上げは信用の崩壊と最も急性的恐慌とに導かざるをえない。

4　証券市場の構造的変化——大銀行による取引所諸機能の代位と取引所の収奪機構化

　こうして，大銀行と証券取引所との関係の一層の緊密化によって，有価証券取引の構造に一つの変化が生ずる。いまや銀行は単に「顧客のために取引の世話をする受託者」から自己取引へと移行するようになる。銀行は証券取引の単なる媒介者として，もっぱらその受託業務を引受けるにすぎない受託者である

ことをやめて代理取引から自己取引に乗り出し，証券市場の機能を自ら代位し，自ら証券市場となるのである。事情は一変する。

「取引の大部分はもはや取引所では行なわれず，銀行は顧客から受ける諸注文を相殺し，ただ相殺されない額だけを取引所で調達してやるか，銀行自身の手持ちから賄うかする。したがって，どれだけの額を銀行が取引所で売買するかは，ある程度までは銀行の随意である。このことにおいて，銀行は相場の展開に影響を与えるための一手段をもつ。このようにして，銀行は証券取引所の単なる媒介者であることをやめて自己取引を営む。」同時に「大銀行は取引所からその機能の一部を取り上げて自ら証券市場となる。取引所には銀行では相殺されない残額だけが残る。『大銀行は，以前には大きな取引所だけが代表していたような需要供給の量を，それ自身のうちに表示している』。」[67]

証券市場の構造的，機能的変化が容易に理解されうる。銀行自身が大投機資本家となる。このように，投機は擬制資本の運動に吸着・寄生しながら，擬制資本の流通形式 $A-G_2-A$，および貨幣資本＝利子生み資本の運動 $G-G'$ に擬制して成立し，そのものとして，いわば「独自的な運動」を展開する。このように，擬制資本の運動に吸着・寄生することを通じて自己展開を可能ならしめ，それによって，社会的な収奪方法となるが，大銀行はそれを自らの機能に取り込み，第4の機能にすることによって，一方では投機信用・投機取引による銀行資本の新たな領域・分野への進出を可能にし，他方では取引所取引を，自己にとっての社会的な収奪機構に転化するのである。ここに，取引所取引は大銀行にとっては合法的な収奪手段となり，取引所はその収奪機構に転化する。

さらに，銀行は産業との結合の進展によって，企業の事情を精確に知り，収益を予測し，場合によっては収益の高さそのものにまで自己の望むように影響を及ぼしうるのである。このように取引所取引は，いまや大銀行の「従属的な道具」に転化し，彼らにとっては大きな確実性をもって操作することのできる場面となる。この論理段階では，大銀行は繰延取引を媒介契機とする一時的な株式所得による産業支配の論理を自己取引に取り込むことを通じて，取引所取引を銀行による，多数の中小投機者の収奪と産業企業の支配とを同時的かつ統一的に遂行しうる手段たらしめる。銀行の第4機能としての投機の取り込みであり，銀行資本の再規定である。しかしこの問題はここでの分析対象ではない。

5　証券市場と所有概念の再規定──〈逆立ちした狂った世界〉

「取引所では資本主義的所有は，その純粋な形態において収益請求権として現れ，この収益請求権に搾取関係が，剰余労働の取得が無概念的に転化されている。所有は，なんらかの特定の生産関係を表現することをやめて収益指図証となり，この指図証はどんな活動からもまったく独立して現れる。所有は生産に対する，使用価値に対するいっさいの関係から解放されている。それぞれの所有の価値は収益の価値によって規定されて現れる。一つの純粋に量的な関係である。数はすべてであり，物は無である。数だけが現実である。だが現実は数ではないのだから，関連はピタゴラス派の信念よりも神秘的である。いっさいの所有は資本であり，そして非所有，債務も，すべての国債が示すように，やはり資本である。そしていっさいの資本は平等であって，印刷された紙片に体化され，これらの紙片が取引所で上がり下がりする。現実の価値形成は所有者たちの領域からまったく引き離されて，まったく不可解な仕方で彼らの所有を規定するところの，一事象である。(68)」

「所有の大きさは労働とは何の関係もないように見える。すでに利潤率において労働と資本収益との直接的関係は隠蔽されているが，利子率においては徹頭徹尾そうである。擬制資本の形態を必然的に伴う利子生み資本への，あらゆる資本の外見的転化は関連のいっさいの認識を根こそぎ抹殺する。絶えず変動する，そして実際に生産における直接的諸事象からは独立に変動しうる利子〔利子化した配当〕を，労働と関連させることは馬鹿げて見える。利子〔利子化した配当〕は資本所有そのものの帰結として，天与の生産性を持つ資本の果実として現れる。利子〔利子化した配当〕は変動的であり，不確定であり，そして利子〔利子化した配当〕とともに「所有の価値」が変動する。それは一つの狂った範疇である。(69)」

「現代」資本主義の本質を抉り出し，「現象の世界」がいかに「狂った世界」であるか，を鋭く指摘している。それは資本の実体的─本質的関係を発生基盤とする「現象の世界」がその実体的─本質的関係から自立化し独立した世界を形成し自己展開を遂げることによって，巨大な現象の世界が展開する。それは恰も実体経済を直接反映した経済現象であるかにみえる。この現象の世界が如何様に見えようとも，それはまさに擬制化された架空の世界であり，逆立ち

た狂った世界である。

（1） *Das Finanzkapital*, SS.190-191. 訳, ㊤ 282 頁㊦ 268 頁。
（2） a.a.O., SS.190-191. 訳, ㊤ 282 頁㊦ 268 頁。
（3） a.a.O., SS.179-180. 訳, ㊤ 266-268 頁㊦ 255-257 頁。
（4） a.a.O., SS.180. 訳, ㊤ 267 頁㊦ 256 頁。
（5） a.a.O., SS.180-181. 訳, ㊤ 267-268 頁㊦ 256 頁。
（6） a.a.O., S.181. 訳, ㊤ 268-269 頁㊦ 257 頁。
（7） a.a.O., S.183-185. 訳, ㊤ 272-274 頁㊦ 260-262 頁。
（8） a.a.O., S.185. 訳, ㊤ 274 頁㊦ 261-262 頁。
（9） a.a.O., S.184. 訳, ㊤ 273 頁㊦ 261 頁。
（10） a.a.O., S.184. 訳, ㊤ 273 頁㊦ 261 頁。
（11） a.a.O., SS.184-185. 訳, ㊤ 273-274 頁㊦ 261-262 頁。
（12） a.a.O., S.184. 訳, ㊤ 273 頁㊦ 261 頁。
（13） a.a.O., S.185. 訳, ㊤ 274 頁㊦ 261-262 頁。
（14） a.a.O., S.185. 訳, ㊤ 274 頁㊦ 261-262 頁。
（15） a.a.O., S.187. 訳, ㊤ 277-278 頁㊦ 264-265 頁。
（16） a.a.O., S.185. 訳, ㊤ 274 頁㊦ 262 頁。
（17） a.a.O., S.147. 訳, ㊤ 219-220 頁㊦ 216-217 頁。
（18） a.a.O., S.186. 訳, ㊤ 275 頁㊦ 263 頁。
（19） a.a.O., S.185. 訳, ㊤ 275 頁㊦ 262 頁。
（20） a.a.O., S.186. 訳, ㊤ 275-276 頁㊦ 263 頁。
（21） a.a.O., S.186. 訳, ㊤ 275-276 頁㊦ 263 頁。
（22） a.a.O., S.186. 訳, ㊤ 275-276 頁㊦ 263 頁。
（23） a.a.O., S.187. 訳, ㊤ 277 頁㊦ 264 頁。
（24） a.a.O., S.188. 訳, ㊤ 278 頁㊦ 264-265 頁。
（25） a.a.O., S.188. 訳, ㊤ 278 頁㊦ 264-265 頁。
（26） a.a.O., S.188. 訳, ㊤ 278 頁㊦ 265 頁。
（27） a.a.O., S.187. 訳, ㊤ 277 頁㊦ 264 頁。
（28） a.a.O., S.189. 訳, ㊤ 280-282 頁㊦ 267-268 頁。
（29） a.a.O., S.189. 訳, ㊤ 280-282 頁㊦ 267-268 頁。
（30） a.a.O., S.187. 訳, ㊤ 277 頁㊦ 264 頁。
（31） a.a.O., S.187-188. 訳, ㊤ 277-278 頁㊦ 265-266 頁。
（32） a.a.O., S.188-189. 訳, ㊤ 279 頁㊦ 266 頁。
（33） a.a.O., S.189-190. 訳, ㊤ 280-281 頁㊦ 267 頁。
（34） a.a.O., S.189. 訳, ㊤ 280 頁㊦ 267 頁。

第 14 章　「金融資本論」と証券市場　479

(35)　a.a.O., S.189. 訳, ㊤ 280 頁① 267 頁。
(36)　a.a.O., S.190. 訳, ㊤ 281 頁① 267 頁。
(37)　a.a.O., S.190. 訳, ㊤ 281 頁① 268 頁。
(38)　a.a.O., S.190. 訳, ㊤ 281 頁① 268 頁。
(39)　a.a.O., SS.187-188. 訳, ㊤ 277-278 頁① 264-265 頁。
(40)　a.a.O., SS.190-191. 訳, ㊤ 282 頁① 268 頁。
(41)　a.a.O., S.191-192. 訳, ㊤ 282-283 頁① 268-269 頁。
(42)　a.a.O., S.192. 訳, ㊤ 283 頁① 269-270 頁。
(43)　a.a.O., S.190. 訳, ㊤ 281 頁① 267-268 頁。
(44)　a.a.O., S.194. 訳, ㊤ 287 頁① 272 頁。
(45)　a.a.O., S.194. 訳, ㊤ 287 頁① 272 頁。
(46)　a.a.O., S.194. 訳, ㊤ 287 頁① 272 頁。
(47)　a.a.O., S.195. 訳, ㊤ 288 頁① 274 頁。
(48)　a.a.O., S.188. 訳, ㊤ 279 頁① 266 頁。
(49)　a.a.O., SS.195-196. 訳, ㊤ 289 頁① 274 頁。
(50)　a.a.O., SS.195-196. 訳, ㊤ 290 頁① 275 頁。
(51)　a.a.O., SS.197-198. 訳, ㊤ 291-292 頁① 276 頁。
(52)　a.a.O., S.198. 訳, ㊤ 292 頁① 276 頁。
(53)　a.a.O., SS.200-201. 訳, ㊤ 296 頁① 280 頁。
(54)　a.a.O., S.201. 訳, ㊤ 296-297 頁① 280-281 頁。
(55)　a.a.O., SS.201-202. 訳, ㊤ 297 頁① 281 頁。
(56)　a.a.O., S.202. 訳, ㊤ 297 頁① 281 頁。
(57)　a.a.O., S.205. 訳, ㊤ 302 頁① 285 頁。
(58)　a.a.O., S.205. 訳, ㊤ 302 頁① 285 頁。
(59)　a.a.O., S.205. 訳, ㊤ 302-303 頁① 285-286 頁。
(60)　a.a.O., SS.205-206. 訳, ㊤ 303 頁① 286 頁。
(61)　a.a.O., S.206. 訳, ㊤ 303-304 頁① 286 頁。
(62)　a.a.O., S.SS.206-207. 訳, ㊤ 304-305 頁① 286-287 頁。
(63)　a.a.O., S.208. 訳, ㊤ 306 頁① 288 頁。
(64)　a.a.O., S.206. 訳, ㊤ 304 頁① 287 頁。
(65)　a.a.O., S.206. 訳, ㊤ 304 頁① 287 頁。
(66)　a.a.O., S.208. 訳, ㊤ 306 頁① 288 頁。
(67)　a.a.O., SS.208-209. 訳, ㊤ 307 頁① 289-290 頁。
(68)　a.a.O., S.211. 訳, ㊤ 310-311 頁① 292 頁。
(69)　a.a.O., S.211. 訳, ㊤ 311 頁① 292-293 頁。

主要参考文献 (第1篇, 第2篇, および第3篇第11章を含む) 一覧

浅見克彦『所有と物象化』世界書院, 1986年。
浅野敏『個別資本理論の研究』ミネルヴァ書房, 1974年。
有井行夫「『所有にもとづく支配』と『資本の人格化』——『現代巨大企業における所有と決定』問題によせて——」『経済学論集』第17巻第2号, 1985年9月。
有井行夫『株式会社の正当性と所有理論』青木書店, 1991年。
荒川米一郎「株式会社と機能資本家」『証券経済学会年報』第8号, 1973年5月。
石渡貞雄「現代資本主義の構造的方向」『社会科学年報』第20号, 1986年。
伊藤光雄「擬制資本の形成と運動」〔研究年報〕『経済学』Vol.44. No.3, 1982. 12.51-71頁。
稲村毅『経営管理論史の根本問題』ミネルヴァ書房, 1985年。
稲村毅「経営者支配論批判の基本視角——『会社自体』論批判——」『経営研究』第37巻第5・6合併号, 1987年1月。
奥村宏「会社と経営者の関係——法人資本主義論の観点から——」『証券経済』145号, 1983年9月。
岡崎守男「資本の所有と支配について——いわゆる経営者支配概念に関連して——」『桃山学院大学経済学論集』第11巻第4号, 1970年。
片岡信之『現代企業の所有と支配』白桃書房, 1992年。
片山伍一・後藤泰二編著『現代株式会社の支配構造』ミネルヴァ書房, 1983年。
片山伍一「『通過点』にある株式会社の性格」『証券経済学会年報』第13号, 1978年。
片山准一「株式会社における『機能資本家』概念について」『証券経済学会年報』第15号, 1980年5月。
勝部伸夫「『会社それ自体』論批判」『経済評論』1985年12月。
北原勇「巨大企業における『所有と支配』」『経済研究』第31巻第4号, 1980年10月。
北原勇『現代資本主義における所有と決定』岩波書店, 1984年。
北原勇『独占資本主義の理論』有斐閣, 1977年。
後藤泰二編著『現代日本の株式会社』ミネルヴァ書房, 2001年。
酒井治郎「法律的所有と経済的所有をめぐって——奥村宏氏の所説を中心にして——」『立命館経営学』第23巻第2号, 1984年7月。
貞松茂『株式会社支配の研究』ミネルヴァ書房, 1994年。
篠田武司「株式会社における所有問題」『経済評論』1985年12月。
篠田武司「株式会社の『通過点』規定に関する一考察」『岐阜大学工学部研究報告』第29号, 1979年。

篠原三郎「株式会社と経営者」『法経研究』32巻1号，1983年8月。
篠原三郎「経営管理の『主体』」『法経研究』35巻3・4号，1987年3月。
篠原三郎「管理の二重性論と株式会社論——稲村毅氏の批判に応えて——」『法経研究』34巻4号，1986年3月。
柴垣和夫「いわゆる法人資本主義についての覚書」『社会科学研究』第33巻第5号，1981年。
新谷哲男「株式会社における『支配』と機能資本家規定」『修大論叢』第3号，1979年1月。
鈴木健『独占資本主義の研究』文眞堂1992年。
鈴木健『六大企業集団の崩壊』新日本出版社，2008年。
鈴木芳徳『証券経済論』税務経理協会，1979年。
鷹巣信孝「企業形態としての株式会社の形成過程——株式会社の法的構造(1)——」『佐賀大学経済論集』11巻3号，1979年3月。
武田信照『株式会社像の転回』梓出版社，1998年。
寺下稔「株式会社と経営者支配」『証券経済学会年報』第25号，1990年。
富森虔児「巨大会社と『資本家の物化』」『経済学研究』第32巻第3号，1982年11月。
富森虔児「『所有』と巨大株式会社」『経済学研究』第35巻第3号，1986年1月。
仲田正機『現代企業構造と管理機能』中央経済社，1983年。
中村太和「法人所有と資本家範疇」『経済理論』第201号，1984年9月。
西山忠範「溺者の藁か法人資本主義論（上）・（下）——奥村宏氏と柴田和夫氏への反論——」『経済評論』1982年10.11月。
西山忠範「法人資本主義論の虚妄——奥村宏氏と富森虔児氏への再反論——」『経済評論』1983年12月。
西山忠範「支配関係の構造序説——企業と国家の支配構造仮説および北原説批判——」『経済評論』1984年9月。
野田弘英「金融資本と『経営者』」『経済学研究』第54巻第4・5号，1988年12月。
野田弘英「『所有と支配』の主要問題」『社会科学論集』第72号，1991年2月。
平田光弘「わが国上場企業の株主総会と企業支配」『一橋論叢』第87巻第3号，1982年3月。
松下優「株式会社と会社資本の自立化」『一橋論叢』第86巻第5号，1981年11月。
松下優「株式会社制度の体制的確立と信用制度の役割——法人資本主義論序説——」『証券経済』143号，1983年3月。
三戸・正木・晴山『大企業における所有と支配』未来社，1973年。
村田稔『経営者支配論』東洋経済新報社，1972年。
藻利重隆『現代株式会社と経営者』千倉書房，1984年。

森杲『株式会社制度』北海道大学図書刊行会, 1985年。
森杲「株式会社における所有――『所有と経営の分離』論ノート――」『経済学研究』第28巻第4号, 1978年11月。
安田均「『所有と経営の分離』の現代性」『経済学研究』第55巻第3号, 1989年8月。
楊枝嗣朗「株式会社の成立――法人格,『有限責任制確立の必然性』――」『佐賀大学経済論集』9巻1.2.3合併号, 1977年3月。
吉村幸雄「株式会社と株式流通」『一橋論叢』第78巻第5号, 1977年11月。
吉村幸雄「『所有と機能の分離』論の一考察」『一橋論叢』第85巻第5号, 1980年5月。

　なお, 主要参考文献は本書の執筆に当たって参考にした文献の一部である。また本書の引用文献でここに揚げていないものもある。

[著者略歴]

中田 常男（なかだ　つねお）

1937年　宮崎県に生まれる
1967年　中央大学経済学部卒業
1974年　中央大学大学院商学研究科博士課程単位取得
1977年　高知大学助教授，教授を経て
1989年　三重大学教授
現　在　三重大学名誉教授，経済学博士（中央大学）
主　著　『擬制資本論の理論的展開』未来社，1993年
　　　　『金融資本と独占の理論』未来社，1993年
　　　　『金融資本論と恐慌・産業循環』八朔社，2011年
共　著　古沢友吉編著『現代資本主義論への道標』三嶺書房，
　　　　1990年
現住所　〒514-0124　三重県津市大里川北町401番地の20

株式会社論と経営者支配

2012年10月31日　第1刷発行

　　著　者　　中　田　常　男
　　発行者　　片　倉　和　夫

発行所　株式会社　八朔社（はっさくしゃ）
東京都新宿区神楽坂2-19　銀鈴会館内
振替口座・東京 00120-0-111135番
Tel.03(3235)1553　Fax.03(3235)5910
E-mail: hassaku-sha@nifty.com

ⓒ中田常男, 2012　　組版・森健晃　印刷製本・シナノ
ISBN978-4-86014-061-8

―― 八朔社 ――

中田常男著	金融資本論と恐慌・**産業循環**	六八〇〇円
頭川博著	資本と貧困	二八〇〇円
小林賢齊著	マルクス「信用論」の解明 その成立史的視座から	八〇〇〇円
宮川彰著	再生産論の基礎構造 理論発展史的接近	六〇〇〇円
市原健志著	再生産論史研究	六〇〇〇円
鈴木春二著	再生産論の学説史的研究	四八〇〇円

定価は本体価格です